权威·前沿·原创

皮书系列为

“十二五”“十三五”“十四五”时期国家重点出版物出版专项规划项目

智库成果出版与传播平台

北京市哲学社会科学研究基地智库报告系列丛书
首都高端智库报告

京津冀发展报告（2023）

ANNUAL REPORT ON BEIJING-TIANJIN-HEBEI METROPOLITAN REGION DEVELOPMENT (2023)

国际科技创新中心建设助推区域协同发展

研　创 / 首都经济贸易大学特大城市经济社会发展研究院
叶堂林　王雪莹　刘哲伟　等 / 著

社会科学文献出版社
SOCIAL SCIENCES ACADEMIC PRESS (CHINA)

图书在版编目(CIP)数据

京津冀发展报告.2023：国际科技创新中心建设助推区域协同发展 / 叶堂林等著.--北京：社会科学文献出版社，2023.7
（京津冀蓝皮书）
ISBN 978-7-5228-2019-4

Ⅰ.①京… Ⅱ.①叶… Ⅲ.①区域经济发展-研究报告-华北地区-2023 Ⅳ.①F127.2

中国国家版本馆 CIP 数据核字（2023）第 111579 号

京津冀蓝皮书
京津冀发展报告（2023）
——国际科技创新中心建设助推区域协同发展

著　　者 / 叶堂林　王雪莹　刘哲伟 等

出 版 人 / 冀祥德
组稿编辑 / 恽　薇
责任编辑 / 冯咏梅
责任印制 / 王京美

出　　版 / 社会科学文献出版社 · 经济与管理分社（010）59367226
地址：北京市北三环中路甲 29 号院华龙大厦　邮编：100029
网址：www.ssap.com.cn
发　　行 / 社会科学文献出版社（010）59367028
印　　装 / 天津千鹤文化传播有限公司

规　　格 / 开 本：787mm × 1092mm　1/16
印 张：27　字 数：403 千字
版　　次 / 2023 年 7 月第 1 版　2023 年 7 月第 1 次印刷
书　　号 / ISBN 978-7-5228-2019-4
定　　价 / 168.00 元

读者服务电话：4008918866

本报告为北京市社会科学基金重点项目“京津冀发展报告（2023）——国际科技创新中心助推区域协同发展”（22JCB030）、北京市属高校分类发展项目“京津冀协同发展与城市群系统演化的政产学研用平台构建”、北京市自然科学基金面上项目“京津冀创新驱动发展战略的实施路径研究——基于社会资本、区域创新及创新效率的视角”（9212002）的阶段性成果，同时也是北京市经济社会发展政策研究基地以及首都经济贸易大学特大城市经济社会发展研究院、特大城市经济社会发展研究省部共建协同创新中心的资助成果。

京津冀蓝皮书编委会

王永贵　浙江工商大学校长、教授、博士生导师

柯文进　北京市政协经济委员会原主任、教授、博士生导师

申建军　北京市政协科技委员会原主任、教授

杨仁全　中共北京市海淀区委员会常委、副书记

荣大力　北京市社会科学界联合会党组成员、副主席

崔占辉　北京市社会科学界联合会党组成员、副主席

李国平　北京大学首都发展研究院院长、教授、博士生导师

孙久文　中国人民大学教授、博士生导师

刘秉镰　南开大学经济与社会发展研究院院长、教授、博士生导师，京津冀协同发展专家咨询委员会委员

方创琳　国际欧亚科学院院士，中国科学院地理科学与资源研究所研究员、博士生导师

肖金成　国家发展和改革委员会国土开发与地区经济研究所原所长、研究员、博士生导师

魏后凯　中国社会科学院农村发展研究所所长、研究员、博士生导师

赵　弘　北京市社会科学院原副院长、研究员

连玉明　北京国际城市发展研究院院长、研究员

武义青　河北经贸大学原副校长、教授

田学斌　河北经贸大学副校长、教授

姚东旭　首都经济贸易大学财政税务学院教授、博士生导师

张国山　首都经济贸易大学城市经济与公共管理学院院长、教授

周　浩　北京市推进京津冀协同发展领导小组办公室综合处处长

刘彦锋　北京市科委、中关村管委会北京科技创新研究中心主任

祝合良　北京工业大学经济与管理学院教授、博士生导师

袁振龙　北京市社会科学院首都社会治安综合治理研究所所长、研究员

唐　鑫　北京市社会科学院市情研究所所长、研究员

陆小成　北京市社会科学院城市问题研究所所长、研究员

陆　军　北京大学政府管理学院副院长、教授、博士生导师

李兰冰　南开大学经济与社会发展研究院副院长、教授、博士生导师

张　贵　南开大学经济与社会发展研究院教授、博士生导师

沈体雁　北京大学政府管理学院教授、博士生导师

张耀军　中国人民大学应用经济学院副院长、教授、博士生导师

刘智勇　首都经济贸易大学城市经济与公共管理学院副院长、教授、博士生导师

叶振宇　中国社会科学院工业经济研究所工业布局与区域经济研究室主任、研究员

文余源　中国人民大学应用经济学院教授、博士生导师

叶堂林　首都经济贸易大学特大城市经济社会发展研究院执行副院长、教授、博士生导师

主要编撰者简介

叶堂林　经济学博士，首都经济贸易大学特大城市经济社会发展研究院（首都高端智库）执行副院长，特大城市经济社会发展研究省部共建协同创新中心（国家级研究平台）执行副主任，教授、博士生导师，北京市经济社会发展政策研究基地（北京市重点哲社基地）首席专家，“长城学者”特聘教授，北京市优秀教师，北京市优秀共产党员，首都劳动奖章获得者，国家社科基金重大项目首席专家，京津冀蓝皮书主编。主要研究方向为区域经济、京津冀协同发展等。主持完成国家社科基金重大项目、北京市社会科学基金重大项目、北京市重大决策咨询项目、北京市社会科学基金重点项目、北京市自然科学基金项目等省部级以上课题20余项，主持委办局委托及横向课题30余项，出版专著20余部，发表论文120余篇，获“优秀皮书奖”一等奖7次、二等奖2次。15项研究成果获中央领导肯定性批示，10余项研究成果获省部级领导肯定性批示，4项研究成果获省部级采纳。先后获评首都经济贸易大学优秀中青年骨干教师、北京市属市管高等学校中青年骨干、优秀主讲教师、后备学科带头人、首批经贸学者等。主要社会兼职包括中国区域科学学会常务理事、全国经济地理研究会京津冀协同发展专业委员会主任委员、国家社科基金重大项目评审专家、教育部评审专家、北京市政府参事室特邀专家、河北省政府参事室特约研究员、中国科学院雄安创新研究院特聘研究员、保定市决策咨询委员会委员、北京市自然科学基金评审专家、北京市科委入库专家等。

摘　要

国际科技创新中心是全球创新网络中的枢纽性节点城市，是世界科技创新资源和创新活动的重要汇集地。国际科技创新中心建设关乎“国之大者”，是加快实施创新驱动发展战略、建设科技强国的核心引擎。北京国际科技创新中心建设在实现科技自立自强中承担着重要使命，是助力京津冀协同发展向纵深推进的重要突破口。

本报告为京津冀三地作者通力合作的智慧成果，探讨了北京国际科技创新中心建设对京津冀协同发展的影响机制，分析了北京国际科技创新中心建设的进展与成效及其在助力京津冀协同发展特别是区域协同创新中面临的主要挑战，并提出对策建议。

本报告认为，北京建设国际科技创新中心对京津冀协同发展的影响可分为直接影响与间接影响，前者主要表现为国际科技创新中心建设通过推动区域协同创新、产业链与创新链深度融合，助力京津冀科技创新实力提升及产业优化升级；后者则表现为国际科技创新中心通过为城市智慧交通建设、生态环境综合治理、智慧医疗及教育提供技术支撑和应用场景，进而助力交通一体化、生态环境联防联治及公共服务均等化等。

不论是国际科技创新中心建设，还是国际科技创新中心助力京津冀协同发展，均对城市群创新环境与基础条件提出了较高要求。本报告不仅探究了京津冀城市群创新核心城市与腹地城市互动、创新群落、创新资本流空间和创新网络建设的进展与成效，对京津冀创新能力、创新效率、科技成果协同转化、绿色创新及高技术产业发展的进展与成效进行了深入剖析，而且分析了北京、天津和河北科技创新发展及其在京津冀区域中的地位和作用。研究发现：一是从整体上看，京津冀城市群形成了以北京为中心、天津为次中心的创新空间格局，核心城市与腹地城市间的差距呈现缩小态势，创新关联越发密切；二是从网络形态看，京津冀城市群形成了以京津为双核心、石保为次中心的创新网络格局，创新网络凝聚力、节点城市创新影响力均呈现持续提高态势；三是从创新流空间看，京津石"三足鼎立"的流空间格局基本形成，节点城市之间的创新关联愈加紧密，创新资本流空间资源分布趋于协调稳定；四是从研发-制造布局看，京津冀城市群形成了研发中介在中心城市集聚、生产制造在外围区域分布的格局；五是京津冀城市群创新能力、创新效率及绿色创新能力不断提升，北京的核心地位明显，对区域创新发展具有引领作用；六是京津冀技术合作空间结构不断优化，津冀创新实力不断提升，并赋能产业高质量发展。同时，京津冀城市群也面临诸多亟须解决的难题：一是与其他城市群相比，京津冀城市群核心城市与腹地城市间互动与联系水平、研发和应用群落集聚水平尚存在较大的提升空间，城市群各城市间的创新交流与合作有待加强；二是京津冀城市群内部创新能力、创新效率、绿色创新能力仍存在较大差距，阻碍了京津冀城市群协同创新进程；三是京津冀城市群高技术产业整体规模较小，且城市群内部存在高技术产业发展差距过大、集聚水平不高、创新合作有待深化等问题；四是北京对津冀的知识创新辐射能力和产业带动能力有待提升，津冀原始创新能力有待增强，产业链与创新链融合有待深化。

为推动北京国际科技创新中心建设，助力京津冀协同发展，本报告提出：一是持续强化京津冀核心城市对腹地城市的创新带动效应，进一步培育创新网络次中心，畅通核心城市到腹地城市的创新要素流动渠道，提升区域创新协同效率；二是加快补齐研发群落发展短板，加强关键核心技术及基础前沿技术攻关，立足中介群落集聚优势，建设区域科技成果转化中介公共服务平台，提高北京科创成果在津冀落地转化率；三是培育新的创新组织形式，打造绿色前沿创新生态系统和产业生态系统，推动产业链与创新链深度融合，加快推进京津冀城市群绿色产业和高新技术产业发展；四是强化北京科技创新对津冀的辐射带动作用，大力提升津冀自主创新能力与创新效率，充分发挥各自优势，打造区域协同创新共同体。

关键词： 国际科技创新中心 京津冀 协同发展 协同创新

目　录

Ⅰ　总报告

Ⅱ 专题报告

Ⅲ 区域报告

总 报 告

General Reports

B.1

国际科技创新中心建设助推京津冀协同发展研究*

叶堂林　王雪莹**

摘　要： 国际科技创新中心建设不仅是加快实施创新驱动发展战略、建设科技强国的核心引擎，而且是助力京津冀协同发展向纵深推进的重要突破口。本报告基于对国际科技创新中心内涵、基本特征和主要功能的分析，在理论层面探讨了国际科技创新中心建设对京津冀协同发展的影响机制，在实践层面分析了北京国际科技创新中心建设面临的主要问题及其在助力京津冀协同发展中亟须突破的关键问题。研究发现，北京国际科技创新中心建设面临以下问

* 本报告为北京市社会科学基金重点项目“京津冀发展报告（2023）——国际科技创新中心助推区域协同发展”（22JCB030）、北京市自然科学基金面上项目“京津冀创新驱动发展战略的实施路径研究——基于社会资本、区域创新及创新效率的视角”（9212002）的阶段性成果。

** 叶堂林，经济学博士，首都经济贸易大学特大城市经济社会发展研究院（首都高端智库）执行副院长，特大城市经济社会发展研究省部共建协同创新中心（国家级研究平台）执行副主任，教授、博士生导师，研究方向为区域经济、京津冀协同发展等；王雪莹，经济学博士，山东科技大学财经学院讲师，研究方向为区域协同发展。

题：企业创新水平整体不高，技术创新主体地位有待强化；基础研究投入仍相对不足，研发实力有待增强；产学研合作有待深化，产学研协同创新体系亟待完善；未能充分发挥创新优势，科技创新产业化水平不高；津冀产业化资源支撑不足，制约北京创新成果市场化应用和产业化。三地创新梯度悬殊、“核心-外围”特征明显且城市群各城市间的创新交流与合作有待加强、北京创新资源服务津冀的能力有待提升等问题的存在制约了国际科技创新中心驱动京津冀协同发展的进程。基于此，本报告提出以下对策建议：多措并举、协同合作，助力北京国际科技创新中心建设；推动创新资源与科研成果开放共享，带动津冀科技创新水平加速提升；提升科技成果对接效率，促进北京创新成果在津冀落地转化；强化科技成果转化基础能力建设，助力津冀产业优化升级。

关键词： 国际科技创新中心　协同创新　京津冀协同发展

一　研究背景与研究意义

（一）综观国际——国际科技创新中心建设是提高国际竞争力、抢占战略制高点的重要抓手

自 18 世纪以来，历次科技与产业革命均深刻改变了全球政治经济格局。科技创新作为提升一个国家综合国力的核心要素，已经成为世界百年未有之大变局中的“关键变量”，是应对新一轮科技革命挑战和增强国际竞争力的重要举措。国际科技创新中心是全球创新网络中的枢纽性节点城市，是世界科技创新资源和创新活动的汇集地，在全球创新网络中占据核心地位，并发挥着重要支配作用。作为一国战略科技力量的重要载体和综合科技实力的集

中体现，国际科技创新中心不仅代表着一个国家的创新实力，而且是该国参与国际科技活动的重要窗口，预示着其在全球创新格局中的地位、在世界分工体系中所能达到的战略高度。建设国际科技创新中心是世界主要发达国家应对科技革命的重要手段。近年来，纽约、伦敦、东京及新加坡等城市致力于打造具有全球影响力的国际科技创新中心，推动其所在国成为科技强国与经济强国。当前，世界范围内的科技创新进入全新活跃期，随着经济全球化与知识全球化进程的不断推进，后发国家建设科技创新中心的“机会窗口”已经打开（傅超、张泽辉，2017），建设一批具有全球影响力的国际科技创新中心已经成为后发国家建设世界科技强国的内在要求，也是确立并巩固自身在未来世界经济体系中支配地位的必然选择。以中国为代表的新兴经济体已将国际科技创新中心建设纳入国家创新驱动发展战略，如《中华人民共和国国民经济和社会发展第十四个五年规划和2035年远景目标纲要》提出，支持北京、上海、粤港澳大湾区形成国际科技创新中心。

（二）审视国内——国际科技创新中心建设是加快实施创新驱动发展战略、建设科技强国的核心引擎

改革开放以来，得益于人口、土地与资源红利，中国经济实现了长达30余年的持续高速增长，创造了举世瞩目的“中国奇迹”，但经济发展中长期积累的结构性矛盾与周期性减速问题也逐渐显现。为保持经济的持续稳定健康增长，亟须转变经济发展方式、调整优化经济结构，而科技创新则是实现经济发展方式稳妥转型、经济结构高位升级及经济高质量发展的必由之路。党的二十大报告提出，到2035年，我国将实现高水平科技自立自强，进入创新型国家行列。国际科技创新中心能够集聚和配置全球创新资源，提高创新效率与创新质量，建设一批具有全球影响力的国际科技创新中心，加快促进创新型国家建设，是中国实现创新驱动、转型发展的必然选择。党的十八大以来，习近平总书记就国际科技创新中心建设做出了一系列重要指示，要尊重科技创新的区域集聚规律，因地制宜探索差异化的创新发展路径，加快打造具有全球影响力的科技创新中心，并强调中关村、上海等要加

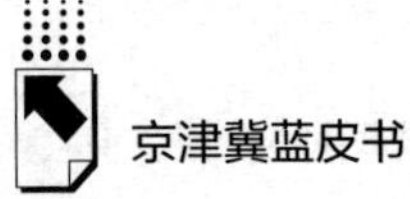

快向具有全球影响力的科技创新中心进军。国际科技创新中心建设关乎“国之大者”，是北京融入新发展格局“五子”联动的关键一子，在实现科技自立自强中承担着重要使命。国际科技创新中心具有极强的辐射带动作用，能够促进周边区域乃至全国范围的科技创新，并推动新产业、新业态的培育和发展，助力科技强国建设。

（三）聚焦京津冀——国际科技创新中心建设是助力京津冀协同发展向纵深推进的重要突破口

京津冀协同发展是习近平总书记亲自谋划、亲自部署、亲自推动的重大国家战略，作为国家区域协调发展战略的重要一环，不仅是新时期中国区域经济迈向新台阶的关键支点，而且是京津冀地区经济持续健康发展的必由之路。京津冀协同发展已由“谋思路、打基础、寻突破”的基础阶段进入“滚石上山、爬坡过坎、攻坚克难”的关键阶段，为解决新阶段京津冀地区存在的发展不平衡、不协调问题，需要进一步探寻助力京津冀协同发展向纵深推进的重要突破口。北京国际科技创新中心建设有助于强化三地间技术创新合作，推动区域创新协作网络建设，带动人才、技术、资本及信息等创新要素向周边地区辐射，提升区域整体科技水平。同时，通过推动创新链与产业链融合发展，助力津冀产业转型升级，实现经济结构优化调整和区域经济高质量发展，为将京津冀打造成为全国创新驱动经济增长新引擎注入新动能，并将京津冀地区建设成为具有全球影响力和国际竞争力的世界级城市群。此外，国际科技创新中心建设是遵循北京城市战略定位的必然选择，通过吸引和集聚全球高端创新资源，促进北京创新实力特别是原始创新能力提升，助力现代化经济体系建设，推动经济高质量发展及国际一流和谐宜居之都建设。

二　分析框架与研究思路

（一）分析框架

本报告主要对国际科技创新中心建设助力京津冀协同发展的情况进行

分析，首先明确国际科技创新中心的内涵、基本特征与功能定位，并聚焦京津冀城市群，在理论层面回答国际科技创新中心建设如何影响京津冀协同发展；在实践层面明确北京建设国际科技创新中心的进展与成效，分析国际科技创新中心建设在助力京津冀协同发展中的作用发挥情况以及亟须突破的领域。本报告由 2 个总报告、8 个专题报告和 3 个区域报告构成。其中，总报告 1 主要阐述整体研究框架，明确国际科技创新中心的内涵、基本特征与功能定位，基于此，分析北京建设国际科技创新中心助力京津冀协同发展的作用机制，并探究北京国际科技创新中心建设的进展与成效，以及在助力京津冀协同发展过程中存在的主要问题。总报告 2 主要通过对比分析我国东部三大城市群创新核心城市与腹地城市间的互动情况，明确京津冀城市群内作为创新核心的北京在与腹地城市互动过程中存在的主要问题。专题报告 3、4 和 8 重点探讨京津冀城市群的创新群落、创新网络及创新资本流空间建设的进展与成效，上述三者均是区域协同创新的重要环境因素，从不同领域反映京津冀城市群创新核心城市与腹地城市间的互动关系，不仅是国际科技创新中心建设的基础，而且是其带动区域协同创新的重要条件。专题报告 5 和 6 分别从创新能力与创新效率两个方面对京津冀城市群的创新水平和创新实力进行测度，并进一步探究影响京津冀城市群创新实力提升的关键因素，区域整体创新实力提升也是国际科技创新中心建设的核心目标之一。专题报告 7 重点探讨北京科技创新成果转化的情况，北京建设国际科技创新中心，其产业驱动功能主要表现为通过创新成果落地转化来助力津冀产业优化升级。专题报告 9 和 10 重点探讨京津冀绿色创新与高技术产业发展的进展与成效，这是北京科技创新实力转化为现实生产力的重要表现，在一定程度上反映了北京国际科技创新中心建设对京津冀产业转型升级及经济高质量发展的成效。区域报告 11、12 和 13 则从北京、天津和河北的视角，分析京津冀三地科技创新发展的进展及其在区域中的地位与作用，明确三地在北京国际科技创新中心建设中的作用发挥情况及面临的主要问题。研究框架见图 1。

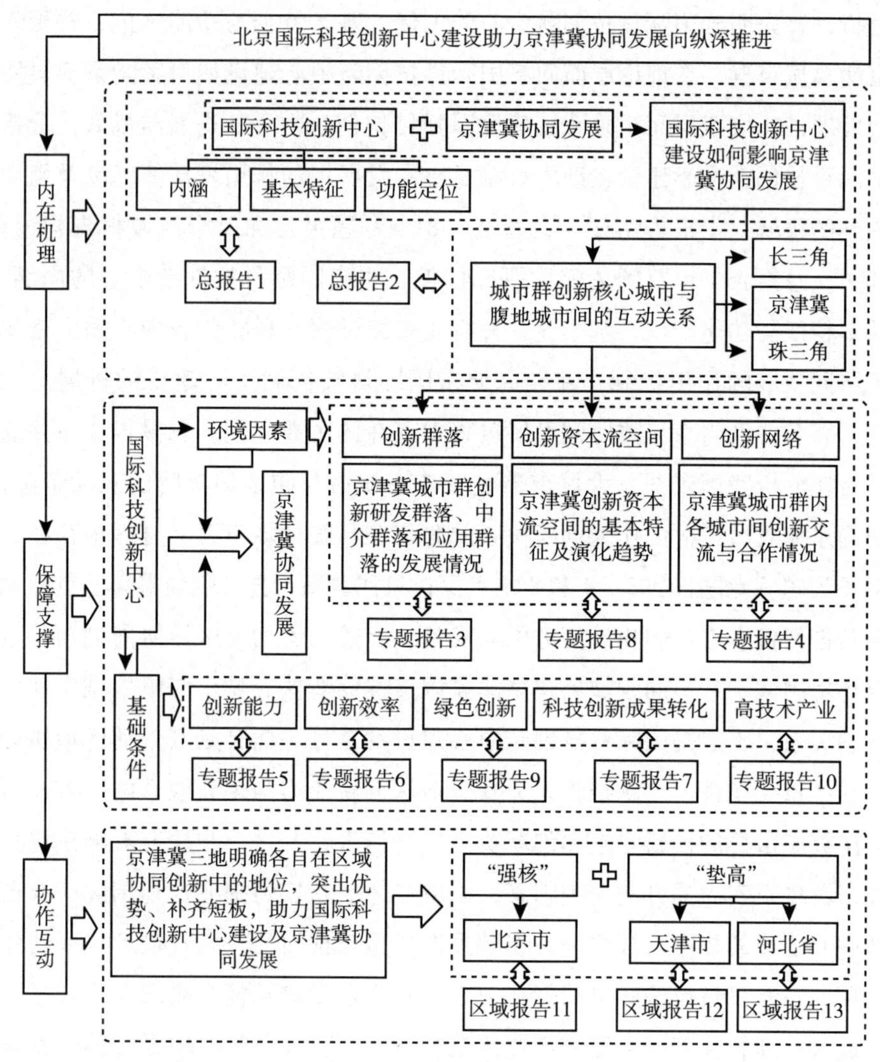

图1　研究框架

（二）总报告研究思路

本报告以“国际科技创新中心建设助推京津冀协同发展”为研究主题，首先要明确国际科技创新中心的内涵与基本特征，从狭义和广义两个视角归纳总结国际科技创新中心的功能定位。基于此，聚焦推动京津冀协同发展的关键领域，从理论层面阐述北京建设国际科技创新中心对京津冀协同发展产生的影响，重点探讨区域协同创新、产业转型升级等领域。坚持理论与实践相结合的研究方式，在实践层面分析北京国际科技创新中心建设的进展与成效，对标世界一流国际科技创新中心，分析当前北京建设国际科技创新中心亟待解决的关键问题，进一步探讨北京国际科技创新中心建设在助力京津冀协同发展特别是区域协同创新过程中存在的主要问题。在上述分析的基础上，找寻具有重要实践价值的对策建议。

三　北京国际科技创新中心建设如何影响京津冀协同发展

（一）国际科技创新中心的内涵与基本特征

2000 年，《美国在线》杂志首次提出“全球科技创新中心”的概念，并指出其形成要满足四个条件：第一，当地高校与研究机构拥有培养技能工人或开发新技术的能力；第二，拥有能提供专业技术和带来经济稳定的老牌企业与跨国公司；第三，人们对创办初创型企业的积极性很高；第四，具备获得风险资本的可能性，能帮助“好点子”（创意）进入市场。随着知识全球化的不断推进，世界范围内的创新活动呈现全球化、集群化与多极化等特点，全球创新网络不断扩张与耦合，加速了创新资源的国际流动，改变了世界范围内创新资源的空间配置格局。部分地理区位优越、产业基础坚实、创新环境良好的城市利用创新网络更快、更广、更多地集聚创新资源，率先成长为全球创新网络中的关键枢纽性节点城市，这些城市不仅通过吸引和集聚外部资源壮大自身，而且通过网络通道不断对外输出技术、产业与制度文化等，形成了强大的外部影响力，当其集聚力和辐射力扩展到全球范围时，国际科技创新中心便得以形成（杜德斌，2018）。通常情况下，国际科技创新中心在科学研发、成果转化及创新环境等方面具有标杆性意义，是全球创新要素的集聚中心、创新活动的控制中心以及新知识、新技能和新产品的创造中心，对全球科技创新和产业发展具有强大的聚集力、控制力与辐射力（许长青，2018）。

分析欧洲、美国、日本等国家和地区的国际科技创新中心可以发现其建设与发展均离不开科技人才的高度集聚、创新企业的集群化发展、创新要素的高效流通以及全球科技创新合作网络的深度嵌入，归纳并总结国际科技创新中心的典型特征如下。一是创新资源密集且高质，并源源不断地集聚全球创新要素。创新资源具有高度流动性，国际科技创新中心通常拥有众多世界一流大学与新型科研机构，集聚了一大批世界级科技“引擎”企业、跨国公司、风险投资公司以及科技中介服务公司等，拥有一批全球顶级科学家、工程师和一流的企业家（杜德斌，2015），以及科技制度创新的科技园区，在全球范围内持续吸引和集聚技术、信息、人才、资本等高端创新要素。二是创新能级高，对全球科技创新活动拥有强大的控制力与辐射力。首先，创新活动具有空间集聚性，国际科技创新中心通常集聚了大量的创新活动，不仅包含知识创新、技术创新和产品创新，而且包含市场创新、商业模式创新和管理组织创新等（张赛飞、刘晓丽，2018）；其次，国际科技创新中心是发起、引领和主导新科技革命的主阵地，是新技术、新产品、新产业及新模式等的策源地，在若干重大科技产业创新领域取得了重要突破，占据了全球创新链、产业链和价值链的高端环节；最后，创新成果丰硕，产出了一系列原始创新成果，并通过创新网络将其掌握的先进技术、高附加值产品等向全球范围扩散，形成了极强的辐射效应。三是创新生态环境优越，是世界创新制度与国际标准的制定者。国际科技创新中心往往拥有良好的创新生态环境，包括开放包容的创新文化和创新创业氛围、完善高效的创新制度体系、优质的配套设施与服务、宜居宜业的生活环境等，这些都有助于全球范围内的创新资源和创新活动在此集聚。国际科技创新中心以其强大的凝聚力和国际影响力在世界科技创新活动中扮演着规则制定者的角色。

（二）国际科技创新中心的功能定位

通过梳理现有研究发现，社会各界已对国际科技创新中心的功能定位形成较为一致的认知（见图 2）。从创新视角看，国际科技创新中心的具体功能可概括为以下几个方面。一是创新创造功能，这是国际科技创新中心最本质的功能。在若干重大科技产业创新领域创造出大量前所未有的、具有重大突破性的新知识与新技术，并创造出引领世界消费潮流的新产品，最终形成新产业和新业态，成功地将科学技术转化为现实生产力，是国际科技创新中心能够控制全球创新活动的根本所在。二是资源配置功能。国际科技创新中心在全球创新网络中处于核心枢纽地位，能够在全球范围内汇聚、整合与配置创新资源，成为国际创新资源的“中转站”及“目的地”，推动科技创新要素在更大范围内合理流动与高效利用，以接近帕累托最优状态，为新知识和新技术的创造和生产提供要素保障。三是辐射引领功能。国际科技创新中心不仅通过集聚和配置全球创新要素创造新知识和新技术，而且会对外输出其影响力，表现为推动新技术与新产品等向全球范围推广和扩散，并促进世界范围内的科技创新与高科技产业发展，从而成为全球创新活动的控制中心。四是信息交流功能。国际科技创新中心通常汇集了不同国家或地区的诸多跨国公司、科研院所等，是国际最前沿、最丰富的创新信息和知识技术的交汇地，通过促进科研人员与机构的学习交流及合作（林柳琳、吴兆春，2020），促进新技术、新发明和新产品等的产生。国际科技创新中心的四个功能相互交织、共同发挥作用，如资源配置功能与信息交流功能的发挥能够为国际科技创新中心新技术与新产品等的创新创造提供人才、资本、信息等要素支持，保障了创新创造功能的发挥，而只有创造出新技术和新产品才能辐射带动全球科技创新和高科技产业发展，高效的信息交流还会助力国际科技创新中心辐射带动作用的发挥。

单从创新视角看，可将国际科技创新中心的功能归纳为科学研究功能（主要聚焦原始创新领域，创造出新知识等）与技术创新功能（主要聚焦新知识的转化和影响，创造出新技术等）。除此之外，国际科技创新中心的功能还可进一步延伸和扩展，包括产业驱动功能和文化引领功能等（杜德斌，2018），其中产业驱动功能表现为由技术创新带动产品创新、市场创新等，通过新技术的应用与市场化，创造出更多新产品，聚焦高精尖技术产业，培

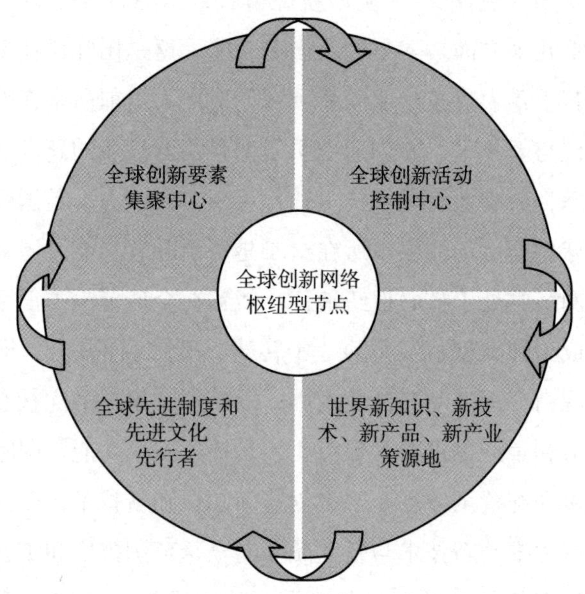

图 2　国际科技创新中心的功能定位

育新兴产业和新业态，推进产业变革，成为全球新兴产业的重要策源地，最终实现产业优化升级及实体经济发展；文化引领功能表现为科技进步与产业创新，特别是技术革命与产业变革易催生新的生产生活方式，从而促进新的商业文化产生，国际科技创新中心对全球创新活动及经济活动的强大控制力必将推动新的商业文化在全球范围内推广和扩散，进而引领全球文化发展。

（三）建设国际科技创新中心对京津冀协同发展的作用机制

国际科技创新中心不仅是区域创新体系的一种高级形态，而且是国家创新体系的重要组成部分①，是中国式现代化的重要支撑。作为“五子”联动中的两子，国际科技创新中心建设与京津冀协同发展相辅相成，能够形成正向叠加效应。本报告主要从直接影响与间接影响两个方面来探讨北京建设国

① 《苏竣：探索国际科技创新中心建设的中国道路》，百度百家号，2022 年 11 月 16 日，https：//baijiahao. baidu. com/s？ id = 1749662336532964475&wfr = spider&for = pc。

际科技创新中心对京津冀协同发展的影响机制。其中，直接影响主要表现为国际科技创新中心建设对京津冀协同创新的积极作用以及对京津冀产业转型升级的影响；间接影响则表现为国际科技创新中心通过影响协同创新进而对交通一体化、生态环境联防联治及公共服务均等化的影响。

一是推动区域协同创新，提升京津冀科技创新实力。当前京津冀协同发展正处在“滚石上山、爬坡过坎、攻坚克难”的关键阶段，必须坚持科技创新驱动区域协同发展。对于北京而言，作为中国创新资源最丰富、创新实力最雄厚、创新主体最活跃的城市之一，它拥有众多国内一流高校与科研院所，每年都涌现出一大批科技创新成果，但仍存在原始创新能力有待提升、尚未形成企业主导的科技创新体系等问题。北京要建设国际科技创新中心，需要通过吸引和集聚全球高端创新资源，特别是科技型企业及跨国公司研发部门等，提高新知识和新技术的产出能力，提升企业科技创新实力，推动以企业为主的自主创新体系建设，助力北京打造成为全球原始创新策源地，在区域协同创新中发挥“强核”作用。对于津冀而言，综观世界一流国际科技创新中心，其建设离不开周边腹地城市的有力支撑，北京要建设国际科技创新中心，需要不断强化津冀两地的科技创新实力，以“垫高”区域创新基石。可以通过反向激发北京发挥创新引领作用的积极性，助力京津冀协同创新共同体建设，形成紧密协作、高效协同的区域技术创新网络，进而促进区域创新要素合理流动与高效配置，推动区域协同创新走深走实；还可以促进京津冀科技创新能力体系化发展，推动区域整体创新水平提升，为区域经济发展动能转化提供科技支撑。

二是推动产业链与创新链深度融合，助力区域产业优化升级。当前，京津冀三地产业结构差距突出，产业间的相互依存度较低，上下游企业间的关联性较弱，难以形成良性的产业互动，也就无法通过产业关联、产业协同或产业融合达成互惠关系，从而助力京津冀协同发展。同时，津冀地区由于缺乏自主创新能力和核心技术，其关键产业长期面临深化技术改造和促进产业转型升级的挑战，导致产业缺乏竞争力和支撑力。创新驱动是中国区域经济发展方式转变和产业结构调整的“强心针”与“助推器”，北京国际科技创新中心建设有助于加快区域创新驱动步伐，进而推动津冀产业高效转型升级。北京建设国际科技创新中心，不仅要服务于国家重大需求，致力于前沿技术和关键核心技术研发，而且要带动京津冀三地在产业共性技术研发领域联合攻关，提升研究水平和产品技术含量，其科学研究与技术创新功能辐射整个京津冀地区乃至全国，为津冀地区产业转型升级提供技术支持。同时，国际科技创新中心的产业驱动功能不仅能够通过构建新技术全域应用场景，推动高新技术产业发展，助力北京现代化经济体系构建，而且能够通过带动京津冀三地在成果应用方面的深度合作，打造京津冀产业合作新平台，提高技术贡献率，推动科技进步及科技成果在区域内落地转化，助力产业链与创新链融合发展，助推津冀产业转型升级，实现京津冀产业高质量发展。

国际科技创新中心的形成需要不断吸引和集聚国际高端人才，这与国际一流和谐宜居之都建设息息相关、相辅相成。国际科技创新中心建设对城市生活品质、区域宜居宜业水平提出了更高的要求，这将驱使京津冀生态环境改善、公共服务均等化水平提升。国际科技创新中心不仅能够吸引和集聚创新资源，而且会促使各类人才与资源在区域内集聚，为京津冀协同发展提供技术支持和要素支撑，同时其具备的辐射带动作用，往往会惠及周边区域，助力京津冀协同发展。一是助力城市智慧交通水平提升，推动京津冀交通一体化进程。北京国际科技创新中心建设通过为京津冀城市交通管理智能化体系构建提供技术支持，如推动5G、机器人、环境智能感知和控制等产品与技术在城市智慧轨道交通建设及运营中的应用，为居民提供安全、绿色、便捷的出行服务，助力京津冀交通一体化发展。二是为深化京津冀生态环境综合治理提供技术支持。《北京市“十四五”时期国际科技创新中心建设规划》提出，聚焦低碳、零碳、负碳等关键核心技术展开科技攻关，围绕大气污染防控、现代化能源利用等重点领域，推动碳中和绿色技术应用场景建设，打造碳中和技术平台和产业链；聚焦区域性污染治理中的关键技术问题开展研究，提高生态环境综合治理水平，推动优美生态环境的营造。此外，北京国际科技创新中心建设通过推动津冀产业转型升级，助力京津冀生态环境改善。三是推进智慧医疗与数字教育发展，推动实现区域公共服务均等化。习近平总书记对京津冀协同发展提出明确要求，要坚持以人民为中心，促进基本公共服务共建共享。北京国际科技创新中心建设为智能化诊疗、互联网医院建设等提供技术支持，如通过引入人工智能、5G 等技术，有效整合和利用京津优质医疗资源，推进医联体建设，通过医疗信息与资源共享，提高河北地区的医疗服务水平。同时，国际科技创新中心建设为数字学校、数字教育等提供技术支持，通过实施数字学校优质资源共享项目，推动京津冀优质教育资源共享。北京国际科技创新中心建设对京津冀协同发展的影响见图 3。

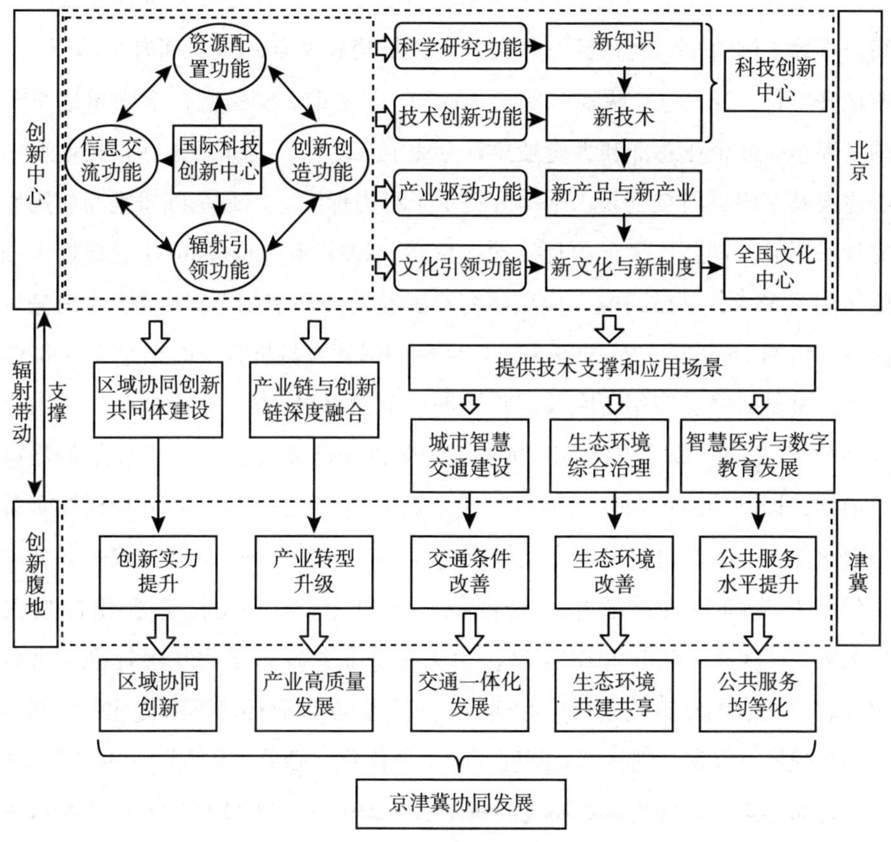

图 3　北京国际科技创新中心建设对京津冀协同发展的影响

四　北京国际科技创新中心建设进展与成效

北京建设国际科技创新中心，要立足首都发展实际，充分利用自身丰富的科教资源，加快推进“三城一区”主平台、中关村国家自主创新示范区主阵地建设，推进非首都功能疏解，辐射带动津冀发展，加快推动京津冀协同发展。

（一）科技创新优势得天独厚，创新中心建设基础坚实

一是拥有众多高精尖创新人才和机构载体，创新资源优质且整合程度高。作为大国首都，北京拥有强大的资源集聚和整合能力，拥有全国近 1/2 的最好学科、1/2 的“两院”院士、1/3 的国家重点实验室，全国超过 50% 的世界 500 强企业总部和大量独角兽企业汇聚北京，为北京国际科技创新中心建设及京津冀科技创新水平提升提供了有力保障。二是基础研究与应用研究优势明显，创新成果丰硕且技术含量高。2021 年，北京 R&D 经费投入强度达到 6.53%，基础研究、应用研究及试验发展环节的 R&D 经费支出分别占总支出的 16.07%、24.99%和 58.94%；R&D 人员折合全时当量为 338297 人年，基础研究、应用研究及试验发展环节的 R&D 人员折合全时当量占比分别为 22.33%、28.72%和 48.96%，表明创新活动优势集中于技术创新链条前端，即基础研究与应用研究环节。2021 年，北京万人发明专利拥有量为 185 件，万人高价值发明专利拥有量为 94.2 件①，均位居全国第一。北京每年荣获奖励和成果数量占全国的 1/3 以上，《中关村标准化白皮书（2019）》显示，截至 2018 年底，中关村企业共发布了 380 项标准。这些都有利于北京国际科技创新中心建设。三是创新创业环境不断优化，创新生态初具规模。首先，创新创业制度环境不断优化。随着“9+N”、“9+N” 2.0 和《北京市进一步优化营商环境行动计划（2018 年—2020 年）》等优惠政策的落实，北京的市场创新环境明显改善，特别是政府减免税费措施惠及更多

① 数据来源于《北京统计年鉴 2022》。

创新型中小企业，如中小企业研究费加计扣除比例由50%提高至75%，累计新增减税降费约400亿元。其次，科技中介服务业发展态势良好。2022年，北京拥有科技推广和应用服务业612402户，是上海（308843户）的1.98倍，较上年增长11.18%；孵化器和众创空间数量占比①为0.07%，优于全国93.77%的城市。② 最后，金融科技服务水平持续提升。2022年11月，《2022全球金融科技中心城市报告》（*Global FinTech Hub Report 2022*）发布，北京连续四年位居全球金融科技中心城市榜首。综上，北京创新生态不断优化。2022年6月，全球创业研究机构StartupBlink发布的《2022年全球创业生态系统指数报告》指出，北京居全球第6位。

（二）创新平台作用日益彰显，创新中心建设进入加速推进阶段

一是中关村示范区先行先试引领作用日益凸显，创新主阵地建设高效推进。作为全国第一个国家自主创新示范区，中关村要加快建设世界领先的科技园区，支撑北京国际科技创新中心建设。首先，原始创新能力大幅提升。2020年，中关村发明专利申请量为79677件，同比增长12.60%，累计创制国际标准及国外先进标准505项（勒川，2022）。2019年，中关村国家自主创新示范区荣获国家科学技术奖70余项，约占全国的1/3；技术合同成交额近4000亿元，约占全国的1/5。其次，市场创新主体培育成效显著。中关村连续五年每年新设立科技型企业2.5万家。截至2020年底，拥有独角兽企业约90家，占全国的40%以上；拥有高新技术企业2.7万家，占国家高新区企业总数的25%以上。最后，先行先试改革实现新突破。中关村已出台在京高校与企事业单位科创成果转化实施方案、中关村国际人才20条新政等若干先行先试政策，如“科创30条”，从深化人才体制机制改革、构建高精尖经济产业结构、创新科研管理制度、优化创新创业环境等方面提供全面制度保障；开展投贷联动、企业境外并购外汇管理、企业外债便利化

---

① 孵化器和众创空间数量占比=孵化器和众创空间数量/企业总数。

② 数据来源于龙信企业大数据平台。

等改革试点，30余项试点政策在全国推广实施。二是“三城一区”建设步伐不断加快，科技创新格局逐步形成。北京高标准建设中关村、昌平、怀柔国家实验室，培育了一批新型研发机构，突破了一批“卡脖子”技术。以怀柔科学城为例，“十三五”时期，29个科学设施土建工程全部完工，涵盖5个大科学装置、11个科教基础设施、13个交叉研究平台，科学基础设施率先抢跑。随后涌现出一批世界领先原创科技成果，截至2022年，已累计产出重大科研成果51项、专利394项，涌现出无液氦稀释制冷机原型机、高品质因数超导腔等高质量科研成果。[①]“三城一区”以全市31.8%的企业数量汇集了全市六成左右的研发资源，人工智能、5G技术、生物医药等产业科技创新成果加速涌现（李国平，2022），主平台功能不断彰显，以不足6%的土地面积贡献了北京GDP的1/3，支撑北京高质量发展。

（三）带动区域创新生态持续优化，对津冀的辐射带动效应不断增强

一是通过制度性合作建设，带动津冀创新生态持续优化。自2014年以来，京津冀三地先后签署了《京津冀协同创新发展战略研究和基础研究合作框架协议》《共同推动京津冀国际科技合作框架协议》《京津冀人才一体化发展规划（2017—2030年）》《关于共同推进京津冀协同创新共同体建设合作协议（2018—2020年）》等框架协议，使得京津冀区域协同创新政策日臻完善，促进了三地的创新交流与合作。二是创新资本流空间关联日趋密切，可达性和关联密度明显提升。在京津冀城市群内，京津两地已经实现与流空间中所有节点建立双向创新关联，且大部分节点城市间均已形成稳定的双向创新关联关系。2012~2021年，京津冀创新资本流空间的平均度由3.231增加至8.923，平均路径长度由1.771缩短至1.250，网络密度由0.269增加至0.744，平均聚类系数由0.575增加至0.788，表明流空间内创

① 《怀柔：科学城加速“展翅腾飞”》，国际科技创新中心网站，2022年8月16日，https：//www.ncsti.gov.cn/kjdt/scyq/hrkxc/cqdt/202208/t20220816_ 93696.html。

新合作强度和信息流通性大幅提升。三是科技创新辐射带动对津冀产业升级的作用不断强化。2021 年，北京落地本市的技术合同成交额为 1814.2 亿元，流向外省份的技术合同成交额为 4347.7 亿元，技术出口额为 843.8 亿元。其中，共有 5434 件技术合同流向津冀两地，技术合同成交额超过 350.4 亿元，占流向外省份技术合同成交额的 8.06%，较 2020 年增长 10.3%。北京对津冀的辐射作用和引领作用逐步增强，在推进京津冀科学技术成果转移与产业化协调发展方面发挥了重要作用。

（四）科技领域国际交流合作高水平发展，全球科技影响力持续提升

一是搭建国际交流平台，提高全球创新治理参与度。近年来，北京陆续举办了中关村论坛、世界机器人大会、世界 5G 大会、北京智源大会、中关村科学城生命科技创新论坛、北京国际学术交流季等一系列国际科技交流品牌活动。特别地，中关村论坛的全球影响力持续提升，成为我国深度参与全球创新治理的重要“窗口”。二是加快海外创新平台建设，推动创新资源在北京聚集。中关村发展集团已在美国硅谷、德国海德堡、以色列特拉维夫设立创新中心，各创新中心累计孵化超过 400 个项目，推荐 300 多个项目，吸引近 200 人来京发展①，链接全球创新网络的中关村节点建设成效显著。

五　主要问题与对策建议

本部分首先对当前北京国际科技创新中心建设过程中面临的关键难题进行分析，其次探讨国际科技创新中心在助力京津冀协同发展特别是协同创新、产业转型升级中存在的主要问题，最后基于问题分析提出对策建议。

① 《北京科技创新国际交流合作成效显著》，科学技术部网站，2022 年 9 月 22 日，https：//www.most.gov.cn/dfkj/bj/zxdt/202209/t20220922_182566.html。

（一）北京国际科技创新中心建设中存在的主要问题

对标硅谷、波士顿、东京等世界一流国际科技创新中心，北京国际科技创新中心建设仍任重道远。首先，集聚和配置全球顶级创新资源的能力有待提升，如拥有诺贝尔奖级别的领军科学家、“高被引科学家”较少，且顶级科研平台发展相对不足；其次，尚未形成世界领先的原始创新能力，特别是标志性成果较少；再次，关键核心技术较为匮乏，全球技术创新引领能力相对较弱；最后，缺乏世界领先的产业创新，科技成果产业化水平有待提升。究其原因，可归纳为以下几个方面。

一是企业创新水平整体不高，技术创新主体地位有待强化。党的十九大报告明确提出要建立以企业为主体、市场为引导、产学研深度融合的技术创新体系。长期以来，北京科技创新的高位运行态势得益于其拥有全国一流的高校和科研院所，而企业创新实力较弱，特别是创新投入增长缓慢，创新动力有待挖掘。2010~2020 年，北京高校和科研院所等 R&D 经费投入不断增加，R&D 经费支出占比始终保持在六成左右，而企业 R&D 经费支出占比则相对较低，仅为 35%~41%，且年均增长率低于高校和科研院所。2019 年，北京企业 R&D 经费支出占全社会 R&D 经费支出的比重为 41.72%，远低于上海（63.11%）、广州（64.97%）和深圳（83.22%）；企业 R&D 经费投入强度为 2.57%，明显低于欧洲（2.7%）、日本（3.2%）和美国（5.0%）。此外，北京企业 R&D 人员数占全社会 R&D 人员数的比重始终低于 50%。同时，企业研发投入不足，产生的技术不易转化为产品，影响技术成果的落地转化。二是基础研究投入仍相对不足，研发实力有待增强。得益于拥有大量的国家级科研机构，北京在基础研究领域先天优势明显，且基础研究投入强度不断提升。2021 年，北京基础研究环节 R&D 经费支出占比为 16.07%，R&D 人员折合当量占比为 22.33%，分别较 2010 年（11.63%、15.22%）提高 4.44 个、7.11 个百分点①，稳居全国首位。但与全球发达经济体相比仍存在较大差

① 数据来源于《北京统计年鉴 2022》。

距，如法国 1973~1992 年的基础研究投入强度稳定在 21%左右，且在 2015 年上升至 23.77%；美国的基础研究投入强度保持在 17.5%左右。《2021 全球城市实力指数（GPCI）》报告显示，在全球城市综合排名中，北京列第 6 位；而在研发实力排名中，北京仅列第 12 位，其得分为 93.3，仅为首位城市纽约（216.1）的 43.17%。三是产学研合作有待深化，产学研协同创新体系亟待完善。近年来，北京充分发挥高校和科研院所集聚优势，着力推动产学研合作，但由于存在政产学研项目在高校和科研院所认定等级较低等问题，产学研合作重点尚未落在企业层面，科技中介机构参与度不高。根据《国际科学、技术和创新的数据和见解——全球 20 个城市的比较研究报告》，2016~2020 年，在全球 20 个创新城市中，北京的产学合作发表文献比例仅为 5.1%，与首位城市旧金山（11.3%）差距较大，列第 17 位。四是未能充分发挥创新优势，科技创新产业化水平不高。当前仍存在“破五维”不彻底的问题，特别是“唯论文”中的高水平期刊多为英文期刊，相关数据库掌握在欧美机构手中，加之语言的影响，导致国内学者发表的前沿科技论文无法很好地为国内企业发展赋能。2021 年，北京高技术产业实现增加值 10866.9 亿元，占 GDP 的比重为 27.0%，而 2008 年这一数值为 28.56%，表明北京高技术产业的地位并未得到有效提升，高技术产业发展滞后于经济增长，北京要具备世界领先的产业创新水平“道阻且长”。五是津冀产业化资源支撑不足，制约北京创新成果市场化应用和产业化。国际科技创新中心应拥有世界领先产业创新，而世界领先产业创新通常根植于坚实的产业基础和较大的产业规模之上。相较于长三角、珠三角城市群，京津冀地区缺乏完善的制造业支撑体系和世界级的产业集群来支撑国际科技创新中心形成。而且，研发成果进入产业化阶段需要大量的资金支持，但津冀两地缺乏较大规模的产业基金、金融资本等的支持，也制约了科技成果在津冀的落地转化。

（二）国际科技创新中心建设推动京津冀协同发展面临的问题

根据前文的理论分析，国际科技创新中心建设通过促进区域协同创新、辐射带动津冀产业升级等推动京津冀协同发展，并通过提供技术支持和应用场景，推动区域生态、交通、公共服务等领域的协同发展。

一是创新梯度悬殊，阻碍国际科技创新中心驱动区域协同创新进程。京津两地“创新极化”、河北 11 市“创新洼地”现象明显，作为创新腹地的河北各市创新实力较弱，“负担”过重超出了当前北京国际科技创新中心的承受能力。首先，三地间行政级别、功能定位及经济社会发展水平等差距长期存在，加之制度、政策和市场等多重障碍尚未破除，导致京津冀三地存在创新要素流动不畅等问题。其次，京津冀三地创新能力差距明显。2020 年，北京的城市创新综合能力得分为 0.9065，居京津冀城市群首位，接下来是天津 0.4454、石家庄 0.3131，河北其余 10 市的城市创新综合能力得分均位于［0.1048，0.1967］范围内。除创新环境外，不论是创新投入得分还是创新产出得分，津冀与北京均存在断崖式落差。2021 年，北京发明专利授权量为 79210 件，是天津（7376 件）的 10.74 倍，是河北 11 市之和（8621 件）的 9.19 倍。最后，北京具有相对活跃的外部创新联系，但津冀在北京创新活动中的参与度有待提升，尤其是河北未能发挥邻近京津的地理优势，从北京获得的创新投入规模较小，与北京的创新合作较弱。2020 年，京津合作论文数为 4212 篇，京冀合作论文数为 3125 篇，其中除北京与石家庄的合作论文数达到 1109 篇外，北京与河北其余 10 市的科研合作均较少。2020 年，京津合作专利数为 4473 件，京冀合作专利数为 5337 件，其中北京与石家庄、保定和廊坊的合作专利数分别为 2036 件、1246 件和 530 件，与河北其余 8 市的合作专利数均小于 300 件①，这表明京冀间的技术合作有待加强。特别地，河北地区人才资源极度匮乏，严重制约了其创新实力提升与创新合作进程。2020 年，河北 R&D 人员数为 12363 人，仅占全国的 2.18%，且高端人才稀缺，R&D 人员中拥有博士学历的人员数占比仅为 5.71%，较全国平均水平（8.43%）低 2.72 个百分点。此外，创新实力悬殊也引致津冀的技术吸收和成果转化能力不足，制约了北京创新辐射作用的发挥。

二是“核心-外围”特征明显，京津冀城市群各城市间的创新交流与合

① 数据来源于国家知识产权局。

作有待加强。从创新群落发育情况看，除中介群落外，相较于长三角、珠三角城市群，京津冀城市群研发群落和应用群落的集聚水平都有待提升。以研发主体和应用主体平均拥有量为例，2021 年，京津冀城市群研发主体平均拥有量仅相当于长三角城市群的 1/4、珠三角城市群的 1/5；应用主体平均拥有量与长三角城市群的差距较小，但与珠三角城市群的差距较大，仅相当于其 1/10。与全国相同等级的其他城市相比，北京的研发主体拥有量在国家中心城市中处于中游位置，天津排名则较为靠后；京津两地的应用主体拥有量在国家中心城市中均处于中游位置。与全国其他省级中心城市相比，不论是研发主体拥有量还是应用主体拥有量，石家庄仅处于中上游位置，而唐山排名则较为靠后。从创新网络发展情况看，京津冀城市群创新网络均衡度和凝聚力均不断提升，但中心城市与外围城市间的创新协作有待加强。创新网络的集聚分析结果表明，作为中心城市节点的津冀、次中心城市节点的石家庄与外围城市节点之间均缺乏协作互动，次中心城市节点保定也未与外围城市节点之间形成稳定的协作关系。京津冀的跨区域创新关联程度不断提升，但在全国创新网络中的地位有所下降。截至 2021 年，京津冀城市群内大部分城市节点的接近中心度、中间中心度在全国的排位均有所下降。从创新核心城市与腹地城市间的互动关系看，虽然京津冀城市群内核心城市与腹地城市的地位差距有所缩小，但相较于长三角、珠三角城市群，京津冀城市群不论是研发网络还是中介网络中核心城市与腹地城市间的联系都不够紧密，且中介网络中核心城市的控制力进一步增强，集聚态势仍在加剧。同时，京津冀城市群的创新扩散形式仍然是核心与外围间的“点对点”模式，未形成链路传播形态。

三是辐射带动作用的发挥仍存在很大空间，北京创新资源服务津冀的能力有待提升。2021 年，北京流向本市、外省份以及出口的技术合同成交额占比分别为 25.90%、62.06%和 12.04%。北京在全国范围内的技术转移具有“跳跃式”传播的特点，其技术主要流向科技服务更完善、产业链条更成熟的长江经济带地区。2019 年，北京有 1526 亿元的技术合同成交额流入“长江经济带”各省份，占北京流入外省份技术合同成交量的 50.6%，且比

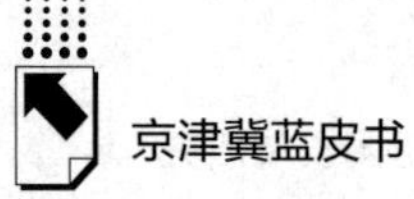

上年增长50.9%。创新资源和成果共享不足，加剧了京津冀创新水平的两极分化，阻碍了京津冀协同创新推进的速度与深度。首先，产业梯度悬殊导致北京科技创新与津冀产业需求的匹配度较低，科技成果在津冀缺乏广泛的应用场景和孵化平台，难以在津冀落地转化，对其产业转型升级未起到明显的带动作用。2021年，北京规模以上工业企业中发明专利授权量占比排名前三的行业分别为计算机、通信和其他电子设备制造业（40.07%），专用设备制造业（11.57%），电力、热力生产和供应业（6.45%）。[①] 2020年，河北规模以上工业企业营业收入占比排名前三的行业分别为黑色金属冶炼和压延加工业（30.88%），电力、热力生产和供应业（6.92%），汽车制造业（6.39%）。[②] 其次，供需双方对科技成果的潜在价值评估判断存在较大差异，加之缺少权威的创新成果价值评估机构，降低了市场总体交易效率。从专利交易市场数据看，大多数专利成果报价虚高，导致津冀企业不敢轻易地进行“对赌”转化。最后，北京对津冀的创新产业投资较少，不利于带动津冀高技术产业发展。截至2022年底，北京信息传输、软件和信息技术服务业企业对外投资主要集中在珠三角、长三角地区，主要是广东（1366.5亿元）、江苏（637.4亿元）、上海（608.8亿元）和浙江（604.3亿元），河北仅为336.4亿元，相当于北京对外投资总额的4.47%。北京企业对天津的投资以金融、科研教育和商务服务等行业为主，对河北的投资以劳动密集型和资本密集型制造业为主。

（三）对策建议

北京国际科技创新中心建设要与京津冀协同发展相互促进，基于三地的禀赋特色，充分发挥各自优势，以产业链、价值链和创新链为依托，引导城市群内各城市因地制宜、错位协同发展。同时，要以国际科技创新中心建设为抓手，带动三地在产业共性技术研发和成果应用方面开展深度合作，形成

---

① 数据来源于《北京统计年鉴2022》。

② 数据来源于《河北统计年鉴2021》。

紧密协作的区域技术创新网络，推动北京科技创新成果在津冀孵化落地，助力津冀产业优化升级。

1. 多措并举、协同合作，助力北京国际科技创新中心建设

一是培育和集聚高端创新人才，强化区域战略科技力量。一方面，依托北京拥有众多一流高校与科研院所的优势，大力提升高校科学研究能力和人才培养质量，使高校成为创造新知识、开发新技术的策源地以及培养、集聚、储备优秀科技人才的“摇篮”。另一方面，营造一流的国际创新软环境，加大国际顶尖人才的引进力度。围绕人工智能、生物医药等关键领域建立外籍退休科技人才来华工作机制，优化海外人才回流机制，创新“海外工程师”“候鸟专家”引进和利用机制，多路交织引进国际创新人才；开展国外人才“一证通用”改革，建立高层次外籍人才永居推荐“直通车”制度，为国际人才流通和集聚提供快捷通道，加快人才港建立。二是强化企业主导研发模式，完善市场主导科技创新生态系统。不断拓展政府课题资助体系的选题范围，设置企业科技发展专项课题，推动应用型课题从高校和科研院所主导向企业主导转变，更好地赋能企业发展；组织区域产业创新创业大赛，通过“揭榜挂帅”在高校和科研院所发布产业实际需求，鼓励大学生和研究生团队参与创新创业，并对大赛优秀项目进行定向推广转化，如在北京大兴国际机场临空经济示范区试点并推广。针对“专精特新”企业，建立定向定时推送科技前沿数据库，将北京各大高校和科研院所已发表的最新前沿成果以中文形式上传数据库，并免费同步至京津冀地区的企业，为企业提供掌握科技前沿、捕捉科技动向及成果转化对接机会。三是改革科技创新体制机制，持续优化创新环境。改革科研评价机制、人才激励机制和工资薪酬制度等，为研发人员营造良好的科研环境；集聚和发展各类风险资本，培育风险资本市场，为社会大众的创新创业梦想提供“种子资金”和“天使资本”；倡导和培育“车库”文化、创客文化等创新文化价值，营造“大众创业、万众创新”的社会文化氛围，充分激发亿万群众的创新创造活力。

2. 推动创新资源与科研成果开放共享，带动津冀科技创新水平加速提升

一是创新人才合作共享机制，缓解津冀高端人才缺乏难题。鼓励和引导

京津冀三地高校、科研院所联合培养和选拔技术人才，鼓励校内任职人员在协同创新共同体相关平台兼职；利用互联网平台优势定期开展线上“星期日工程师”服务，形成三地人才交流互动机制，推动科技人才共享。二是加快科技创新资源开放共享。持续推进北京的科技创新平台、实验室等重大科学仪器设备面向津冀两地开放共用共享，提高科技创新合作便利化水平；搭建京津冀重点产业链信息服务平台，加强创新信息共享。三是创新财政支持方式，统筹利用京津冀三地科技、专项资金与产业基金，聚焦重点项目、重大平台，支持协同创新共同体建设。

3. 提升科技成果对接效率，促进北京创新成果在津冀落地转化

一是重视供需匹配原则，加强共性技术联合开发。支持和引导清华大学、北京大学、中国科学院等知名院校以及具备条件的研发机构、实验室针对津冀企业实际需求开展市场化创新服务，提高北京科技创新成果与津冀产业需求的匹配程度；围绕生物医药、新材料、智能制造等高新技术产业的共性需求，加强京津冀三地研究机构与企业深度合作，协同开展技术创新。二是建立科技成果评估和定价机制，完善科技成果转化政策体系。不断完善京津冀三地科技成果评估体系，发挥行业协会、研究会和专业评估机构的科技成果价值评价作用，根据科技成果转化历史数据，通过大数据技术对科技成果价值评估进行精准分类、分层指导，建立科技成果转化公开案例库，为科技成果的科学评估和定价提供参考。三是建设区域科技成果转化中介公共服务平台，提升科技成果对接服务水平。建立需求导向和市场导向的技术转移服务机制，把企业转型升级、产业结构调整和区域创新发展的需求作为技术转移服务的核心，建立京津冀技术交易市场，召开区域“科博会”，畅通三地科技成果流通渠道；支持“首都科技条件平台”和北京技术市场在津冀设立窗口，加强三地技术市场信息数据互联互通，助力北京科技创新成果在津冀找寻应用场景；发挥京津冀协同发展促进会、北京市工商业联合会等枢纽型中介服务机构作用，组织开展信息交流与建设等服务，为京津冀创新链与产业链、产业上下游衔接协作发展提供精准市场对接服务；建立科技成果大数据推介平台，通过人工智能技术对产业科技需求和北京科技成果供给进行精准匹配，更好地实现“穿针引线”；支持北京各类知识产权服务机构与科技服务联盟等在津冀设立分支机构、组建专业团队，开展知识产权专业服务，提高津冀知识产权运营和管理能力。

4. 强化科技成果转化基础能力建设，助力津冀产业优化升级

一是加强区域内创新型孵化器建设，促进科技成果在津冀落地。支持北京创新型孵化器、加速器（如中关村国际孵化器有限公司、北京启迪之星创业加速科技有限公司等）在津冀设立分支机构，开展创业孵化服务，引导技术转移、科技金融、创新教育等资源在津冀加速集聚；支持津冀龙头企业、创新园区等主体与北京加强合作，共建孵化器、基金等合作平台，围绕产业发展需要，推动开展技术研发、创业孵化、成果转化等合作；推动实行“项目+孵化机构+基金”的联合转化模式，积极组建产业化公司，真正实现“京津研发、河北转化”。二是加强津冀中试基地建设，为成果转化创造支撑平台。在环京津科技园区的重点地区，加快建设一批高水平科技合作示范基地或中试中心，打造一批成果转移转化承载高地，提升河北“造血”功能和内生发展动力。三是试点建设双向“飞地”，打通创新项目在北京孵化与津冀产业化联动通道。借鉴嘉温、深汕双向“飞地”模式，在北京建立“科创研发飞地”，在河北产业园区建立“产业合作飞地”，构建“创新研发—成果孵化—产业化落地”的创新创业生态链条。此外，构建多渠道融资体系，充分发挥京津冀协同创新基金、京津冀产业协同发展投资基金的引导作用，通过在津冀设立协同发展子基金，与津冀地区金融政策对接融合，为科技创新成果在津冀转化落地提供资金支持。

参考文献

杜德斌：《上海建设全球科技创新中心的战略路径》，《科学发展》2015 年第 1 期。

杜德斌：《全球科技创新中心：世界趋势与中国的实践》，《科学》2018 年第 6 期。

傅超、张泽辉：《国内外科技创新中心发展经验借鉴与启示》，《科技管理研究》2017 年第 23 期。

勒川:《“中关村指数2021”发布,中关村示范区硬核引领》,《中关村》2022年第1期。

李国平:《以国际科技创新中心建设支撑首都高质量发展》,《城市问题》2022年第12期。

林柳琳、吴兆春:《德国科技创新经验对粤港澳大湾区建设国际科技创新中心的启示》,《科技管理研究》2020年第16期。

许长青:《广州建设国际创新枢纽的发展战略与路径选择思考:基于粤港澳大湾区高水平大学科技合作的视角》,《广东经济》2018年第1期。

张赛飞、刘晓丽:《国际科技创新枢纽内涵与广州功能定位》,《科技管理研究》2018年第8期。

《中共北京市委 北京市人民政府关于印发〈北京市“十四五”时期国际科技创新中心建设规划〉的通知》,《北京市人民政府公报》2022年第7期。

B.2

东部三大城市群创新核心城市与腹地城市间互动对比研究*

叶堂林　刘哲伟**

摘　要： 城市群已经成为国家创新能力竞争的主要空间载体，创新核心城市与腹地城市间有效互动是提升城市群创新能力的关键路径。本报告以我国东部三大城市群为对象，利用 2010 年、2021 年专利产出和创新网络节点属性识别各城市群的创新核心城市，并基于创新专利数据和相关领域的在营企业注册资本数据分别构建各城市群的创新研发网络和创新中介网络。研究发现：京津冀城市群形成了以北京为中心、天津为次中心的创新空间格局，长三角城市群形成了以上海、南京、杭州、无锡为中心的“一超多强”创新空间格局，珠三角城市群形成了以深圳为中心、广州为次中心的创新空间格局；各城市群核心城市与腹地城市间的相对差距在缩小，均衡化发展趋势显现，但京津冀城市群创新分布的极化特征依旧明显；在创新的研发领域，三大城市群均呈现腹地城市快速崛起的特征，网络结构不断完善，核心城市与腹地城市在研发网络中的差距逐渐缩小，部分核心城市的影响力有所减弱；在创新的中介领域，三大城市群的异质性凸显，京津冀城市群的核

* 本报告为北京市社会科学基金重点项目“京津冀发展报告（2023）——国际科技创新中心助推区域协同发展”（22JCB030）、北京市自然科学基金面上项目“京津冀创新驱动发展战略的实施路径研究——基于社会资本、区域创新及创新效率的视角”（9212002）的阶段性成果。

** 叶堂林，经济学博士，首都经济贸易大学特大城市经济社会发展研究院（首都高端智库）执行副院长，特大城市经济社会发展研究省部共建协同创新中心（国家级研究平台）执行副主任，教授、博士生导师，研究方向为区域经济、京津冀协同发展等；刘哲伟，首都经济贸易大学城市经济与公共管理学院博士研究生，研究方向为区域经济。

心城市在中介网络中占据绝对优势，长三角和珠三角城市群相对更为协调，虽然核心城市与腹地城市间的联系和影响程度明显加深，但是京津冀城市群的创新中介网络结构几乎没有变动。在此基础上，本报告从畅通核心城市到腹地城市的要素流动、培育新的创新组织形式以及推动创新核心城市与腹地城市间有效互动等角度提出对策建议。

关键词： 城市群　中心-外围　创新互动

一　研究背景

（一）城市群已经成为国家创新能力竞争的主要空间载体

经济新常态下，创新成为驱动经济增长的新动力。自党的十八大提出创新驱动转型发展战略以来，我国科技创新能力快速提升，《国家创新指数报告 2020》显示，中国国家创新指数综合排名升至第 14 位，在中高收入国家中优势明显。面对人口、生态环境、土地与经济发展的矛盾日益突出，创新驱动发展作为经济增长的持续动力已经成为全社会的共识。党的二十大报告提出要完善科技创新体系，坚持创新在我国现代化建设全局中的核心地位，形成具有全球竞争力的开放创新生态。中心城市和城市群正在成为承载发展要素的主要空间形式，能够强化国家战略科技力量，提升国家创新体系整体效能。城市群集聚了大量的人才、资本、信息、技术等创新要素，形成了高效的创新网络和创新生态，为科技创新提供了良好的条件和环境。城市群内部的协同创新和跨区域的合作创新可以促进知识的流动、交流和共享，激发创新活力和潜力。另外，城市群具有多样化的产业结构和市场需求，为科技创新提供了广阔的空间和机会。城市群内部的产业分工和专业化可以形成产业链、创新链、价值链的有机整合，推动产业升级和转型。同时，城市群的开放性和辐射性还可以拓展国内外的合作空间，增强国际竞争力，已经成为国家创新能力竞争的重要空间载体。

（二）创新核心城市是引领城市群创新发展的关键动力

城市群是中国城市化战略的重要组成部分，是国家区域发展的主体框架，也是国家创新驱动战略的重要载体。创新核心城市是城市群中具有较强创新能力和辐射带动能力的城市，是城市群创新发展的中心和引擎。创新核心城市不仅要提升自身的创新水平和竞争力，而且要促进城市群内部的协同创新和资源共享，形成创新网络和创新联盟，构建高效的创新生态系统。作为引领城市群创新发展的关键动力，核心城市在城市群中具有明显的优势：一是拥有高水平的科技人才、高校和科研机构，能够提供创新的思想、技术和资源；二是拥有完善的基础设施、产业链和市场环境，能够支持创新的实施、转化和应用；三是拥有良好的政策支持、文化氛围和社会认同，能够激励创新的动力、活力和效率。核心城市具有将科技转化成现实生产力的示范效应，以其为重要试验田和示范基地，通过调整产业结构、转变经济增长方式，发挥对周边城市的支撑作用、带动作用、传承作用与示范作用。通过这些优势，核心城市能够形成创新的集聚效应和辐射效应，带动周边城市的创新合作和协同发展，从而提升整个城市群的创新竞争力和发展潜力。

（三）创新核心城市与腹地城市间有效互动是提升城市群创新能力的关键路径

核心城市是城市群中创新活动的主要发生地和集聚地，拥有丰富的创新资源、创新人才和创新机构。腹地城市是城市群中创新活动的辅助地和扩散地，拥有较小的创新成本、创新需求和创新潜力。通过建立不同层次、不同领域、不同主体的创新组织形式，如创新联盟、创新平台、创新网络等，可以实现核心城市与腹地城市间的协同创新，即在共享资源、共担风险、共享成果的基础上，实现创新活动的协调、配合和整合。通过协同创新可以促进核心城市与腹地城市间创新生态系统的形成，实现核心城市与腹地城市的互补互利，提升城市群的整体创新能力。一般来说，核心城市可以通过向腹地城市输出创新资源、技术、理念和模式，帮助腹地城市提高创新水平和发展质量，扩大自身的市场空间和社会影响；腹地城市可以通过向核心城市输入原材料、人力、资金和需求，帮助核心城市降低创新成本，缓解压力，提高创新活跃度。由此可以产生边际效应和规模效应，即通过核心城市与腹地城市间的互动，可以提高城市群内各个城市的创新效率和效益，同时也可以提高城市群整体的创新竞争力和影响力。

二　研究思路与研究方法

（一）研究思路

围绕东部三大城市群创新核心城市与腹地城市间的互动关系这一主线，本报告的研究重点主要包含以下几个部分。一是明确京津冀、长三角、珠三角城市群内创新核心城市与腹地城市的划分依据和角色归属。明确各城市群创新核心城市与腹地城市是本报告开展研究的基础，本报告将利用描述统计与复杂网络相结合的方法，结合创新相关数据的城市分布特征和创新网络中各个节点城市的属性特征，遵循“集中-分散”的空间结构识别原则确定创新核心城市与腹地城市的角色归属。二是利用复杂网络分析方法，探究东部三大城市群创新核心城市与腹地城市间的互动关系，明确创新互动关系的异质性和发展趋势，分析东部三大城市群核心城市在城市群中所发挥作用的强度。三是利用企业大数据，进一步探索东部三大城市群核心城市与腹地城市在研发、中介等不同维度的创新关联中存在的互动关系，明确核心城市与腹地城市间创新互动的作用机制。四是基于上述分析得出的结果，通过对比找出京津冀城市群创新核心城市与腹地城市间互动存在的短板，并提出对策建议。

（二）研究方法

1. 创新网络的构建

本报告借鉴其他学者（赵巧芝等，2021；王金哲、温雪，2022）的研究思路，利用改进后的空间引力模型构建城市群创新网络。改进后的引力模型为：

$$r_{ij} = k_{ij}\frac{\sqrt{P_i T_i}\sqrt{P_j T_j}}{d_{ij}^2}, k_{ij} = \frac{P_i T_i}{P_i T_i + P_j T_j} \tag{1}$$

其中，r_{ij}表示城市群内城市 i 和城市 j 之间技术创新的引力系数，P 表示城市内科学研究和技术服务业在营企业累计注册资本，T 表示城市累计授权发明专利数，PT 表示利用专利数量和科技行业注册资本共同表示的城市创新能力。d_{ij}表示选用球面距离测度的城市群内城市 i 和城市 j 之间的地理空间距离；k_{ij}为修正系数，考虑到城市间技术创新关系的双向性和非对称性，利用该城市创新能力占两个城市总量之和的比例修正。

根据式（1）计算得出的城市间技术创新引力系数，分别构建京津冀、长三角和珠三角城市群的邻接矩阵 R，计算行和列的均值。将引力系数大于行和列均值的元素定义为强关联关系，并保留原始数据；将引力系数小于行和列均值的元素定义为弱关联关系，取值为 0。矩阵 R 对角线上的元素均为 0，由此构建东部三大城市群的创新网络。

2. 复杂关系特征的测度

节点中心度是复杂网络分析中分析节点属性的核心指标，一般包含度中心性、接近中心性和中介中心性。在本报告构建的有向加权创新网络中，将利用节点加权出度中心性衡量一个城市对其他城市的创新辐射力，利用节点加权入度中心性衡量一个城市与其他城市间存在的创新吸引力，节点加权出度中心性和节点加权入度中心性较高的地区在城市群创新网络中具有较高的支配地位，能够较好地识别创新核心城市和腹地城市。计算公式为：

$$C_O(i) = \sum_{j=1}^{N} G_{ij}\, k_{ij}, \quad C_I(i) = \sum_{j=1}^{N} G_{ji}\, k_{ij} \tag{2}$$

其中，C_O表示节点加权出度中心性，C_I表示节点加权入度中心性，G_{ij}表示城市创新邻接矩阵中第 i 行、第 j 列的元素。矩阵中行代表辐射的创新关联强度，列代表吸收的创新关联强度。其余变量含义同前文的定义。

本报告将利用中介中心性衡量一个城市在城市群创新网络中的重要程度，中介中心性越高，说明该城市在城市群创新网络中扮演着更为重要的“枢纽”或“通道”的角色，能够反映创新核心城市在城市群中的重要程度。计算公式为：

$$g(i) = \sum_{s \neq i \neq t} \frac{\sigma_{st}(i)}{\sigma_{st}} \tag{3}$$

其中，$g(i)$ 表示节点的中介中心性，σ_{st}表示城市 s 到城市 t 之间经过城市 i 的最短路径数。

本报告将利用块模型探究城市群创新网络的聚类特征，采用 CONCOR 块模型分析方法，设定最大分割深度为 2，收敛标准为 0.2，将城市群创新网络简化成块模型，以刻画城市群内部城市间的聚类关系，较好地反映创新核心城市聚类与腹地城市聚类的关联关系。

（三）研究对象选取与资料来源

本报告以京津冀、长三角、珠三角三大城市群为研究对象，其中京津冀城市群包含 13 个城市，长三角城市群包含 26 个城市，珠三角城市群包含 9 个城市（见表 1）。在分析指标选取方面，本报告选取城市累计授权发明专利数、科学研究和技术服务业在营企业累计注册资本来反映城市创新能力，选取研究和试验发展业累计授权发明专利数和累计注册资本来反映城市研发能力，选取科技推广和应用服务业累计授权发明专利数和累计注册资本来反映城市创新中介的发育程度。以上数据均来自龙信企业大数据平台。

表 1　研究对象的具体范围

城市群	包含城市
京津冀城市群	保定、北京、沧州、承德、邯郸、衡水、廊坊、秦皇岛、石家庄、唐山、天津、邢台、张家口
长三角城市群	安庆、常州、池州、滁州、杭州、合肥、湖州、嘉兴、金华、马鞍山、南京、南通、宁波、上海、绍兴、台州、泰州、铜陵、温州、无锡、芜湖、宣城、盐城、扬州、镇江、舟山
珠三角城市群	东莞、佛山、广州、惠州、江门、深圳、肇庆、中山、珠海

资料来源：根据相关资料整理所得。

三　东部三大城市群创新核心城市识别

（一）基于总量-结构视角的核心城市识别

京津冀城市群形成了以北京为中心、天津为次中心的创新空间格局。从京津冀城市群专利数据特征看，北京一直排在首位。2010 年，京津冀城市群中科技创新产出较高的城市依次为北京（23633 件）、天津（5220 件）、石家庄（407 件），其余城市累计授权发明专利数均不足 300 件。2021 年，累计授权发明专利数较多的城市依次为北京（381186 件）、天津（37815 件）、石家庄（10066 件），其余城市均不足万件（见图 1）。其中，北京累计授权发明专利数年均增速达 28.76%，占京津冀城市群的比重从 78.24%上升至 83.95%；天津年均增速达 19.72%，占京津冀城市群的比重从 17.28%下降至 8.33%；石家庄年均增速达 33.86%，占京津冀城市群的比重从 1.35%上升至 2.22%。唐山（39.11%）、邢台（38.24%）、廊坊（37.48%）、秦皇岛（36.59%）的年均增速排名靠前。综合来看，京津冀城市群已经形成了以北京为中心、天津为次中心的创新空间格局，且北京的中心地位有所强化，虽然其他城市创新增速较快，但是在总量上并不具有显著优势。

长三角城市群正在形成以上海、南京、杭州为中心的多中心创新空间分布格局。从长三角城市群专利数据特征看，2010 年，长三角城市群中科技

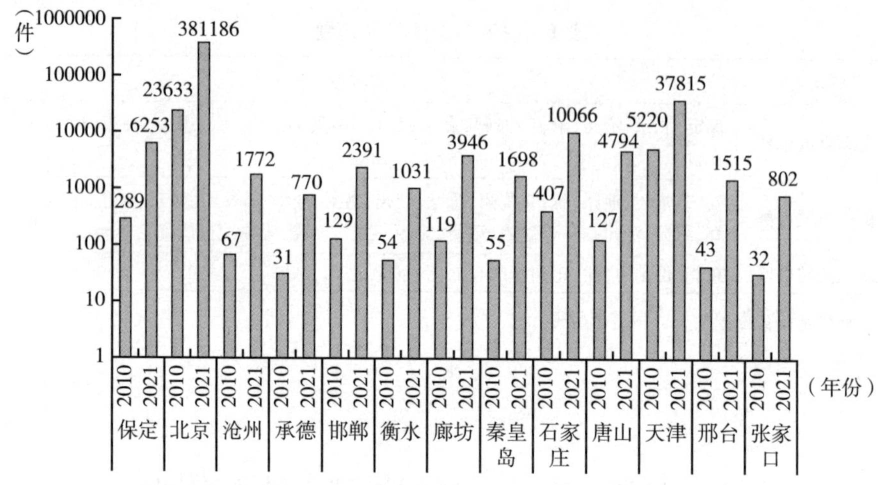

图1　2010年与2021年京津冀城市群各城市累计授权发明专利数

资料来源：龙信企业大数据平台。

创新产出较高的城市依次为上海（14721件）、南京（3252件）、杭州（3145件）、无锡（1787件）、宁波（1300件）、常州（1000件），其余城市累计授权发明专利数均不足700件。2021年，累计授权发明专利数较多的城市依次为上海（187479件）、杭州（68272件）、南京（60789件）、宁波（38594件）、无锡（35687件）、合肥（34044件），其余城市与以上城市具有较大差距，排在第7位的南通仅为20665件（见图2）。其中，上海累计授权发明专利数年均增速达26.02%，占长三角城市群的比重从48.19%下降至29.39%；杭州年均增速达32.29%，占长三角城市群的比重从10.29%上升至10.70%；南京年均增速达30.50%，占长三角城市群的比重从10.64%下降至9.53%；宁波年均增速达36.10%，占长三角城市群的比重从4.26%上升至6.05%；无锡年均增速达31.29%，占长三角城市群的比重从5.85%下降至5.59%；合肥年均增速达49.25%，占长三角城市群的比重从1.36%上升至5.34%。综合来看，长三角城市群正在形成以上海、南京、杭州、无锡为中心的“一超多强”创新空间格局。

珠三角城市群正在形成以深圳为中心、广州为次中心的创新空间格局。

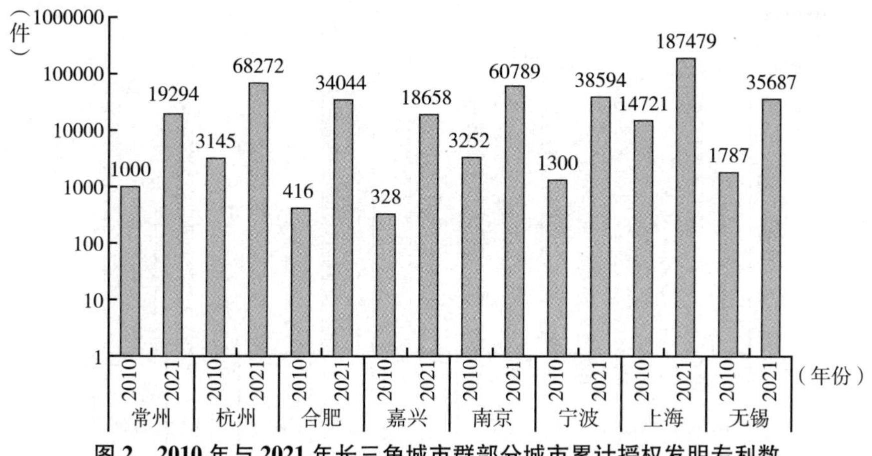

图 2　2010 年与 2021 年长三角城市群部分城市累计授权发明专利数

资料来源：龙信企业大数据平台。

从珠三角城市群专利数据特征看，2010 年，珠三角城市群中科技创新产出较高的城市依次为深圳（26976 件）、广州（2320 件）、佛山（1110 件），排在第 4 位的东莞仅为 606 件。2021 年，累计授权发明专利数较多的城市依次为深圳（249806 件）、广州（65043 件）、东莞（51169 件）、佛山（42465 件），其余城市与以上城市具有较大差距，排在第 5 位的珠海仅为 26155 件（见图 3）。其中，深圳累计授权发明专利数年均增速达 22. 43%，占珠三角城市群的比重从 83. 96%下降至 54. 01%；广州年均增速达 35. 40%，占珠三角城市群的比重从 7. 22%上升至 14. 06%；东莞年均增速达 49. 67%，占珠三角城市群的比重从 1. 89%上升至 11. 06%，未来有望成长为珠三角城市群新兴创新核心城市，但目前与广州和深圳相比仍然有较大差距；佛山年均增速达 39. 28%，占珠三角城市群的比重从 3. 45%上升至 9. 18%。综合来看，珠三角城市群创新分布呈现明显的梯度分布格局，其中深圳、广州无论是在总量还是结构上都具有绝对优势，是珠三角城市群创新核心城市。

（二）基于中心度视角的核心城市识别

北京、天津对京津冀城市群创新网络具有较强的支配力。从各城市的节

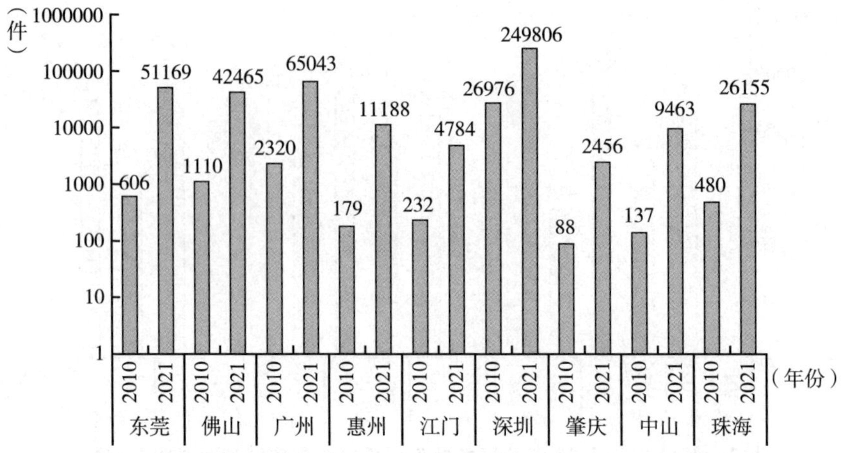

图 3　2010 年与 2021 年珠三角城市群各城市累计授权发明专利数

资料来源：龙信企业大数据平台。

点中心度看，2010 年，节点中心度排名靠前的城市依次为北京（174. 54）、天津（138. 55），其余城市的节点中心度均未超过 40，差距较大。2021 年，节点中心度排名靠前的城市依次为北京（2757. 32）、天津（1676. 82），其余城市的节点中心度均未超过 1000（见图 4）。综合来看，北京和天津在京津冀城市群创新网络中持续处于核心地位，是京津冀城市群创新核心城市。

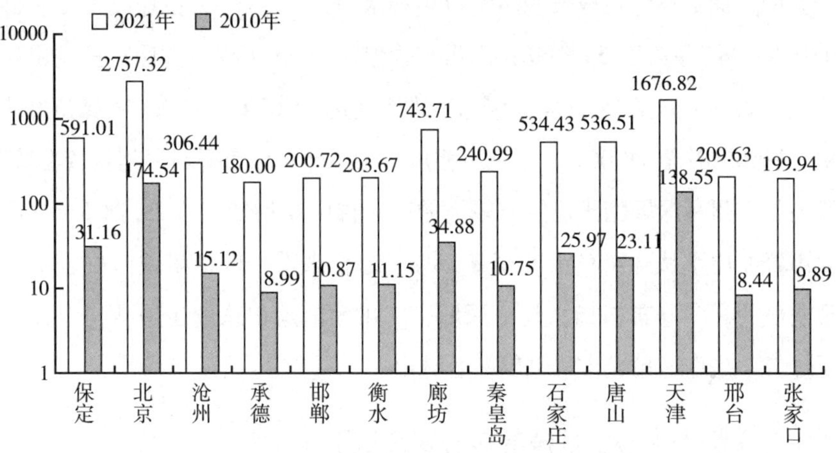

图 4　2010 年与 2021 年京津冀城市群创新网络节点中心度

资料来源：笔者整理计算所得。

上海、南京、无锡、杭州对长三角城市群创新网络具有较大的影响力。从各城市的节点中心度看，2010 年，节点中心度排名靠前的城市依次为上海（313.68）、南京（201.39）、无锡（185.75）、杭州（164.64）、常州（152.47）、宁波（107.04），其余城市的节点中心度均未超过 100，对创新网络的影响力较小。2021 年，节点中心度排名并未发生变化，上海（6393.11）、南京（4971.86）、无锡（4329.16）、杭州（4248.60）、常州（3515.25）、宁波（2993.13）的排名依旧靠前，但常州与宁波对城市群创新网络的影响力明显落后于其他 4 个城市（见图 5）。因此，上海、南京、无锡、杭州正在成为长三角城市群创新核心城市。

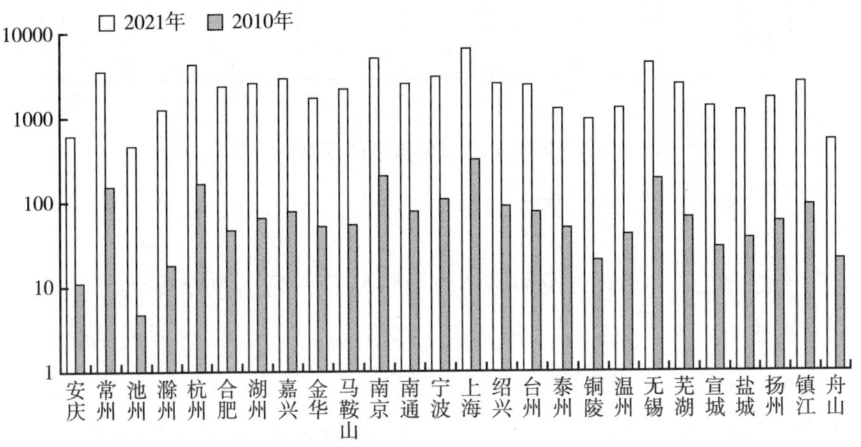

图 5　2010 年与 2021 年长三角城市群创新网络节点中心度

资料来源：笔者整理计算所得。

深圳、东莞、广州对珠三角城市群创新网络具有较大的影响力。从各城市的节点中心度看，2010 年，节点中心度排名靠前的城市依次为深圳（335.53）、广州（151.50）、东莞（145.74），其余城市的节点中心度与排在前三位的城市具有明显差距。2021 年，深圳依然排在第 1 位，其节点中心度为 7350.59；东莞由第 3 位上升至第 2 位，其节点中心度为 5431.27；广州排在第 3 位，其节点中心度为 4075.88；佛山排在第 4 位，其节点中心度为3041.49，与排在前三位的城市具有明显差距（见图6）。因此，深圳、东莞、广州在珠三角城市群创新网络中具有更大的影响力，其中东莞的城市地位正在进一步强化。

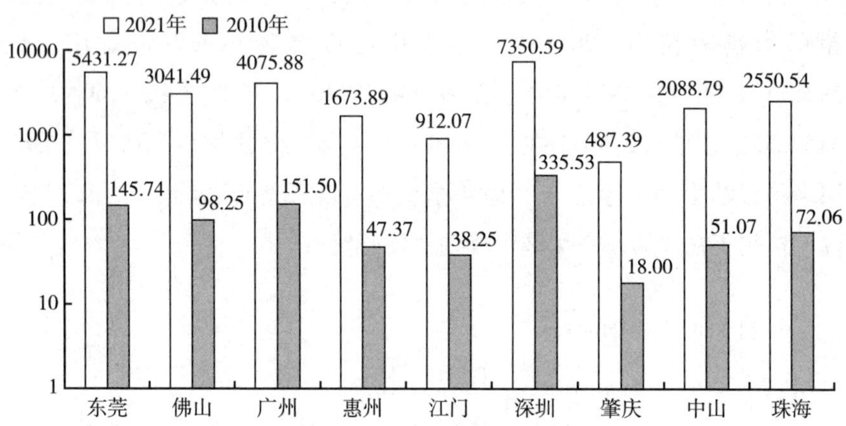

图6　2010年与2021年珠三角城市群创新网络节点中心度

资料来源：笔者整理计算所得。

综合总量-结构特征以及网络节点属性特征来看，京津冀城市群形成了以北京为中心、天津为次中心的创新空间格局，长三角城市群正在形成以上海、南京、杭州、无锡为中心的“一超多强”创新空间分布格局，珠三角城市群正在形成以深圳为中心、广州为次中心的创新空间分布格局。

四　东部三大城市群“中心-外围”创新互动现状分析

（一）创新研发视角下东部三大城市群创新核心城市与腹地城市间的互动分析

1. 京津冀城市群核心城市与腹地城市间创新研发互动的网络分析

京津冀城市群研发网络中核心城市与腹地城市间的地位差距有所缓解，廊坊、石家庄、保定在腹地城市研发网络中的地位有较大提升。在京津冀城市群中，核心城市在研发网络中的影响力相对下降。从核心城市节点加权出度和节点加权入度看，2010~2021 年，北京和天津作为京津冀城市群创新核心城市，在由研发功能构成的研发网络中，其节点加权出度分别从 7.926 提高至 149.292、从 1.725 提高至 28.501。在此期间，京津冀城市群整体节点加权出度从 0.855 提高至 18.227，扩张 20.32 倍，其中北京的节点加权出度扩张 17.84 倍，天津的节点加权出度扩张 15.52 倍，均低于京津冀城市群整体扩张速度，意味着创新腹地城市创新外向活跃度的提升是引发网络联系强度扩张的主要原因，从而进一步优化了城市群研发网络的结构。北京和天津的节点加权入度分别从 0.337 提高至 4.815、从 3.458 提高至 48.611。在此期间，京津冀城市群整体节点加权入度从 0.855 提高至 18.227，扩张 20.32 倍，其中北京的节点加权入度扩张 13.29 倍，天津的节点加权入度扩张 13.06 倍（见表 2）。创新核心城市对研发活动和研发资源的吸引力有所下降，核心城市与腹地城市在研发网络中的地位差距有所缩小。

表 2　2010 年与 2021 年京津冀城市群创新研发网络节点属性

城市	2010 年			2021 年		
	节点加权出度	节点加权入度	节点中介中心度	节点加权出度	节点加权入度	节点中介中心度
保定	0.071	0.693	0	3.868	20.012	0
北京	7.926	0.337	19	149.292	4.815	24.531
沧州	0.050	0.513	0	2.359	14.651	0
承德	0.032	0.487	0	0.148	5.540	0
邯郸	0.037	0.277	0	1.637	7.868	0
衡水	0.076	0.510	0	2.207	12.054	0
廊坊	0.158	1.493	0	22.006	52.858	5.364
秦皇岛	0.076	0.536	0	1.790	10.912	0
石家庄	0.866	1.408	5.833	19.016	21.587	4.074
唐山	0.045	0.582	0	2.516	16.337	0
天津	1.725	3.458	14.833	28.501	48.611	6.618
邢台	0.021	0.279	0	3.016	11.491	0.125
张家口	0.032	0.542	0	0.591	10.212	0

资料来源：笔者整理计算所得。

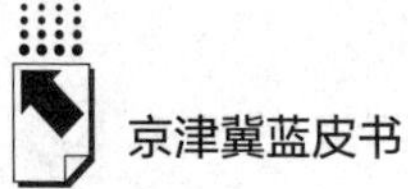

廊坊、石家庄、保定在腹地城市中发挥的作用更加突出。从腹地城市节点加权出度看，在腹地城市节点加权出度排名中，2010 年，石家庄（0.866）、廊坊（0.158）排名较为靠前，且与其他城市有较大差距，衡水（0.076）、秦皇岛（0.076）、保定（0.071）、沧州（0.050）处于第二梯队，唐山（0.045）、邯郸（0.037）、承德（0.032）、张家口（0.032）、邢台（0.021）的节点加权出度均小于 0.05，排名较为靠后。2021 年，石家庄、廊坊的节点加权出度均超过 19，位居腹地城市前列，衡水、秦皇岛、保定、沧州、唐山、邯郸、邢台的节点加权出度处于第二梯队，承德和张家口的节点加权出度排名较为靠后。所有腹地城市研发功能的节点加权出度均实现较大提升，与其他城市的研发关联水平进一步提升，其中节点加权出度提高较多的前三位城市依次为邢台（提高 142.62 倍）、廊坊（提高 138.28 倍）、唐山（提高 54.91 倍），除张家口和承德外，其他腹地城市的节点加权出度扩张速度均快于京津冀城市群整体节点加权出度扩张速度。从腹地城市节点加权入度看，2010 年，在腹地城市节点加权入度排名中，廊坊（1.493）、石家庄（1.408）排名较为靠前，且与其他城市有较大差距，保定（0.693）、唐山（0.582）、张家口（0.542）、秦皇岛（0.536）、沧州（0.513）、衡水（0.510）处于第二梯队，承德（0.487）、邢台（0.279）、邯郸（0.277）的节点加权入度均小于 0.5，排名较为靠后。2021 年，石家庄、廊坊、保定的节点加权入度均超过 20，位居腹地城市前列，衡水、秦皇岛、沧州、唐山、张家口、邢台的节点加权入度处于中间梯队，邯郸和承德的节点加权入度排名较为靠后。所有城市的节点加权入度均实现较大提升，与其他城市的研发互动水平进一步提高，其中节点加权入度提高较多的前三位城市依次为邢台（提高 40.19 倍）、廊坊（提高 34.40 倍）、保定（提高 27.88 倍），除秦皇岛、张家口、石家庄、承德外，其他腹地城市的节点加权入度扩张速度均快于京津冀城市群整体节点加权入度扩张整速度。

京津石廊对京津冀城市群研发网络具有较强的控制力，但津石的控制力相对下降。从节点中介中心度看，2010 年，京津冀城市群仅北京、天津、石家庄处于研发网络中的核心枢纽位置，对研发网络具有较强的掌控力，其中北京的节点中介中心度为 19，天津为 14.833，石家庄为 5.833。2021 年，天津的节点中介中心度下降为 6.618，石家庄下降为 4.074。另外，北京、廊坊、邢台对京津冀城市群研发网络的影响力显著提升，具体表现为北京的节点中介中心度从 19 上升至 24.531，廊坊从 0 上升至 5.364，邢台从 0 上升至 0.125。总体来看，京津冀城市群创新核心城市与腹地城市在研发网络中的地位差距呈缩小态势。

北京-天津的研发中心-次中心城市空间分布格局明显，核心城市对腹地城市的带动作用增强明显。从聚类特征看，可将京津冀城市群创新研发网络按照关联程度划分为三个子群，2010~2021 年，第一子群始终为北京，未发生显著变化，天津作为创新核心城市并未出现在第一子群中（见图 7）。从核心城市与腹地城市的关联程度看，2010~2021 年，第一子群对第二子群分块密度的影响从 0.411 上升至 15.071，对第三子群分块密度的影响从 0.840 上升至 7.181，影响力分别提升 35.67 倍和 7.55 倍，核心城市与腹地城市间的关联程度进一步提升（见表 3）。图 8 展示了 2010 年与 2021 年京津冀城市群创新研发网络空间结构变化情况，可以看出，腹地城市间的关联程度明显提升，研发网络结构愈加完善。

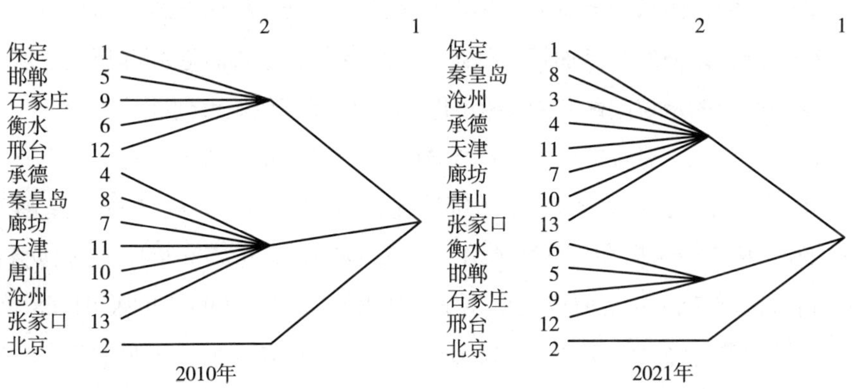

图 7　2010 年与 2021 年京津冀城市群创新研发网络子群划分

资料来源：笔者整理计算所得。

表 3　2010 年与 2021 年京津冀城市群创新研发网络子群分块密度

2010 年				2021 年			
子群	第一子群	第二子群	第三子群	子群	第一子群	第二子群	第三子群
第一子群		0.411	0.840	第一子群		15.071	7.181
第二子群	0.012	0.024	0.020	第二子群	0.491	0.783	0.440
第三子群	0.040	0.020	0.030	第三子群	0.221	0.460	0.860

资料来源：笔者整理计算所得。

2. 长三角城市群核心城市与腹地城市间创新研发互动的网络分析

长三角城市群研发网络中多核心结构明显，芜湖、马鞍山、金华、常州、镇江等腹地城市在研发网络中的作用凸显。在长三角城市群中，创新核心城市与腹地城市间的差距相对缩小。从核心城市节点加权出度和节点加权入度看，2010~2021 年，上海、南京、杭州、无锡作为长三角城市群创新核心城市，在由研发功能构成的研发网络中，其节点加权出度都有所提高，分别从 16.686 提高至 434.080、从 9.737 提高至 507.524、从 2.684 提高至 138.929、从 14.143 提高至 587.796。在此期间，长三角城市群整体节点加权出度从 2.221 提高至 116.999，扩张 51.68 倍，其中上海的节点加权出度扩张 25.01 倍，南京的节点加权出度扩张 51.12 倍，杭州的节点加权出度扩张 50.76 倍，无锡的节点加权出度扩张 40.56 倍，呈现腹地城市与核心城市在研发网络中的地位差距相对缩小的特征，创新腹地城市创新外向活跃度的提升进一步优化了城市群研发网络结构。上海、南京、杭州、无锡 4 个核心城市的节点加权入度分别从 2.067 提高至 115.033、从 3.965 提高至 139.957、从 2.864 提高至 125.638、从 5.394 提高至 172.374。在此期间，长三角城市群整体节点加权入度从 2.221 提高至 116.999，扩张 51.68 倍，其中上海的节点加权入度扩张 54.65 倍，南京的节点加权入度扩张 34.30 倍，杭州的节点加权入度扩张 42.87 倍，无锡的节点加权入度扩张 30.96 倍（见表 4）。创新核心城市对研发活动和研发资源的吸引力相对下降，核心城市与腹地城市在研发网络中的地位差距相对缩小。

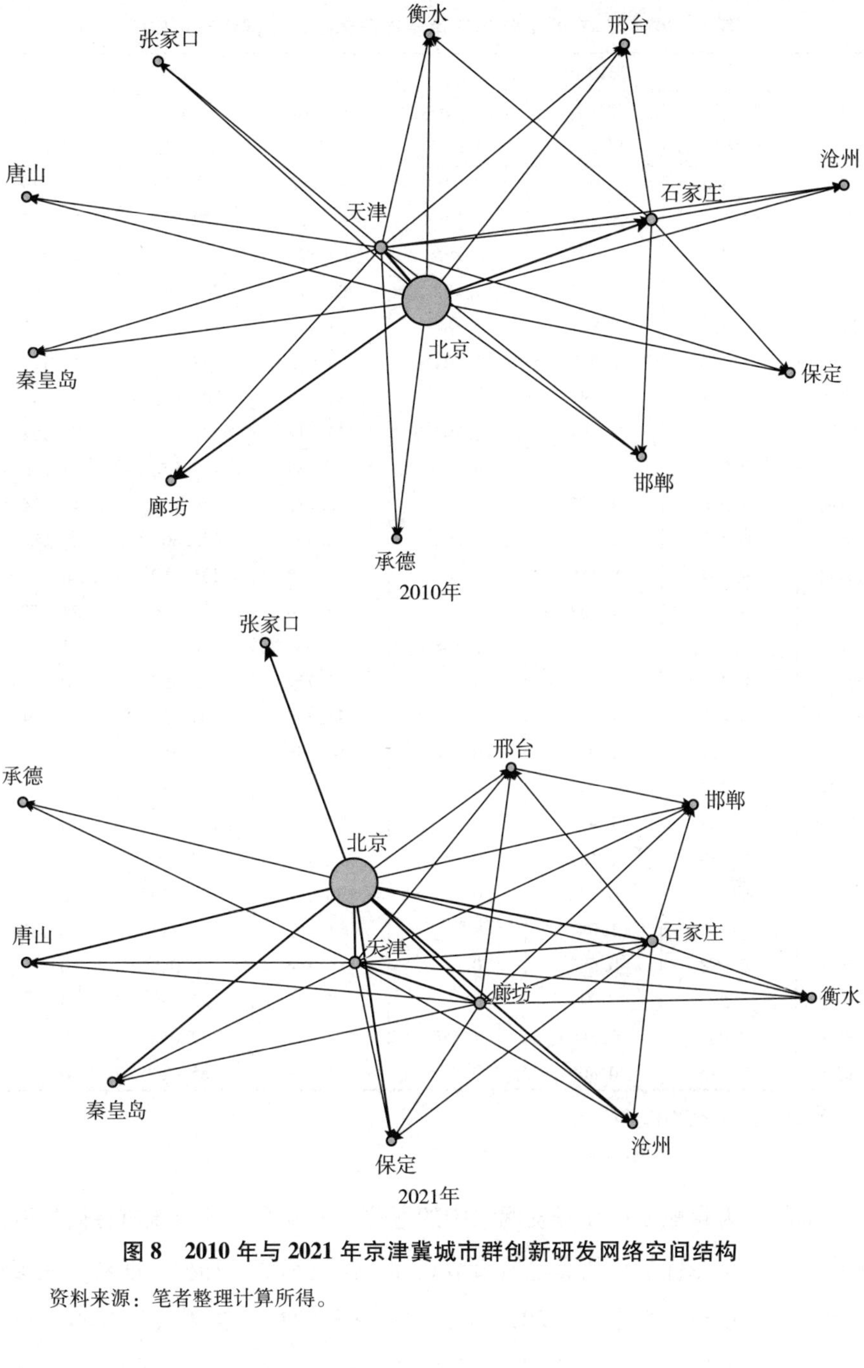

衡水 邢台 张家口 唐山 沧州 石家庄 天津 北京 秦皇岛 保定 邯郸 廊坊 承德

2010年

张家口 邢台 承德 邯郸 北京 唐山 石家庄 天津 廊坊 衡水 秦皇岛 沧州 保定

2021年

图 8　2010 年与 2021 年京津冀城市群创新研发网络空间结构

资料来源：笔者整理计算所得。

表 4　2010 年与 2021 年长三角城市群创新研发网络节点属性

城市	2010 年			2021 年		
	节点加权出度	节点加权入度	节点中介中心度	节点加权出度	节点加权入度	节点中介中心度
上海	16.686	2.067	3.439	434.080	115.033	25.919
无锡	14.143	5.394	2.749	587.796	172.374	23.552
南京	9.737	3.965	3.806	507.524	139.957	90.391
常州	3.828	6.704	1.652	204.870	266.766	41.584
杭州	2.684	2.864	1.882	138.929	125.638	18.717
合肥	1.376	2.025	1.524	86.645	97.909	17.120
镇江	1.298	4.194	0.510	69.885	200.855	0.343
宁波	1.279	2.369	1.792	177.312	120.719	76.191
台州	0.996	2.797	0	136.885	167.870	37.266
南通	0.926	3.073	0	136.786	166.742	15.234
绍兴	0.857	2.196	0.292	86.403	132.803	28.680
扬州	0.704	2.355	0	42.648	131.950	0
泰州	0.553	1.457	0.125	72.196	95.650	21.278
铜陵	0.451	1.510	1.548	18.564	80.846	1
温州	0.429	1.105	0	13.757	53.862	0
盐城	0.410	1.499	0	71.735	104.822	3.291
湖州	0.277	1.978	0	54.044	149.457	0
嘉兴	0.249	2.039	0	31.357	130.387	0
马鞍山	0.238	1.902	0	74.406	174.559	53.239
舟山	0.139	1.189	0	2.467	44.819	0
金华	0.117	0.978	0	30.240	89.369	0
芜湖	0.115	1.084	0	51.255	119.482	2.632
池州	0.078	0.680	0	0.166	13.044	0
滁州	0.074	0.941	0	3.161	49.578	0
安庆	0.066	0.586	7.548	3.032	32.058	0
宣城	0.043	0.806	0	5.819	65.414	0

资料来源：笔者整理计算所得。

常州作为腹地城市在研发网络中的地位不断提升，核心城市在研发网络中依然具有领先优势。从腹地城市节点加权出度和节点加权入度看，在腹地城市节点加权出度排名中，2010 年，常州（3.828）、合肥（1.376）、镇江（1.298）、宁波（1.279）排名较为靠前，台州（0.996）、芜湖（0.115）

等14个城市处于第二梯队，池州（0.078）、滁州（0.074）、安庆（0.066）、宣城（0.043）的节点加权出度均小于0.1，排名较为靠后。2021年，常州、宁波的节点加权出度均超过170，位居腹地城市前列，所有腹地城市研发功能的节点加权出度均实现较大提升，与其他城市的研发关联水平进一步提升，其中节点加权出度提高较多的前三位城市依次为芜湖（提高444.70倍）、马鞍山（提高311.63倍）、金华（提高257.46倍），包括常州等在内的16个腹地城市的节点加权出度扩张速度均快于长三角城市群整体节点加权出度扩张速度。从腹地城市节点加权入度看，2010年，常州（6.704）、镇江（4.194）排名较为靠前，南通（3.073）、台州（2.797）、宁波（2.369）等9个城市处于第二梯队，湖州（1.978）、马鞍山（1.902）、铜陵（1.510）等13个城市排名较为靠后。2021年，常州、镇江的节点加权入度均超过200，位居腹地城市前列，马鞍山、台州、南通等10个城市的节点加权入度处于第二梯队，所有城市的节点加权入度均实现明显提升，与其他城市的研发关联水平进一步提升，其中节点加权入度提高较多的前三位城市依次为芜湖（提高109.22倍）、马鞍山（提高90.78倍）、金华（提高90.38倍），除包括常州、合肥、镇江等在内的7个城市外，其他腹地城市的节点加权入度扩张速度均快于长三角城市群整体节点加权入度扩张速度。

南京、宁波、马鞍山、常州等城市正在加速成为长三角城市群研发网络的核心枢纽，上海、无锡、杭州作为创新核心城市在研发网络中的枢纽地位相对下降。从节点中介中心度看，2010年，长三角城市群处于研发网络枢纽位置的城市有上海、无锡、南京、常州、杭州、合肥、镇江、宁波、绍兴、泰州、铜陵、安庆，其中节点中介中心度均大于0。2021年，除了镇江的节点中介中心度从0.510下降至0.343、铜陵的节点中介中心度从1.548下降至1、安庆的节点中介中心度从7.548下降至0外，原枢纽城市的节点中介中心度都有所提高，而且台州、南通、盐城、马鞍山、芜湖等城市成为研发网络中的新兴枢纽城市，腹地城市在研发网络中的地位进一步提高，长三角城市群创新核心城市与腹地城市在研发网络中的地位差距整体呈缩小态势。

常州、泰州、南通、宁波等创新腹地城市在研发方面具有较强优势，核心城市与腹地城市间的互动程度进一步提升。从聚类特征看，可将长三角城市群创新研发网络按照关联程度划分为四个子群。2010~2021年，四个子群都发生了明显变化，第一子群由13个城市变为12个城市，第二子群由10个城市变为6个城市，第三子群由2个城市变为4个城市，第四子群由1个城市变为4个城市（见图9）。从核心城市与腹地城市的关联程度看，核心子群对腹地子群的辐射力显著增强。2010年，核心子群（第三和第四子群）对第一子群分块密度的影响分别为0.520和0.391，对第二子群分块密度的影响分别为0.299和0.662。2021年，原第三、第四子群和常州共同组成了核心子群，对第一子群分块密度的影响上升至14.390，对第二子群分块密度的影响上升至11.597，对第四子群分块密度的影响上升至18.944，核心城市与腹地城市间在研发上的互动程度以及相互影响力显著提升（见表5）。图10展示了2010年与2021年长三角城市群创新研发网络空间结构变化情况，可以看出，腹地城市间的关联程度明显提升，研发网络结构愈加完善。

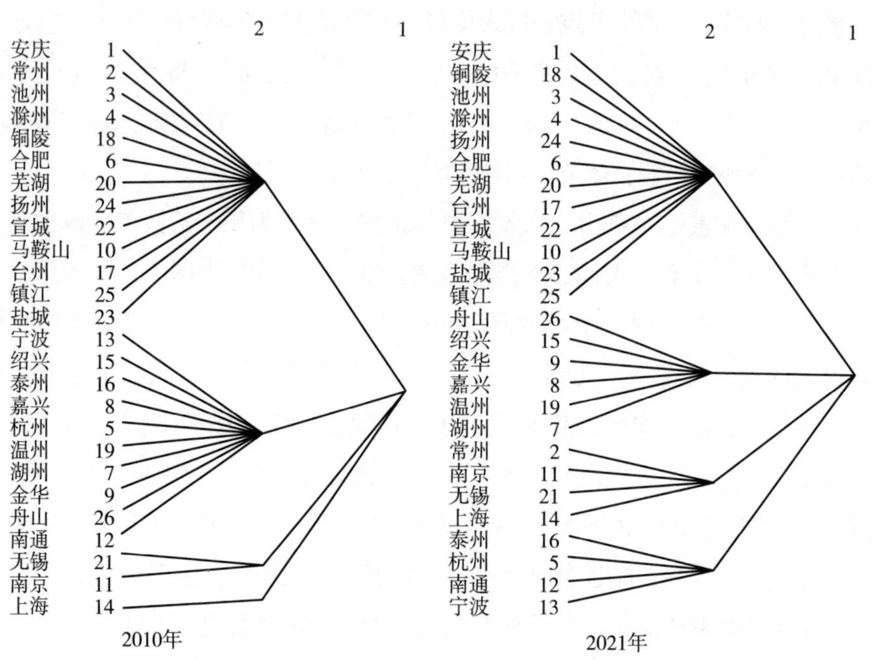

图9　2010年与2021年长三角城市群创新研发网络子群划分

资料来源：笔者整理计算所得。

表 5　2010 年与 2021 年长三角城市群创新研发网络子群分块密度

2010 年					2021 年				
子群	第一子群	第二子群	第三子群	第四子群	子群	第一子群	第二子群	第三子群	第四子群
第一子群	0. 040	0. 021	0. 050	0. 011	第一子群	2. 280	1. 210	2. 194	1. 480
第二子群	0. 023	0. 043	0. 023	0. 020	第二子群	1. 030	2. 170	1. 160	2. 152
第三子群	0. 520	0. 299	1. 332	0. 883	第三子群	14. 390	11. 597	38. 522	18. 944
第四子群	0. 391	0. 662	2. 491		第四子群	3. 604	7. 097	6. 172	6. 932

资料来源：笔者整理计算所得。

3. 珠三角城市群核心城市与腹地城市间创新研发互动的网络分析

珠三角城市群创新研发网络梯度布局的空间结构明显，深圳作为创新核心城市在研发网络中的地位并不突出。在珠三角城市群中，创新核心城市与腹地城市在研发网络中的差距相对缩小。从核心城市节点加权出度和节点加权入度看，2010~2021 年，深圳和广州作为珠三角城市群创新核心城市，在由研发功能构成的研发网络中，其节点加权出度提高明显，分别从 0. 484 提高至 58. 189、从 4. 919 提高至 345. 689。在此期间，珠三角城市群整体节点加权出度从 0. 851 提高至 80. 324，扩张 93. 39 倍，其中深圳的节点加权出度扩张 119. 23 倍，广州的节点加权出度扩张 69. 28 倍，创新腹地城市创新外向活跃度的提升进一步优化了珠三角城市群研发网络结构。深圳和广州的节点加权入度分别从 1. 223 提高至 113. 801、从 0. 177 提高至 47. 375。在此期间，珠三角城市群整体节点加权入度从 0. 851 提高至 80. 324，扩张 93. 39 倍，其中深圳的节点加权入度扩张 92. 05 倍，广州的节点加权入度扩张 266. 66 倍，广州作为创新核心城市对研发活动的吸引力进一步增强（见表 6）。

珠海、东莞、佛山等城市与作为创新核心城市的深圳在研发网络中具有更大的影响力。从腹地城市节点加权出度和节点加权入度看，在腹地城市节点加权出度排名中，2010 年，珠海（1. 080）、东莞（0. 641）排名较为靠前，中山（0. 318）、佛山（0. 122）处于第二梯队，肇庆（0. 055）、江门

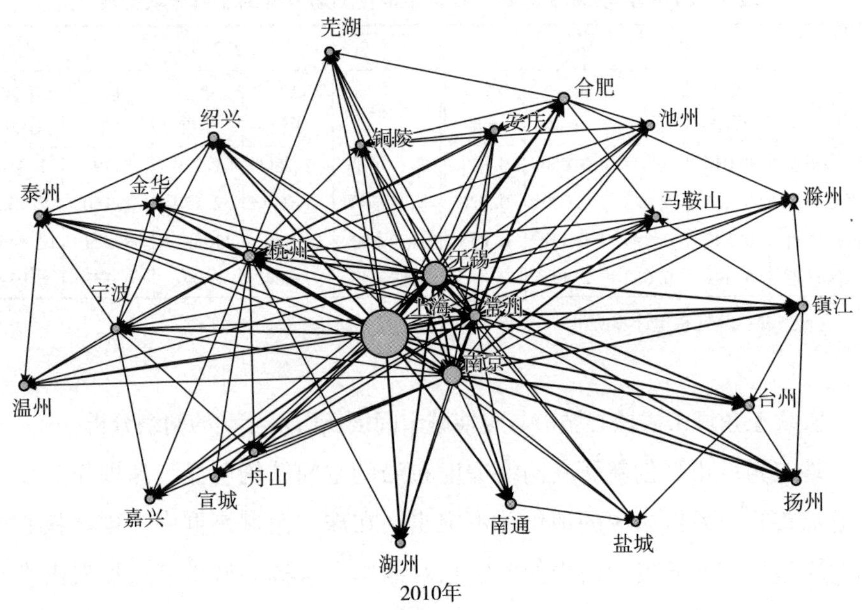

2010年

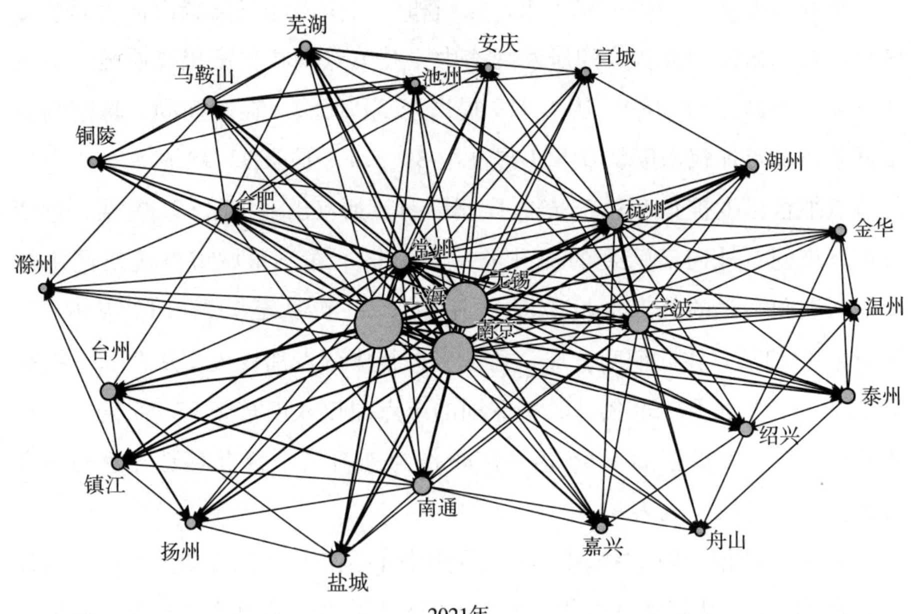

2021年

图 10　2010 年与 2021 年长三角城市群创新研发网络空间结构

资料来源：笔者整理计算所得。

表 6　2010 年与 2021 年珠三角城市群创新研发网络节点属性

城市	2010 年			2021 年		
	节点加权出度	节点加权入度	节点中介中心度	节点加权出度	节点加权入度	节点中介中心度
广州	4.919	0.177	20	345.689	47.375	18.934
珠海	1.080	1.139	2.333	130.370	89.587	1.804
东莞	0.641	1.861	4.333	86.234	157.348	9.165
深圳	0.484	1.223	4	58.189	113.801	0.886
中山	0.318	1.237	0	10.674	88.531	0
佛山	0.122	0.882	0	84.085	129.096	1.230
肇庆	0.055	0.418	0	3.344	34.554	0
江门	0.020	0.335	0	4.040	43.403	0
惠州	0.017	0.384	0	0.292	19.221	0

资料来源：笔者整理计算所得。

(0.020)、惠州（0.017）的节点加权出度均小于 0.1，排名较为靠后。2021 年，珠海的节点加权出度超过 100，位居腹地城市前列，东莞、佛山、中山的节点加权出度处于第二梯队，江门、肇庆、惠州的节点加权出度排名较为靠后，所有腹地城市在研发网络中的节点加权出度均实现较大提升，与其他城市的研发关联水平进一步提升，其中节点加权出度提高较多的前三位城市依次为佛山（提高 688.22 倍）、江门（提高 201.00 倍）、东莞（提高 133.53 倍），除肇庆、中山、惠州外，其他腹地城市的节点加权出度扩张速度均快于珠三角城市群整体节点加权出度扩张速度。在腹地城市节点加权入度排名中，2010 年，东莞（1.861）、中山（1.237）、珠海（1.139）排名较为靠前，且与其他城市有较大差距，佛山（0.882）、肇庆（0.418）处于第二梯队，惠州（0.384）、江门（0.335）的节点加权入度均小于 0.4，排名较为靠后。2021 年，东莞、佛山的节点加权入度均超过 100，位居腹地城市前列，珠海、中山的节点加权入度处于第二梯队，江门、肇庆、惠州的节点加权入度排名较为靠后，所有城市的节点加权入度均实现较大提升，与其他城市的研发互动水平进一步提升，其中节点加权入度提高较多的前三位城市依次为佛山（提高 145. 37 倍）、江门（提高 128. 56 倍）、东莞（提高 83. 55 倍），除佛山、江门外，其他腹地城市的节点加权入度扩张速度均慢于珠三角城市群整体节点加权入度扩张速度。

广州、深圳作为创新核心城市在研发网络中的枢纽地位相对下降，东莞、佛山的枢纽地位提升明显。从节点中介中心度看，2010 年，珠三角城市群仅广州、珠海、东莞、深圳处于研发网络中的核心枢纽位置，对研发网络具有较强的掌控力，其节点中介中心度分别为 20、2. 333、4. 333、4。2021 年，广州的节点中介中心度下降至 18. 934，珠海下降至 1. 804，深圳下降至 0. 886。另外，东莞、佛山对珠三角城市群研发网络的影响力显著提升，具体表现为东莞的节点中介中心度从 4. 333 上升至 9. 165，佛山从 0 上升至 1. 230。总体来看，珠三角城市群创新核心城市与腹地城市在研发网络中的地位差距呈缩小态势，且部分腹地城市的优势明显。

广州在研发网络中的核心地位得到强化，与腹地城市间的关联关系进一步加强。从聚类特征看，可将珠三角城市群创新研发网络按照关联程度划分为三个子群。2010~2021 年，第一子群由广州变为广州和珠海，深圳作为创新核心城市在研发网络中的影响力相对不足（见图 11）。从创新核心城市与

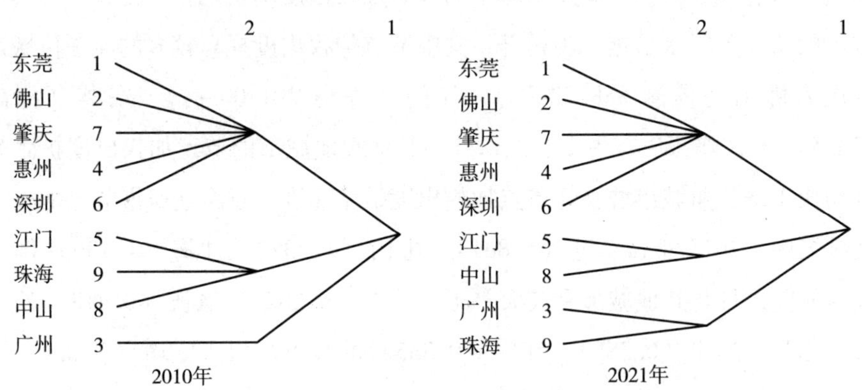

图 11　2010 年与 2021 年珠三角城市群创新研发网络子群划分

资料来源：笔者整理计算所得。

腹地城市的关联程度看，2010~2021年，第一子群对第二子群分块密度的影响从0.651上升至32.792，对第三子群分块密度的影响从0.554上升至19.940，影响力分别提升49.37倍和34.99倍，核心城市与腹地城市的关联程度进一步提升（见表7）。图12展示了2010年与2021年珠三角城市群创新研发网络空间结构变化情况，可以看出，腹地城市间的关联程度明显提升。

表7　2010年与2021年珠三角城市群创新研发网络子群分块密度

2010年				2021年			
子群	第一子群	第二子群	第三子群	子群	第一子群	第二子群	第三子群
第一子群		0.651	0.554	第一子群	34.200	32.792	19.940
第二子群	0.020	0.040	0.032	第二子群	6.540	5.890	4.901
第三子群	0.030	0.051	0.095	第三子群	0.800	0.833	1.592

资料来源：笔者整理计算所得。

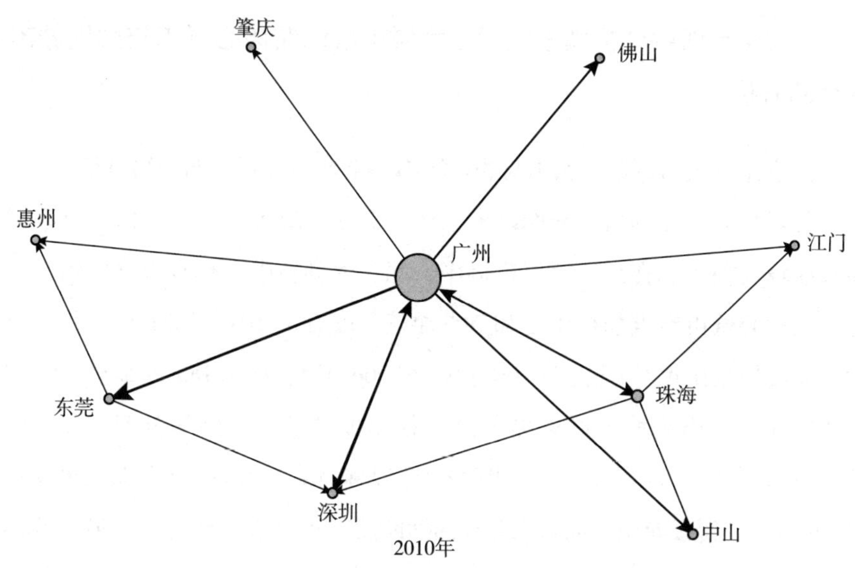

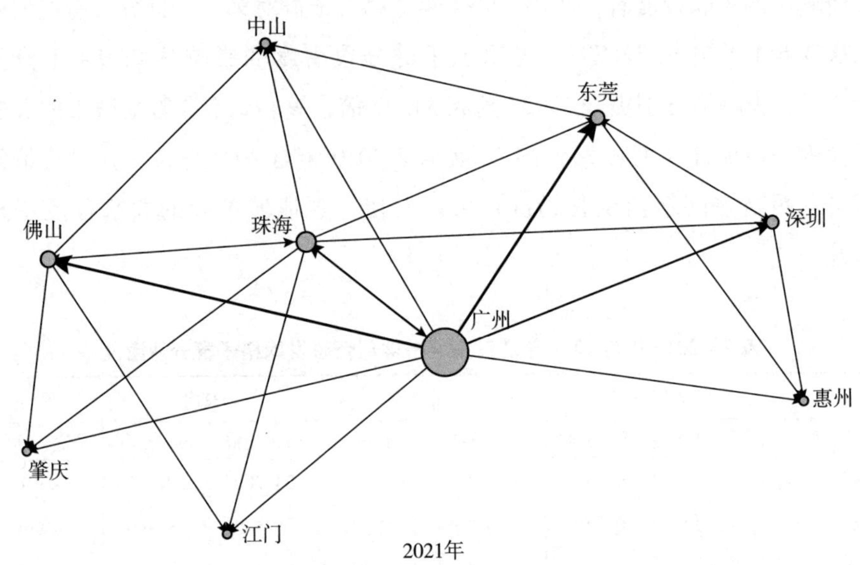

图 12　2010 年与 2021 年珠三角城市群创新研发网络空间结构

资料来源：笔者整理计算所得。

（二）创新中介视角下东部三大城市群创新核心城市与腹地城市间的互动分析

1. 京津冀城市群核心城市与腹地城市间创新中介互动的网络分析

北京与天津在创新中介网络中依然占据核心位置，腹地城市与核心城市间存在较大差距。在京津冀城市群中，北京的创新中介具有极强的辐射影响力。从核心城市节点加权出度和节点加权入度看，2010~2021 年，北京与天津的节点加权出度分别从 27. 731 提高至 566. 515、从 4. 185 提高至 140. 148。在此期间，京津冀城市群整体节点加权出度从 2. 511 提高至 58. 265，扩张 22. 20 倍，其中北京的节点加权出度扩张 19. 43 倍，天津的节点加权出度扩张 32. 49 倍，创新腹地城市创新中介外向活跃度的提升进一步优化了城市群创新中介网络的结构。北京与天津的节点加权入度分别从 1. 308 提高至 27. 438、从 18. 679 提高至 288. 980。在此期间，京津冀城市群整体节点加权入度从 2. 511

提高至58.265，扩张22.20倍，其中北京的节点加权入度扩张19.98倍，天津的节点加权入度扩张14.47倍，创新核心城市对创新中介组织和活动的吸引力呈现一定程度的弱化趋势，核心城市与腹地城市在创新中介网络中的相对地位差距有所缩小，但是差距依然非常明显（见表8）。

表8　2010年与2021年京津冀城市群创新中介网络节点属性

城市	2010年			2021年		
	节点加权出度	节点加权入度	节点中介中心度	节点加权出度	节点加权入度	节点中介中心度
北京	27.731	1.308	9	566.515	27.438	10.561
天津	4.185	18.679	5.167	140.148	288.980	2.606
保定	0.175	2.080	0	4.364	42.214	0
邢台	0.117	0.849	0	1.413	14.861	0
石家庄	0.094	0.946	0	9.037	37.439	0
廊坊	0.078	2.416	0	15.662	135.915	0
唐山	0.068	1.492	0	8.584	68.211	0
沧州	0.051	1	0	1.877	27.703	0
承德	0.048	1.290	0	0.404	17.944	0
秦皇岛	0.038	0.839	0	3.273	33.048	0
衡水	0.024	0.550	0	2.965	24.388	0
邯郸	0.018	0.348	0	2.540	15.950	0
张家口	0.015	0.843	0	0.661	23.353	0

资料来源：笔者整理计算所得。

廊坊正在加速成长为京津冀城市群创新中介的核心城市。从腹地城市节点加权出度和节点加权入度看，2010年，在腹地城市节点加权出度排名中，保定（0.175）、邢台（0.117）、石家庄（0.094）、廊坊（0.078）排名较为靠前，唐山（0.068）、沧州（0.051）、承德（0.048）、秦皇岛（0.038）处于第二梯队，衡水（0.024）、邯郸（0.018）、张家口（0.015）的节点加权出度均小于0.03，排名较为靠后。2021年，廊坊、石家庄、唐山的节点加权出度均超过8，位居腹地城市前列，保定、秦皇岛、衡水、邯郸、沧州、邢台的节点加权出度处于第二梯队，张家口和承德的节点加权出度排名较为靠后，所有腹地城市中创新中介的节点加权出度均实现较大提升，与其他城市创新中介的关联水平进一步提升，其中节点加权出度提高较多的前三位城市依次为廊坊（提高 199.79 倍）、邯郸（提高 140.11 倍）、唐山（提高 125.24 倍），除邢台、承德外，其他腹地城市的节点加权出度扩张速度均快于京津冀城市群整体节点加权出度扩张速度。在腹地城市节点加权入度排名中，2010 年，廊坊（2.416）、保定（2.080）、唐山（1.492）、承德（1.290）排名较为靠前，且与其他城市有较大差距，沧州（1）、石家庄（0.946）、邢台（0.849）、张家口（0.843）、秦皇岛（0.839）处于第二梯队，衡水（0.550）、邯郸（0.348）排名较为靠后。2021 年，廊坊的节点加权入度为 135.915，遥遥领先于其他腹地城市，对创新中介活动或组织的吸引力逐渐凸显，唐山、保定、石家庄、秦皇岛、沧州、衡水、张家口的节点加权入度处于第二梯队，承德、邯郸、邢台的节点加权入度排名较为靠后。所有城市的节点加权入度均实现较大提升，创新中介互动更为活跃，其中节点加权入度提高较多的前三位城市依次为廊坊（提高 55.26 倍）、邯郸（提高 44.83 倍）、唐山（提高 44.72 倍），除保定、邢台、承德外，其他腹地城市的节点加权入度扩张速度均快于京津冀城市群整体节点加权入度扩张速度。

北京对京津冀城市群创新中介网络的控制力进一步提高，天津则相对下降。从节点中介中心度看，2010 年，京津冀城市群仅北京、天津处于创新中介网络中的核心枢纽位置，对研发网络具有较强的掌控力，其中北京的节点中介中心度为 9，天津为 5.167。2021 年，北京的节点中介中心度上升至 10.561，天津下降至 2.606，其他城市均无明显变化，并未占据创新网络中的枢纽位置。总体来看，京津冀城市群核心城市与腹地城市在创新中介网络中的地位依然有较大差距。

天津正在加速成长为京津冀城市群创新中介空间结构中的次中心城市，核心城市对腹地城市的影响进一步提升，但绝对差距依旧较大。从聚类特征看，可将京津冀城市群创新中介网络按照关联程度划分为三个子群，2010~2021 年，第一子群由北京变为北京和天津；第二子群中除天津进入第一子群外，其余保持不变；第三子群保持稳定，包含保定、邯郸、石家庄等城市（见图13）。从核心城市与腹地城市的关联程度看，2010~2021年，第一子群对第二子群分块密度的影响从0.820上升至10.760，对第三子群分块密度的影响从3.810上升至26.590，影响力分别提升12.12倍和5.98倍，创新核心城市与腹地城市的关联程度进一步提升（见表9）。图14展示了2010年与2021年京津冀城市群创新中介网络空间结构变化情况，可以看出，腹地城市间的关联程度略有提升，中介网络结构完善程度变化较小，基本保持不变。

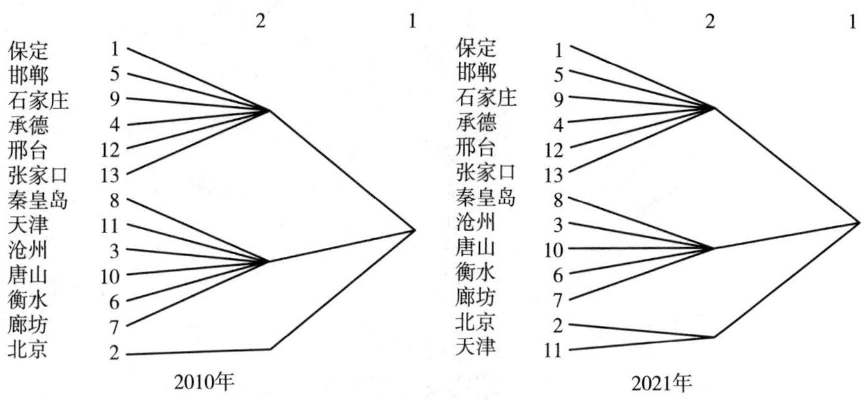

图13　2010年与2021年京津冀城市群创新中介网络子群划分

资料来源：笔者整理计算所得。

表9　2010年与2021年京津冀城市群创新中介网络子群分块密度

2010年				2021年			
子群	第一子群	第二子群	第三子群	子群	第一子群	第二子群	第三子群
第一子群		0.820	3.810	第一子群	155.853	10.760	26.590
第二子群	0.000	0.010	0.010	第二子群	0.051	0.320	0.280
第三子群	0.220	0.034	0.064	第三子群	0.410	0.440	0.754

资料来源：笔者整理计算所得。

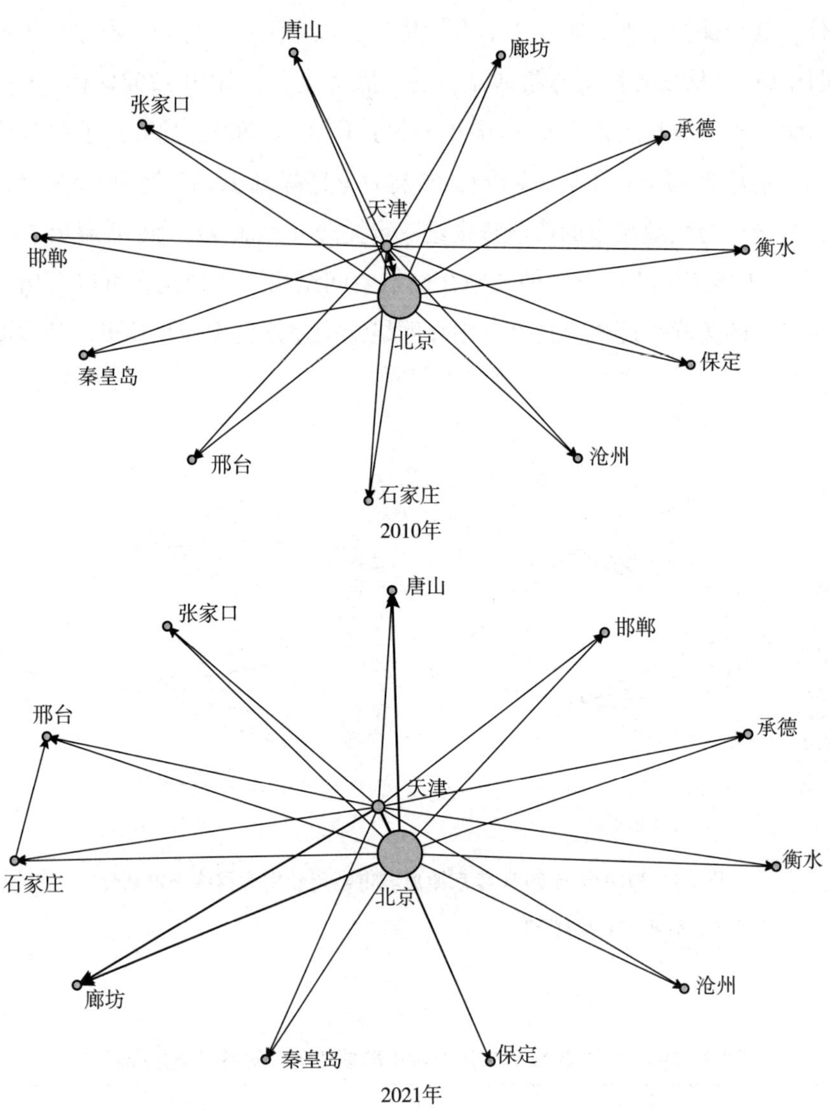

图 14　2010 年与 2021 年京津冀城市群创新中介网络空间结构

资料来源：笔者整理计算所得。

2. 长三角城市群核心城市与腹地城市间创新中介互动的网络分析

上海、杭州、南京在长三角城市群创新中介网络中依然占据核心位置，宁波、绍兴等腹地城市的作用逐渐凸显。在长三角城市群中，从核心城市节点加权出度和节点加权入度看，2010~2021年，上海、南京、杭州、无锡作为长三角城市群创新核心城市，其节点加权出度均有所提高，分别为从10.316提高至557.016、从3.377提高至163.623、从1.982提高至261.059、从1.029提高至56.322。在此期间，长三角城市群整体节点加权出度从0.909提高至75.835，扩张82.43倍，其中上海的节点加权出度扩张53.00倍，南京的节点加权出度扩张47.45倍，杭州的节点加权出度扩张130.71倍，无锡的节点加权出度扩张53.73倍，扩张速度低于腹地城市扩张速度均值，意味着随着腹地城市的飞速发展，其与核心城市的相对差距正在缩小。从节点加权入度看，上海、南京、杭州、无锡4个核心城市的节点加权入度分别从0.248提高至37.789、从1.645提高至93.051、从1.503提高至94.340、从1.826提高至111.651。在此期间，长三角城市群整体节点加权入度从0.909提高至75.835，扩张82.43倍，其中上海的节点加权入度扩张151.38倍，南京的节点加权入度扩张55.57倍，杭州的节点加权入度扩张61.77倍，无锡的节点加权入度扩张60.15倍（见表10）。上海作为创新核心城市对创新中介活动的吸引力有所增强，但这一特点在其他三个核心城市中并未显现。

表10　2010年与2021年长三角城市群创新中介网络节点属性

城市	2010年			2021年		
	节点加权出度	节点加权入度	节点中介中心度	节点加权出度	节点加权入度	节点中介中心度
上海	10.316	0.248	67.700	557.016	37.789	18.865
南京	3.377	1.645	6.600	163.623	93.051	32.205
杭州	1.982	1.503	7.450	261.059	94.340	23.917
合肥	1.628	1.124	7.233	97.060	62.072	9.168
无锡	1.029	1.826	5.650	56.322	111.651	2.333
常州	0.923	1.686	0.400	78.516	111.467	22.788
芜湖	0.892	1.281	0.600	43.328	77.710	3.073
宁波	0.629	1.245	15.267	113.980	109.035	13.604
绍兴	0.508	1.196	0.367	110.326	122.909	13.497
嘉兴	0.429	1.631	0	91.677	146.407	11.349
金华	0.353	0.895	0	67.856	98.329	27.349

续表

城市	2010年			2021年		
	节点加权出度	节点加权入度	节点中介中心度	节点加权出度	节点加权入度	节点中介中心度
马鞍山	0.260	1.136	0	20.360	76.068	0
南通	0.187	0.980	0	34.357	88.770	0
湖州	0.179	0.966	0	43.701	106.938	0
台州	0.171	0.759	0	89.045	88.574	10.446
盐城	0.154	0.574	0	8.620	40.341	0
扬州	0.108	0.622	0	7.050	48.273	0
滁州	0.087	0.591	0	5.587	39.871	0
泰州	0.075	0.479	0	11.550	57.206	0
安庆	0.072	0.394	3.500	5.369	29.791	4.411
温州	0.060	0.358	0	51.174	61.015	4.406
镇江	0.056	0.669	0	22.433	83.143	0
宣城	0.051	0.544	0	18.455	70.944	0
铜陵	0.050	0.493	0	6.308	43.097	0
池州	0.039	0.347	0	2.527	26.255	0
舟山	0.031	0.464	0	4.414	46.677	0

资料来源：笔者整理计算所得。

绍兴、宁波等创新腹地城市在创新中介网络中具有相对比较优势。从腹地城市节点加权出度和节点加权入度看，在腹地城市节点加权出度排名中，2010年，合肥（1.628）、常州（0.923）、芜湖（0.892）排名较为靠前，且明显领先于其他城市；宁波（0.629）、绍兴（0.508）等10个城市的节点加权出度均大于0.1，在长三角城市群处于第二梯队；滁州（0.087）、泰州（0.075）等9个城市排名较为靠后。2021年，宁波（113.980）、绍兴（110.326）的节点加权出度均超过100，位居腹地城市前列，所有腹地城市在创新中介网络中的节点加权出度均实现较大提升，节点加权出度提高较多的前三位城市依次为温州（提高851.90倍）、台州（提高519.73倍）、镇江（提高399.59倍），而作为创新核心城市的无锡，其在创新中介网络中的外向辐射力并不具备绝对优势。在腹地城市节点加权入度排名中，2010年，常州（1.686）、嘉兴（1.631）、芜湖（1.281）、宁波（1.245）、绍兴（1.196）、马鞍山（1.136）、合肥（1.124）等城市在创新中介网络中具有比较优势，其地位与核心城市中的南京、杭州较为相近，其余腹地城市的节点加权入度相对较小。2021年，嘉兴、绍兴、常州、宁波、湖州的节点加权入度均超过100，位居腹地城市前列，对创新中介活动的吸引力明显增强，所有城市的节点加权入度均实现较大提升，与其他城市的中介互动水平进一步提升，其中节点加权入度提高较多的前三位城市依次为温州（提高169.43倍）、宣城（提高129.41倍）、镇江（提高123.28倍），除合肥、芜湖、常州等9个城市外，其他腹地城市的节点加权入度扩张速度均快于长三角城市群整体节点加权入度扩张速度。

核心城市中的南京和杭州在创新中介网络中的控制力显著增强，金华、常州等腹地城市正在加速成长为创新中介网络的关键节点城市。从节点中介中心度看，2010年，长三角城市群中上海、宁波、杭州等10个城市处于创新中介网络中的核心枢纽位置，对中介网络具有较强的掌控力，其中上海的节点中介中心度最高，为67.700。2021年，除了上海的节点中介中心度从67.700下降至18.865、无锡的节点中介中心度从5.650下降至2.333、宁波的节点中介中心度从15.267下降至13.604外，南京、金华、杭州等11个城市的节点中介中心度都有所提高，而且嘉兴、金华、台州、温州等城市在网络中的地位实现较大提升。总体来看，长三角城市群创新核心城市与腹地城市在创新中介网络中的地位差距呈缩小态势。

上海、杭州占据了创新中介网络的核心位置，核心城市与腹地城市间的相互影响程度显著提升。从聚类特征看，可将长三角城市群创新中介网络按照关联程度划分为四个子群。2010~2021年，有三个子群发生了明显变化：第一子群没有发生变化，由安庆、铜陵等城市组成；第二子群由13个城市变为7个城市；第三子群由3个城市变为2个城市；第四子群由1个城市变为8个城市（见图15）。从核心城市与腹地城市的关联程度看，2010年，核心城市上海、南京、杭州所在的第三子群和第四子群对第一子群分块密度的影响分别为0.091和0.170，对第二子群分块密度的影响分别为0.090和0.474。2021年，创新核心城市杭州、上海所在的第三子群对第一、第二、第四子群分块密度的影响分别为 7. 230、15. 784、25. 563，核心子群与边缘子群的联系显著增强（见表 11）。图 16 展示了 2010 年与 2021 年长三角城市群创新中介网络空间结构变化情况，可以看出，腹地城市间的关联程度明显提升，中介网络结构更加复杂。

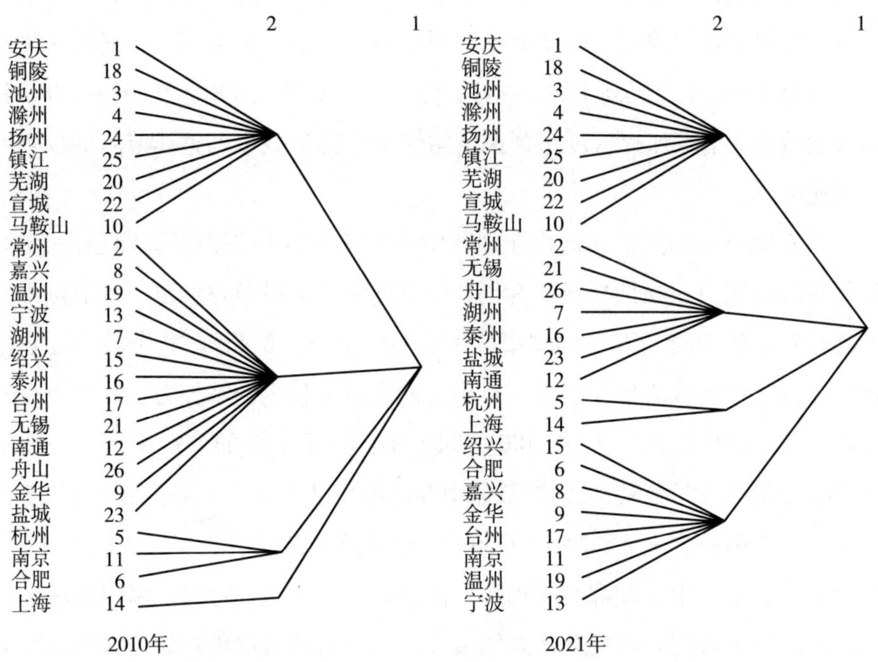

图 15　2010 年与 2021 年长三角城市群创新中介网络子群划分

资料来源：笔者整理计算所得。

表 11　2010 年与 2021 年长三角城市群创新中介网络子群分块密度

2010 年					2021 年				
子群	第一子群	第二子群	第三子群	第四子群	子群	第一子群	第二子群	第三子群	第四子群
第一子群	0. 010	0. 010	0. 01	0. 001	第一子群	0. 898	0. 551	0. 190	0. 399
第二子群	0. 011	0. 020	0. 012	0. 004	第二子群	1. 290	1. 792	0. 723	1. 270
第三子群	0. 091	0. 090	0. 170	0. 061	第三子群	7. 230	15. 784	28. 990	25. 563
第四子群	0. 170	0. 474	0. 880		第四子群	3. 050	4. 150	3. 794	4. 870

资料来源：笔者整理计算所得。

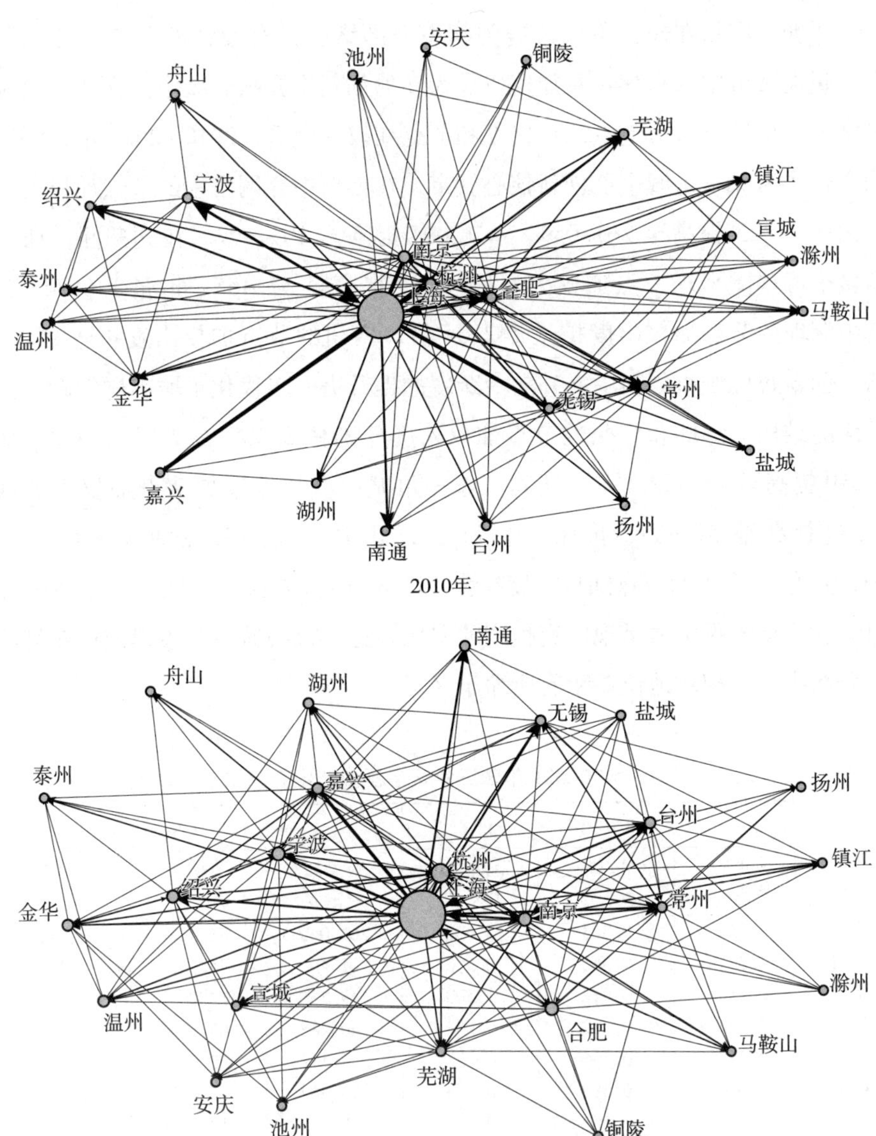

图 16　2010 年与 2021 年长三角城市群创新中介网络空间结构

资料来源：笔者整理计算所得。

3. 珠三角城市群核心城市与腹地城市间创新中介互动的网络分析

深圳、广州在珠三角城市群创新中介网络中具有较强的影响力和控制力，腹地城市中的东莞正在加速成长为新的创新中介核心城市。在珠三角城市群中，从核心城市节点加权出度和节点加权入度看，2010~2021年，深圳和广州作为珠三角城市群创新核心城市，在创新中介网络中的节点加权出度分别从1.825提高至261.049、从1.094提高至101.497。在此期间，珠三角城市群整体平均节点加权出度从0.389提高至57.465，扩张146.72倍，其中深圳的节点加权出度扩张142.04倍，广州的节点加权出度扩张91.78倍，创新腹地城市创新中介外向活跃度的提升进一步优化了城市群创新中介网络的结构。深圳和广州的节点加权入度分别从0.305提高至31.422、从0.560提高至74.952。在此期间，珠三角城市群整体平均节点加权入度从0.389提高至57.465，扩张146.72倍，其中深圳的节点加权入度扩张102.02倍，广州的节点加权入度扩张132.84倍，创新中心城市对创新中介组织和活动的吸引力呈现一定程度的弱化趋势，核心城市与腹地城市在创新中介网络中的相对地位差距有所缩小（见表12）。

表12　2010年与2021年珠三角城市群创新中介网络节点属性

城市	2010年			2021年		
	节点加权出度	节点加权入度	节点中介中心度	节点加权出度	节点加权入度	节点中介中心度
深圳	1.825	0.305	3.000	261.049	31.422	4.973
广州	1.094	0.560	0.500	101.497	74.952	3.393
东莞	0.216	0.912	1.500	49.756	131.065	7.655
佛山	0.102	0.382	0	40.288	65.523	0
江门	0.088	0.256	0	4.371	30.731	0
中山	0.084	0.389	0	19.362	72.611	0
肇庆	0.040	0.187	0	0.653	13.569	0
珠海	0.033	0.245	0	38.388	65.611	0.234
惠州	0.021	0.265	0	1.822	31.702	0

东莞、佛山、珠海等腹地城市在创新中介网络中具有较为明显的相对比较优势。从腹地城市节点加权出度和节点加权入度看，在腹地城市节点加权

出度排名中，2010 年，东莞（0.216）、佛山（0.102）排名较为靠前，江门（0.088）、中山（0.084）、肇庆（0.040）处于第二梯队，珠海（0.033）、惠州（0.021）的节点加权出度均小于 0.04，排名较为靠后。2021 年，东莞、佛山的节点加权出度均超过 40，位居腹地城市前列，但与核心城市相比还有明显差距。珠海、中山的节点加权出度处于第二梯队，江门、惠州、肇庆的节点加权出度排名较为靠后，所有腹地城市在创新中介网络中的节点加权出度均实现较大提升，各城市创新中介的辐射影响力进一步扩大，与其他城市的创新中介关联水平进一步提升，其中节点加权出度提高较多的前三位城市依次为珠海（提高 1162.27 倍）、佛山（提高 393.98 倍）、中山（提高 229.50 倍），除惠州、江门、肇庆外，其他腹地城市的节点加权出度扩张速度均快于珠三角城市群整体节点加权出度扩张速度。在腹地城市节点加权入度排名中，2010 年，东莞（0.912）、中山（0.389）、佛山（0.382）排名较为靠前，且明显领先于其他城市，惠州（0.265）、江门（0.256）处于第二梯队，珠海（0.245）、肇庆（0.187）的节点加权出度均小于 0.25，排名较为靠后。2021 年，东莞的节点加权入度超过 100，位居珠三角城市群前列，对创新中介活动的吸引力迅速提升，中山、珠海、佛山的节点加权入度处于第二梯队，惠州、江门、肇庆的节点加权入度排名较为靠后，所有腹地城市的节点加权入度均实现较大提升，对创新中介活动的吸引力有所增强，其中节点加权入度提高较多的前三位城市依次为珠海（提高 266.80 倍）、中山（提高 185.66 倍）、佛山（提高 170.53 倍），除珠海、中山、佛山外，其他腹地城市的节点加权入度扩张速度均慢于珠三角城市群整体节点加权入度扩张速度。

深圳和广州在珠三角城市群创新中介网络中占据核心位置，腹地城市中的东莞已经成为珠三角城市群创新中介网络中最核心的枢纽城市。从节点中介中心度看，2010 年，珠三角城市群中深圳、广州、东莞处于创新中介网络中的核心枢纽位置，对创新中介网络具有较强的掌控力，其中深圳的节点中介中心度为 3.000，广州为 0.500，东莞为 1.500。2021 年，深圳的节点中介中心度上升至 4.973，广州上升至 3.393，东莞上升至 7.655，东莞的枢纽地位提升最为明显。另外，珠海的节点中介中心度上升至 0.234。总体来看，珠三角城市群创新核心城市与腹地城市在中介网络中的地位差距呈缩小态势，东莞、珠海等腹地城市在创新中介网络中的地位迅速提升。

深圳和广州对腹地城市的影响显著提升。从聚类特征看，可将珠三角城市群创新中介网络按照关联程度划分为三个子群。2010~2021 年，第一子群始终为广州和深圳（见图 17）。从核心城市与腹地城市的关联程度看，2010~2021 年，第一子群对第二子群分块密度的影响从 0.171 上升至 27.440，对第三子群分块密度的影响从 0.110 上升至 5.351，影响力分别提升 159.47 倍和 47.65 倍，创新核心城市与腹地城市的相互影响程度加深，关联更加紧密（见表 13）。图 18 展示了 2010 年和 2021 年珠三角城市群创新中介网络空间结构变化情况，可以看出，腹地城市间的联系程度明显提升，城市间的关联更为紧密。

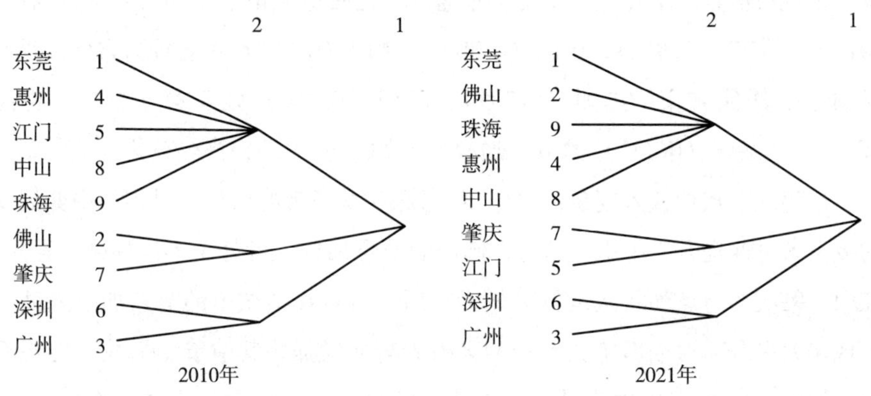

图 17　2010 年与 2021 年珠三角城市群创新中介网络子群划分

资料来源：笔者整理计算所得。

表 13　2010 年与 2021 年珠三角城市群创新中介网络子群分块密度

2010 年				2021 年			
子群	第一子群	第二子群	第三子群	子群	第一子群	第二子群	第三子群
第一子群	0.382	0.171	0.110	第一子群	33.396	27.440	5.351
第二子群	0.010	0.013	0.010	第二子群	3.911	4.414	2.223
第三子群	0.004	0.010	0.013	第三子群	0.120	0.390	0.340

资料来源：笔者整理计算所得。

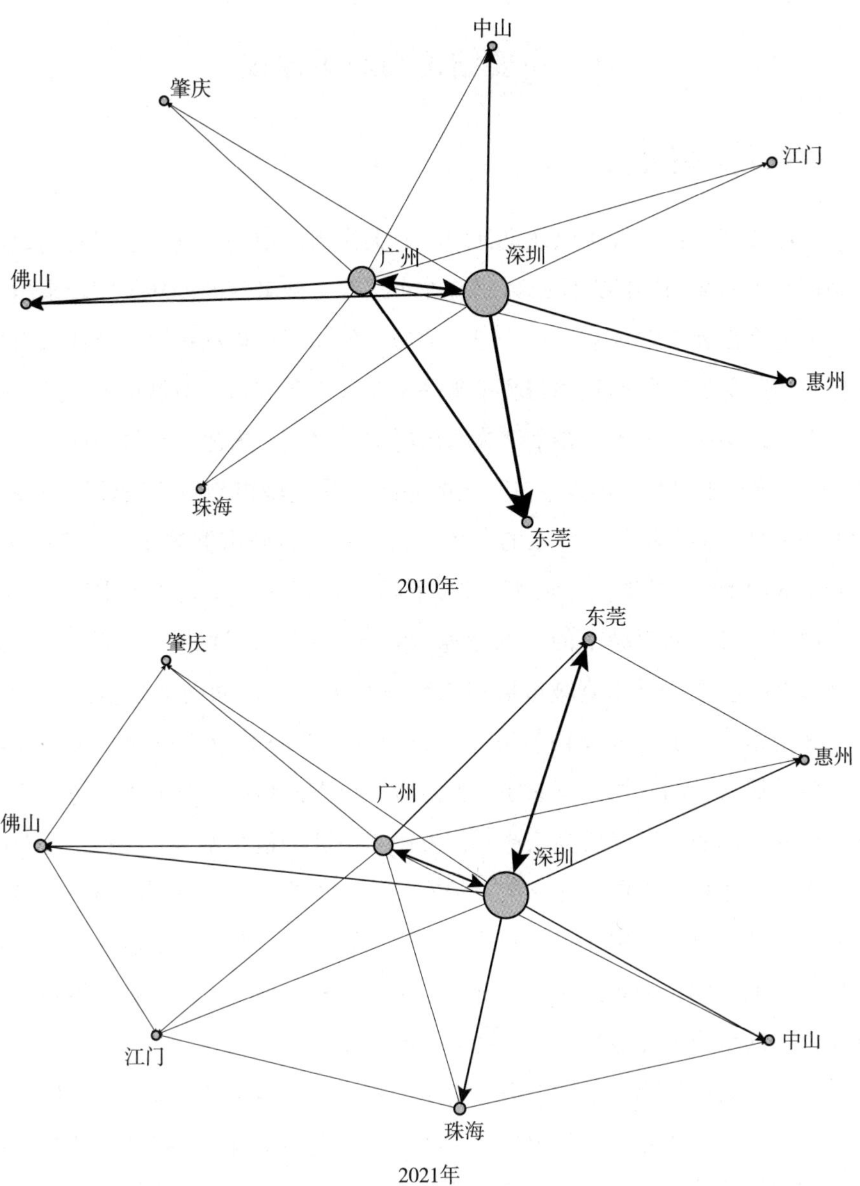

图 18　2010 年与 2021 年珠三角城市群创新中介网络空间结构

资料来源：笔者整理计算所得。

五　主要结论与对策建议

（一）主要结论

京津冀城市群形成了以北京为中心、天津为次中心的创新空间格局，核心城市与腹地城市间的差距总体呈现缩小态势，两者间的创新关联越来越密切，但是在创新扩散环节，京津与其他城市的差距在逐渐扩大，整体来看核心城市与腹地城市间的互动与联系水平不及长三角和珠三角城市群。从专利产出看，2010~2021 年，在京津冀城市群中，北京、天津一直排在第 1 位和第 2 位，与其他 11 个城市存在明显的差距，其他城市创新增速较快但在总量上并不具有显著优势。北京的专利产出占京津冀城市群的比重从 78.24%上升至 83.95%，天津占比从 17.28%下降至 8.33%，腹地城市中唐山、邢台、廊坊、秦皇岛等城市的年均增速均在 35%以上，远超核心城市。从研发环节的互动看，京津冀城市群核心城市与腹地城市间的地位差距有所缩小，无论是节点加权入度还是节点加权出度，核心城市增速均不及腹地城市，腹地城市中的廊坊、石家庄、保定等在研发网络中的核心地位进一步强化，尤其是廊坊，已经成为京津冀研发网络中新的枢纽城市。从扩散环节的互动看，京津冀城市群中北京与天津在创新中介网络中依然占据核心位置，虽然核心城市对创新中介组织和活动的吸引力出现一定程度的弱化，尤其是廊坊正在加速成长为京津冀城市群创新中介的核心城市，但是核心城市与腹地城市间的差距依然非常明显，网络结构优化不明显。

长三角城市群形成了以上海、南京、杭州、无锡为中心的“一超多强”创新空间格局，核心城市与腹地城市间的差距总体呈现明显的缩小态势，核心城市对腹地城市的影响以及部分腹地城市的地位显著提升。从专利产出看，在长三角城市群中，上海、杭州、南京一直处于前三位，且明显领先于其他城市，上海的专利产出占长三角城市群的比重从 48.19%下降至 29.39%，杭州占比从 10.29%上升至 10.70%，南京占比从 10.64%下降至

9.53%，无锡占比从5.85%下降至5.59%。从研发环节的互动看，长三角城市群研发网络也呈现差距相对缩小的特征，虽然核心城市在研发网络中依然具有明显的领先优势，但是芜湖、马鞍山、金华、常州、镇江等腹地城市在研发网络中的地位与影响力不断攀升，宁波、马鞍山、常州正在加速成长为研发网络中的枢纽城市。从扩散环节的互动看，上海、杭州、南京在长三角城市群创新中介网络中依然占据核心位置，而且上海对创新中介活动的吸引力有所增强，但这一特点在其他三个核心城市中并未显现，腹地城市中的宁波、绍兴等在创新中介网络中具有相对比较优势，对创新中介活动的吸引力明显增强，其中金华、常州正在加速成长为创新中介网络的关键节点城市。

珠三角城市群形成了以深圳为中心、广州为次中心的创新空间分布格局，核心城市和腹地城市在研发网络与中介网络中的差距相对缩小，对腹地城市的影响力显著提升，其中未来东莞有望发展成长为珠三角城市群新兴创新核心城市。从专利产出看，在珠三角城市群中，深圳占珠三角城市群的比重从83.96%下降至54.01%，广州占比从7.22%上升至14.06%，腹地城市中的东莞占比从1.89%上升至11.06%。从研发环节的互动看，珠三角城市群内部差距相对缩小的趋势不如京津冀和长三角城市群显著，广州对研发活动的吸引力进一步增强，作为核心城市的深圳在研发网络中并不具有突出优势，腹地城市中的珠海、东莞、佛山相较于核心城市深圳在研发网络中具有更大的影响力。从扩散环节的互动看，深圳、广州在珠三角城市群创新中介网络中具有较强的影响力和控制力，腹地城市中的东莞正在加速成长为新的创新中介核心城市，佛山和珠海在创新中介网络中具有较为明显的相对比较优势，核心城市与腹地城市在创新中介网络中的相对地位差距有所缩小。

（二）对策建议

一是畅通核心城市到腹地城市的创新要素流动，腹地城市借助核心城市的创新资源实现创新能力的提升。利用区域间的互补优势和协作机制，推动不同区域之间的技术交流与合作，形成区域间的创新平台和通道，降低区域内的创新资源交易成本。河北可以通过技术共研等形式向北京和天津定向委托或者邀请北京和天津的科研院所等科研单位共建科技创新基地，利用政府引导社会创新资源的流动，借助创新要素的流动打破在其他领域存在的行政壁垒。同时，要继续重视人才，通过建立京津冀创新人才联盟，实施三地间人才交流计划、人才引进计划、人才培训计划等，推动三地人才相互流动。京津冀城市群可以借鉴长三角城市群的经验，建立以企业为核心的多元化创新成果研发转化体系、以政府为核心的创新活动服务体系、以研究机构为核心的创新知识流动体系和以人才为核心的创新人才培训体系，加快推进“一核、三城、三带”的京津雄创新三角区建设，从而带动城市创新能力的提升。

二是培育新的创新组织形式，打造城市群创新生态系统。首先，要加强核心城市和腹地城市之间的协同创新。核心城市和腹地城市应根据各自的优势与特色，建立合作机制，共享创新资源，形成互补互助的关系。对于京津冀城市群而言，北京作为绝对的创新核心城市，要继续发挥引领作用，推动三地关键技术领域和重大科研项目的合作，发挥好创新“领头羊”的作用，促进京津冀产业技术升级；河北应按照三地重点产业链图谱布局，推动产业结构升级，为新的创新合作形式奠定产业基础。天津应充分发挥协调京冀创新能力和产业梯度的角色作用，强化对北京前沿技术落地转化的吸引作用，释放北京前沿技术向周边区域扩散的“中转站”功能。其次，要搭建多层次的创新平台。北京、天津、河北应根据不同层次的创新需求，建设各类创新平台，如行政等级上可以包括国家级、省级、市级和区县级等，产业维度上可以包括产业级、企业级、产品级等，打造具有开放性、包容性和多元性特征，能够汇聚各方面创新主体和提供各种形式创新服务的合作平台。最后，要培育多样化的创新文化。核心城市和腹地城市应注重培养一种尊重知识、崇尚科学、敢于探索、勇于实践的创新文化，营造一个鼓励创新、容忍失败、奖励成功的创新氛围。

三是以产业链和创新链融合为抓手，推动创新核心城市与腹地城市有效互动。首先要加强城市群内产业链的协同配合，为创新主体的集聚和流动提供引导路径。通过建立京津冀产业链协作平台，搭建三地创新主体之间信息交流、技术合作、资源共享、风险分担等机制，促进产业链在三地间补链、延链，在强化区域内上下游产业联系的基础上，推动产业链、创新链、价值链的优化整合，形成京津冀内部的创新分工和协作体系，提高整体的创新效率和效益。河北可以依据京津冀产业链绘制产业图谱，进行定向招商，精准合作，主动嵌入京津冀产业链布局。其次要重视京津冀统一市场建设，尤其是技术市场，通过制定统一的创新法规标准、提供统一的创新激励措施等方式，消除城市群协同创新的制度壁垒和障碍，促进创新主体之间的公平竞争和合作共赢，激发创新主体的活力和动力。

参考文献

王金哲、温雪：《单中心还是多中心——城市群空间结构与创新能力研究》，《宏观经济研究》2022 年第 9 期。

赵巧芝、张聪、崔和瑞：《长江经济带地级城市间技术创新关联网络演变特征研究》，《技术经济》2021 年第 12 期。

专题报告

Special Reports

B.3
京津冀城市群创新群落建设进展与成效分析*

叶堂林　王传恕**

摘　要：创新群落作为区域创新生态系统中的重要组织形态，对提升创新能力和创新效率、促进创新成果转化和应用发挥着至关重要的作用，是实现京津冀城市群协同创新的重要载体。本报告聚焦研发、中介和应用三类创新群落，将京津冀城市群与国内其他城市群和城市进行横向及纵向比较，探究京津冀在研发、中介和应用群落方面的优势与短板，并构建面板回归模型对创新群落的影响因素进行研究。研究发现，京津冀城市群的研发和应用群落集聚

* 本报告为北京市社会科学基金重点项目“京津冀发展报告(2023)——国际科技创新中心助推区域协同发展”(22JCB030)、北京市自然科学基金面上项目“京津冀创新驱动发展战略的实施路径研究——基于社会资本、区域创新及创新效率的视角”(9212002)的阶段性成果。

** 叶堂林，经济学博士，首都经济贸易大学特大城市经济社会发展研究院（首都高端智库）执行副院长，特大城市经济社会发展研究省部共建协同创新中心（国家级研究平台）执行副主任，教授、博士生导师，研究方向为区域经济、京津冀协同发展等；王传恕，首都经济贸易大学城市经济与公共管理学院硕士研究生，研究方向为区域经济。

水平还存在一定的提升空间，中介群落集聚水平显著高于其他城市群；京津冀城市群形成了研发中介在中心城市集聚、生产制造在外围区域分布的格局；与同等级城市相比，京津冀城市群内各城市仅在中介群落方面呈现较强的比较优势；不同的环境因子对京津冀城市群内不同创新群落的影响程度不同。在此基础上，本报告提出了相应的对策建议：一是加快补齐研发主体短板，推动研发主体开展关键核心技术及基础前沿技术攻关；二是扩大京津冀城市群的中介群落集聚优势，充分发挥中介群落“黏合剂”作用；三是立足各城市比较优势，提升其将科学研究成果转化为具体应用技术的能力。

关键词： 京津冀　创新群落　协同创新

一　研究背景及研究意义

（一）综观国际——创新群落是加快建设国际科技创新中心的有力支撑

当今世界正在经历百年未有之大变局，全球科技竞争愈加激烈，创新已经成为推动经济发展和决定国际竞争胜负的关键因素。国际科技创新中心建设是世界强国应对新一轮科技革命挑战和抢占国际竞争制高点的迫切需求。国际科技创新中心不仅是世界新知识、新技术的策源地，而且是全球先进制度和先进文化的先行者。各国政府目前正积极制定适合自身发展的科技创新战略，而部分科技强国则通过资源整合和协同创新，培育孵化出领先的创新群落，并将居于国际经济中心、金融中心、贸易中心地位的城市或都市圈打造成国际科技创新中心，使之成为全球发展的主要增长极和原始创新策源地。进入新发展阶段后，中国需激发不同类型创新主体的活力，加快建设创新群落，并全力推进国际科技创新中心建设，为实现高水平科技自立自强和建设科技强国提供战略支撑。

（二）审视国内——培育孵化创新群落是创新驱动发展战略的重要抓手

2015 年 10 月，党的十八届五中全会明确提出必须把创新摆在国家发展全局的核心位置。2016 年 5 月，《国家创新驱动发展战略纲要》正式印发，强调科技创新是提高社会生产力和综合国力的战略支撑。党的二十大报告进一步提出了“中国式现代化”的战略目标，而实现这一目标必须依靠创新，要坚持以科技创新为核心驱动力，不断提高科技含量和附加值，提升国家综合实力。在深入实施创新驱动发展战略的过程中，创新群落扮演着不可或缺的角色，对提升创新能力和创新效率、促进创新成果转化和应用发挥着至关重要的作用。各个主体在创新群落中基于自身的功能定位，发挥各自优势，在不断推动创新要素集聚和创新动能循环的过程中建立良好且紧密互补的合作关系，加强互动和知识共享，推动创新资源优化配置和整合，促进创新成果转化和应用，从而提高创新效率和创新成果的质量，推动创新驱动发展战略落到实处。

（三）聚焦京津冀——创新群落是实现京津冀城市群协同创新的关键载体

2022 年 6 月，蔡奇同志在中国共产党北京市第十三次代表大会上强调，做到“六个更加突出”要将创新发展放在首要位置，“五子联动”要首先落好建设国际科技创新中心这关键的“第一子”，才能提高京津冀科技创新协同水平，努力把北京建设成为世界主要科学中心和创新高地。现阶段正值新一轮科技革命和产业变革的关键时期，构建科技创新生态体系是提升城市创新能力和促进区域协调发展的有效举措。创新群落作为区域创新生态系统中的重要组织形态，在京津冀城市群实现协同创新的过程中发挥着极其重要的作用。目前，京津冀地区仍面临区域内产业链与创新链对接融合不充分、产业辐射带动能力不强等亟待解决的问题，制约了三地协同创新发展。《京津冀协同发展规划纲要》明确提出实施创新驱动是推动京津冀协同发展的战略选择和根本动力，以创新群落建设推动新旧动能转换是突破三地发展瓶颈的有效路径，京津冀三地要以创新驱动的方式“做大蛋糕”，以协同发展的方式“分好蛋糕”，充分利用各自的创新优势，优化创新分工布局，实现区域协同创新发展。

二　概念界定和研究思路

（一）创新群落概念梳理

现有研究通常把创新活动看成富有活力的有机生命体，具有相似功能的创新主体聚类构成了不同的创新群落，学者们也从不同角度探索创新群落的生成、进化、衰退以及与相关环境的互动关系。

创新群落概念的提出经历了由集群到群落，再到创新群落的过程。首先，从集群到群落。Roelandt（1998）认为，集群是基于某种特定目的而存在的，集群的形成有助于促进主体间的技术优势互补，在降低交易成本的同时还能分散风险。约瑟夫·熊彼特（1990）较早提出创新集群的概念，认为创新活动的发生不是单个主体所能支撑的，而是需要特定的创新主体有机连接在一起。陆玲（2001）认为，群落是指在特定阶段居住在一起的某种生命体集合，各生命体在生态系统内部发挥着不同的功能，在推动物质与能量循环的过程中逐渐形成不可分割的有机联系体。其次，从科学群落到创新群落。林啸宇（2003）认为，科学群落是指一群数量可观的科学家群体，围绕一个特定的领域进行互动。科学群落的产出为创新种群各类创新活动的开展提供了重要保障。Lynn 等（1996）提出了创新群落的概念，认为创新群落是由技术商业化过程中涉及的直接主体和间接主体构成的组织。黄鲁成（2004）则认为创新群落是区域创新生态系统中的一种组织形态，由创新主体、政府机构、中介组织等构成。Zhou 等（2020）认为经济、地理、技术和社会因素共同构成了创新群落的形成原因。孙福全（2012）在对研究、开发和应用创新群落进行研究的基础上，认为各创新主体的共生共荣是创新生态系统需关注的重点。胡宁宁和侯冠宇（2023）认为各创新群落与外部环境相互作用，形成了具有一定结构和功能的创新生态系统，能够发挥协同创新效应，有效降低创新活动中技术和市场的不确定性，从而提升区域高技术产业绩效。

综上所述，创新群落概念的提出是一个循序渐进的过程。本报告依据创新群落的功能定位将其有条理地聚类为研发群落、中介群落和应用群落三类。其中，研发群落将系统中的物质与能量吸收转化成相关的理论和技术成果；应用群落将理论和技术成果进行产业化后转化为商业化的产品和服务；中介群落主要解决技术成果在由研发群落向应用群落传递过程中的种种现实阻碍，提升供需两端匹配度。一个系统中承担特定功能的群落规模越庞大，系统本身的功能完整性就越高。

（二）研究思路

本报告的核心问题是“京津冀城市群创新群落建设的进展与成效”，重点聚焦研发、中介和应用群落这三类创新生态系统中的核心群落，从以下三个方面进行分析。一是将京津冀城市群与国内其他城市群进行对比，分析京津冀城市群整体的研发、中介和应用群落的发展进程；二是对京津冀城市群内 13 个城市展开研究，明确京津冀各城市研发、中介和应用群落的发展现状；三是将京津冀城市群内各城市与其相同等级城市进行对比，探究京津冀城市群内各城市在研发、中介和应用群落方面的优势与短板。进一步地，本报告通过构建面板回归模型，对创新群落的影响因素展开研究。最后，本报告将描述性统计分析中观测到的典型事实与实证回归分析中的具体结果相结合，得出核心观点与结论，并结合研究结论提出政策建议。

（三）研究对象的选取与数据来源

1. 研究对象的选取

本报告选取京津冀城市群内的 13 个城市作为研究对象。京津冀城市群是我国的三大城市群之一，但是其部分创新群落的集聚水平与长三角城市群、珠三角城市群存在较大差距，甚至仅与其他新兴城市群不相上下。因此，为了更深入地探寻京津冀城市群创新群落的发展现状，本报告选取长三角城市群、珠三角城市群、成渝城市群、长江中游城市群、中原城市群、关中平原城市群、北部湾城市群、兰西城市群、呼包鄂榆城市群 9 个主要城市群以及 7 个国家中心城市、64 个省级中心城市①、209 个非中心城市作为参照对象。

2. 数据来源

本报告所选取的 2010~2021 年全国 297 个地级及以上城市的数据均来自龙信企业大数据平台。具体来看，本报告选取研究和试验发展企业数来反映研发群落规模，选取科技推广和应用服务业企业数来反映中介群落规模，选取高技术制造业企业数来反映应用群落规模。相关样本中的各项指标缺失较少、相对完整。

三　现状与趋势分析

本部分首先将京津冀城市群创新群落与其他城市群进行对比，分析了解京津冀城市群创新群落在全国的整体发展水平；其次，对京津冀城市群内的 13 个城市进行对比，分析了解京津冀城市群内各城市的发展侧重点以及薄弱环节；最后，针对党的十九届四中全会提出的“提高中心城市和城市群综合承载和资源优化配置能力”，分析了解京津冀城市群内的中心城市是否已成为创新主体的主要承载地和全国创新群落发展的典范。本部分将通过对京津冀城市群内各城市与其相同等级城市的对比分析来回答以上问题。

---

① 省级中心城市包括鞍山市、包头市、宝鸡市、大连市、大庆市、大同市、东莞市、佛山市、福州市、赣州市、贵阳市、桂林市、哈尔滨市、海口市、杭州市、合肥市、呼和浩特市、吉林市、济南市、佳木斯市、九江市、昆明市、拉萨市、兰州市、乐山市、临沂市、柳州市、泸州市、洛阳市、绵阳市、牡丹江市、南昌市、南充市、南京市、南宁市、宁波市、齐齐哈尔市、青岛市、泉州市、三亚市、厦门市、深圳市、沈阳市、石家庄市、苏州市、太原市、唐山市、天水市、温州市、乌鲁木齐市、无锡市、芜湖市、西宁市、襄阳市、徐州市、烟台市、宜宾市、宜昌市、银川市、岳阳市、长春市、长沙市、珠海市、遵义市。

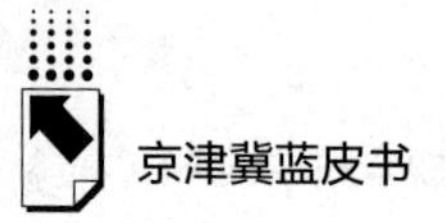

（一）京津冀城市群与国内城市群创新群落发展现状与趋势对比

京津冀城市群的研发群落集聚水平与珠三角城市群、长三角城市群存在一定差距。从研发主体的绝对数量来看，2021 年，城市数量占比为 4.48%的京津冀城市群集中了 5.27%的研发主体，而珠三角和长三角两大城市群汇聚的研发主体已经超过所有城市群研发主体总量的一半，其中城市数量占比为 8.62%的长三角城市群拥有占比高达 39.66%的研发主体（见表 1）。从研发主体平均拥有量来看，京津冀城市群的研发主体平均拥有量与珠三角城市群、长三角城市群还存在一定的差距。2021 年，珠三角城市群的研发主体平均拥有量是京津冀城市群的 4.91 倍，长三角城市群的研发主体平均拥有量是京津冀城市群的 3.91 倍，京津冀城市群排在第 3 位，仅是居第 4 位的长江中游城市群的 1.21 倍。从具体变化来看，京津冀城市群的研发主体平均拥有量逐年增加，但年均增长率略低于珠三角城市群，与长三角城市群还存在较大的差距。2010~2021 年，京津冀城市群的研发主体平均拥有量从 542 户/城市上升至 3443 户/城市，年均增长率为 18.30%；长三角城市群的研发主体平均拥有量从 1251 户/城市上升至 13476 户/城市，年均增长率为 24.12%，高于京津冀城市群 5.82 个百分点；珠三角城市群的研发主体平均拥有量从 2645 户/城市上升至 16921 户/城市，年均增长率为 18.38%，高于京津冀城市群 0.08 个百分点（见图 1）。

表 1　2010~2021 年不同城市群的研发主体占所有城市群研发主体总量的比重

单位：%

城市群	2010年	2011年	2012年	2013年	2014年	2015年	2016年	2017年	2018年	2019年	2020年	2021年
长三角城市群	27.67	28.89	30.24	31.07	31.35	31.77	31.90	33.39	34.89	36.48	39.26	39.66
未纳入现有城市群	19.63	19.19	18.68	18.22	18.32	18.81	19.44	19.64	19.60	19.78	19.40	20.05
珠三角城市群	21.07	20.96	20.74	20.50	20.28	20.03	20.80	20.85	20.91	20.27	19.02	17.93
长江中游城市群	12.47	13.24	13.42	13.47	13.30	12.52	11.46	10.69	10.18	9.88	9.54	9.35
京津冀城市群	6.23	5.60	5.53	5.68	5.90	6.06	6.22	6.03	5.69	5.39	5.25	5.27
成渝城市群	8.11	7.74	7.45	7.39	7.43	7.56	7.10	6.38	5.61	4.91	3.88	3.57

续表

城市群	2010年	2011年	2012年	2013年	2014年	2015年	2016年	2017年	2018年	2019年	2020年	2021年
中原城市群	1.63	1.52	1.38	1.33	1.35	1.35	1.39	1.46	1.59	1.83	2.19	2.50
北部湾城市群	1.27	1.19	1.13	1.10	1.05	1.03	0.93	0.89	0.89	0.82	0.79	0.79
关中平原城市群	1.16	0.93	0.77	0.68	0.53	0.46	0.37	0.32	0.33	0.36	0.41	0.58
兰西城市群	0.43	0.38	0.33	0.29	0.25	0.22	0.18	0.16	0.14	0.13	0.13	0.18
呼包鄂榆城市群	0.33	0.35	0.33	0.28	0.23	0.20	0.20	0.19	0.16	0.15	0.13	0.12

资料来源：根据龙信企业大数据平台数据计算所得。

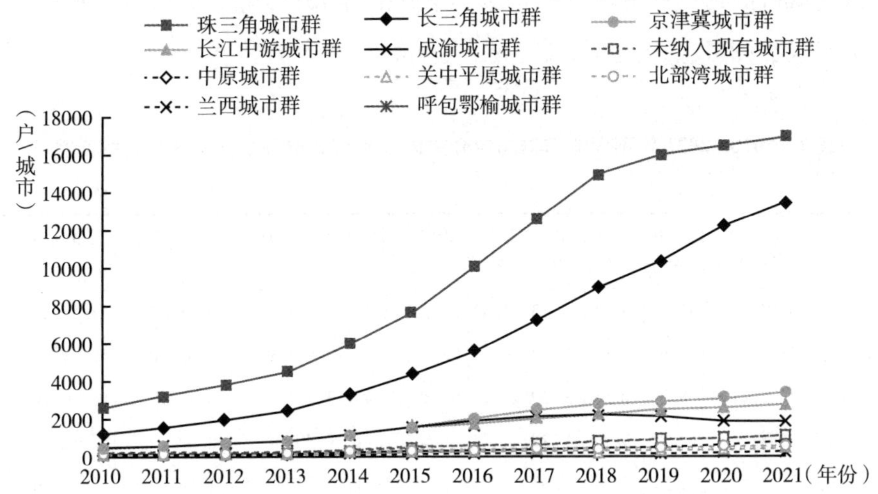

图 1　2010~2021 年不同城市群的研发主体平均拥有量

资料来源：根据龙信企业大数据平台数据计算所得。

京津冀城市群的中介群落集聚水平在全国具有显著领先优势。从中介主体的绝对数量来看，2021 年，城市数量占比为 4.48%的京津冀城市群集中了 29.31%的中介主体，领先优势明显；城市数量占比为 8.62%的长三角城市群拥有 22.19%的中介主体，其他现有城市群的中介主体占比均未超过10%（见表 2）。从中介主体平均拥有量来看，京津冀城市群的中介主体平均拥有量显著高于其他城市群。2021 年，京津冀城市群的中介主体平均拥有量居首位，分别是珠三角城市群、长三角城市群的 2.32 倍、2.54 倍。从具体变化来看，京津冀城市群的中介主体平均拥有量年均增长率与其他城市群相比还存在一定的差距。2010~2021 年，成渝城市群的中介主体平均拥有量从 388 户/城市上升至 7344 户/城市，年均增长率为 30.65%；长三角城市群的中介主体平均拥有量从 2194 户/城市上升至 24806 户/城市，年均增长率为 24.67%；珠三角城市群的中介主体平均拥有量从 3200 户/城市上升至 27190 户/城市，年均增长率为 21.47%；京津冀城市群的中介主体平均拥有量从 13740 户/城市上升至 63026 户/城市，年均增长率为 14.85%，分别低于成渝城市群、长三角城市群和珠三角城市群 15.80 个、9.82 个、6.62 个百分点（见图 2）。

表 2　2010~2021 年不同城市群的中介主体占所有城市群中介主体总量的比重

单位：%

城市群	2010年	2011年	2012年	2013年	2014年	2015年	2016年	2017年	2018年	2019年	2020年	2021年
京津冀城市群	57.39	54.88	54.13	53.52	52.12	50.31	47.81	44.39	40.08	35.12	32.51	29.31
长三角城市群	17.62	19.09	19.24	19.18	19.00	18.87	18.97	19.78	20.02	20.17	21.89	22.19
未纳入现有城市群	8.75	8.99	9.39	9.92	11.20	12.40	13.81	15.02	16.31	17.95	18.49	19.14
珠三角城市群	9.25	9.59	9.29	8.77	7.63	7.41	7.30	7.42	8.33	9.20	7.87	8.76
中原城市群	1.77	1.92	1.91	1.97	2.14	2.31	2.73	3.27	4.14	5.61	6.46	6.70
长江中游城市群	1.56	1.68	1.91	2.17	2.49	2.63	2.87	3.05	3.22	3.72	4.19	4.54
成渝城市群	1.99	2.02	2.10	2.26	2.82	3.15	3.29	3.50	3.70	3.61	3.76	4.20
北部湾城市群	0.87	1.02	1.17	1.31	1.51	1.67	1.72	1.82	2.01	2.19	2.23	2.47
关中平原城市群	0.50	0.51	0.56	0.59	0.70	0.79	1.02	1.21	1.44	1.49	1.52	1.59
呼包鄂榆城市群	0.13	0.13	0.14	0.16	0.20	0.25	0.28	0.35	0.51	0.58	0.67	0.69
兰西城市群	0.16	0.16	0.16	0.16	0.20	0.21	0.21	0.20	0.24	0.35	0.43	0.41

资料来源：根据龙信企业大数据平台数据计算所得。

京津冀城市群的应用群落集聚水平与珠三角城市群存在较大差距。从应用主体的绝对数量来看，2021 年，城市数量占比为 3.10%的珠三角城市

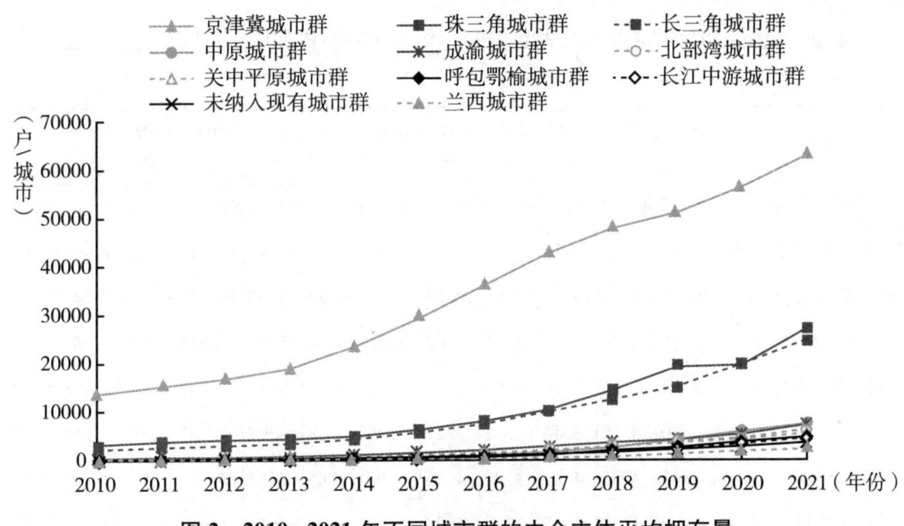

图 2　2010~2021 年不同城市群的中介主体平均拥有量

资料来源：根据龙信企业大数据平台数据计算所得。

群集中了 37.24%的应用主体，城市数量占比为 8.62%的长三角城市群集中了 16.58%的应用主体，城市数量占比为 4.48%的京津冀城市群仅拥有 5.72%的应用主体（见表 3）。从应用主体平均拥有量来看，京津冀城市群的应用主体平均拥有量与珠三角城市群还有较大差距，与长三角城市群差距不大。2021 年，珠三角城市群的应用主体平均拥有量是京津冀城市群的 9.41 倍，长三角城市群的应用主体平均拥有量是京津冀城市群的 1.51 倍，京津冀城市群排在第 3 位，是居第 4 位的长江中游城市群的 1.94 倍。从具体变化来看，京津冀城市群的应用主体平均拥有量逐年增加，年均增长率略高于珠三角城市群和长三角城市群。2010~2021 年，京津冀城市群的应用主体平均拥有量呈逐年增长态势，从 505 户/城市上升至 1075 户/城市，年均增长率为 7.11%；珠三角城市群的应用主体平均拥有量从 5214 户/城市上升至 10113 户/城市，年均增长率为 6.21%，低于京津冀城市群 0.90 个百分点；长三角城市群的应用主体平均拥有量从 872 户/城市上升至 1621 户/城市，年均增长率为 5.80%，低于京津冀城市群 1.31 个百分点（见图 3）。

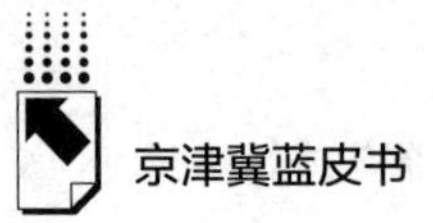

表 3　2010~2021 年不同城市群的应用主体占所有城市群应用主体总量的比重

单位：%

城市群	2010年	2011年	2012年	2013年	2014年	2015年	2016年	2017年	2018年	2019年	2020年	2021年
珠三角城市群	41.95	42.89	43.04	43.31	43.02	43.63	44.31	43.81	42.51	40.57	38.34	37.24
未纳入现有城市群	17.55	17.20	17.16	17.16	17.55	17.75	18.15	18.43	19.21	20.03	21.16	21.86
长三角城市群	19.50	19.24	19.21	18.97	18.63	17.83	16.83	16.60	16.37	16.43	16.54	16.58
长江中游城市群	4.68	4.81	4.94	4.94	5.02	5.06	4.98	5.05	5.34	5.73	6.05	6.34
京津冀城市群	5.87	5.60	5.54	5.64	5.79	5.83	5.99	6.15	6.09	6.13	5.93	5.72
中原城市群	3.20	3.20	3.16	3.12	3.21	3.35	3.68	3.97	4.25	4.51	5.26	5.30
成渝城市群	4.45	4.35	4.27	4.22	4.16	3.97	3.65	3.56	3.54	3.54	3.46	3.43
关中平原城市群	1.22	1.18	1.15	1.12	1.08	1.07	1.04	1.10	1.22	1.33	1.35	1.40
北部湾城市群	1.23	1.19	1.20	1.20	1.20	1.18	1.03	0.98	0.98	1.02	1.07	1.22
呼包鄂榆城市群	0.14	0.14	0.13	0.12	0.11	0.11	0.12	0.12	0.26	0.47	0.59	0.65
兰西城市群	0.20	0.20	0.21	0.21	0.22	0.22	0.22	0.23	0.24	0.25	0.25	0.24

资料来源：根据龙信企业大数据平台数据计算所得。

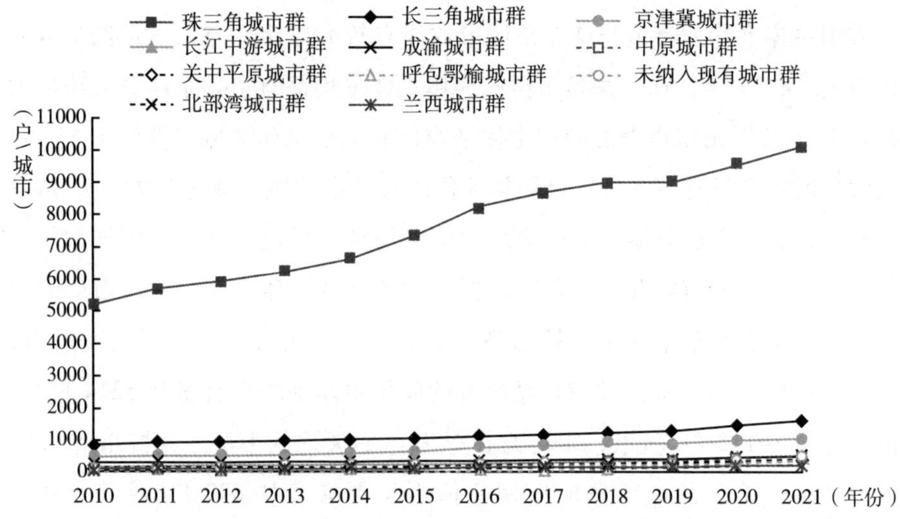

图 3　2010~2021 年不同城市群的应用主体平均拥有量

资料来源：根据龙信企业大数据平台数据计算所得。

（二）京津冀城市群内各城市创新群落发展现状与趋势分析

北京市的研发群落发展水平始终保持领先地位，石家庄市正在成为京津冀城市群研发群落发展的新增长极。从研发主体拥有量来看，2010 年，北京市的研发主体拥有量为 4029 户，居第 2 位的石家庄市仅为 1266 户，与北京市还有较大差距；2021 年，北京市和石家庄市的研发主体拥有量分别为 11810 户和 12220 户，在京津冀城市群内的占比分别为 26.38%和 27.30%，其他城市占比均不足 10%。从研发主体拥有量增速来看，2010~2021 年，北京市的研发主体拥有量整体呈上升态势，由 4029 户上升至 11810 户，排名下降至第 2 位，年均增长率为 10.27%；石家庄市的研发主体拥有量由 1266 户上升至 12220 户，排名由第 2 位提升至第 1 位，年均增长率为 22.89%；天津市的研发主体拥有量由 378 户上升至 1551 户，年均增长率为 13.69%（见图 4）。从研发主体注册资本规模来看，2010 年，北京市的研发主体注册资本规模为 1331.49 亿元，是居第 2 位的石家庄市（154.35 亿元）的 8.63 倍；2021 年，北京市和石家庄市的研发主体注册资本规模分别为 2983.60 亿元和 2727.53 亿元，其他城市均不足 500 亿元（见图 5）。

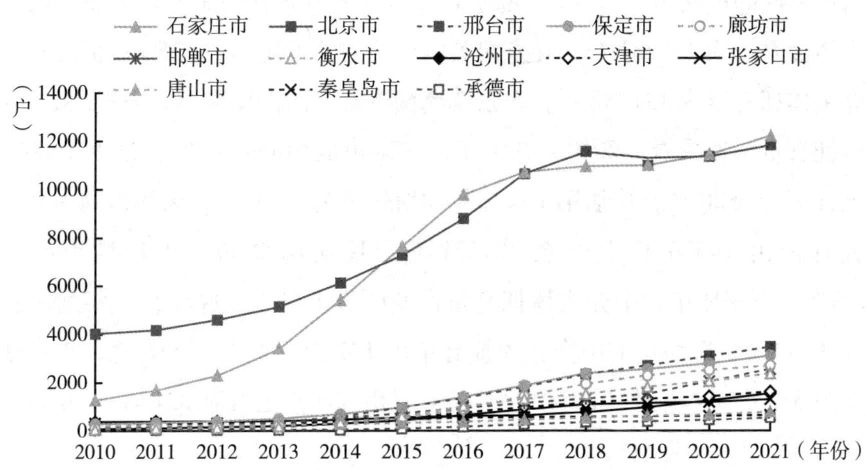

图 4　2010~2021 年京津冀城市群内各城市的研发主体拥有量

资料来源：根据龙信企业大数据平台数据计算所得。

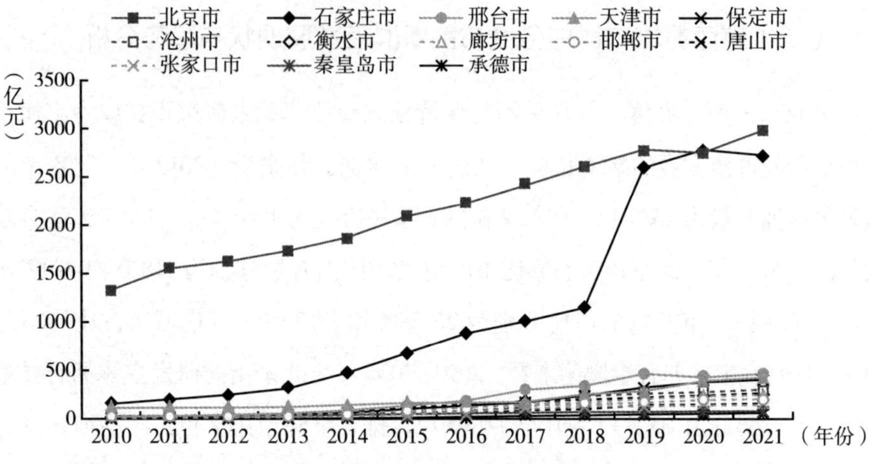

图 5　2010~2021 年京津冀城市群内各城市的研发主体注册资本规模

资料来源：根据龙信企业大数据平台数据计算所得。

京津冀城市群的中介群落主要集中在北京市，廊坊、沧州和邯郸等城市的增速较快。从京津冀城市群内部来看，北京市的中介群落呈现“一枝独秀”的发展态势。2021 年，北京市的中介主体拥有量为 550820 户，在京津冀城市群内的占比为 67.23%，超过了天津市和河北省的总和；天津市的中介主体拥有量为 137231 户，在京津冀城市群内的占比为 16.75%；河北省的中介主体拥有量为 131282 户，在京津冀城市群内的占比为 16.02%。从中介主体拥有量增速来看，2010~2021 年，北京市的中介主体拥有量由 156072 户上升至 550820 户，稳居第 1 位，年均增长率为 12.15%；天津市的中介主体拥有量由 19570 户上升至 137231 户，稳居第 2 位，年均增长率为 19.37%；石家庄市的中介主体拥有量由 907 户上升至 38491 户，年均增长率为 40.60%；廊坊市的中介主体拥有量由 137 户上升至 15216 户，年均增长率为 53.45%；沧州市的中介主体拥有量由 105 户上升至 8212 户，年均增长率为 48.63%（见图 6）。

京津冀城市群的应用群落从主要集中在北京市和天津市演变为北京市和天津市维持稳定、河北省部分城市快速发展的格局。从京津冀城市群内部来看，2010 年，北京市和天津市的应用主体拥有量分别为 2388 户和 2048 户，

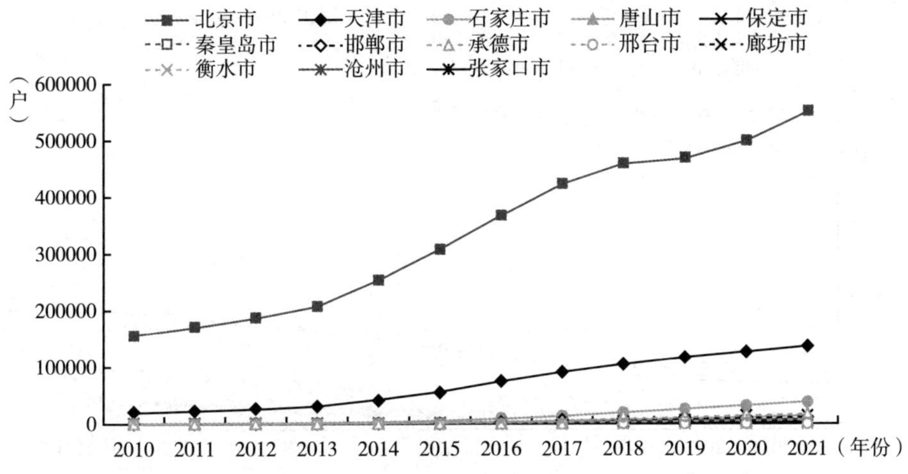

图 6　2010~2021 年京津冀城市群内各城市的中介主体拥有量

资料来源：根据龙信企业大数据平台数据计算所得。

在京津冀城市群内的占比分别为 36.39% 和 31.21%，领先优势明显；2021 年，北京市和天津市的应用主体拥有量分别为 2469 户和 2421 户，在京津冀城市群内的占比分别为 17.66% 和 17.32%；沧州市的应用主体拥有量为 2050 户，在京津冀城市群内的占比为 14.66%；衡水市的应用主体拥有量为 2039 户，在京津冀城市群内的占比为 14.59%。从应用主体拥有量增速来看，2010~2021 年，北京市的应用主体拥有量基本维持稳定，由 2388 户上升至 2469 户，年均增长率仅为 0.30%；天津市的应用主体拥有量也基本维持稳定，由 2048 户上升至 2421 户，年均增长率为 1.53%。衡水市和沧州市增速较快，其中衡水市的应用主体拥有量由 166 户上升至 2039 户，年均增长率为 25.61%；沧州市的应用主体拥有量由 405 户上升至 2050 户，年均增长率为 15.88%（见图 7）。

（三）京津冀城市群内不同等级城市的创新群落发展现状与趋势分析

中心城市是城市体系中最高等级的城市类别，是区域内具有较强创新能力和辐射扩散能力的中心。政府创新投入会因中心城市等级的不同而存在差

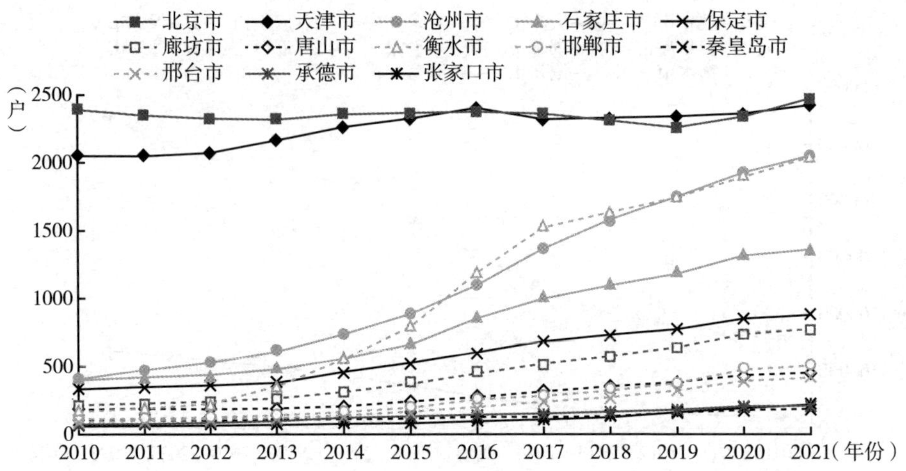

图 7　2010~2021 年京津冀城市群内各城市的应用主体拥有量

资料来源：根据龙信企业大数据平台数据计算所得。

异，因此对城市规模接近、城市等级相同的城市进行对比分析更具可比性和准确性。国家中心城市是在全国具备引领、辐射、集散功能的城市，这种功能表现在政治、经济、文化、对外交流等多个方面，我国确定的国家中心城市为北京市、天津市、上海市、广州市、重庆市、成都市、武汉市、郑州市、西安市。省级中心城市虽然整体上稍落后于国家中心城市，但是在各自省份中也起着“中流砥柱”的作用。

研发群落和中介群落集中在国家中心城市，应用群落梯度分布于各等级城市。从研发主体平均拥有量来看，国家中心城市的研发主体平均拥有量显著高于省级中心城市。2021 年，国家中心城市的研发主体平均拥有量是省级中心城市的 3.65 倍，是非中心城市的 17.58 倍。从中介主体平均拥有量来看，国家中心城市的中介主体平均拥有量显著高于省级中心城市。2021 年，国家中心城市的中介主体平均拥有量是省级中心城市的 11.03 倍，是非中心城市的 53.65 倍。从应用主体平均拥有量来看，应用群落梯度分布于各等级城市间。2021 年，国家中心城市的应用主体平均拥有量是省级中心城市的 1.70 倍，是非中心城市的 9.19 倍（见表 4）。

表 4 2010~2021 年不同等级城市的创新群落主体平均拥有量

单位：户/城市

创新群落种类	城市等级	2010年	2011年	2012年	2013年	2014年	2015年	2016年	2017年	2018年	2019年	2020年	2021年
研发主体	国家中心城市	4680	5503	6347	7443	9873	12600	15267	17631	19669	20417	21615	22236
	省级中心城市	821	1044	1260	1513	1974	2538	3183	3927	4628	5130	5585	6099
	非中心城市	90	115	143	180	251	343	473	648	823	965	1108	1265
中介主体	国家中心城市	25763	29141	32185	36251	45377	56376	69313	84159	97632	108715	126919	148781
	省级中心城市	958	1158	1316	1518	2009	2763	3883	5170	6838	8892	10512	13494
	非中心城市	87	105	128	161	243	350	522	774	1132	1632	2087	2773
应用主体	国家中心城市	2359	2437	2487	2536	2653	2763	2852	2949	3049	3092	3263	3503
	省级中心城市	1049	1124	1153	1194	1272	1397	1556	1627	1712	1761	1915	2057
	非中心城市	112	122	132	143	160	179	202	227	253	280	339	381

资料来源：根据龙信企业大数据平台数据计算所得。

1. 北京市和天津市仅中介群落集聚水平在国家中心城市中处于较为领先的地位

从与其他国家中心城市的研发主体拥有量对比来看，北京市在国家中心城市中处于中游位置，天津市排名较为靠后。2010 年，北京市的研发主体拥有量（4029 户）在 9 个国家中心城市中排在第 4 位，天津市（378 户）排在第 9 位，居首位的广州市的研发主体拥有量（18198 户）是北京市的 4. 52 倍，是天津市的 48. 14 倍；2021 年，北京市的研发主体拥有量（11810 户）与天津市（1551 户）的排名并无较大变化，广州市的研发主体拥有量（105278 户）仍居首位，且与北京市和天津市的差距进一步拉大，分别是北京市的 8. 91 倍、天津市的 67. 88 倍（见图 8）。

从与其他国家中心城市的中介主体拥有量对比来看，北京市和天津市在国家中心城市中均处于较为领先的位置。2010 年，北京市的中介主体拥有

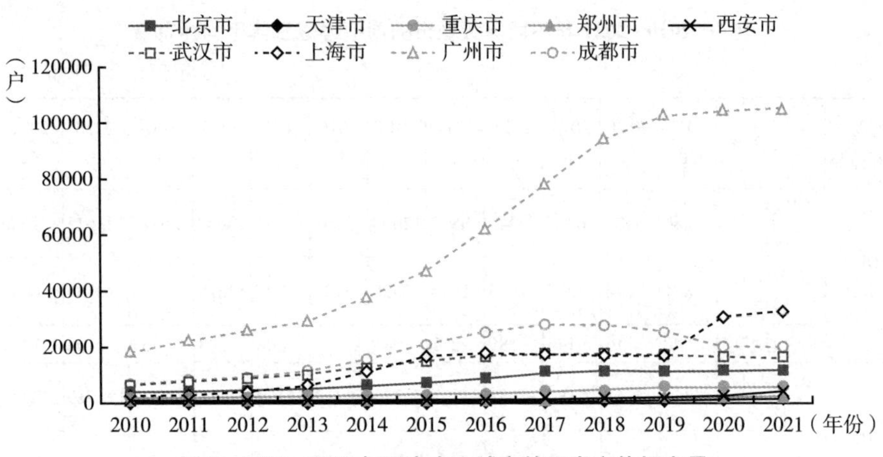

图 8　2010~2021 年国家中心城市的研发主体拥有量

资料来源：根据龙信企业大数据平台数据计算所得。

量（156072 户）在 9 个国家中心城市中排在第 1 位，天津市（19570 户）排在第 3 位，分别是排在第 4 位的成都市（3430 户）的 45.50 倍、5.71 倍，领先优势明显；2021 年，北京市的中介主体拥有量（550820 户）仍居首位，天津市（137231 户）仍排在第 3 位，排名较为稳定，分别是排在第 6 位的成都市（51926 户）的 10.61 倍、2.64 倍（见图 9）。

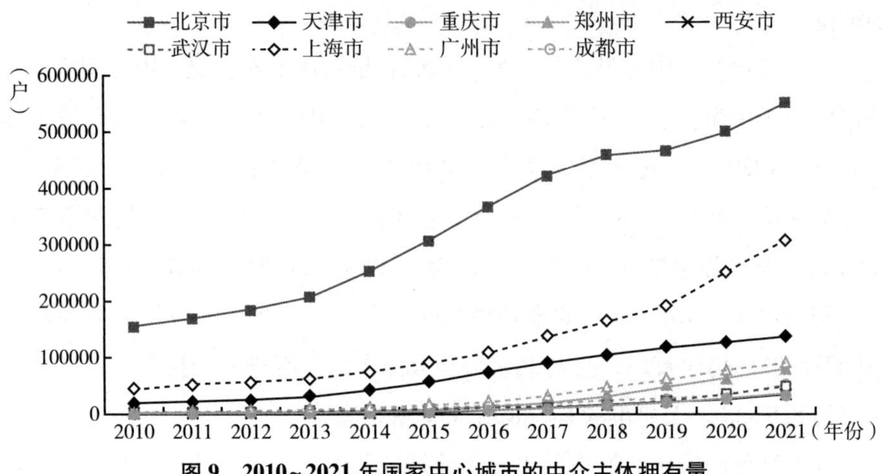

图 9　2010~2021 年国家中心城市的中介主体拥有量

资料来源：根据龙信企业大数据平台数据计算所得。

从与其他国家中心城市的应用主体拥有量对比来看，北京市和天津市在国家中心城市中均处于中游位置。2010 年，北京市的应用主体拥有量（2388 户）在 9 个国家中心城市中排在第 3 位，天津市（2048 户）排在第 5 位，居首位的上海市的应用主体拥有量（7715 户）是北京市的 3.23 倍，是天津市的 3.77 倍；2021 年，北京市的应用主体拥有量（2469 户）与天津市（2421 户）的排名并无较大变化，广州市的应用主体拥有量（7945 户）居首位，分别是北京市的 3.22 倍、天津市的 3.28 倍（见图 10）。

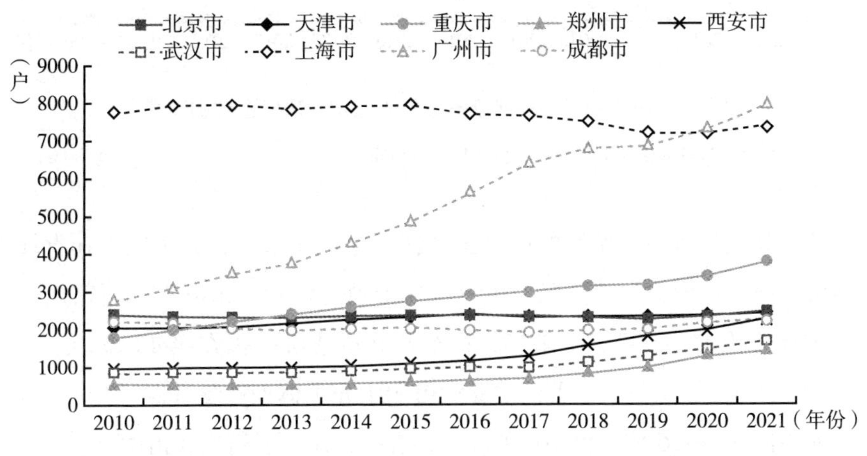

图 10　2010~2021 年国家中心城市的应用主体拥有量

资料来源：根据龙信企业大数据平台数据计算所得。

2. 石家庄市和唐山市并未在省级中心城市中起到“领头羊”的作用

从与其他省级中心城市的研发主体拥有量对比来看，石家庄市在省级中心城市中的领先优势不显著，唐山市排名较为靠后。2010 年，石家庄市的研发主体拥有量（1266 户）在 64 个省级中心城市中排在第 13 位，唐山市（194 户）排在第 32 位，居首位的无锡市的研发主体拥有量（7147 户）是石家庄市的 5.65 倍，是唐山市的 36.84 倍；2021 年，石家庄市研发主体拥有量（12220 户）的排名上升至第 9 位，唐山市（794 户）的排名下降至第 38 位，无锡市的研发主体拥有量（58826 户）仍居首位，且与石家庄市和唐山市的差距进一步拉大，分别是石家庄市的 4.81 倍、唐山市的 74.09 倍（见图 11）。

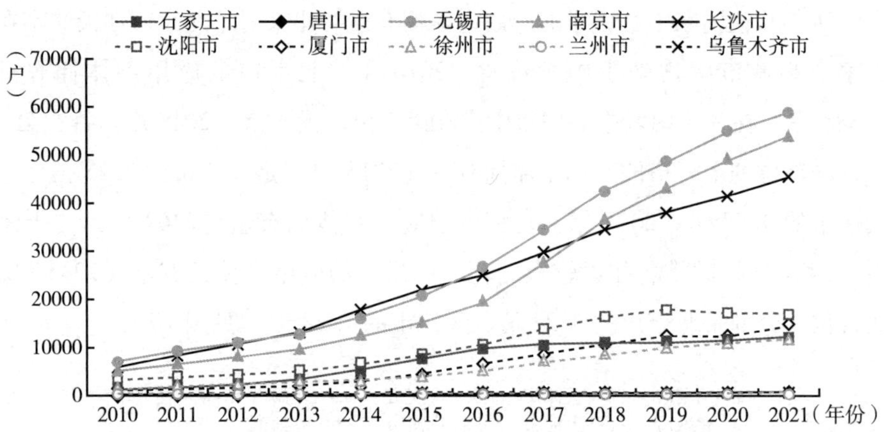

图 11　2010~2021 年部分省级中心城市的研发主体拥有量

资料来源：根据龙信企业大数据平台数据计算所得。

从与其他省级中心城市的中介主体拥有量对比来看，石家庄市在省级中心城市中处于较为领先的位置，唐山市处于中游位置。2010 年，石家庄市的中介主体拥有量（907 户）在 64 个省级中心城市中排在第 13 位，唐山市（397 户）排在第 27 位，居首位的深圳市的中介主体拥有量（24270 户）分别是石家庄市的 26.76 倍、唐山市的 61.13 倍；2021 年，石家庄市中介主体拥有量（38491 户）的排名上升至第 5 位，唐山市（11236 户）的排名上升 1 位至第 26 位，合肥市的中介主体拥有量（56922 户）超过深圳市（54079 户）排在首位，分别是石家庄市的 1.48 倍、唐山市的 5.07 倍（见图 12）。

从与其他省级中心城市的应用主体拥有量对比来看，石家庄市在省级中心城市中处于中游位置，唐山市排名较为靠后。2010 年，石家庄市的应用主体拥有量（397 户）在 64 个省级中心城市中排在第 24 位，唐山市（180 户）排在第 36 位，居首位的深圳市的应用主体拥有量（35236 户）分别是石家庄市的 88.76 倍、唐山市的 195.76 倍；2021 年，石家庄市应用主体拥有量（1359 户）的排名上升至第 16 位，唐山市（452 户）的排名下降至第 38 位，深圳市的应用主体拥有量（51108 户）仍居首位，分别是石家庄市的 37.61 倍、唐山市的 113.07 倍（见图 13）。

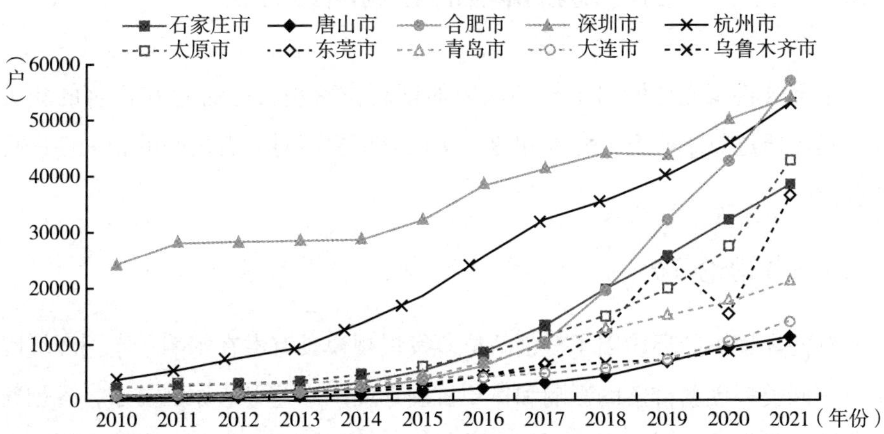

图 12　2010~2021 年部分省级中心城市的中介主体拥有量

资料来源：根据龙信企业大数据平台数据计算所得。

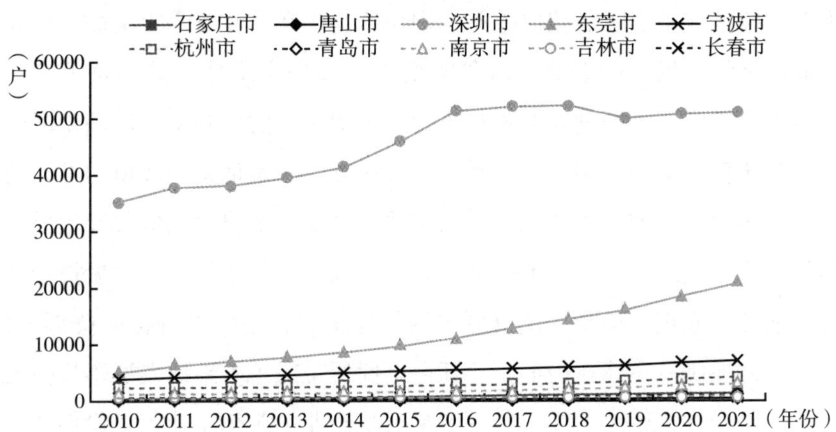

图 13　2010~2021 年部分省级中心城市的应用主体拥有量

资料来源：根据龙信企业大数据平台数据计算所得。

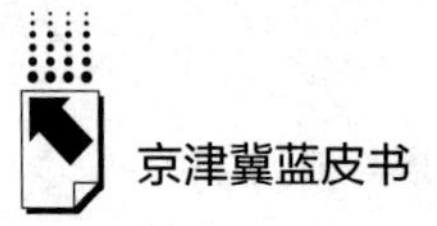

四　创新群落的影响因素分析

本部分将探究环境因子与各区域的创新群落规模是否存在显著的相关性，具体通过收集研究大样本和建立实证分析模型对二者之间的相关性进行检验。

（一）理论分析

营商环境中的环境因子对创新群落发展规模具有潜在影响，不同环境因子对不同类型创新群落的影响和作用机制存在一定差异。原因在于，各创新群落的功能定位不同，以及各创新群落的功能发挥所需的环境条件不同。具体来看，各创新群落发展的先决条件是能够顺利进入本地市场。从发展机会的角度看，研发群落的发展更多地需要获得相关项目的支持。在技术成果需求层面，研发群落是技术成果的供给者，成果的需求主要来自应用群落，以及为促成技术成果交易而获取收益的中介群落。在产业竞争力层面，行业头部企业占据的市场份额越高，就越需要技术成果来维持产品的竞争力。因此，本报告按照对不同创新群落真正起到关键影响的原则来选取环境因子。

一是研发群落的影响因素。其一是市场准入。本地营商环境的准入门槛决定了有多少外地创新主体能够进入本地，这是本地研发主体集聚形成研发群落的重要基础。其二是发展机会。如果外地企业到本地获得发展机会的概率提升能够形成正向激励，使得更多的外地企业在空间上进行区位再选择，那么包含外地研发主体在内的企业迁移至此便带来了本地研发群落规模的扩大。其三是产业集中度。产业集中度是反映产业中头部企业市场份额的重要指标。在当前发展阶段，由技术支撑的产品竞争力提升是巩固产业市场份额的重要举措，因此产业集中度的高低与本地研发群落的规模存在正相关关系。

二是中介群落的影响因素。其一是市场准入。当市场准入程度较高时，本地企业可以更容易地进入该区域，提升中介服务需求，中介群落内的企业也可以更容易地与来自不同地区的企业建立联系和合作关系，提供更广泛的服务范围。其二是成果需求。对于中介群落而言，其功能定位是促进创新成果供需两端的匹配，推动技术成果的转化和商业化，即中介机构要有足够的业务需求来为其他创新主体提供服务，这是中介群落发展的关键因素之一。因此，本地对技术成果的需求程度与中介群落的发展规模存在正相关关系。

三是应用群落的影响因素。其一是市场准入。当市场准入程度较高时，本地企业可以更容易地进入该区域的市场来推广销售其产品和服务，新的产品和服务可能会被更快地推向市场，从而扩大本地应用群落规模。其二是成果需求。一个区域在创新驱动经济社会发展的背景与趋势下，正在从对传统要素红利的依赖逐渐向对科技成果的依赖过渡，本地对技术成果的需求决定了技术成果供给端的发展潜力，很难想象在一个没有太多技术成果需求的地区能够孵化孕育出一定规模的应用群落。而一些高技术企业不是只需要一项技术专利，而是需要大量专利投入才能维持企业自身推陈出新，牢牢占据新产品市场的第一梯队。因此，应用群落的发展有着技术成果需求拉动的内在效应。其三是产业集中度。本地的产业集中度反映的是本地产业的绝大部分市场份额集中于少数头部企业当中，如果本地的产业集中度较高，那么存量部分的非头部企业在本地市场竞争中处于劣势地位，难以有新的企业进入本地与头部企业进行竞争，这种本地高产业集中度抑制了应用群落规模的扩大。因此，产业集中度的高低与本地应用群落的规模存在负相关关系。不同环境因子影响不同创新群落发展的对应关系见图 14。

（二）模型构建

1. 回归模型

为了验证以上理论分析的合理性，构建如下基准回归方程。

关于环境因子对研发群落发展规模的影响：

$$RDENE_{it} = \alpha_1 NETRN_{it} + \alpha_2 FOREB_{it} + \alpha_3 PRIEB_{it} + \alpha_4 CONC_{it} + \alpha_5 DEPPG_{it} + \alpha_6 Control_{it} + \varepsilon_{it} \tag{1}$$

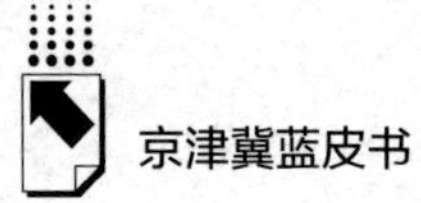

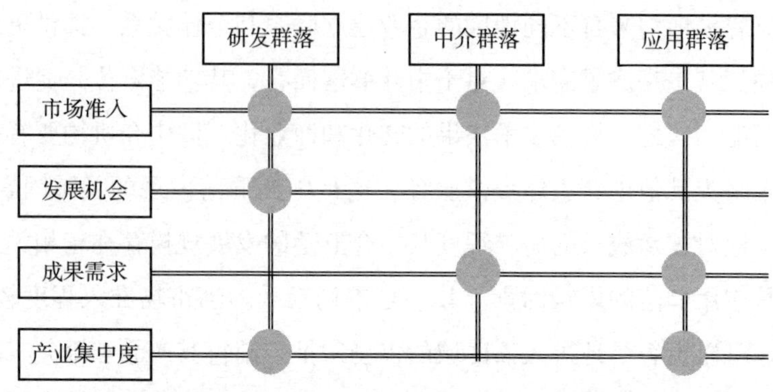

图 14　不同环境因子影响不同创新群落发展的对应关系

资料来源：笔者自绘。

关于环境因子对中介群落发展规模的影响：

$$STEAN_{it} = \beta_1 NETRN_{it} + \beta_2 FOREB_{it} + \beta_3 PRIEB_{it} + \beta_4 CONC_{it} + \beta_5 DEPPG_{it} + \beta_6 Control_{it} + \varepsilon_{it} \tag{2}$$

关于环境因子对应用群落发展规模的影响：

$$HNTMNE_{it} = \gamma_1 NETRN_{it} + \gamma_2 FOREB_{it} + \gamma_3 PRIEB_{it} + \gamma_4 CONC_{it} + \gamma_5 DEPPG_{it} + \gamma_6 Control_{it} + \varepsilon_{it} \tag{3}$$

其中，$RDENE_{it}$表示 i 城市 t 年的研发群落规模；$NETRN_{it}$表示 i 城市 t 年的市场准入程度，用新进入本地的企业数量来衡量；$FOREB_{it}$表示 i 城市 t 年的外地企业发展机会，用本地的外地企业中标比例来衡量；$PRIEB_{it}$表示 i 城市 t 年的民营企业发展机会，用本地的民营企业中标比例来衡量；$CONC_{it}$表示 i 城市 t 年的产业竞争水平，用产业集中度来衡量；$DEPPG_{it}$表示 i 城市 t 年对技术成果的需求，用专利授权深度来衡量；$STEAN_{it}$表示 i 城市 t 年的中介群落规模；$HNTMNE_{it}$表示 i 城市 t 年的应用群落规模。α、β、γ 为各变量的回归参数，ε 为随机扰动项。

2. 指标选取

群落规模。本报告关注主体的数量而非主体的注册资本，注册资本规模会放大区域间创新群落规模的差异性，进而对回归结果的估计系数产生显著影响。因此，本报告选取科学研究与技术服务业中的研究和试验发展企业数、科技推广和应用服务业企业数以及高技术制造业企业数分别反映研发群落规模、中介群落规模和应用群落规模。

市场准入。本报告从结果端入手，找寻城市层面的新进入企业数和退出企业数，能够更加直观地衡量一个区域的市场准入水平。

发展机会。根据企业属性的不同，对企业发展机会的衡量可以从不同区域的企业在本地获得发展机会，以及不同所有制的企业在本地获得发展机会两个角度来反映。故选取外地企业中标比例和民营企业中标比例来衡量外地企业发展机会与本地不同所有制企业发展机会。

产业竞争。产业集中度是衡量一个区域产业竞争力的常用指标，产业集中度又分为 *C*3、*C*5 和 *C*100，本报告选取中间的 *C*5 指标来反映一个区域的产业竞争水平。

成果需求。一个企业拥有的技术成果数量越多，反映该企业当前和未来对技术成果的需求越强烈。本报告选取专利授权深度来衡量技术成果需求。

（三）实证结果分析

表 5 报告了回归方程（1）的估计结果。可以看出，新进入本地的企业数量（*NETRN*）与研发群落规模（*RDENE*）之间存在 1%～5%水平下的显著正相关关系，即市场准入是影响研发群落规模的先决环境因子。从发展机会的角度看，本地的外地企业中标比例（*FOREB*）与研发群落规模之间存在 1%水平下的显著正相关关系。外地创新主体到本地获得发展机会的概率与本地研发群落规模存在正相关关系，外地企业中标比例的提升能够促进本地研发群落规模的扩大。从产业竞争的角度看，产业集中度（*CONC*）与研发群落规模之间存在 10%水平下的显著正相关关系。本地产业在全国的竞争力维持需要依托技术成果支撑，这种需求导向促使本地研发群落得到发展。表 5 中模型（1）为普通的 OLS 回归模型，模型（2）为个体固定效应回归模型，模型（3）为时间固定效应回归模型，模型（4）为个体和时间双固定效应回归模型。

表 5 环境因子与研发群落规模的基准回归结果

变量	(1)	(2)	(3)	(4)
	OLS 回归模型	个体固定效应回归模型	时间固定效应回归模型	个体和时间双固定效应回归模型
NETRN	0.6577 *** (0.1299)	0.5240 *** (0.1239)	0.6663 *** (0.1343)	0.1531 ** (0.0766)
NETRC	0.2824 *** (0.0965)	0.1825 ** (0.0728)	0.2498 ** (0.1001)	0.0643 ** (0.0316)
OEC	0.1579 *** (0.0304)	0.1398 *** (0.0192)	0.2354 *** (0.0417)	-0.0269 * (0.0142)
DEPPG	2.9569 *** (0.4850)	2.5328 *** (0.2798)	3.0740 *** (0.5047)	0.6085 ** (0.2543)
FOREB	0.1342 *** (0.0471)	0.0222 (0.0274)	0.1425 *** (0.0473)	0.0067 (0.0259)
PRIEB	0.3274 ** (0.1617)	0.1846 * (0.1095)	0.3987 ** (0.1771)	0.0079 (0.0965)
CONC	0.1166 (0.2051)	-0.2037 (0.1266)	0.0727 (0.2051)	0.1961 * (0.1043)
个体固定效应	否	是	否	是
时间固定效应	否	否	是	是
N	3354	3354	3354	3354
调整后的 R^2	0.7011	0.9588	0.7075	0.9689

注：*、**、*** 分别表示参数估计值在 10%、5%、1%的水平下显著，括号内数值为经过调整后的标准误。本结果由 Stata15 运算。

资料来源：龙信企业大数据平台。

表 6 报告了回归方程（2）的估计结果。可以看出，新进入本地的企业数量（*NETRN*）与中介群落规模（*STEAN*）之间存在 1%水平下的显著正相关关系，本地营商环境的准入门槛决定了有多少外地中介主体能够进入本地，市场准入越便利，中介群落的发展规模越大，这是本地中介主体集聚形成中介群落的重要基础。从成果获取的角度看，专利授权深度（*DEPPG*）与中介群落规模之间存在 1%~5%水平下的显著正相关关系，即本地对技术成果的需求程度与中介群落的发展规模之间存在正相关关系，创新中介在技术成果的供需两端承担着信息中介的作用，将技术市场上的创新成果向应用群落推介可以使应用群落感知

到更多与自身需求有关的技术信息，能够进一步激发应用群落对技术成果的需求，专利授权深度的提升能够促进本地中介群落规模的扩大。

表 6　环境因子与中介群落规模的基准回归结果

变量	(5)	(6)	(7)	(8)
	OLS 回归模型	个体固定效应回归模型	时间固定效应回归模型	个体和时间双固定效应回归模型
NETRN	0. 8052 *** (0. 1150)	0. 7777 *** (0. 1552)	0. 7998 *** (0. 1103)	0. 1886 *** (0. 0653)
NETRC	0. 0603 (0. 0856)	0. 1934 ** (0. 0875)	0. 2634 *** (0. 0862)	0. 0804 *** (0. 0276)
OEC	0. 4053 *** (0. 0270)	0. 3506 *** (0. 0254)	0. 1181 *** (0. 0336)	-0. 0022 (0. 0139)
DEPPG	0. 8651 ** (0. 3363)	3. 4692 *** (0. 3486)	0. 6015 ** (0. 3043)	0. 0318 (0. 2410)
FOREB	0. 0346 (0. 0335)	-0. 0007 (0. 0308)	0. 0399 (0. 0340)	0. 0055 (0. 0223)
PRIEB	0. 0275 (0. 1245)	0. 3052 *** (0. 1031)	-0. 0797 (0. 1517)	0. 0627 (0. 0850)
CONC	0. 1429 (0. 1682)	-0. 6865 *** (0. 1807)	0. 2132 (0. 1641)	-0. 0259 (0. 0867)
个体固定效应	否	是	否	是
时间固定效应	否	否	是	是
N	3358	3358	3358	3358
调整后的 R^2	0. 8090	0. 9353	0. 8435	0. 9706

注：*、**、*** 分别表示参数估计值在 10%、5%、1%的水平下显著，括号内数值为经过调整后的标准误。本结果由 Stata15 运算。

资料来源：龙信企业大数据平台。

表 7 报告了回归方程（3）的估计结果。可以看出，新进入本地的企业数量（*NETRN*）与应用群落规模（*HNTMNE*）之间存在 1%水平下的显著正相关关系，即市场准入是影响应用群落规模的先决环境因子，本地营商环境的准入门槛决定了有多少外地应用主体能够进入本地，市场准入越便利，应用群落的发展规模越大。从成果获取的角度看，专利授权深度（*DEPPG*）

与应用群落规模之间存在1%水平下的显著正相关关系，即应用群落中一些高技术企业不是只需要一项技术专利，而是需要大量专利投入才能维持企业自身推陈出新，牢牢占据新产品市场的第一梯队，对科技成果的储量使得应用群落可以拥有足够的新技术支撑其规模壮大。从产业竞争的角度看，产业集中度（*CONC*）与应用群落规模之间存在1%~5%水平下的显著负相关关系，即应用群落中的产业集中度越高，市场份额主要被头部企业占据，中小微应用主体和外来新进入的应用主体在竞争中的不利地位越明显，应用群落的发展规模越难以壮大。

表7　环境因子与应用群落规模的基准回归结果

变量	(9)	(10)	(11)	(12)
	OLS 回归模型	个体固定效应回归模型	时间固定效应回归模型	个体和时间双固定效应回归模型
NETRN	0.7424*** (0.1068)	0.2667*** (0.0552)	0.7683*** (0.1131)	0.1528*** (0.0501)
NETRC	0.1068 (0.0782)	0.0546 (0.0333)	0.0655 (0.0845)	0.0644*** (0.0241)
OEC	-0.0120 (0.0231)	0.1243*** (0.0123)	0.1140*** (0.0333)	0.0228* (0.0118)
DEPPG	2.4001*** (0.3118)	0.8134*** (0.1962)	2.6193*** (0.3251)	-0.1333 (0.2285)
FOREB	0.1243*** (0.0368)	-0.0358** (0.0175)	0.1500*** (0.0334)	-0.0197 (0.0184)
PRIEB	-0.1465 (0.1372)	0.0902 (0.0884)	0.0110 (0.1121)	0.0438 (0.0836)
CONC	-0.6791*** (0.1739)	-0.3286*** (0.0992)	-0.7758*** (0.1734)	-0.1864** (0.0800)
个体固定效应	否	是	否	是
时间固定效应	否	否	是	是
N	3330	3330	3330	3330
调整后的 R^2	0.7056	0.9639	0.7555	0.9689

注：*、**、***分别表示参数估计值在10%、5%、1%的水平下显著，括号内数值为经过调整后的标准误。本结果由Stata15运算。

资料来源：龙信企业大数据平台。

五　主要结论及对策建议

（一）主要结论

一是与其他城市群相比，京津冀城市群的研发群落和应用群落集聚水平还存在一定的提升空间，中介群落集聚水平显著高于其他城市群。在中介群落集聚方面，2010~2021 年，京津冀城市群中介主体平均拥有量在 10 个城市群中始终位列第一，领先优势明显。在研发群落集聚方面，2021 年，珠三角城市群和长三角城市群研发主体平均拥有量分别是京津冀城市群的 4.91 倍和 3.91 倍，显著高于京津冀城市群。在应用群落集聚方面，2010 年，珠三角城市群的应用主体平均拥有量是京津冀城市群的 10.32 倍，2021 年为 9.41 倍；2021 年，珠三角城市群集中了 37.24%的应用主体，而京津冀城市群仅拥有 5.72%的应用主体，京津冀城市群应用群落发展动力略显不足。

二是京津冀城市群形成了研发中介在中心城市集聚、生产制造在外围区域分布的格局。随着北京非首都功能的疏解，除了一些高耗能产业外，部分科技创新成果转化型企业也从北京转移到了河北地区，因此京津冀城市群创新群落逐步形成了研发中介在中心城市集聚、生产制造在外围区域分布的格局。2010 年，京津冀城市群的研发群落和中介群落主要聚集在北京，应用群落主要聚集在北京和天津。2021 年，北京仅中介群落集聚水平仍处于显著领先地位，研发群落集中在北京和石家庄，应用群落分布逐渐从北京、天津向衡水和沧州扩散，衡水、沧州与北京、天津共同支撑起京津冀城市群应用群落的发展。

三是京津冀城市群内各城市仅在中介群落方面呈现较强的比较优势。在中介群落集聚方面，北京和天津的中介群落集聚水平在国家中心城市中处于较为领先的地位，石家庄的中介群落集聚水平在省级中心城市中处于较为领先的地位。在研发群落集聚方面，北京在国家中心城市中处于中游位置，天津排名较为靠后；石家庄在省级中心城市中的领先优势不显著，唐山排名较为靠后。在应用群落集聚方面，北京和天津在国家中心城市中均处于中游位置；石家庄在省级中心城市中处于中游位置，唐山排名较为靠后。

四是不同的环境因子对京津冀城市群内不同的创新群落影响程度不同。对于研发群落而言，市场准入、发展机会和产业集中度与研发群落规模之间存在显著的正相关关系，是影响研发群落发展的关键因素；对于中介群落而言，市场准入和成果需求与中介群落规模之间存在显著的正相关关系，是影响中介群落发展的关键因素；对于应用群落而言，市场准入、成果需求和产业集中度是影响应用群落发展的关键因素，市场准入、成果需求与应用群落规模之间存在显著的正相关关系，产业集中度与应用群落规模之间存在显著的负相关关系。

（二）对策建议

一是要加快补齐研发主体短板，推动研发主体开展关键核心技术及基础前沿技术攻关。北京作为国际科技创新中心，应充分发挥其创新辐射带动作用，统筹天津和河北的优势力量，集中打好关键核心技术攻坚战，积极落实《北京市创新联合体组建工作指引》，力争在诸多高精尖产业领域布局培育具有国际影响力的创新联合体，推动产业链“集约化+差异化”发展，从而提升产业链上中下游企业的协同创新效率。京津冀三地应持续实施研发投入提升行动，积极落实中关村国家自主创新示范区“1+5”系列资金支持政策、《关于进一步提高全社会研发投入的若干措施》、《推动企业加大研发投入若干措施》等，加大对研发主体的经费投入，开展关键核心技术及基础前沿技术攻关，推动制造业高端化智能化发展和战略性新兴产业融合集群发展。京津冀城市群内相邻近的区域可共享一些成本较高的大科学装置，集聚可以使各主体间共享一些大型的科研设施和实验室设备，提高科研基础设施的投入使用效率，同时“摊薄”大科学装置的成本。

二是要扩大京津冀城市群的中介群落集聚优势，充分发挥中介群落的“黏合剂”作用。中介群落发挥着及时感知第一生态位的研发方向和第三生态位的研发需求的功能，创新中介的发育度和活跃度对整个创新群落的高效运转至关重要。首先，京津冀三地应加强政策制定的顶层设计，详细规划中介群落发展政策的实施路径；其次，要加强三地政府部门之间在政策关联性问题和政策执行等方面的协同联动，进而解决研发部门与产业化部门之间的信息不对称问题，减少创新资源流动转化过程中的损耗；最后，要成立更多的中介机构联盟和行业协会，积极响应国务院办公厅优化营商环境、降低市场主体制度性交易成本的决策部署，建立真正能够高效解决研发与应用环节问题、改善行业环境的相关机构。

三是立足各城市比较优势，提升其将科学研究成果转化为具体应用技术的能力。要将产业结构升级的重点任务作为加强科技成果转化的重要抓手，北京要在减量发展的基础上，坚持高端引领发展，构建新一代信息技术、人工智能、绿色环保等一批新的增长引擎，形成具有高附加值、强创新力、优可靠性的产业创新生态，并带动天津和河北在产业共性技术研发与成果应用方面进行深度合作，推动北京的研发成果在天津和河北进行孵化。天津应以原有发展路径为基础，落实“制造业立市”战略，超前布局一批前沿重大技术，以新一代信息技术为引领主攻智能制造方向，推动智能科技成果应用落地转化。河北应以良好的制造业发展基础为依托，通过对传统产业进行改造来推动产业的“强链”“补链”“延链”，围绕科技成果转化需求，实施重大科技成果转化专项，开展成果对接品牌活动，保障科技成果产业化高的重点任务落地实施。

参考文献

胡宁宁、侯冠宇：《区域创新生态系统如何驱动高技术产业创新绩效——基于 30 个省份案例的 NCA 与 fsQCA 分析》，《科技进步与对策》2023 年第 10 期。

黄鲁成：《创新群落及其特征》，《科学管理研究》2004 年第 4 期。

林啸宇：《科学群落的梯度结构及其生产函数》，《科学学研究》2003 年第 5 期。

陆玲：《企业群落与企业群落学》，《生态科学》2001 年第 1 期。

孙福全：《创造有生命力的创新生态系统》，《经济日报》2012 年 2 月 1 日，第 15 版。

〔美〕约瑟夫 · 熊彼特：《经济发展理论》，何畏等译，商务印书馆，1990。

Lynn, L. H. , Reddy, N. M. , Aram, J. D. , "Linking Technology and Institutions: The Innovation Community Framework", *Research Policy*, 1996, 25.

Roelandt, P. H. , "Cluster Analsis & Cluster-based Policy in OECD Countries", OECD Report , 1998.

Zhou, Y. , Xu, G. , Hu, W. , et al. , "Exploring Network Communities in Innovation Ecosystem: Contingency Effects of Collaboration Orientation", Research Policy Special Issue Workshop 2020, 2020.

B.4

京津冀创新网络建设进展与成效分析*

叶堂林　牛寒茵**

摘　要： 完善区域创新网络是推动京津冀协同创新、实现高质量协同的重要途径。本报告选取2012年、2015年、2018年、2021年四个时间节点，利用全国地级及以上城市间科技资本互投的新增企业数量数据，运用社会网络分析法，对京津冀自身的创新网络和全国视角的京津冀创新网络进行构建与测度。研究发现：京津冀形成了以北京、天津为双核心，石家庄、保定为次中心的创新网络格局；各城市节点的创新影响力持续提升，创新网络均衡度不断提高；创新网络凝聚力显著提高，但中心城市与外围城市间的协作水平仍有待提升；城市群对外创新联系持续增强，但在全国创新网络中的地位呈下滑态势。在此基础上，本报告提出了持续强化京津冀创新网络核心城市节点对外围城市节点的创新带动效应、进一步培育京津冀创新网络次中心、加强京津冀与其他高水平创新型城市群的创新联系等优化京津冀创新网络的对策建议。

关键词： 京津冀　创新网络　协同创新　社会网络分析法

---

* 本报告为北京市社会科学基金重点项目“京津冀发展报告（2023）——国际科技创新中心助推区域协同发展”（22JCB030）、北京市自然科学基金面上项目“京津冀创新驱动发展战略的实施路径研究——基于社会资本、区域创新及创新效率的视角”（9212002）的阶段性成果。

** 叶堂林，经济学博士，首都经济贸易大学特大城市经济社会发展研究院（首都高端智库）执行副院长，特大城市经济社会发展研究省部共建协同创新中心（国家级研究平台）执行副主任，教授、博士生导师，研究方向为区域经济、京津冀协同发展等；牛寒茵，首都经济贸易大学城市经济与公共管理学院硕士研究生，研究方向为区域经济。

我国经济发展正由“要素驱动”向“创新驱动”转变，创新已成为推动区域协同发展的重要动力。党的二十大报告提出，要加快实施创新驱动发展战略，加强企业主导的产学研深度融合，提高科技成果转化和产业化水平。中心城市和城市群正在成为承载发展要素的主要空间形式，也逐渐成为创新资源的集聚地，是推动创新驱动发展战略、提升科技实力的重要抓手。京津冀城市群作为我国创新资源集中程度较高、原始创新能力较强的区域之一，面临创新资源分布不均、城市间创新能力差距大、创新生态系统和创新网络不完善等问题。为更好地实现京津冀城市群知识与技术共享，更好地发挥北京作为区域创新核心城市的作用，推动北京的科技创新成果在津冀落地转化，京津冀城市群应加强城市间的创新合作，高效整合区域创新资源，利用创新网络推动创新资源在区域内合理布局，并逐渐构建基于不同层次创新网络的创新生态系统，加强城市群创新核心城市与腹地城市的联系，进而提升区域的整体创新能力。因此，加强对京津冀城市群创新网络的研究对推动京津冀高质量发展具有重要价值。

一　研究现状与理论框架

（一）研究现状

1. 区域创新网络的基本内涵

创新网络的概念最早出现在 20 世纪 90 年代，是创新主体之间通过创新活动交流所形成的一种组织形式。Freeman（1991）较早提出了创新网络的概念，认为创新网络是为企业间系统性创新提供的制度环境，它将创新合作以网络连接的形式实现。近年来，随着各界对区域经济发展和协同创新等问题的关注度不断提升，国内学者结合区域创新实践案例对区域创新网络的内涵进行了研究。盖文启和王缉慈（1999）认为，区域创新网络是指地方行为主体（企业、大学、研究机构、地方政府等组织及个人）之间在长期正式或非正式合作与交流关系的基础上所形成的相对稳定的系统。夏丽娟等（2017）认为区域创新网络由创新资源的组织与协调形成，而创新资源的流动可分为两个层面：一是各区域创新系统内部创新主体（企业、高等院校、科研机构等）之间的协同互动；二是区域之间的创新资源和要素流动。

总的来看，根据不同的研究视角，创新网络的内涵在网络成员的界定上有两种解释：一是由企业、大学、研究机构、地方政府等创新主体进行创新交流所形成的网络；二是由特定区域内各空间节点进行跨地区创新关联所形成的网络。区域创新网络更加关注创新关联的空间特征。

2. 区域创新网络的研究方法

从现有文献研究角度看，一是从某一特定产业的角度研究区域创新网络（刘国巍、邵云飞，2019）；二是从某一区域的角度研究区域创新网络（王海花等，2021）；三是从不同区域特定产业的角度研究区域创新网络（Giuseppe and Cosimo，2015）。从创新网络的评价方法看，大部分学者对所研究的区域创新网络的建设效果进行了量化评价。主要方法是借助 Ucinet、Python 等分析工具，运用社会网络分析法或复杂网络理论，通过网络结构指标测度结果，评价创新网络的建设成效。运用社会网络分析法，张秀萍等（2016）基于大学-产业-政府非线性网状创新的三螺旋理论，从网络密度、网络中心势、网络中心度、结构洞入手，分析网络的创新联系能力。运用复杂网络理论，陈雄辉等（2010）通过考察广东 21 个城市间区域创新网络的度分布、最短距离、聚类系数、网络组分的相关系数，测度区域创新能力。从建立创新网络的数据选取看，现有文献使用的数据主要有特定行业的创新合作行为数据、区域间的联合申请专利数据等。基于特定行业的创新合作行为数据，苛德轩和沙勇忠（2013）通过搜索引擎对随机选取的创新机构之间的合作活动进行检索，以联合申请专利以及共同参与项目研发、技术开发、服务合同等行为识别机构间的创新合作连接。基于区域间的联合申请专利数据，王海花等（2021）利用国家知识产权局专利检索数据库中的联合申请专利数据，筛选出申请人所在地区创新合作中各合作方的地区信息，建立区域间的创新网络。

总体来看，现有研究在区域创新网络模型的构建上大多使用联合申请专利数据，只能反映出没有方向的区域创新关联，难以反映区域创新网络中节点的辐射力和影响力。本报告采用区域间科技资本互投矢量数据，有效解决了这一问题。现有文献还通过搜索引擎检索等方法获取相关数据，这种方法使得数据能够覆盖的研究区域范围具有一定的局限性，往往仅能反映出局部创新网络。本报告采用全国 297 个地级及以上城市的科技资本互投矢量数据，研究数据较为完整。相较于已有研究，本报告通过矢量数据和社会网络分析法刻画了全国创新网络，重点聚焦京津冀城市群内各城市节点在全国创新网络中的结构属性，如城市节点与城市群内和城市群外城市之间的创新关联关系密度、关联范围等，对区域创新网络方面的相关研究进行了有效补充。

（二）理论框架

1. 城市群内各城市间的有机互动为创新网络的形成奠定基础

城市群内各城市间的有机互动对创新网络的形成具有重要影响。一是提供丰富的人才和资源。城市群内不同城市具有各自的特色和优势，它们之间的互动能够有效促进人才和资源的共享，从而为创新网络的形成提供广泛的人才和资源基础。二是增强信息的传递和交流。信息的传递和交流能够进一步推动城市间的互动与合作，从而促进创新网络的形成。三是形成创新生态系统。城市群内各城市间形成了密切的经济、文化和社会联系，这种联系构成了一个创新生态系统，能够为创新网络的形成提供良好的环境。四是强化跨界合作和创新。城市群内各城市具有不同的产业和创新特色，相互合作和创新可以弥补彼此的不足，因此有利于跨界合作和创新行为的产生，进而促进创新网络的形成和发展。

2. 城市群的空间组织结构与区域创新网络结构特征较为相似

从城市群的空间组织结构看，相关学者认为城市群核心城市是周边城市以及整个城市群的创新策源地（孙瑜康等，2017），核心城市通过空间溢出效应（卢新海等，2018）、多维邻近性（张贵等，2022）、价值链以及行业间溢出（宋敏等，2020），实现其与外围城市群的创新互动，进而提升城市群整体创新能力。

从区域创新网络结构特征看，一方面，创新网络中少数节点占据了绝大多数的网络资源且具有较大的影响力，而大多数节点只有很少的联系和资源，这种异质性会影响节点的创新能力和创新路径，使得一些节点更有可能成为创新的领袖和推动者；另一方面，创新网络中的节点之间具有不同的相互作用方式，一些节点之间的相互作用是强烈的，它们共同推动了某个领域的创新发展，而另一些节点之间的相互作用则较为微弱。这与城市群内核心城市与外围城市的空间组织形式、职能分工和位势有着高度的相似性。

前文对城市群创新网络形成的内在逻辑进行了理论分析，如何刻画和描述一个特定城市群创新网络的整体概貌，对分析城市群创新网络特征，以及找寻城市群创新网络发展面临的实际问题至关重要。

二　研究思路

（一）研究方法

本报告采用社会网络分析法对京津冀创新网络进行分析，该方法要求将数据转化为可计算的形式并构建网络模型，以便进行进一步的分析和建模。常见的网络模型表示形式有邻接矩阵、邻接表、边缘列表等。其中，邻接矩阵是最常用的一种形式，它是一个二维矩阵，行和列分别表示网络中的节点，而矩阵元素表示节点之间的联系。如果节点 i 和节点 j 之间有联系，则邻接矩阵中第 i 行第 j 列或第 j 行第 i 列的元素为 1，否则为 0。

本报告认为从核心-外围结构、网络凝聚力、节点中心性、网络聚类特征等方面能够较为全面地概括京津冀城市群创新网络的发展状况。本报告使用矢量数据表示节点间的创新关联关系，构建的创新网络属于有向网络类型。

1. 核心-外围结构

核心-外围结构用于衡量网络中节点的地位，根据网络中节点之间联系的紧密程度，将网络中的节点划分为核心区域和外围区域，其中核心区域的节点占据网络中比较重要的地位。网络中各节点的核心度是判断节点处在核心区域还是外围区域的依据。根据关系数据类型的不同，核心-外围结构可分为离散型和连续型，本报告所分析的是连续型，通过核心度与其均值的比较来确定网络核心区域节点与外围区域节点，核心度高于均值的节点为网络核心区域节点，反之则为外围区域节点。

2. 网络凝聚力

衡量网络凝聚力的指标主要有网络密度、平均最短距离、聚类系数。

网络密度即网络中实际存在的关系数与理论上存在的关系数的比值。网络密度越高，网络节点间的联系越紧密，网络中个体所能获得的资源也越多。其计算公式如下：

$$D = \frac{m}{n(n-1)} \quad (1)$$

其中，n 代表网络中创新节点的数量，m 代表网络中实际存在的关系数。

平均最短距离是网络中任意节点到达其他节点间最短距离的平均值，可以用来衡量知识在节点间转移的难易程度。其计算公式如下：

$$L = \frac{2}{n(n-1)} \sum_{i \geqslant j} d_{ij} \quad (2)$$

其中，d_{ij}代表节点 i 与节点 j 之间的距离，定义为连接节点 i 与节点 j 的最短路径上的边的数目。

聚类系数是一个节点的邻接点之间相互连接的程度，用来描述网络中的顶点之间结集成团的系数。创新网络的聚类系数越大，网络中创新组织协同合作的集聚度就越高。其计算公式如下：

$$C_i = \frac{2E_i}{k_i(k_i-1)} \quad (3)$$

其中，k_i是节点 i 的邻居节点数量，E_i是邻居节点之间实际存在的连边数。

3. 节点中心性

用于刻画网络中节点地位的节点中心性的度量指标有度数中心度、接近中心度和中间中心度。其中，度数中心度是指与某个节点相连的节点数量，度数中心度又分为节点出度和节点入度。节点出度是指从某节点发送的关联强度之和，用于衡量该节点对其他节点影响的能力。其计算公式如下：

$$C_O(i) = \sum_{j=1}^{n} X_{ij} \tag{4}$$

其中，X_{ij}表示节点 i 向其他节点发送的连边数。节点入度是指某节点接收来自其他节点的关联强度之和，用于衡量该节点受网络中其他节点影响的程度。其计算公式如下：

$$C_I(i) = \sum_{j=1}^{n} X_{ji} \tag{5}$$

其中，X_{ji}表示节点 i 接收来自其他节点的连边数。

接近中心度是指某个节点与网络中所有其他节点的捷径距离之和，用于衡量该节点不受其他节点控制的程度。其计算公式如下：

$$C_{AP_i}^{-1} = \sum_{j=1}^{n} d_{ij} \tag{6}$$

其中，d_{ij}表示节点 i 和节点 j 之间的捷径距离。

中间中心度是指一个节点占据其他节点之间交往路径的数量，节点的中间中心度越高，对网络中资源的控制与获取能力就越强，可用来衡量节点在网络中其他节点之间充当中介的能力。其计算公式如下：

$$C_{AB_i} = \sum_{j}^{n} \sum_{k}^{n} b_{jk}(i), j \neq k \neq i, j < k \tag{7}$$

其中，$b_{jk}(i)$ 代表节点 i 控制节点 j 和节点 k 之间交往的能力，即 i 处于 j 和 k 之间捷径上的概率。

4. 网络聚类特征

在社会网络分析中，聚类特征通过凝聚子群刻画。凝聚子群是满足某类条件的一个行动者子集合，此集合中的行动者之间具有较强的、直接的、紧密的、经常的、积极的关系。本报告利用 CONCOR 法进行凝聚子群分析，通过对一个矩阵中各行（或者列）之间的相关系数进行重复计算，最终产生一个仅由 1 和-1 组成的相关系数矩阵，然后以相关系数为依据对子群进行划分。

（二）数据来源

本报告数据来源于龙信企业大数据平台，选取地级及以上城市间存在科技资本投资的企业数量作为刻画城市间创新合作关联的数据指标。该指标解释如下：将两个城市间存在投资行为的企业数量记为 X，城市 i 向城市 j 进行科技资本投资的企业数量记为 X_{ij}，城市 j 向城市 i 进行科技资本投资的企业数量记为 X_{ji}。

本报告选取 2012 年、2015 年、2018 年、2021 年四个时点的数据进行分析。2012 年，党的十八大提出我国要全面实施创新驱动发展战略。因此，本报告选取 2012 年作为研究京津冀创新网络的起始年份，每三年对创新网络发展情况进行一次监测。

（三）分析步骤

本报告识别全国各地级及以上城市为网络节点，地级及以上城市间存在科技资本投资的企业数量为网络连边，将地级及以上城市间的科技资本互投数据分别处理成以京津冀城市群各城市为对象的 13×13 有向矩阵和以全国地级及以上城市为对象的 297×297 有向矩阵，构建 2012 年、2015 年、2018 年、2021 年京津冀创新网络模型和全国创新网络模型。首先，将京津冀创新网络矩阵导入 NetDraw 绘制京津冀创新网络空间结构图。其中，连边的宽度反映了连边两端城市节点间的关联强度。城市节点之间的箭头是单向箭头和双向箭头，如果单向箭头从城市 i 指向城市 j，则表示城市 i 向城市 j 进行了科技资本投资；如果是双向箭头，则表示城市 i 和城市 j 之间存在科技资本互投现象。其次，将京津冀创新网络矩阵和全国创新网络矩阵导入网络分析工具 Ucinet 并进行二值化处理，计算能够反映网络整体和网络节点特征的各项结构指标。最后，将全国创新网络矩阵导入 Gephi，节点大小选择根据平均度计算，连边宽度比例选择根据关联权重计算，显示与京津冀各城市存在创新关联的节点和连边，根据上述设置生成全国视角下的京津冀创新网络空间结构图。

三 京津冀自身创新网络发展分析

（一）创新网络空间结构呈现单中心向多中心发展的趋势

从创新网络的空间结构特征看，中心城市节点数量显著增加。2012 年，京津冀创新网络以北京为中心，其他城市节点进行创新关联的能力较弱，创新网络呈现“单中心”结构；2015 年和 2018 年，天津、石家庄的网络地位显著提升，创新网络开始形成以北京、天津、石家庄为中心的格局；2021 年，北京、天津、石家庄的网络中心地位基本稳定，保定、邢台、沧州也进入了创新网络的中心位置。其中，保定呈现持续向网络中心靠近的趋势，有望成为京津冀创新网络稳定的中心城市节点之一。从创新网络的核心-外围结构看，进入京津冀创新网络核心区域的城市节点逐渐增多，其中北京、天津、石家庄、保定稳定处于京津冀创新网络核心区域；廊坊、秦皇岛、唐山、邢台作为 2018 年和 2021 年新加入创新网络核心区域的城市节点，其地位尚不稳定，仍需继续观察。目前，京津冀创新网络已稳定形成包含北京、天津、石家庄、保定在内的多中心的结构（见表 1、图 1）。

表 1 2012 年、2015 年、2018 年、2021 年京津冀核心-外围区域城市节点识别结果

区域类别	2012 年	2015 年	2018 年	2021 年
核心区域	北京、天津、石家庄、保定、邯郸	北京、天津、石家庄、保定、邢台	北京、天津、石家庄、保定、廊坊、唐山	北京、天津、石家庄、保定、廊坊、秦皇岛、唐山、邢台

续表

区域类别	2012 年	2015 年	2018 年	2021 年
外围区域	邢台、秦皇岛、张家口、沧州、衡水、廊坊、唐山、承德	秦皇岛、张家口、沧州、衡水、廊坊、唐山、承德、邯郸	秦皇岛、张家口、沧州、衡水、承德、邯郸、邢台	张家口、沧州、衡水、邯郸、承德

注：2012 年、2015 年、2018 年、2021 年京津冀创新网络节点核心度的平均值分别为 0.210、0.252、0.264、0.267，将核心度大于或等于平均值的城市节点识别为核心区域节点，反之则识别为外围区域节点。

资料来源：运用 Ucinet 软件计算所得。

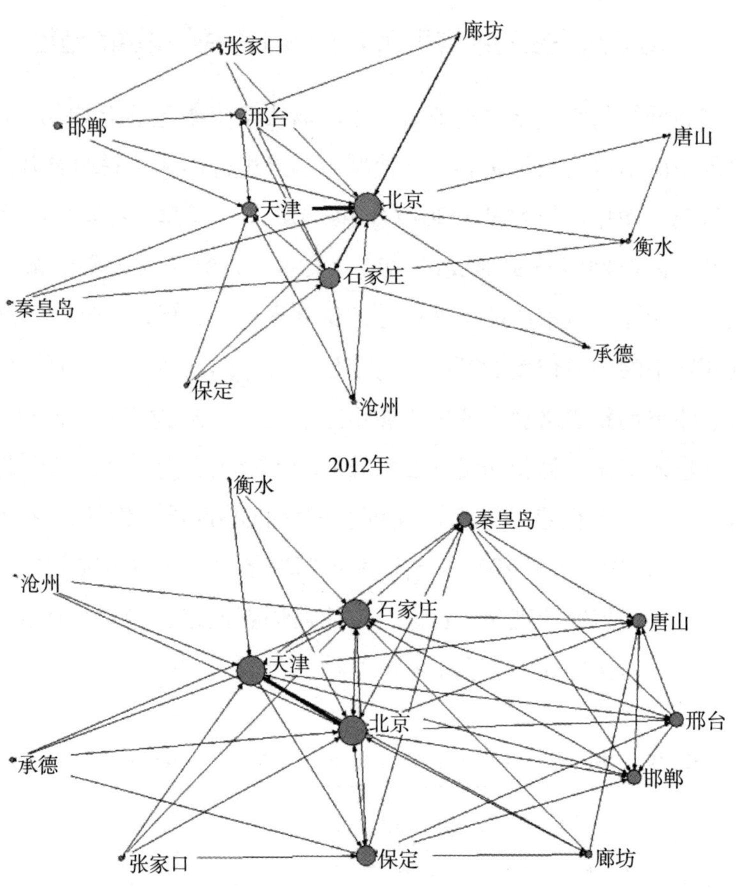

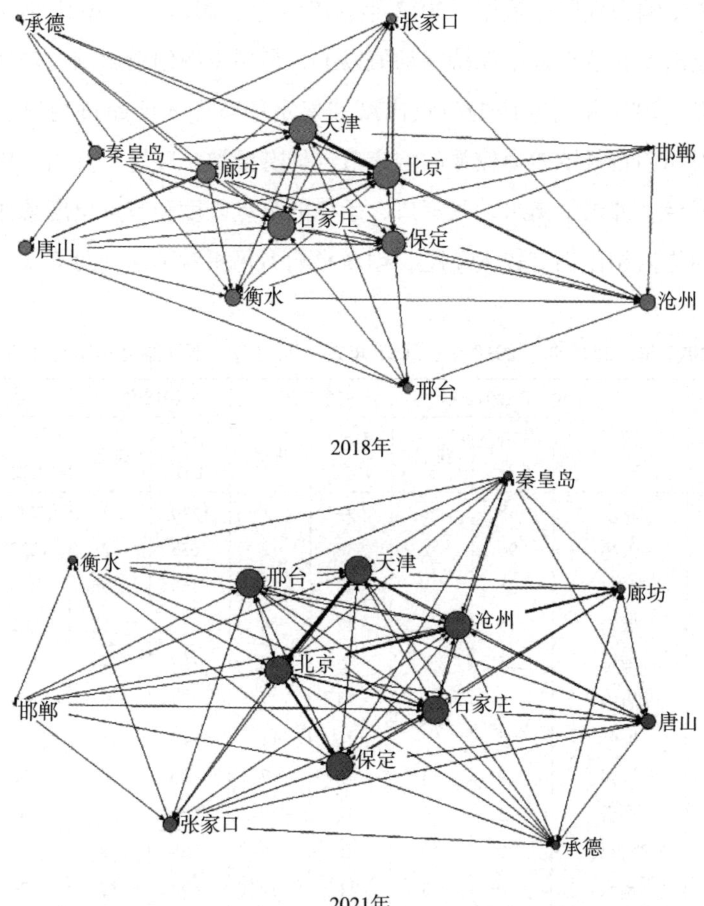

图 1　2012 年、2015 年、2018 年、2021 年京津冀自身创新网络空间结构

注：圆圈大小表示节点的度数值，反映节点在网络中的关联度，可用于分析节点在网络中的地位。

资料来源：运用 NetDraw 软件绘制所得。

（二）城市节点的创新影响力持续提升，创新网络均衡度不断提高

从度数中心度看，2012 年、2015 年、2018 年、2021 年京津冀各城市节点的度数中心度均值分别为 24.38、115.00、216.77、348.31，创新影响力呈现不断增强的趋势。将度数中心度是否在均值以上作为衡量城市节点在创

新网络中影响力强弱的依据。2012 年、2015 年、2018 年、2021 年北京和天津的节点出度和节点入度保持在均值以上，是网络中创新影响力较强的两个城市节点；2021 年石家庄的节点出度和保定的节点入度超过均值，网络中创新辐射和创新吸纳能力较强的城市节点均有增加；廊坊、沧州、唐山、秦皇岛、邢台、邯郸、衡水、张家口、承德的节点入度和节点出度总体不断提升，但与均值相比仍有较大差距，创新影响力仍相对不足（见表 2、表 3）。

表 2　2012 年、2015 年、2018 年、2021 年京津冀自身创新网络城市节点出度及排名

序号	城市	2012 年		2015 年		2018 年		2021 年	
		节点出度	排名	节点出度	排名	节点出度	排名	节点出度	排名
1	北京	148	1	694	1	1740	1	2290	1
2	天津	96	2	536	2	635	2	1237	2
3	石家庄	25	3	99	3	169	3	355	3
4	保定	15	4	42	4	56	5	201	4
5	廊坊	5	8	35	5	57	4	111	5
6	唐山	6	6	14	7	31	7	69	6
7	邯郸	6	6	10	11	16	11	54	7
8	沧州	9	5	14	7	33	6	50	8
9	邢台	3	9	12	9	12	13	44	9
10	张家口	2	10	18	6	19	8	38	10
11	衡水	0	13	6	12	13	12	36	11
12	秦皇岛	1	11	12	9	19	8	22	12
13	承德	1	11	3	13	18	10	21	13
京津冀均值		24.38		115.00		216.77		348.31	

资料来源：运用 Ucinet 软件计算所得。

表 3　2012 年、2015 年、2018 年、2021 年京津冀自身创新网络城市节点入度及排名

序号	城市	2012 年		2015 年		2018 年		2021 年	
		节点入度	排名	节点入度	排名	节点入度	排名	节点入度	排名
1	北京	139	1	677	1	778	2	1527	1
2	天津	98	2	453	2	1098	1	1183	2

续表

序号	城市	2012 年		2015 年		2018 年		2021 年	
		节点入度	排名	节点入度	排名	节点入度	排名	节点入度	排名
3	保定	6	7	46	5	163	4	521	3
4	石家庄	15	4	82	3	180	3	285	4
5	廊坊	16	3	52	4	98	5	201	5
6	唐山	9	6	30	7	95	6	141	6
7	张家口	10	5	22	10	90	7	117	7
8	邢台	6	7	33	6	71	9	109	8
9	沧州	2	12	23	9	84	8	108	9
10	邯郸	1	13	22	10	51	10	102	10
11	衡水	4	11	10	13	37	12	93	11
12	承德	6	7	27	8	38	11	85	12
13	秦皇岛	5	10	18	12	35	13	56	13
京津冀均值		24.38		115.00		216.77		348.31	

资料来源：运用 Ucinet 软件计算所得。

从接近中心度看，京津冀各城市节点进行创新关联的自主性趋于均衡。一方面，接近中心度在京津冀各城市均值以上的城市节点持续增加。2021 年，接近中心度高于均值（89.72）的城市节点达到 6 个。2015 年、2018 年、2021 年北京、天津、石家庄的接近中心度保持在 100，稳居前三；2021 年，保定、沧州、邢台的接近中心度达到 100，保定在 2012 年、2015 年、2018 年、2021 年的排名总体不断上升，沧州、邢台在四个时间节点中的排名波动较大。另一方面，京津冀各城市节点间接近中心度的差距不断缩小。相较于 2012 年，2021 年接近中心度极差从 45.45 缩小到 25。总体而言，北京、天津、石家庄、保定在京津冀创新网络中持续起着中心行动者的作用，容易与其他城市产生创新关联。唐山、张家口、承德、衡水、廊坊、秦皇岛、邯郸等京津冀创新网络外围城市节点与中心城市节点的接近中心度差距缩小，进行创新联系的自主性增强（见表 4）。

表 4　2012 年、2015 年、2018 年、2021 年京津冀自身创新网络城市节点接近中心度及排名

序号	城市	2012 年		2015 年		2018 年		2021 年	
		接近中心度	排名	接近中心度	排名	接近中心度	排名	接近中心度	排名
1	保定	57.14	6	80.00	4	92.31	4	100	1
2	北京	100	1	100	1	100	1	100	1
3	沧州	57.14	6	57.14	12	80.00	6	100	1
4	石家庄	80.00	2	100	1	100	1	100	1
5	天津	70.59	3	100	1	100	1	100	1
6	邢台	63.16	4	70.59	5	70.59	10	100	1
7	唐山	54.55	11	70.59	5	75.00	8	85.71	7
8	张家口	57.14	6	60.00	10	70.59	10	85.71	7
9	承德	54.55	11	60.00	10	66.67	12	80.00	9
10	衡水	57.14	6	57.14	12	80.00	6	80.00	9
11	廊坊	54.55	11	63.16	9	85.71	5	80.00	9
12	秦皇岛	57.14	6	70.59	5	75.00	8	80.00	9
13	邯郸	60.00	5	70.59	5	63.16	13	75.00	13
京津冀均值		63.32		73.83		81.46		89.72	

资料来源：运用 Ucinet 软件计算所得。

从中间中心度看，京津冀各城市节点在创新网络中的中介能力趋于均衡。一方面，中间中心度在均值以上的城市节点增加。2012 年，只有北京和石家庄的中间中心度高于均值（5.71）；2015 年，中间中心度高于均值（3.73）的城市节点增加了天津和保定；2021 年，沧州和邢台的中间中心度提高到了均值（1.17）以上，北京、天津、石家庄、保定、沧州、邢台在京津冀创新网络中共同承担其他城市节点间进行创新关联的中介功能。在这个过程中，保定、沧州的中间中心度提升较为显著。另一方面，城市节点的中间中心度差距不断缩小。相较于 2012 年，2021 年中间中心度极差从 47.60 缩小到 2.09（见表 5）。这表明创新网络各城市节点进行直接创新关联的能力不断提升，逐渐摆脱对北京、天津等创新网络中介节点的依赖。

表 5 2012 年、2015 年、2018 年、2021 年京津冀自身创新网络城市节点中间中心度及排名

序号	城市	2012 年		2015 年		2018 年		2021 年	
		中间中心度	排名	中间中心度	排名	中间中心度	排名	中间中心度	排名
1	保定	0	8	4. 32	4	3. 98	4	2. 09	1
2	北京	47. 60	1	14. 13	1	5. 98	1	2. 09	1
3	沧州	0	8	0	10	1. 98	6	2. 09	1
4	石家庄	16. 16	2	14. 13	1	5. 98	1	2. 09	1
5	天津	5. 68	3	14. 13	1	5. 98	1	2. 09	1
6	邢台	2. 65	4	0. 22	6	0. 22	11	2. 09	1
7	张家口	0. 38	7	0	10	0. 25	10	0. 84	7
8	唐山	0	8	0. 91	5	0. 74	9	0. 57	8
9	衡水	0. 76	6	0	10	1. 62	7	0. 41	9
10	秦皇岛	0	8	0. 22	6	1. 06	8	0. 41	9
11	承德	0	8	0	10	0. 22	11	0. 19	11
12	廊坊	0	8	0. 22	6	2. 30	5	0. 19	11
13	邯郸	1. 01	5	0. 22	6	0	13	0	13
京津冀均值		5. 71		3. 73		2. 33		1. 17	

资料来源：运用 Ucinet 软件计算所得。

（三）创新网络凝聚力逐渐提升，但中心城市与外围城市间的创新协作有待加强

从网络密度看，2012 年京津冀创新网络密度为 0. 263，在 0~1 的网络密度值区间内处于较低的水平。随后，网络密度逐渐提高，2021 年达到 0. 744，较 2012 年提升了 1. 83 倍，同时也实现了较高的密度水平。这表明京津冀各城市节点的空间创新关联不断增强。从平均最短距离看，京津冀创新网络节点间最短路径的平均长度逐渐缩短。2021 年，节点间平均最短距离为 1. 256，即网络中每个节点平均只需要经过 1. 256 个节点便能与其

他节点发生交流，京津冀各城市节点之间的资源传递较为便利，网络可达性良好。从聚类系数看，京津冀创新网络聚类系数持续提升，2021 年（0.788）较 2012 年（0.593）提升了 32.88%（见表 6）。根据 0~1 的聚类系数值区间，京津冀创新网络聚类系数由中等偏上水平提升到了较高水平，城市节点之间的集聚度提高。

表 6　2012 年、2015 年、2018 年、2021 年京津冀创新网络凝聚力指标测度结果

指标	2012 年	2015 年	2018 年	2021 年
网络密度	0.263	0.474	0.628	0.744
平均最短距离	1.778	1.526	1.372	1.256
聚类系数	0.593	0.733	0.745	0.788

资料来源：运用 Ucinet 软件计算所得。

本报告对京津冀创新网络进行聚类分析，将分块密度矩阵中密度大于或等于该年份整体网络密度的板块记为 1，否则记为 0，得到凝聚子群像矩阵，根据像矩阵绘制凝聚子群关系图（见图 2）。从城市节点在子群中的分布看，中心城市节点之间的创新协作关系变得紧密，以北京、天津为核心，石家庄为节点的创新子系统形成。保定主要与网络外围城市节点构成创新子系统，但子系统中的外围城市节点数量明显减少，且外围城市节点在子群中的分布未呈现明显规律。由此可以看出，北京、天津和石家庄与外围城市节点缺乏协作互动，保定也未与外围城市节点形成稳定的协作关系。从子群内部关系看，相较于 2012 年，2015 年、2018 年各子群内部成员创新关联密度有所下降，2021 年再次增强。北京、天津和石家庄所在子群内部联系紧密；除 2018 年外，保定所在子群内部创新关联密度都较低，说明保定与外围城市节点进行创新联系的能力不足。从子群间关系看，北京、天津和石家庄所在子群与外围城市所在子群间的双向创新关联关系不断增强，但保定所在子群与外围城市所在子群间的创新关联关系始终较弱，有待进一步加强。

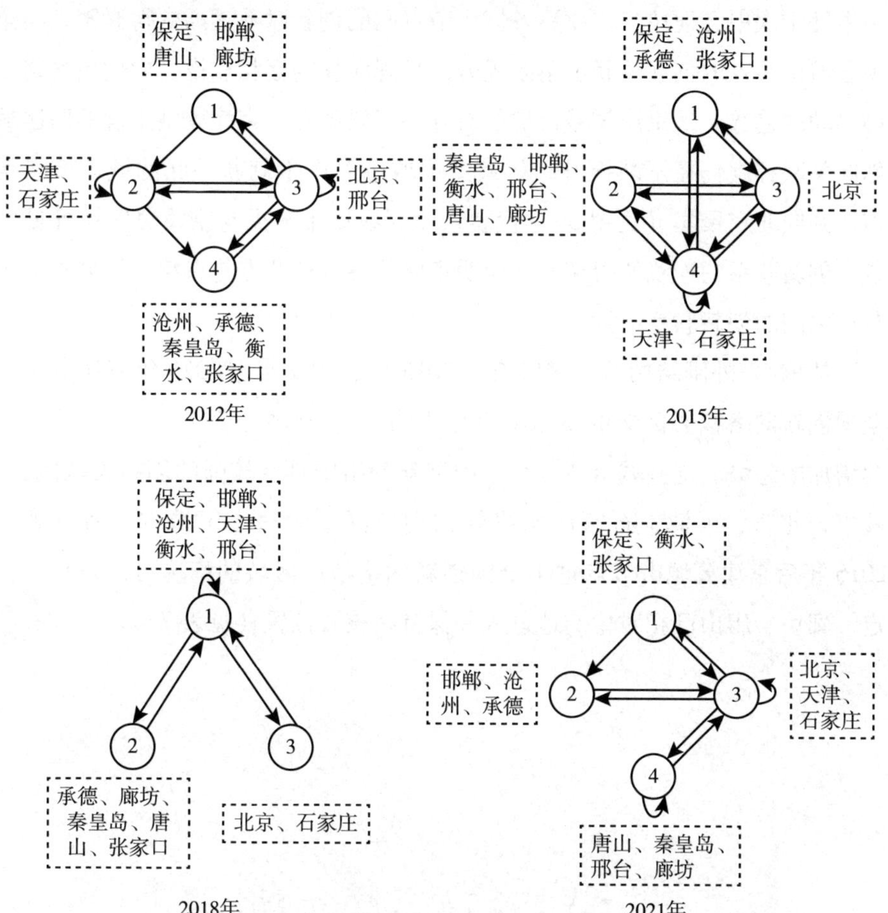

图 2　2012 年、2015 年、2018 年、2021 年京津冀创新网络凝聚子群关系

资料来源：根据京津冀创新网络凝聚子群像矩阵绘制。

四　全国视角下的京津冀创新网络发展状况分析

（一）京津冀城市群与全国创新节点的创新关联度持续提升

从京津冀各城市节点在全国创新网络中的空间分布看，北京在创新网络中的核心地位始终突出。天津向创新网络中心靠近，2021 年在全国创新网络中处于次中心地位。京津冀各城市节点间的创新联系逐渐变得紧密，与全国各城市节点的创新关联度不断提升，呈现明显的互相靠拢、向创新网络中心移动的趋势。从京津冀城市群的对外创新联系看，京津冀城市群的跨区域创新关联程度仍在不断提升。与京津冀城市群产生创新关联的城市节点增多，并向北京聚集（见图 3）。代表京津冀各城市节点与京津冀区域外城市节点创新联系的连线变得稠密，说明京津冀各城市节点与京津冀区域外城市节点之间的创新联系增强。

从核心-外围结构看，2012 年、2015 年、2018 年、2021 年京津冀进入全国创新网络核心区域的城市节点分别为 4 个、6 个、7 个、8 个，呈现持续增加的趋势。这些城市节点在全国创新网络中具有较强的创新关联能力。其中，北京、天津、石家庄始终处在创新网络的核心区域内。通过观察 2015 年后京津冀城市节点进出全国创新网络核心区域的情况可以发现，保定、廊坊、唐山已相对稳定地进入并保持在核心位置（见表 7）。

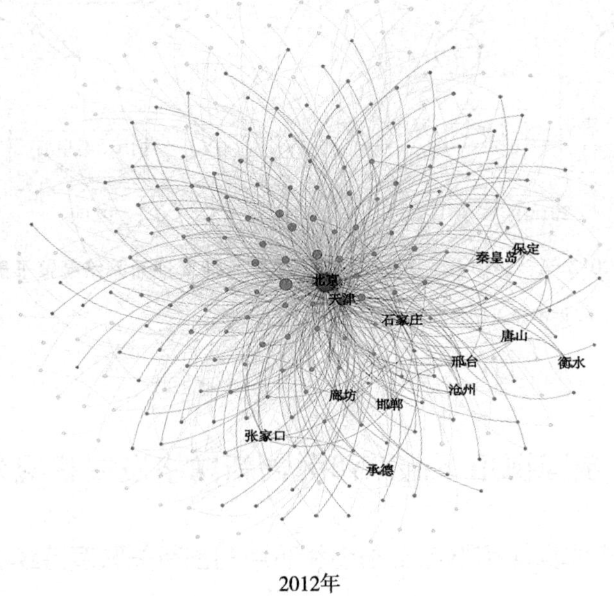

2012年

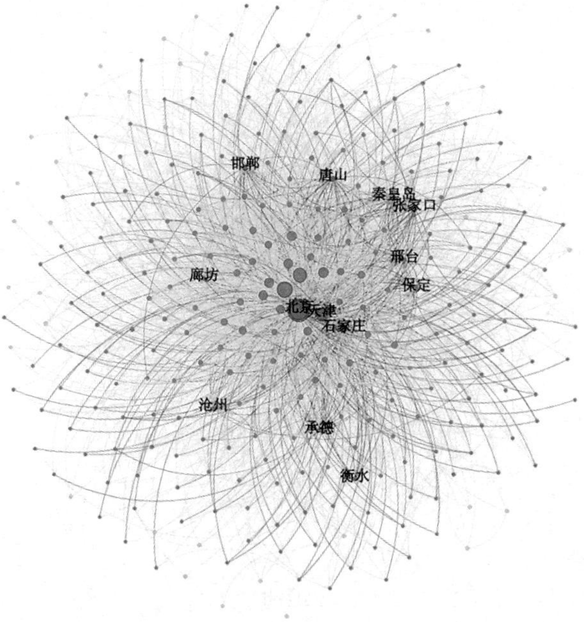

2015年

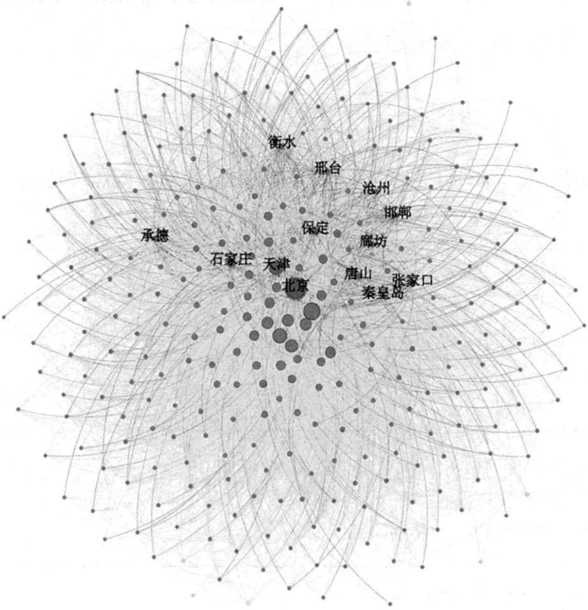

2018年

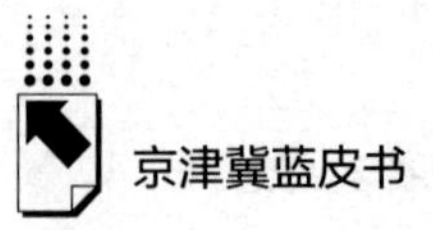

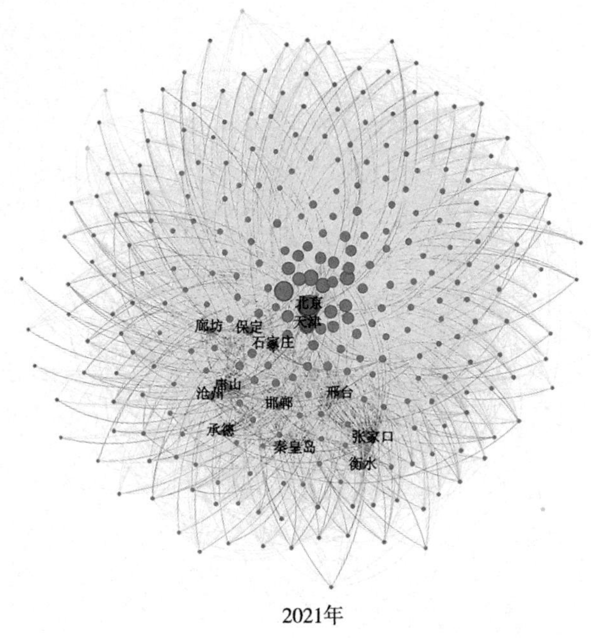

2021年

图 3　2012 年、2015 年、2018 年、2021 年全国视角下的京津冀创新网络空间结构

资料来源：运用 Gephi 软件绘制所得。

表 7　2012 年、2015 年、2018 年、2021 年全国创新网络核心-外围区域城市节点识别结果（京津冀部分）

区域类别	2012 年	2015 年	2018 年	2021 年
核心区域	北京、天津、石家庄、沧州	北京、天津、石家庄、廊坊、保定、张家口	北京、天津、石家庄、廊坊、保定、唐山、沧州	北京、天津、石家庄、保定、廊坊、秦皇岛、唐山、邢台
外围区域	保定、承德、邯郸、衡水、廊坊、秦皇岛、唐山、邢台、张家口	唐山、沧州、承德、邯郸、邢台、秦皇岛、衡水	承德、邯郸、衡水、秦皇岛、邢台、张家口	邯郸、衡水、张家口、承德、沧州

资料来源：运用 Ucinet 软件计算所得。

（二）京津冀城市群在全国创新网络中的影响力持续提升，但地位有所下降

从度数中心度看，2012 年、2015 年、2018 年、2021 年京津冀各城市的节点出度均值分别为 83.77、330.54、748.77、1271.31，节点入度均值分别为 115.31、576.38、719.69、1165.92，在全国创新网络中的影响力呈现持续提升的趋势。在节点出度方面，2012 年、2015 年、2018 年、2021 年北京、天津、石家庄的节点出度始终在全国均值以上，是全国创新网络中创新资源的主要溢出点。2021 年，北京、天津、石家庄的节点出度较 2012 年分别提升 13.87 倍、14.28 倍、17.53 倍，创新辐射能力提升势头强劲，其中北京始终位列全国第一，是全国创新网络中创新辐射能力最强的城市节点；天津、石家庄的排名变动不明显，创新辐射能力在全国创新网络中居于较高水平。其他京津冀外围城市的节点出度排名未得到明显提升，大部分城市排名甚至略有下降，节点出度与全国均值差距仍较大，但也呈现递增趋势。在节点入度方面，北京、天津、石家庄的节点入度始终在全国均值以上，自 2018 年开始保定的节点入度提升到全国均值以上。2021 年，北京、天津、石家庄、保定成为全国创新网络中吸纳创新资源能力较强的城市节点。其中，北京、天津、石家庄的排名下降，创新吸纳优势有所减弱；保定的节点入度提升显著，排名持续上升，相较于 2012 年，2021 年保定的节点入度提升 91.14 倍，排名提升 61 位，对全国创新资源进行了高强度吸收。其他京津冀外围城市的节点入度排名升降趋势不太稳定，总体排名仍较为靠后，但节点入度提升幅度较大，相较于 2012 年，2021 年各外围城市节点入度最低提升 12.57 倍，最高提升 91 倍，创新吸纳能力有所增强（见表 8、表 9）。

从接近中心度看，2012 年和 2015 年，京津冀各城市节点的接近中心度都在全国均值以上，京津冀城市群整体在全国创新网络中起着中心行动者的作用，能够较为自由地与全国各城市节点产生创新关联；2018 年和 2021 年，接近中心度在全国均值以上的京津冀城市节点分别减少了 7 个和 5 个。2021 年，邯郸、秦皇岛、张家口、衡水、承德的接近中心度水平已落后于

全国平均水平。2012 年、2015 年、2018 年京津冀各城市节点的接近中心度在全国的排名总体呈现不断上升的趋势，相较于 2018 年，2021 年京津冀各城市节点的接近中心度排名却普遍下降，京津冀城市群在全国创新网络中进行创新关联的独立性减弱（见表 10）。

表 8　2012 年、2015 年、2018 年、2021 年全国创新网络中京津冀城市节点出度及排名

序号	城市	2012 年		2015 年		2018 年		2021 年	
		节点出度	排名	节点出度	排名	节点出度	排名	节点出度	排名
1	北京	823	1	3203	1	7718	1	12236	1
2	天津	174	6	737	6	1287	8	2660	7
3	石家庄	32	30	125	29	252	30	593	29
4	保定	17	47	53	53	108	56	278	49
5	廊坊	8	72	50	56	96	59	168	63
6	唐山	8	75	22	82	51	75	119	79
7	邢台	3	127	15	100	20	144	90	95
8	邯郸	6	89	15	99	23	125	87	97
9	沧州	11	64	18	88	47	78	83	99
10	张家口	4	102	25	75	34	96	63	113
11	秦皇岛	1	197	15	96	36	91	61	118
12	衡水	0	263	7	158	28	108	57	124
13	承德	2	179	12	114	34	95	32	165
京津冀均值		83.77		330.54		748.77		1271.31	
全国均值		17.50		69.74		148.84		304.49	

资料来源：运用 Ucinet 软件计算所得。

表 9　2012 年、2015 年、2018 年、2021 年全国创新网络中京津冀城市节点入度及排名

序号	城市	2012 年		2015 年		2018 年		2021 年	
		节点入度	排名	节点入度	排名	节点入度	排名	节点入度	排名
1	北京	1195	1	6052	1	6025	1	10114	2
2	天津	187	4	879	3	1837	3	2214	7
3	保定	7	88	56	50	281	33	645	27
4	石家庄	31	29	140	22	336	28	557	35

续表

序号	城市	2012 年		2015 年		2018 年		2021 年	
		节点入度	排名	节点入度	排名	节点入度	排名	节点入度	排名
5	廊坊	21	43	66	43	133	57	290	56
6	唐山	9	72	46	59	155	55	257	61
7	沧州	2	172	30	77	107	69	184	83
8	邯郸	6	101	43	62	87	82	183	84
9	邢台	13	56	61	49	109	68	182	85
10	张家口	10	66	35	73	120	65	166	93
11	衡水	4	144	16	115	56	112	143	107
12	承德	7	93	39	67	56	111	127	117
13	秦皇岛	7	94	30	78	54	114	95	147
京津冀均值		115. 31		576. 38		719. 69		1165. 92	
全国均值		17. 50		69. 74		148. 84		304. 49	

资料来源：运用 Ucinet 软件计算所得。

表 10　2012 年、2015 年、2018 年、2021 年全国创新网络中京津冀城市节点接近中心度及排名

序号	城市	2012 年		2015 年		2018 年		2021 年	
		接近中心度	排名	接近中心度	排名	接近中心度	排名	接近中心度	排名
1	北京	6. 528	1	31. 624	1	96. 732	1	97. 690	1
2	天津	6. 330	7	27. 898	4	71. 498	5	80. 000	6
3	石家庄	6. 251	32	25. 988	32	58. 383	29	62. 845	31
4	保定	6. 159	148	25. 342	81	58. 153	31	59. 438	52
5	唐山	6. 156	159	25. 321	72	55. 121	58	57. 253	68
6	邢台	6. 199	84	25. 430	61	52. 952	89	56. 705	71
7	沧州	6. 185	97	24. 979	160	52. 763	96	56. 597	72
8	廊坊	6. 181	109	25. 408	45	54. 815	60	56. 167	81
9	邯郸	6. 200	81	25. 299	74	52. 763	98	55. 744	90
10	秦皇岛	6. 160	146	25. 085	101	52. 575	102	54. 713	119
11	张家口	6. 181	113	25. 127	90	52. 482	108	54. 212	133
12	衡水	6. 151	183	24. 770	160	53. 047	88	54. 113	135
13	承德	6. 153	176	25. 170	85	52. 575	100	53. 526	154
全国均值		6. 134		24. 767		53. 319		56. 038	

资料来源：运用 Ucinet 软件计算所得。

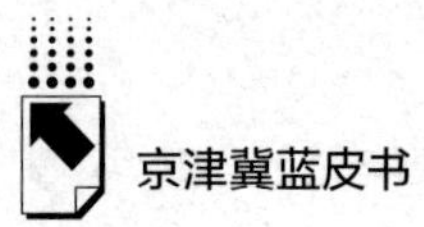

从中间中心度看，2012 年、2015 年、2018 年、2021 年中间中心度在全国均值以上的京津冀城市节点分别为 3 个、2 个、4 个和 3 个，其中只有北京和天津的中间中心度稳定在全国均值以上，京津冀城市群在全国创新网络中拥有创新关联中介地位的城市节点较少。相较于 2012 年，2018 年保定、廊坊、邯郸、承德、衡水等的中间中心度在全国的排名有所上升，但 2021 年则大幅下降。同时，北京是 2012 年、2015 年、2018 年全国中间中心度最高的城市节点，2021 年的中间中心度排名也下降了 1 位（见表 11）。京津冀城市群在全国创新网络中控制创新关联的地位优势有所减弱。

表 11　2012 年、2015 年、2018 年、2021 年全国创新网络中京津冀城市节点中间中心度及排名

序号	城市	2012 年		2015 年		2018 年		2021 年	
		中间中心度	排名	中间中心度	排名	中间中心度	排名	中间中心度	排名
1	北京	39.515	1	30.312	1	17.529	1	7.628	2
2	天津	2.071	7	3.515	5	3.826	5	2.847	6
3	石家庄	0.467	32	0.340	36	0.323	39	0.510	31
4	保定	0.056	84	0.037	87	0.503	26	0.213	55
5	唐山	0.003	146	0.204	45	0.104	68	0.160	60
6	邢台	0.177	81	0.063	69	0.034	101	0.095	74
7	沧州	0.000	183	0.012	119	0.048	85	0.083	81
8	廊坊	0.026	97	0.024	102	0.127	61	0.077	83
9	邯郸	0.014	109	0.071	67	0.096	71	0.060	99
10	秦皇岛	0.005	113	0.015	111	0.028	116	0.045	115
11	承德	0.003	148	0.266	40	0.034	102	0.030	141
12	衡水	0.001	176	0.000	232	0.045	89	0.019	175
13	张家口	0.001	159	0.022	104	0.010	173	0.016	182
全国均值		0.423		0.353		0.302		0.274	

资料来源：运用 Ucinet 软件计算所得。

五　主要结论及对策建议

（一）主要结论

一是京津冀形成了以北京、天津为双核心，石家庄、保定为次中心的创新网络格局。京津冀自身创新网络空间结构呈现以北京为单中心向以北京、天津、石家庄、保定为多中心发展的趋势；北京、天津、石家庄、保定稳定处于京津冀创新网络核心-外围结构中的核心区域；北京、天津、石家庄、保定的接近中心度和中间中心度稳定保持在京津冀各城市节点的均值以上，是京津冀创新网络的中心行动者和重要中介节点。但是，京津冀城市群只有北京和天津的节点出度与节点入度始终在均值以上，2021 年石家庄的节点入度和保定的节点出度未能达到均值，其创新关联能力与京津相比仍有一定差距。

二是京津冀各城市节点的创新影响力持续提升，创新网络均衡度不断提高。京津冀各城市节点的度数中心度均值持续提升。2021 年，北京和天津的节点出度与节点入度、石家庄的节点出度和保定的节点入度均在均值以上，京津冀自身创新网络中创新辐射和创新吸纳能力较强的城市节点均有所增加；京津冀外围城市节点出度和节点入度总体呈现递增趋势。京津冀自身创新网络中各城市节点的接近中心度和中间中心度趋于均衡，相较于 2012 年，2021 年接近中心度极差从 45.45 缩小到 25，中间中心度极差从 47.60 缩小到 2.09，拥有中心行动者地位和创新关联中介地位的城市节点分别增加了 3 个和 4 个。

三是京津冀创新网络凝聚力逐渐提升，但中心城市与外围城市间的创新协作有待加强。相较于 2012 年，2021 年京津冀创新网络密度从 0.263 提升至 0.744，平均最短距离从 1.778 缩短至 1.256，聚类系数从 0.593 提升至 0.788，城市节点间的创新交流水平不断提高，网络可达性良好，网络创新关联集聚度较高。但是，2021 年，北京、天津、石家庄集中分布在同一子群，缺乏与京津冀外围城市节点的创新协作；保定所在子群内部分块密度低于京津冀整体网络密度，子群内部城市节点间的合作不够紧密；保定所在子群与外围城市所在子群间的创新关联分块密度低于京津冀整体网络密度，子群间的关联关系较弱。中心城市总体上仍缺乏与外围城市的创新交流协作。

四是京津冀城市群对外创新联系程度持续增强，但在全国创新网络中的地位呈下滑态势。京津冀城市群在全国创新网络空间结构中呈现创新关联边数持续增加、联系节点规模持续扩大的趋势。相较于2012年，2021年京津冀在全国创新网络核心-外围结构中处于核心区域的城市节点新增4个。京津冀在全国创新网络中的节点出度和节点入度均值不断提高，对全国的创新影响力持续提升。其中，相较于2012年，2021年，北京、天津、石家庄的节点出度分别提升13.87倍、14.28倍、17.53倍，创新辐射能力增长势头强劲；保定的节点入度提升91.14倍，且排名从第88位跃居第27位，创新吸纳能力提升效果尤为显著；京津冀外围城市节点在全国的节点入度和节点出度呈现递增趋势，其中创新吸纳能力提升程度较为明显，节点入度最低提升12.57倍，最高提升91倍。但是，京津冀在全国创新网络中的接近中心度和中间中心度优势均有所下降。2021年，京津冀在全国创新网络中拥有中心行动者地位的城市节点较2012年减少了5个，拥有创新关联中介地位的城市数量较少且排名未得到提升。同时，北京作为2012年、2015年、2018年全国创新关联中介地位最高的城市节点，排名有所下降。

（二）对策建议

一是持续强化京津冀创新网络核心城市节点对外围城市节点的创新带动效应。京津冀创新网络中的创新联系主要来源于核心城市节点，应当增强核心城市节点的创新带动效应，以促进城市群整体的创新协同发展。北京、天津要不断加强对知识、技术、人才等创新资源的集聚，保持创新水平的持续提升，发挥核心城市的引领作用，提高对京津冀城市群内所有城市节点的创新辐射强度。外围城市节点则需要把握创新要素的输入，提高获取核心创新资源的能力，积极融入创新网络建设。

二是进一步培育京津冀创新网络次中心。打造多枢纽结构创新网络，发展多个京津冀创新增长极，形成以北京、天津为核心，石家庄、保定为次中心的层层递进的区域创新网络，多中心释放创新辐射力，协助创新网络外围城市提升创新能力。一方面，应当持续深化北京、天津与石家庄、保定的创新合作，加大对石家庄、保定的创新投入，进一步激发其作为网络次中心的创新动力与活力。另一方面，提高石家庄、保定作为网络重要枢纽对创新知识和技术的识别与传递能力，充分发挥石家庄、保定对河北其他城市的抓手作用，引导以网络外围城市节点为主的创新子群内部成员以及创新子群间形成紧密的创新互动联系。

三是加强京津冀与其他高水平创新型城市群的创新联系。首先，京津冀可以通过建立跨区域创新联盟，完善跨区域合作机制，促进信息共享和资源整合，加强与全国各创新型城市群的交流合作，与其他创新型城市群形成利益共同体，推动创新资源共享。其次，京津冀应当加强与高水平创新型城市群的人才交互，通过举办各类人才交流活动，促进京津冀人才的引进和对外输出，扩大城市群间知识资本的交流，同时丰富人才资源库，进一步提升京津冀在全国创新网络中的创新辐射和创新吸纳能力。最后，企业在创新中发挥着主导作用，因此京津冀必须重视与高水平创新型城市群中企业的交流合作。一方面，需要加大政策支持力度，鼓励京津冀与全国各地企业间开展技术合作和研发活动；另一方面，应当增设并完善创新服务平台，为企业提供更为便捷的创新信息整合、技术咨询、项目孵化等服务，提高技术在京津冀落地转化的效率。

参考文献

陈雄辉、张本祥、徐毅、黄俊毅、朱永海：《基于复杂网络理论的广东区域创新能力测度方法研究》，《科技进步与对策》2010 年第 20 期。

盖文启、王缉慈：《论区域的技术创新型模式及其创新网络——以北京中关村地区为例》，《北京大学学报》（哲学社会科学版）1999 年第 5 期。

苟德轩、沙勇忠：《产学研合作创新网络结构测度与分析》，《情报杂志》2013 年第 6 期。

刘国巍、邵云飞：《物流仓储装备创新网络演化与物流业发展协调度——基于 PP-GCOTN-CDOCS 模型》，《中国流通经济》2019 年第 7 期。

刘军：《社会网络分析导论》，社会科学文献出版社，2004。

卢新海、唐一峰、匡兵：《长江中游城市群城市土地利用效率空间溢出效应研究》，《长江流域资源与环境》2018 年第 2 期。

宋敏、邹声瑞、王茜：《基于创新价值链的长三角城市群创新效率及其溢出效应》，《河海大学学报》（哲学社会科学版）2020 年第 2 期。

孙瑜康、李国平、袁薇薇、孙铁山：《创新活动空间集聚及其影响机制研究评述与展望》，《人文地理》2017 年第 5 期。

王海花、孙芹、郭建杰、杜梅：《长三角城市群协同创新网络演化动力研究：基于指数随机图模型》，《科技进步与对策》2021 年第 14 期。

夏丽娟、谢富纪、付丙海：《邻近性视角下的跨区域产学协同创新网络及影响因素分析》，《管理学报》2017 年第 12 期。

张贵、孙晨晨、吕晓静：《多维邻近视角下京津冀知识创新合作网络研究》，《华东经济管理》2022 年第 6 期。

张秀萍、卢小君、黄晓颖：《基于三螺旋理论的区域协同创新网络结构分析》，《中国科技论坛》2016 年第 11 期。

Freeman, C., "Networks of Innovators: A Synthesis of Research Issues", *Research Policy*, 1991, 20 (5).

Giuseppe, C., Cosimo, A. Q., "The Persistence of Regional Disparities in Italy through the Lens of the European Union Nanotechnology Network", *Regional Studies*, *Regional Science*, 2015, 2 (1).

B.5

京津冀创新能力提升进展与成效分析*

叶堂林　李 昕　刘 莹**

摘　要： 创新驱动发展战略是我国实现新旧动能转换的关键所在。城市群作为国家实现创新发展的重要载体，能够帮助提升我国的创新能力，进而增强国际竞争力。京津冀城市群是北方经济发展的关键引擎，应当着力提升京津冀城市群的创新能力，以区域创新推动北方经济发展，进而带动全国实现高质量发展。本报告以京津冀城市群为研究对象，首先基于2013~2020年京津冀13个地级市的创新发展数据，运用熵值法，从创新投入、创新产出与创新环境三个维度构建城市创新能力评价指标体系，从而对京津冀城市群的创新能力进行分析。其次运用面板回归分析，深入探究影响京津冀城市群创新能力的关键因素。研究发现：京津冀城市群创新综合能力不断提升，各个城市间存在一定差距；北京的核心地位明显，对京津冀创新发展具有引领作用；经济发展水平是影响京津冀城市群创新能力的关键因素。在此基础上，本报告从提高创新成果转化能力、营造良好的创新生态环境、提高京津冀城市群区域协同水平等角度提出有效推动京津冀创新能力提升的建议。

---

* 本报告为北京市社会科学基金重点项目“京津冀发展报告（2023）——国际科技创新中心助推区域协同发展”（22JCB030）、北京市自然科学基金面上项目“京津冀创新驱动发展战略的实施路径研究——基于社会资本、区域创新及创新效率的视角”（9212002）的阶段性成果。

** 叶堂林，经济学博士，首都经济贸易大学特大城市经济社会发展研究院（首都高端智库）执行副院长，特大城市经济社会发展研究省部共建协同创新中心（国家级研究平台）执行副主任，教授、博士生导师，研究方向为区域经济、京津冀协同发展等；李昕，首都经济贸易大学工商管理学院本科生，研究方向为区域经济；刘莹，首都经济贸易大学城市经济与公共管理学院硕士研究生，研究方向为区域经济。

关键词： 京津冀　城市群　创新能力

一　研究背景与研究意义

（一）着力提升区域创新能力对增强我国国际竞争力具有战略性意义

一是西方发达国家普遍将创新看作国家发展的核心战略。随着新一轮科技革命和产业革命的兴起，科学技术对国家经济发展的影响越来越大。许多发达国家将创新提升至国家发展战略层面，如美国发布《国家先进制造业战略》，提出发展和推广新的制造技术；日本正在转向以科技创新为主导的经济增长模式；英国发布《英国创新战略：创造未来　引领未来》，旨在通过做强企业、人才、区域和政府四大战略支柱，打造卓越创新体系……足见发达国家对创新的重视。二是创新能够有效推动我国实现新旧动能转换。我国应当紧紧抓住创新这个“牛鼻子”，推动科技创新和经济社会发展深度融合，加快解决人民日益增长的美好生活需要和不平衡不充分的发展之间的矛盾。创新驱动发展战略能够推进新旧发展动能转换，进而推动我国经济高质量发展，增强我国综合国力，着力缩小我国与发达国家之间的创新差距。

（二）聚焦打造创新型城市是变革经济发展方式的重要一环

一方面，建设创新型城市有利于区域实现经济增长。城市是促进区域发展的核心，是国家强盛的重要基础，是各类创新资源和要素的集聚中心。应当着力推动地区实现自身创新能力提升，以区域创新带动实现高质量发展。创新型城市往往拥有较强的自主研发能力和支撑带动作用，能够实现自身地区的可持续发展，并有效带动周边区域实现创新突破。加快创新型城市建设，对充分发挥创新型城市对区域经济的辐射带动作用具有重要意义。另一方面，建设创新型城市有利于推动经济发展方式转变。目前，我国正处于经济发展方式转变的关键时期，过去以量取胜的发展模式无以为继，经济发展的动力正由资本、土地等要素驱动逐渐变为由技术创新、制度创新等驱动。建设创新驱动型城市，推动经济以创新驱动的方式发展，减少对传统生产要素的依赖，对我国经济发展提质增效发挥着重大作用。

（三）京津冀城市群是增强我国创新能力的重要载体

城市群是推动我国经济高质量发展的关键主体。《中国城市统计年鉴2021》数据显示，2020 年，京津冀城市群占全国国土面积的 2.3%，人口占全国总人口的 7.8%，创造的 GDP 约占全国的 8.5%，是我国经济最具活力、创新能力最强的区域。未来，我国要将京津冀城市群打造成世界级城市群、科技创新和产业创新中心。在此过程中，应充分利用北京、天津、河北各自的优势，发挥北京作为核心城市的战略作用，有效促进京津冀城市群创新发展。京津冀城市群的创新资源丰厚、产业基础发达、研发投入充足、产学研合作活跃，作为我国智力密集度最高的地区，各类研发机构与研发人员数、普通高等学校在校生数、授权发明专利数均处于全国领先地位。

因此，着力打造创新型城市是提升我国综合实力、全面建设创新型国家、有效推动经济发展方式变革的关键途径，深入研究京津冀城市群创新能力对促进我国创新能力提升、实现以创新推动经济发展具有重要意义。

二　研究综述

（一）创新型城市内涵

约瑟夫·熊彼特于 1912 年在其《经济发展理论》一书中第一次提出了创新的概念，他认为创新是“新的生产函数”，创新是“生产要素的重新组合”，就是将之前不存在的生产要素和生产方式的“新组合”应用到生产体系当中，创造出新的技术和产品，以获得潜在的利润，即最大限度地获取超额利润（约瑟夫·熊彼特，1990）。杨冬梅等（2006）认为创新型城市是以创新为核心驱动力的一种城市发展模式，是城市发展理念和模式的一种创新，具备强烈的时代特征，是城市发展知识化的产物，具有创新性、系统性、内生性、可持续性、集聚性和开放性的本质特征。胡钰（2007）认为创新型城市的核心内涵是城市自主创新能力较强，这种能力的具体表现在于科技创新制度设计较完善，科技投入较大，科技基础条件较好，企业技术创新能力较强，科技创新支撑和引领城市经济社会发展的能力较强。

（二）创新能力评价及测度方法

多数学者通过构建评价指标体系对城市创新能力进行评价和研究。Furman 等（2002）以 OECD 的 17 个国家为研究对象，选取专利数为测度标准，对国际专利（外国在美国获得专利）与国家创新能力框架相关变量之间的关系进行研究，认为一个地区的创新能力发展水平与创新投入水平有关。张洁等（2007）利用创新投入、创新环境、技术创新和文化创新等指标数据构建了城市创新能力评价指标体系，分析了我国主要城市的创新能力。创新能力的测度方法主要有主成分分析法、熵值法、对比分析法等。

（三）创新能力影响因素

关于创新能力的影响因素，学者们尚未形成统一观点。Funke 和 Niebuhr（2005）选取 R&D 经费和人力资本水平、经济发展水平、创新平台数量、固定资产投资额、外商直接投资额作为创新能力的解释变量，对区域间创新知识溢出与区域生产率之间的关系进行研究。魏守华等（2010）运用 1998~2007 年我国省级面板数据实证检验区域创新能力的影响因素，并得出结论：R&D 活动规模等创新基础条件和区域创新效率都会影响区域创新能力，区域特定因素，如产业集群环境、产学研联系的质量、对区外技术溢出的吸收能力等会影响创新效率。

（四）文献评述

国内外学者对创新型城市及其相关领域进行了深入的探究，并产出了大量优秀成果。但进一步分析发现，这些研究仍存在以下不足：以往文献中，学者们大多选用单一城市作为研究对象，忽略了城市群视角下城市之间形成密切互动关系带来的创新能力提升效果。因此，本报告以京津冀城市群为研究对象，从城市群视角展开分析，深入探究城市群内各城市的创新能力及其关键影响因素，总结京津冀城市群各城市创新能力发展现状，并针对现有问题提出有效对策，为更好地实现京津冀城市群创新发展提供参考建议。

三　京津冀城市群创新能力测度

（一）研究范围选取与数据来源

在研究对象方面，本报告选取京津冀城市群作为研究对象，包括北京、天津以及河北的 11 个地级市。在研究数据方面，选用 2014~2021 年京津冀城市群内 13 个地级市统计年鉴以及《中国城市统计年鉴》，部分数据来自龙信企业大数据平台，有效保证了数据的真实性以及数据来源的可靠性。在缺失数据的处理方面，采用计算平均值与年均增长率的方法进行弥补。

（二）创新能力评价指标体系

本报告通过对相关文献的梳理与总结，从创新投入、创新产出、创新环境三个方面入手，严格把握系统性、科学性原则，构建京津冀城市群各城市创新能力评价指标体系。

为充分反映某一地区创新研发活动的人才、物质、地方财政等方面的具体情况，选取 R&D 人员折合全时当量、R&D 经费内部支出、普通高等学校在校生数、政府财政科学技术支出、政府财政教育支出 5 个正向指标作为创新投入的二级指标。为充分反映某一地区知识、技术等方面的产出现状，选取授权发明专利数、新增商标数、计算机软著数 3 个正向指标作为创新产出的二级指标。为充分反映某一地区产业发展、居民生活、知识积累、能源利用等方面的现状，选取第三产业增加值占 GDP 比重、城镇居民人均可支配收入、实际利用外资金额 3 个正向指标与万元 GDP 能耗 1 个逆向指标用于描述创新环境（见表 1）。

表 1　京津冀城市群创新能力评价指标体系构建及数据来源

一级指标	二级指标	权重	数据来源
创新投入(0.5331)	R&D 人员折合全时当量(万人年)	0.0985	《北京统计年鉴》《天津统计年鉴》《河北统计年鉴》
	R&D 经费内部支出(亿元)	0.0807	
	普通高等学校在校生数(万人)	0.1634	
	政府财政科学技术支出(亿元)	0.0968	
	政府财政教育支出(亿元)	0.0937	
创新产出(0.1994)	授权发明专利数(件)	0.0737	《北京统计年鉴》《天津统计年鉴》《河北统计年鉴》
	新增商标数(万件)	0.0775	
	计算机软著数(万件)	0.0482	龙信企业大数据平台
创新环境(0.2675)	第三产业增加值占 GDP 比重(%)	0.0854	《北京统计年鉴》《天津统计年鉴》《河北统计年鉴》
	城镇居民人均可支配收入(元)	0.0554	
	实际利用外资金额(万美元)	0.0692	
	万元 GDP 能耗(吨标准煤/万元)	0.0575	

（三）评价模型

1. 权重的获取——熵值法

（1）原始数据的标准化处理

正向指标的标准化处理公式为：

$$z_{ij} = \frac{x_{ij} - \min\{x_{ij}\}}{\max\{x_{ij}\} - \min\{x_{ij}\}} \tag{1}$$

逆向指标的标准化处理公式为：

$$z_{ij} = \frac{\max\{x_{ij}\} - x_{ij}}{\max\{x_{ij}\} - \min\{x_{ij}\}} \tag{2}$$

其中，x_{ij}为原始数据；z_{ij}为标准化后的标准值；$i=1, 2, 3, \cdots, n$；

$j=1, 2, 3, \cdots, m$。

（2）计算第 j 项指标下的第 i 个地区值在此指标中所占的比重 p_{ij}

$$p_{ij} = \frac{z_{ij}}{\sum_{i=1}^{n} z_{ij}} \tag{3}$$

（3）计算第 j 项指标的信息熵 e_j

$$e_j = -\frac{1}{\ln n}\sum_{i=1}^{n} p_{ij}\ln p_{ij} \tag{4}$$

（4）计算信息熵冗余度

$$g_j = 1 - e_j \tag{5}$$

（5）用熵值法计算第 j 项指标的权重

$$w_j = \frac{g_j}{\sum_{j=1}^{m} g_j} \tag{6}$$

2. 城市创新能力得分

将创新投入、创新产出、创新环境记为 IC_k（$k=1, 2, 3$），则 IC_k 的计算公式为：

$$IC_k = \sum_{j=1}^{I_k} w_j z_{ij} \tag{7}$$

其中，I_k 为第 k 个一级指标中的二级指标数量。

按照上述的赋权及计算方法，可以得到各城市历年的 IC_k，则各城市创新能力得分（S）为：

$$S = \sum_{k=1}^{3} w_k^{'} IC_k = w_1^{'} IC_1 + w_2^{'} IC_2 + w_3^{'} IC_3 \tag{8}$$

其中，$w_k^{'}$（$k=1, 2, 3$）表示利用熵值法计算出的创新投入、创新产出、创新环境对城市创新能力的权重。

（四）测度结果与评价分析

1. 北京创新能力表现突出，京津冀各城市创新产出存在较大提升空间

从京津冀城市群各城市创新综合能力得分及内部结构情况来看，2020 年，北京创新综合能力表现优异，河北各城市的创新能力仍需进一步提升。在创新投入方面，北京得分 0.70 ①，位居第一，具有绝对领先优势；天津得分 0.43，位居第二；石家庄得分 0.22，位居第三，与北京和天津之间存在一定差距。在创新产出方面，北京得分 0.27，位居第一；天津得分 0.07，位居第二；石家庄得分 0.01，位居第三。在创新环境方面，北京得分 0.61，位居第一；天津得分 0.45，位居第二；石家庄得分 0.20，位居第三，尚存在较大发展空间。河北各城市在创新投入、创新产出、创新环境方面得分相对较低，有较大的发展潜力（见图 1）。政府应加大力度营造良好的创新氛围，完善科技创新体制机制，为创新创业提供持续的内生动力，鼓励创新发展。

2. 北京创新综合能力龙头地位凸显，城市群内各地区发展差距较大

从京津冀城市群各城市创新综合能力评价结果来看，2020 年，在京津冀城市群 13 个地级及以上城市中，城市创新综合能力得分居前两位的城市分别是北京（0.91）、天津（0.45）。北京得分最高，在京津冀城市群中占据创新领先地位。北京是创新资源、高端人才的重要汇集地，并坐拥大量高等院校与优秀科研机构，具有完备的创新基础条件。随着中关村科技园、天津滨海-中关村科技园等创新集群区域的建设，北京与天津的创新资源汇集能力进一步提升，地区创新能力将迎来一次关键飞跃，进一步带动京津冀地区创新综合能力的提高。石家庄位列第三，创新综合能力得分为 0.31，且石家庄具有较好的创新基础和创新环境，具有一定的创新潜力，能够创造出丰富的创新产出。张家口、邢台、承德、邯郸的创新综合能力得分均未超过 0.12，与北京、天津的创新能力差距较大，在京津冀城市群创新综合能力排名中整体靠后（见表 2）。

---

① 为便于表述，得分数据保留两位小数，下同。

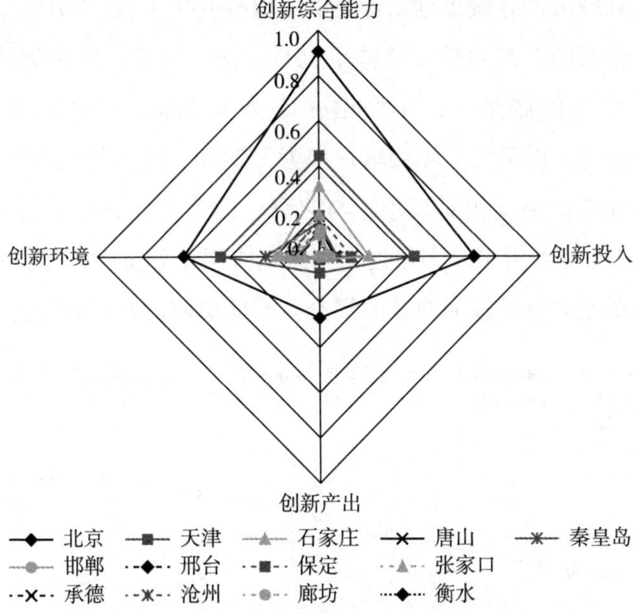

图 1　2020 年京津冀城市群各城市创新能力得分

资料来源：根据 2021 年各地级市统计年鉴以及《中国城市统计年鉴》、龙信企业大数据平台数据计算所得。

表 2　2020 年京津冀城市群各城市创新综合能力得分及排名

城市	创新综合能力得分	排名
北京	0. 9065	1
天津	0. 4454	2
石家庄	0. 3131	3
廊坊	0. 1967	4
保定	0. 1825	5
沧州	0. 1528	6
秦皇岛	0. 1527	7
唐山	0. 1255	8
衡水	0. 1207	9
张家口	0. 1197	10
邢台	0. 1087	11
承德	0. 1055	12
邯郸	0. 1048	13

资料来源：根据 2021 年各地级市统计年鉴以及《中国城市统计年鉴》、龙信企业大数据平台数据计算所得。

从京津冀城市群各城市创新综合能力得分变化来看，2013~2020年，京津冀城市群创新综合能力得分总体呈上升态势。其中，北京从0.59上升至0.91，得分始终位居第一，年均增长率为6.39%；天津从0.36上升至0.45，得分始终位居第二，年均增长率为3.24%。但河北大多数城市的创新综合能力得分变化幅度相对较小，与北京、天津之间还存在较大差距（见图2）。自2014年习近平总书记提出京津冀协同发展重大国家战略后，京津冀城市群创新能力有了较为明显的提升，三地协同创新综合能力不断提升。

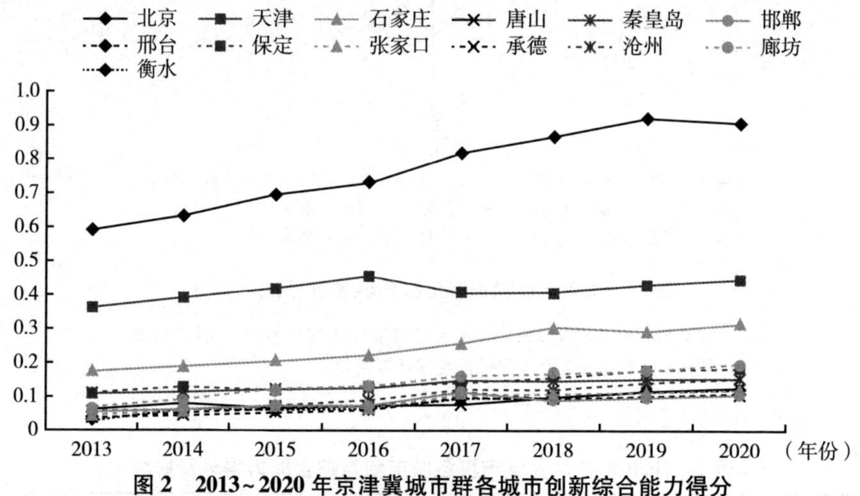

图2　2013~2020年京津冀城市群各城市创新综合能力得分

资料来源：根据2014~2021年各地级市统计年鉴以及《中国城市统计年鉴》、龙信企业大数据平台数据计算所得。

3. 京津冀城市群创新投入差距较大，河北各城市存在较大发展空间

从创新投入得分来看，2013~2020年，京津冀城市群各城市创新投入得分上升趋势明显，说明各个城市开始重视人力、物质等关键资源对创新研发活动的重要作用，并逐渐加大对这些关键资源的投入力度。2020年，京津冀城市群各城市创新投入得分从高到低依次为北京（0.97）、天津（0.48）、石家庄（0.33）、保定（0.13）、唐山（0.13）、廊坊（0.10）、秦皇岛（0.10）、沧州（0.10）、邯郸（0.10）、邢台（0.04）、承德（0.03）、张家口（0.02）、衡水（0.01）。其中，北京创新投入得分从0.70上升至0.97，

得分位居第一，年均增长率为 4.77%，北京在 R&D 人员折合全时当量、R&D 经费内部支出、普通高等学校在校生数等各个方面的投入情况均具有明显领先优势；天津创新投入得分从 0.43 上升至 0.48，得分始终位居第二，年均增长率为 1.58%；石家庄创新投入得分从 0.22 上升至 0.33，得分始终位居第三，年均增长率为 5.96%。石家庄创新投入年均增长率较高，近年来石家庄 R&D 经费内部支出、普通高等学校在校生数、政府财政教育支出上升明显，虽然创新投入得分较低，但与天津之间的创新投入得分差距正逐渐缩小，2020 年与天津仅相差 0.15。但河北大多数城市创新投入得分变化幅度相对较小，在 R&D 经费内部支出、政府财政科学技术支出、政府财政教育支出方面的年均增长率较低，与北京、天津之间存在较大差距（见图 3）。

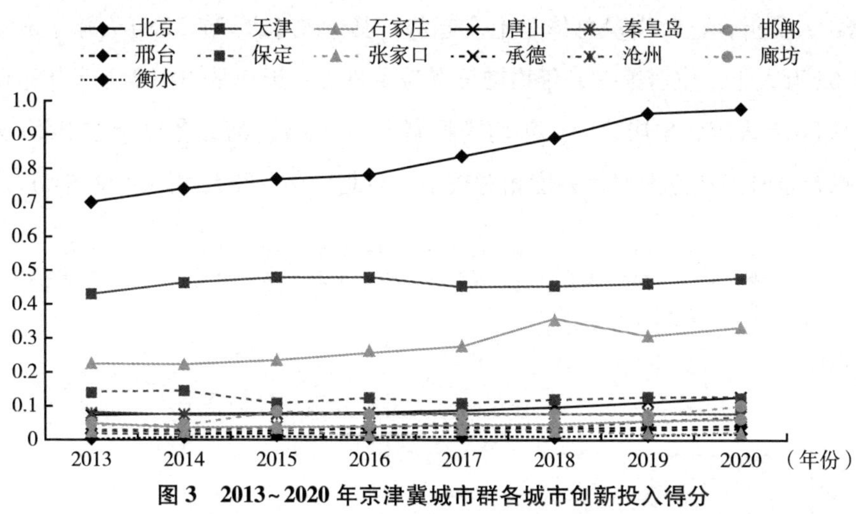

图 3　2013~2020 年京津冀城市群各城市创新投入得分

资料来源：根据 2014~2021 年各地级市统计年鉴以及《中国城市统计年鉴》、龙信企业大数据平台数据计算所得。

2013~2020 年，京津冀城市群在 R&D 经费内部支出、政府财政科学技术支出、政府财政教育支出方面总体呈上升趋势，河北各城市与北京、天津差距较大，北京、天津的物质资源和地方政府的财政投入具有绝对领先优势。在 R&D 人员折合全时当量、普通高等学校在校生数方面，河北各城市具有较大提升空间，北京、天津具有相对领先优势。R&D 人员折合全时当量、普通高等学校在校生数反映了一个城市的人力资源、人才储备情况。充足的人力资源是推动创新发展的基础，人才是推动创新的主要力量，因此对 R&D 人员折合全时当量、普通高等学校在校生数进行分析具有必要性。

从 R&D 人员折合全时当量来看，2020 年，京津冀城市群各城市 R&D 人员折合全时当量从高到低依次为北京（33.63 万人年）、天津（9.06 万人年）、唐山（1.78 万人年）、廊坊（1.59 万人年）、保定（1.57 万人年）、石家庄（1.01 万人年）、沧州（0.98 万人年）、邯郸（0.81 万人年）、邢台（0.60 万人年）、秦皇岛（0.51 万人年）、衡水（0.32 万人年）、承德（0.17 万人年）、张家口（0.07 万人年）。2013～2020 年，京津冀城市群 R&D 人员折合全时当量总体呈上升趋势，其中北京从 24.22 万人年上升至 33.63 万人年，位居第一，年均增长率为 4.80%；天津从 10.02 万人年下降至 9.06 万人年，位居第二，年均增长率为-1.45%。河北各城市在 R&D 人员折合全时当量方面变化幅度相对较小，与北京存在较大差距（见图 4）。

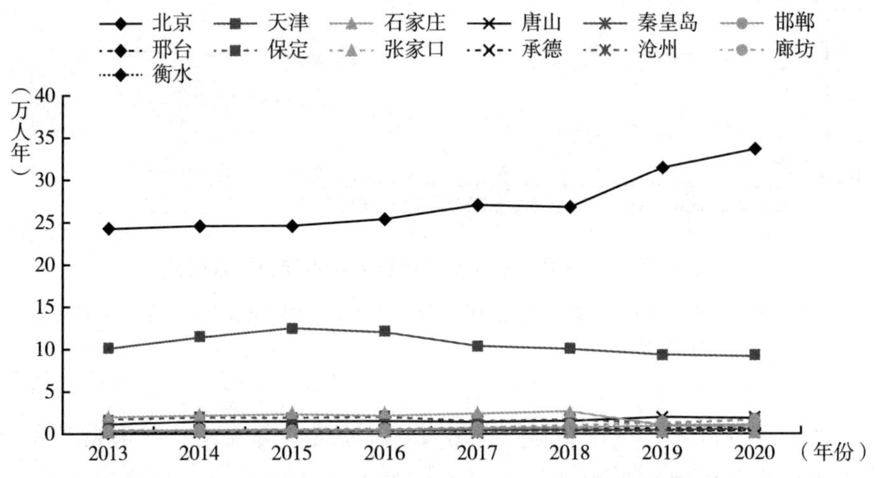

图 4　2013～2020 年京津冀城市群各城市 R&D 人员折合全时当量

资料来源：根据 2014～2021 年各地级市统计年鉴以及《中国城市统计年鉴》数据整理所得。

从普通高等学校在校生数来看，2020 年，京津冀城市群各城市普通高等学校在校生数从高到低依次为北京（59.03 万人）、石家庄（58.35 万人）、天津（57.22 万人）、保定（20.17 万人）、唐山（17.30 万人）、廊坊（15.05 万人）、秦皇岛（14.97 万人）、沧州（8.97 万人）、邯郸（7.93 万人）、邢台（6.04 万人）、承德（5.74 万人）、张家口（3.79 万人）、衡水（2.70 万人）。2013～2020 年，京津冀城市群普通高等学校在校生数总体呈上升趋势，其中北京从 58.92 万人增加至 59.03 万人，位居第一，年均增长率为 0.03%；石家庄从 39.91 万人增加至 58.35 万人，位居第二，年均增长率为 5.58%（见图 5）。

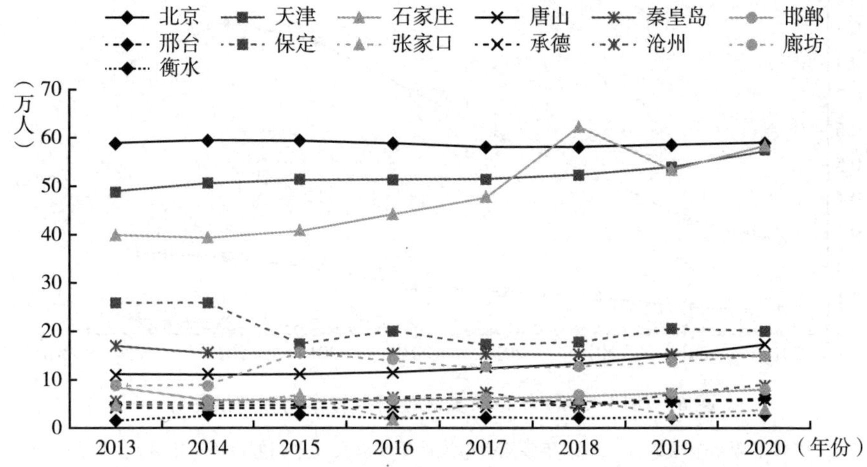

图 5　2013～2020 年京津冀城市群各城市普通高等学校在校生数

资料来源：根据 2014～2021 年各地级市统计年鉴以及《中国城市统计年鉴》数据整理所得。

4. 京津冀城市群创新产出差距大，北京领先地位显著

从创新产出得分来看，2013～2020 年，京津冀城市群各城市创新产出得分差距较大，北京处于领先地位。2020 年，京津冀城市群各城市创新产出得分从高到低依次为北京（0.81）、天津（0.24）、石家庄（0.09）、唐山（0.05）、秦皇岛（0.03）、邯郸（0.03）、承德（0.03）、保定（0.03）、张家口（0.03）、衡水（0.02）、邢台（0.01）、廊坊（0.01）、沧州（0.01）。

从创新产出得分变化来看，2013~2020年，京津冀城市群创新产出得分总体呈上升态势。其中，北京从0.27上升至0.81，得分位居第一，年均增长率为16.99%；天津从0.07上升至0.24，得分位居第二，年均增长率为19.25%，与北京的差距不断扩大，但年均增长率相对较高，存在很大的提升空间。河北各城市创新产出得分变化幅度相对较小，尚存在较大发展空间（见图6）。

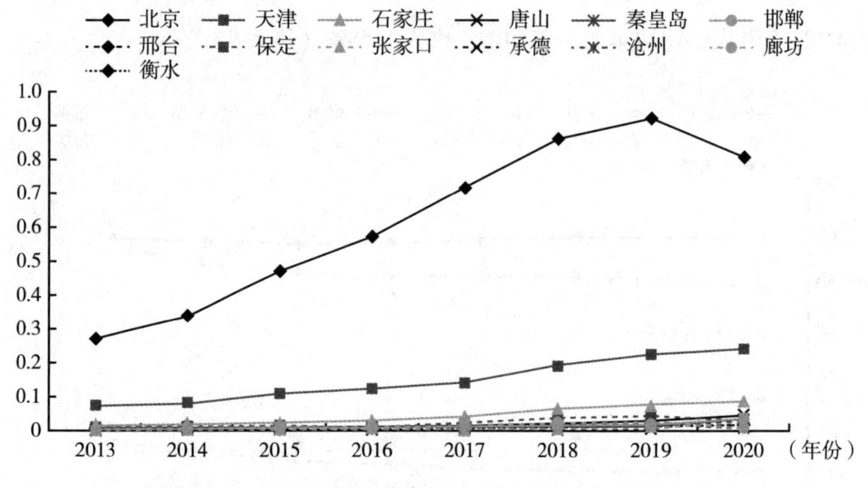

图6 2013~2020年京津冀城市群各城市创新产出得分

资料来源：根据2014~2021年各地级市统计年鉴以及《中国城市统计年鉴》、龙信企业大数据平台数据计算所得。

从授权发明专利数来看，2020年，京津冀城市群各城市授权发明专利数从高到低依次为北京（162824件）、天津（75434件）、石家庄（19577件）、唐山（11352件）、保定（11047件）、廊坊（9911件）、沧州（9094件）、邢台（7682件）、邯郸（6757件）、衡水（4687件）、秦皇岛（4386件）、张家口（2543件）、承德（2151件）。2013~2020年，京津冀城市群授权发明专利数总体呈上升态势，其中北京从62671件增加至162824件，位居第一，年均增长率为14.61%；天津从24856件增加至75434件，位居第二，年均增长率为17.19%，发展势头强劲。河北各城市授权发明专利数变化幅度相对较小，与北京、天津之间还存在较大差距（见图 7）。

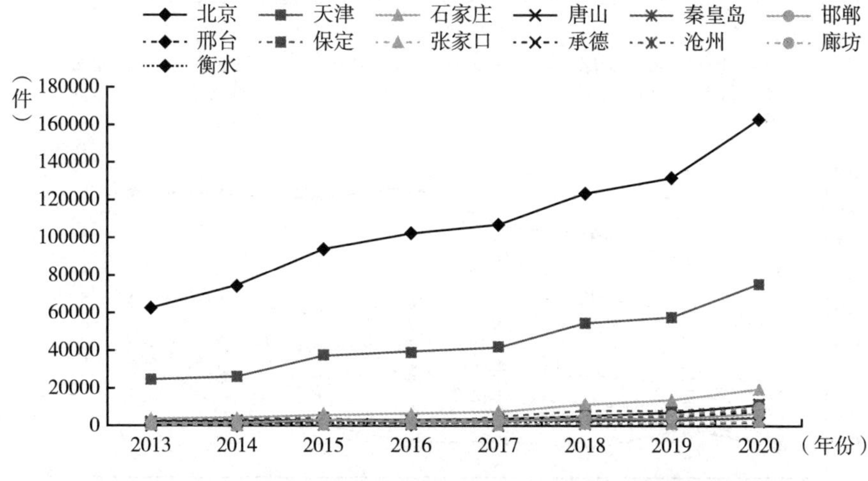

图 7　2013~2020 年京津冀城市群各城市授权发明专利数

资料来源：根据 2014~2021 年各地级市统计年鉴以及《中国城市统计年鉴》数据整理所得。

5. 京津冀城市群创新环境逐年优化，各城市间差距不断缩小

从创新环境得分来看，2013~2020 年，京津冀城市群各城市创新环境得分差距逐年缩小，河北大多数城市年均增长率较高。2020 年，京津冀城市群各城市创新环境得分从高到低依次为北京（0.84）、天津（0.54）、邯郸（0.51）、石家庄（0.45）、保定（0.42）、沧州（0.41）、承德（0.41）、廊坊（0.40）、唐山（0.40）、衡水（0.33）、邢台（0.30）、张家口（0.25）、秦皇岛（0.19）。从创新环境得分变化来看，2013~2020 年，京津冀城市群各城市创新环境得分总体呈上升态势。其中，北京从 0.61 上升至 0.84，得分位居第一，年均增长率为 4.68%；天津从 0.45 上升至 0.54，得分位居第二，年均增长率为 2.64%；邯郸从 0.11 上升至 0.51，得分位居第三，年均增长率为 24.50%，发展势头强劲，与北京、天津的差距逐年缩小。保定从 0.13 上升至 0.42，年均增长率为 18.24%；承德从 0.11 上升至 0.41，年均

增长率为20.68%；沧州从0.16上升至0.41，年均增长率为14.39%；廊坊从0.18增加至0.40，年均增长率为12.08%；衡水从0.10增加至0.33，年均增长率为18.60%。这些城市均具有较快的增长速度（见图8）。

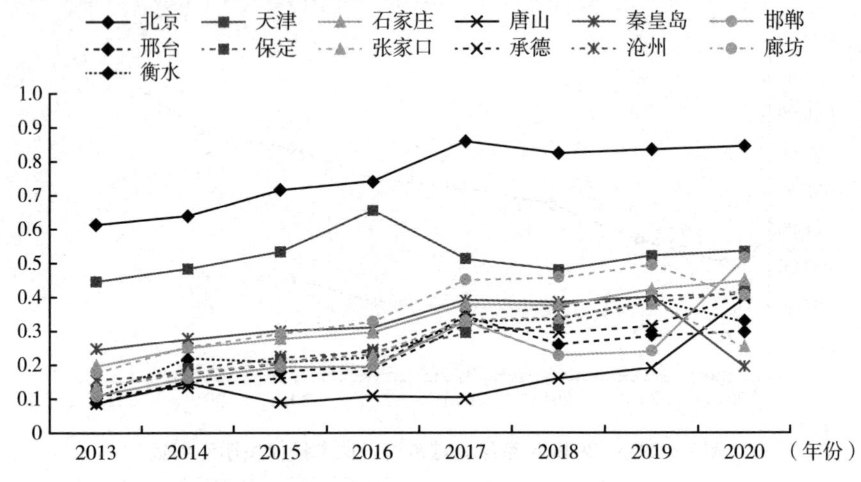

图8　2013～2020年京津冀城市群各城市创新环境得分

资料来源：根据2014～2021年各地级市统计年鉴以及《中国城市统计年鉴》、龙信企业大数据平台数据计算所得。

从第三产业增加值占GDP比重来看，2020年，京津冀城市群各城市第三产业增加值占GDP比重从高到低依次为北京（83.87%）、天津（64.40%）、廊坊（62.30%）、石家庄（62.19%）、张家口（56.40%）、保定（55.23%）、衡水（53.50%）、秦皇岛（53.47%）、沧州（52.70%）、邢台（48.40%）、承德（46.20%）、邯郸（46.00%）、唐山（38.58%）。2013～2020年，京津冀城市群第三产业增加值占GDP比重总体呈上升态势。其中，北京从76.85%上升至83.87%，提高了7.02个百分点；天津从48.05%上升至64.40%，提高了16.35个百分点；廊坊从37.16%上升至62.30%，提高了25.14个百分点；石家庄从41.44%上升至62.19%，提高了20.75个百分点；衡水从32.10%上升至53.50%，提高了21.40个百分点（见图9）。京津冀城市群各城市第三产业增加值占GDP比重总体提升较快。

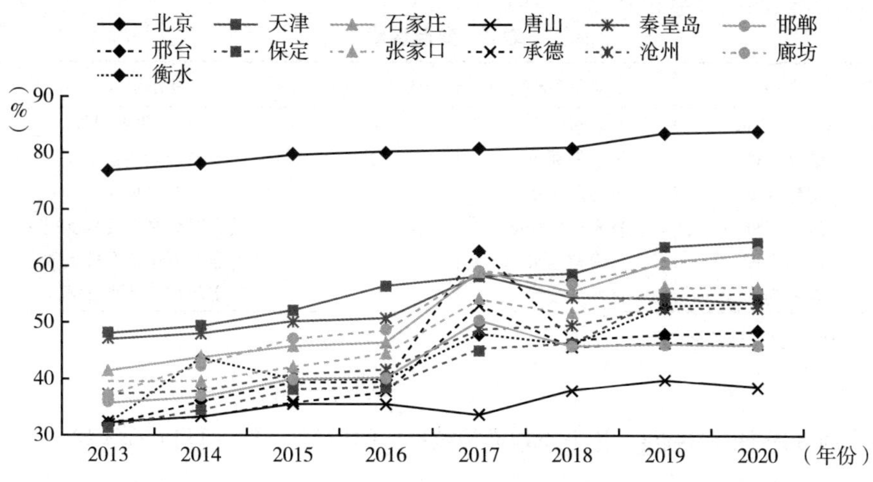

图 9　2013~2020 年京津冀城市群各城市第三产业增加值占 GDP 比重

资料来源：根据 2014~2021 年各地级市统计年鉴以及《中国城市统计年鉴》数据整理所得。

四　京津冀城市群创新能力影响因素分析

（一）指标选取与变量说明

本报告从技术创新投入、经济发展水平、政府支持程度、高等教育水平、对外开放程度五个方面选择城市创新能力影响因素的关键指标。同时，为了使结果更加科学全面，本报告选取授权发明专利数来反映城市群的创新能力。具体来看，选取 R&D 经费内部支出反映技术创新投入，选取人均 GDP 反映经济发展水平，选取政府财政科学技术支出反映政府支持程度，选取普通高等学校在校生数反映高等教育水平，选取实际利用外资金额反映对外开放程度。所选取的数据来自各地级市统计年鉴、《中国城市统计年鉴》以及龙信企业大数据平台。变量说明见表 3。

（二）模型构建

本报告主要对京津冀城市群创新能力的影响因素进行探究，涉及横截

表 3　变量说明

类别	变量名称	变量符号	变量定义
被解释变量	创新能力	I	授权发明专利数
解释变量	技术创新投入	R	R&D 经费内部支出
解释变量	经济发展水平	B	人均 GDP
解释变量	政府支持程度	G	政府财政科学技术支出
解释变量	高等教育水平	T	普通高等学校在校生数
解释变量	对外开放程度	O	实际利用外资金额

资料来源：笔者整理所得。

面和时间序列两个维度，因此选取面板数据回归模型，具体回归方程式如下：

$$\ln I_{it} = \beta_c + \beta_1 \ln R_{it} + \beta_2 \ln B_{it} + \beta_3 \ln G_{it} + \beta_4 \ln T_{it} + \beta_5 \ln O_{it} + \mu_i + \varepsilon_{it} \tag{9}$$

其中，i 为地区，t 为年份，β_1至 β_5为各影响因素的创新产出弹性，μ_i表示地区 i 不可观测的个体固定效应，ε_{it}为随机扰动项。为消除异方差的影响，将各变量取对数。

（三）实证分析

在进行面板数据回归分析之前，首先对各个变量进行多重共线性的检验。结果显示，京津冀城市群的 VIF 均值为 6.47。同时，京津冀城市群各变量的 VIF 值都小于 10，即以上 5 个解释变量不存在多重共线性问题（见表 4）。

表 4　变量多重共线性检验

变量	VIF	1/VIF
技术创新投入($\ln R$)	8.79	0.1138
经济发展水平($\ln B$)	4.25	0.2353
政府支持程度($\ln G$)	9.96	0.1004
高等教育水平($\ln T$)	3.53	0.2833
对外开放程度($\ln O$)	5.81	0.1721
均值	6.47	

资料来源：运用 Stata 17.0 计算所得。

运用软件 Stata 17.0 计算的京津冀城市群的 F 检验结果如下：F 统计量为 5.21，P 值为 0.0000<0.05，即拒绝模型为混合回归模型的原假设。运用软件 Stata 17.0 计算的京津冀城市群的 Hausman 检验结果如下：F 统计量为 17.04，P 值为 0.0092<0.05，故选择固定效应模型来分析影响因素。

根据 F 检验与 Hausman 检验的结果，京津冀城市群的面板数据回归结果见表 5。

表 5　面板数据回归结果

变量	授权发明专利数($\ln I$)
技术创新投入 ($\ln R$)	0.3636 ** (0.1411)
经济发展水平 ($\ln B$)	1.2307 *** (0.4069)
政府支持程度 ($\ln G$)	0.3001 ** (0.1209)
高等教育水平 ($\ln T$)	0.4301 * (0.2510)
对外开放程度 ($\ln O$)	0.1286 (0.1263)
常数项 (_cons)	−9.2927 ** (4.1504)

注：***、**、* 分别表示在 1%、5%、10%的水平下显著，括号内为标准误。
资料来源：运用 Stata 17.0 计算所得。

经济发展水平是影响京津冀城市群创新能力的关键因素。具体来看，授权发明专利数（ $\ln I$ ）在 1%的水平下与经济发展水平（ $\ln B$ ）呈显著的正相关关系，回归系数为 1.2307；在 5%的水平下与技术创新投入（ $\ln R$ ）、政府支持程度（ $\ln G$ ）呈显著的正相关关系，回归系数分别为 0.3636、0.3001；在 10%的水平下与高等教育水平（ $\ln T$ ）呈显著的正相关关系，回归系数为 0.4301。这表明经济发展水平的提高、技术创新投入的增加、政府对创新发展的支持以及高等教育水平的提升将有助于京津冀城市群创新能力的提升。

对外开放程度（ln$O$）对创新能力的影响不显著，这可能是由于城市创新能力的提升要想不受制于人，需要中国企业通过技术研发活动不断提高技术能力，把创新主动权、发展主动权牢牢掌握在自己手中。单纯依靠国外力量支撑会使科技创新受限，不利于实现长久创新。

五　结论及对策建议

（一）主要结论

一是京津冀城市群创新综合能力不断提升，各个城市间存在一定差距。京津冀城市群整体的 R&D 人员折合全时当量、R&D 经费内部支出、第三产业增加值占 GDP 比重等指标数据整体呈上升态势。京津冀城市群各城市创新综合能力普遍提高。北京在创新综合能力评价中排名第一，其次是天津，接下来依次是石家庄、廊坊和保定。在河北的 11 个地级市中，石家庄的创新综合能力得分在前期变化较大，但在后期逐渐稳定；其余城市的创新综合能力得分虽有波动，但总体稳定。总体上看，河北各城市的综合创新能力与北京、天津相比仍有较大差距。因此，河北各城市应主动借鉴北京与天津的发展经验，推动城市创新能力提升。

二是北京的核心地位明显，对京津冀城市群创新发展具有引领作用。从创新综合能力得分来看，北京得分 0.91，位居第一，比第二名天津（0.45）高出 0.46，具有绝对领先优势；最后一名邯郸（0.10）的创新综合能力得分与北京相差 0.81，存在较大差距。从创新投入得分来看，北京得分 0.97，位居第一，比第二名天津（0.48）高出 0.49；河北各城市的创新投入得分与北京、天津均有较大差距。从创新产出得分来看，北京得分 0.81，位居第一，比第二名天津（0.24）高出 0.57，具有相对领先优势；河北各城市的创新产出得分较低。从创新环境得分来看，北京得分 0.84，位居第一，比第二名天津（0.54）高出 0.30，具有一定的领先优势，比最后一名邢台（0.30）高出 0.54。近年来，北京作为京津冀城市群的核心，推动了区域综合创新能力的提升。因此，京津冀城市群应加强创新合作，在建立多样化创新交流平台的基础上，助力区域协同创新能力实现更大提升。

三是经济发展水平是影响京津冀城市群创新能力的关键因素。回归结果显示，经济发展水平对京津冀城市群创新能力的正向作用在1%的水平下显著，且回归系数较大。由此说明，京津冀各地区政府在全力打造创新型城市的同时，应当持续关注地区的经济发展状况，依靠政府的力量带动经济水平提升，提高在技术创新方面的投资比重，有效激发地区技术创新与科技研发的活力。

（二）对策建议

一是加大创新投入，提高创新成果转化能力。京津冀城市群各城市可以加大财政科技投入，通过设立创新基金、贷款贴息等方式，拓宽中小微科技企业获取资金的渠道，缓解企业的经济压力，助力企业发展壮大。向科技投入强度高的企业提供相应的研发资金补贴，从而调动研发单位与研究人员的创新积极性。通过搭建创新平台、深化创新体制机制改革、拓展产学研合作渠道、完善创新基础设施建设等方式加大对创新活动的支持力度，鼓励企业加大对创新的投入，发挥企业主体作用，提高城市整体创新能力。应持续提高各地对创新资源的利用效率，有效利用有限创新资源的产出价值。各地政府应当充分发挥创新主体的关键作用，积极搭建企业、高校、科研机构间的创新合作交流平台，赋予其充分自主权，促进创新成果的转化。同时，强化示范引领作用，完善奖励机制，调动科研人员将科技成果转化为生产力的积极性。

二是充分发挥政府职能，营造良好的创新生态环境。京津冀城市群创新资源分布不均衡，创新能力差距较大，各地政府要有效发挥自身职能，营造良好的创新生态环境。首先，京津冀各地政府应深入推进全面创新改革，打通科技成果转化通道，深化科研领域“放管服”改革，开设证照、税务等“绿色通道”，为各类创新主体减负减压，从而为创新主体营造良好的政务环境。其次，京津冀各地政府应着力完善针对企业创新的奖励激励机制，激发企业创新活力和动力，努力营造良好的创新生态和创新企业发展环境。加快完善金融服务创新体系，建立完善贷款风险补偿和应急转贷机制，加强与社会资本合作，通过市场化调节，引导更多资本投向科技创新，为科技创新活动提供强力的金融支持，从而为创新主体营造良好的市场环境。最后，要提高创新包容度，营造良好的创新发展氛围。积极培育创新文化，增强全社会创新意识，在全社会营造“大众创业、万众创新”的发展氛围，从而为创新主体营造良好的社会环境。

三是立足京津冀区域整体视角，提高京津冀城市群区域协同水平。在资源方面，应合理利用创新资源，提高创新资源利用率，将北京和天津的先进研发能力与河北各城市的加工制造优势、低成本配套优势有机结合，打造京津冀协同创新共同体。在人才方面，应加强高校建设，提高人才培养能力，促进京津冀高等教育协同发展，建立京津冀人才服务体系，积极促进三地间人才的交流合作，完善人才引进机制，积极探索政府引才服务机制建设，加大对人才引进的财政支持力度，为创新型人才提供就业、医疗与住房等方面的优厚待遇，在创新环境中的各个方面尽量满足人才需求，提高京津冀城市群整体的人才吸引能力。在协同机制方面，应做好上层规划与协调，设立政府协调机构，通过一个具有超越地方利益、跨区域的正式协调机构来进行协调和管理，以实现城市创新优势互补。

参考文献

胡钰：《创新型城市建设的内涵、经验和途径》，《中国软科学》2007 年第 4 期。

魏守华、吴贵生、吕新雷：《区域创新能力的影响因素——兼评我国创新能力的地区差距》，《中国软科学》2010 年第 9 期。

杨冬梅、赵黎明、闫凌州：《创新型城市发展演进的规律研究》，提高全民科学素质　建设创新型国家——2006 中国科协年会论文集，2006。

〔美〕约瑟夫·熊彼特：《经济发展理论》，何畏等译，商务印书馆，1990。

张洁、刘科伟、刘红光：《我国主要城市创新能力评价》，《科技管理研究》2007 年第 11 期。

Funke, M. , Niebuhr, A. , "Regional Geographic Research and Development Spillovers and Economic Growth: Evidence from West Germany", *Regional Studies*, 2005, 39 (1).

Furman, J. F. , Porter, M. E. , Stern, S. , "The Determinants of National Innovative Capacity", *Research Policy* , 2002, 31 (6).

B.6
京津冀创新效率提升进展与成效分析*

叶堂林　刘　佳**

摘　要： 本报告选取京津冀地区 2013～2021 年的数据，采用 DEA 和 Malmquist 指数方法对京津冀地区创新效率进行测度，在此基础上，通过构建 Tobit 面板回归模型进一步对创新效率的影响因素进行分析。研究发现：近年来，京津冀地区研究与试验发展经费投入逐年增加，科技人才队伍规模持续扩大，创新投入增长明显；京津冀地区专利申请授权数稳步增长，创新产出水平不断提升，创新发展动能进一步释放；京津冀地区创新效率呈现较为明显的提升态势，纯技术效率有效的地区数量由 5 个增加至 6 个，创新投入产出效率不断提升；从动态效率来看，京津冀地区全要素生产率变动指数值从 0.968 上升至 1.160，表明创新效率呈现缓慢增长态势，且技术进步对京津冀地区创新效率提升的贡献更大；京津冀地区平均投入冗余比例较小，平均资本、劳动冗余比例分别为 5.45%、4.14%，但部分城市仍存在科研经费和人员投入低效率的状况；产业结构与政府支持是影响京津冀地区创新效率提升的关键因素。基于此，本报告从激发科研人员创新活力、提升区域创新协同效率、改善区域创新

* 本报告为北京市社会科学基金重点项目“京津冀发展报告（2023）——国际科技创新中心助推区域协同发展”（22JCB030）、北京市自然科学基金面上项目“京津冀创新驱动发展战略的实施路径研究——基于社会资本、区域创新及创新效率的视角”（9212002）的阶段性成果。

** 叶堂林，经济学博士，首都经济贸易大学特大城市经济社会发展研究院（首都高端智库）执行副院长，特大城市经济社会发展研究省部共建协同创新中心（国家级研究平台）执行副主任，教授、博士生导师，研究方向为区域经济、京津冀协同发展等；刘佳，首都经济贸易大学城市经济与公共管理学院博士研究生，研究方向为区域经济。

环境等角度提出促进京津冀地区创新效率提升的对策建议。

关键词： 京津冀 创新效率 DEA 模型

一 研究背景与研究意义

（一）综观国际——提升创新效率是增强国际竞争力的关键举措

在新一轮科技革命的浪潮下，科学技术创新已经成为各国经济持续发展的重要动力。在激烈的国际竞争中，科技创新已经成为当代的“国之利器”，谁能下好科技创新这一步“先手棋”，谁就能在创新发展中抢占先机，赢得长远发展的新优势。《2022 年全球创新指数报告》显示，瑞士、美国、瑞典、英国、荷兰居世界经济体创新能力及产出前五位，其中美国在全球企业研发投资者数量、大学质量、科学出版物质量等指标中排名靠前；瑞士在创新产出方面处于全球领先地位，在专利申请量、软件支出等指标上表现不俗；瑞典在研究人员、研发支出和知识密集型就业等指标上表现出明显的优势。然而，值得注意的是，我国的创新效率与发达国家相比仍存在一定的差距，如我国作为创新资源投入大国，2021 年 R&D 经费投入达到 27956.3 亿元，经费投入总量稳居世界第二位，但 2021 年创新指数排名仅列第 12 位。这表明高投入不一定代表高效率，我国要想在激烈的国际竞争中占据科技创新的制高点，还需进一步优化创新资源配置，提升创新投入的利用效率。

（二）审视国内——提升创新效率是深入实施创新驱动发展战略的重要路径

从我国的发展阶段来看，我国经济发展正处于从要素驱动转向创新驱动的关键时期，创新效率提升显得尤为重要。近年来，政府不断出台政策促进创新发展，党的十八大明确提出创新驱动发展战略，指出科学技术创新是提升社会生产力与综合国力的重要战略支撑；党的十九大再次强调要坚定实施创新驱动发展战略，提出加快建设创新型国家；党的二十大进一步明确指出要加快实施创新驱动发展战略，集聚力量进行原创性引领性科技攻关。由此可以看出，党和国家高度重视创新在国家发展中的重要作用，中国经济发展已经离不开创新这一核心驱动力量。然而，创新能力的提高不能仅仅依赖高投入高产出，还应重视创新效率问题，党的十九大报告和“十四五”规划中均提出要推动效率变革，重视资源配置和管理水平。提升创新效率既是我国深入实施创新驱动发展战略的重要路径，也是当下我国经济实现高质量发展的重要战略选择。

（三）聚焦京津冀——提升创新效率成为推动京津冀创新协同发展向更高水平迈进的关键所在

京津冀地区作为我国经济发展的重要增长极，在落实国家新发展理念和推进区域协同发展战略中扮演着重要角色。2021 年，京津冀地区共投入 R&D 经费 3933. 2 亿元，占全国的比重为 14. 07%，其中京津冀三地 R&D 经费分别为 2629. 3 亿元、574. 3 亿元、729. 6 亿元；在 R&D 投入强度方面，京津冀地区 R&D 投入强度达到 4. 1%，高于全国平均水平 1 个百分点以上。当前，尽管区域整体的科技投入不断增加，创新产出增长明显，但京津冀地区仍面临 R&D 经费利用效率较低、专利成果转化率低、创新能力差距较大以及创新资源布局不合理等问题。因此，作为影响区域创新能力的重要因素，创新效率的提升对京津冀地区提高创新投入产出的转化率、强化创新协同发展、促进北京国际科技中心建设具有重要意义。

二　文献回顾与分析框架

（一）文献回顾

目前，学术界大多采用以随机前沿分析（SFA）为主的参数方法和以数据包络分析（DEA）为主的非参数方法对创新效率进行测算。

其中，SFA 方法需要设定前沿生产函数，能够考虑随机因素对产出的影响，不少学者运用 SFA 方法对创新效率进行了测度。如刘素坤等（2022）选用研发费用、技术人员数量以及专利申请数等指标，运用 SFA 方法对战略性新兴产业上市公司的创新效率进行了测度。韩晶和陈曦（2020）选取 R&D 人员全时当量、R&D 经费内部支出作为劳动和资本投入指标，选取专利申请授权数作为创新产出指标，运用 SFA 模型对中国各地区的技术研发效率和商业转化效率进行了测度。胡立和等（2020）选用 R&D 资本存量、R&D 人员全时当量以及专利授权量作为投入与产出指标，构建 SFA 模型对长江经济带 11 个省份的技术创新效率进行了测度。但部分学者认为 SFA 方法测度的结果不够稳定，容易受到指标体系选择的影响，而且无法处理多投入多产出的效率测算问题，因此选择使用 DEA 模型对创新效率进行测度。如仇怡等（2022）构建了包括规模以上工业企业 R&D 人员、规模以上工业企业 R&D 经费内部支出、专利申请数及专利授权数等在内的指标体系，运用 DEA 模型对长江中游城市群的创新效率进行了测算。王文成和隋苑（2022）选用 R&D 经费内部支出、R&D 人员全时当量作为投入指标，选用国内三种专利授权数、技术市场成交额作为产出指标，运用 DEA 模型对中国 30 个省级行政区的创新效率进行了测算。总体而言，DEA 方法不需要事先定义具体的生产函数，而且能够处理多投入多产出的效率测算问题，因而逐渐成为创新效率测算的常用方法。从指标选取来看，学者们大多选择 R&D 经费内部支出、R&D 人员全时当量作为资本和劳动投入指标，选择专利授权量和新产品销售收入作为产出指标。

在测度创新效率的基础上，学者们进一步从不同角度对影响创新效率的因素进行了研究。其中，有学者探讨了创新效率与经济发展的关系，认为经济发展水平越高的地区，创新要素投入越多，创新资源利用效率越高，同时会对地区内邻近城市产生“示范效应”，进而激励周边城市加大研发投入以提升创新效率。也有学者从产业现代化的角度出发，认为产业结构优化对技术创新效率的提升具有积极作用，如赵庆（2018）通过构建动态空间计量模型进行实证研究，发现产业结构能够显著促进技术创新效率的提升，且具有空间溢出效应。还有研究认为，政府支持对区域创新效率具有显著促进作用，如白俊红和蒋伏心（2015）运用空间计量分析方法实证考察了政府财政支持对区域创新效率的影响，结果表明政府财政支持对区域创新效率具有显著正向影响，且滞后一期的效应更强。然而，也有学者认为政府支持对创新效率的提升并非有利，如原毅军和高康（2020）通过构建空间杜宾模型发现政府支持不但不会提升区域创新效率，反而存在一定的抑制作用。此外，有学者研究发现人力资本与创新效率之间存在正相关关系，认为一个地区高素质人才越多，越有助于提升区域创新效率（冯江茹，2020）。

（二）分析框架

前文从理论层面对创新效率的相关文献进行了梳理和分析，为后续创新效率测度以及影响因素分析提供了理论支撑。接下来，本报告围绕“京津冀创新效率提升进展与成效分析”这一研究主线，主要从以下几个方面展开：第一，构建 DEA、Malmquist 指数模型，对数据与所选取指标进行说明；第二，对京津冀地区创新投入与产出进行典型事实分析，从横向和纵向两个视角，分析科研经费投入和创新产出的演化趋势，比较地区间差异；第三，运用 DEA、Malmquist 指数模型对 2013~2021 年京津冀地区创新效率进行测度，从静态和动态两个视角，分析创新效率取得的积极进展与存在的主要问题；第四，进一步运用 Tobit 面板回归的方法，从政府支持、经济发展、产业结构、人力资本等方面对京津冀创新效率的影响因素进行分析，为京津冀创新效率提升寻找突破口；第五，根据前文分析内容，结合创新效率可能存在的问题以及影响因素，有针对性地提出对策建议。

三　模型构建

（一）研究方法

1. DEA 与 Malmquist 指数模型

本报告将京津冀地区 13 个城市作为基本决策单元（DMU），采用 DEA-BCC

模型和 Malmquist 指数方法分别测算京津冀地区创新的静态效率与动态效率。

DEA 方法是一种非参数方法，用于评价具有多个输入与输出基本决策单元的生产（运行）性能，通过分析基本决策单元的投入与产出数据，评估其相对有效性。与参数方法不同，DEA 方法无须设定具体函数形式，从而可以避免因生产函数误设而带来的估计结果误差，使结果更具客观性。DEA 模型分为 CCR 和 BCC 两种基本模型，前者假设规模收益不变（CRS），后者假设规模收益可变（VRS）。本报告选用规模收益可变的 BCC 模型测算京津冀地区创新的静态效率。DEA-BCC 模型如下：

$$\min\theta - \varepsilon(\hat{e}^T S^- + e^T S^+)$$
$$\text{s.t.}\begin{cases}\sum_{i=1}^{n} X_i \lambda_i + S^- = \theta X_0 \\ \sum_{i=1}^{n} Y_i \lambda_i - S^+ = Y_0 \\ \lambda_i \geqslant 0, S^+, S^- \geqslant 0\end{cases} \tag{1}$$

其中，i 代表基本决策单元，X、Y 分别为基本决策单元的投入指标向量、产出指标向量，S^+、S^-分别表示投入和产出的松弛变量。θ 为测算出的效率值，当效率值等于 1 时，表示该基本决策单元的效率水平处于有效生产前沿面；当效率值小于 1 时，则表示该基本决策单元未达到最优效率。效率值越接近 1，意味着效率水平越高。

Malmquist 指数主要测算连续时间阶段的创新效率，能够有效处理多投入多产出的数据集，分析创新效率的动态变化。Malmquist 指数可分解为技术效率指数（*EC*）和技术进步指数（*TC*），其中技术效率指数主要反映管理模式、方法优化对创新效率的影响，技术进步指数主要反映技术创新、技术引进对创新效率的影响。技术效率指数又可进一步分解为纯技术效率变动指数（*PECH*）和规模效率变动指数（*SECH*），其中纯技术效率变动指数主要反映技术水平的更新速度，规模效率变动指数主要反映投入增长对效率变化的影响。从第 t 期到第 t+1 期的 Malmquist 指数模型如下：

$$M(x_t, y_t, x_{t+1}, y_{t+1}) = \frac{D_{t+1}(x_{t+1}, y_{t+1})}{D_t(x_t, y_t)} \times \left[\frac{D_t(x_{t+1}, y_{t+1})}{D_{t+1}(x_t, y_t)} \times \frac{D_t(x_t, y_t)}{D_{t+1}(x_t, y_t)}\right]^{\frac{1}{2}}$$

$$M(x_t, y_t, x_{t+1}, y_{t+1}) = EC \times TC = (PECH \times SECH) \times TC \tag{2}$$

其中，M 表示 Malmquist 指数，D_t 和 D_{t+1} 分别表示参照第 t 期和第 $t+1$ 期的距离函数。当 $M>1$ 时，表示从第 t 期到第 $t+1$ 期效率呈增长的态势；当 $M=1$ 时，表示效率增长呈停滞状态；当 $M<1$ 时，则表示效率呈下降态势。

2. 创新效率影响因素分析——Tobit 模型

由于使用 DEA 模型测算出的各基本决策单元的效率值分布在 0 和 1 之间，因此使用普通最小二乘法（OLS）进行参数估计可能会出现偏差且不一致的问题。Tobit 模型通常适用于因变量取值受限时的影响估计问题，因此本报告选用面板 Tobit 模型进行创新效率影响因素的实证分析。构建面板 Tobit 模型如下：

$$Y_{i,t} = \alpha_0 + \beta^T X_{i,t}^T + \mu_i + \varepsilon_{i,t} \tag{3}$$

其中，被解释变量 $Y_{i,t}$ 表示第 i 个城市在第 t 年的创新效率，解释变量 $X_{i,t}^T$ 表示与创新效率相关的产业结构、政府支持、经济发展等影响因素，β^T 为回归系数，μ_i 为城市固定效应，$\varepsilon_{i,t}$ 为随机扰动项。

（二）指标选取与数据说明

1. 指标选取

被解释变量。本报告的被解释变量为京津冀地区的创新效率（PTE），采用 DEA-BCC 模型测算的效率值。根据 DEA-BCC 和 Malmquist 指数模型，测度创新效率所需的指标包括投入与产出两大类。本报告从资本投入和劳动投入的角度选取 R&D 人员全时当量、R&D 经费投入作为京津冀地区创新投入指标，从产出的角度选取专利申请授权数作为京津冀地区创新成果指标。其中，R&D 经费投入包括实际用于基础研究、应用研究以及试验发展的全部经费；R&D 人员全时当量是指报告期内科研人员按照实际从事科研活动的时间计算的工作量，因此与 R&D 人员指标相比，更能衡量研发投入的实际工作量；专利申请授权数包括报告期内专利行政部门（专利局）授予的发明、实用新型以及外观设计专利权的总数，与创新的关联性较强，因此常被用来衡量创新产出情况。

解释变量。在参照以往文献研究的基础上，兼顾数据的科学性与可得性，本报告选取以下变量作为解释变量。①经济发展（*Eco*）。经济发展水平高的地区，在资金、技术、科研人才方面更具优势，可以更好地促进创新要素的优化配置，因此本报告选取城镇居民人均可支配收入来反映地区经济发展状况。②产业结构（*Str*）。产业结构优化与创新效率提升密切相关，地区产业结构升级伴随技术、人才等创新资源的优化配置，产业结构在优化升级过程中必然会对创新效率产生影响，因此本报告选取第三产业增加值占GDP比重来衡量产业结构情况。③政府支持（*Gov*）。政府支持是促进地区创新效率提升的重要方式，政府通过制定相关政策、提供资金支持等方式为地区创新效率提升营造有利的环境，因此本报告选取一般预算支出中的科学支出来表征政府支持情况。④人力资本（*Hum*）。人才是创新活动的核心力量，高素质人才的利用有助于提高区域创新效率，因此本报告选取普通专科及以上人口数占全市常住人口的比例来表征人力资本情况。

2. 数据说明

本报告选取京津冀地区13个地级以上城市作为研究样本，使用2013~2021年京津冀地区创新投入与产出数据对创新效率进行测度。由于截稿时2022年《河北统计年鉴》尚未出版，2021年河北省地级以上城市数据缺失较多，故选取2013~2020年作为研究区间进行创新效率影响因素分析。本报告数据主要来源于《中国城市统计年鉴》《河北统计年鉴》《北京统计年鉴》《天津统计年鉴》，以及各省市《科技经费投入统计公报》《国民经济和社会发展统计公报》，部分缺失数据采用线性插补等方法进行补充。变量的指标说明与描述性统计见表1、表2。

表1　变量的指标说明

变量名称	指标说明	单位
创新效率	采用DEA-BCC模型测算的效率值	—
经济发展	城镇居民人均可支配收入	万元

续表

变量名称	指标说明	单位
产业结构	第三产业增加值占 GDP 比重	%
政府支持	一般预算支出中的科学支出	亿元
人力资本	普通专科及以上人口数占全市常住人口的比例	%

表 2　变量的描述性统计

变量名称	变量符号	均值	标准差	最小值	最大值
创新效率	*PTE*	0.777	0.247	0.107	1
经济发展	*Eco*	3.254	1.083	1.781	7.560
产业结构	*Str*	0.368	0.235	0.072	0.907
政府支持	*Gov*	38.730	94.340	0.791	433.400
人力资本	*Hum*	2.045	1.405	0.347	5.580

资料来源：结果由 Stata15.0 汇报。

四　京津冀创新效率提升的进展与成效分析

（一）京津冀地区创新投入与产出统计分析

创新投入稳步增长，成为支撑京津冀地区创新效率提升的重要保障。从 R&D 经费投入情况来看，2013~2021 年，京津冀地区 R&D 经费投入逐年增加。其中，2021 年京津冀地区 R&D 经费投入达到 3933.2 亿元，比 2013 年翻了一番多。从各城市来看，2013~2021 年，北京的 R&D 经费投入由 1185.0 亿元增加至 2629.3 亿元，年均增长率为 10.48%；天津的 R&D 经费投入由 428.1 亿元增加至 574.3 亿元，年均增长率为 3.74%；石家庄的 R&D 经费投入由 72.9 亿元增加至 134.7 亿元，年均增长率为 7.98%。廊坊、沧州、邯郸的 R&D 经费投入增幅与年均增速居前三位，其中 R&D 经费投入分别从 2013 年的 10.9 亿元、10.9 亿元、23.7 亿元增加至 2021 年的 54.0 亿元、52.7 亿元、105.4 亿元，年均增长率分别高达 22.14%、21.77%、20.51%（见表 3）。

表 3　2013~2021 年京津冀地区创新投入情况（R&D 经费投入）

单位：亿元

城市	2013 年	2014 年	2015 年	2016 年	2017 年	2018 年	2019 年	2020 年	2021 年
北京	1185.0	1268.8	1384.0	1484.6	1579.7	1870.8	2233.6	2326.6	2629.3
天津	428.1	464.7	510.2	537.3	458.7	492.4	463.0	485.0	574.3
石家庄	72.9	83.4	99.3	107.5	127.7	122.5	149.8	117.4	134.7
唐山	67.6	72.4	69.1	68.7	82.2	114.9	126.6	159.0	185.6
秦皇岛	12.2	13.4	13.5	15.4	17.8	21.9	20.8	24.5	31.1
邯郸	23.7	27.2	34.3	32.6	35.5	41.3	57.6	68.8	105.4
邢台	11.2	12.4	15.4	19.5	22.1	14.6	19.4	20.3	22.7
保定	50.9	52.3	59.4	66.2	74.5	73.9	61.3	77.3	94.6
张家口	8.2	8.8	6.9	5.5	6.3	4.3	2.7	8.8	8.4
承德	6.8	8.0	7.1	7.8	9.2	9.0	13.1	21.9	22.3
沧州	10.9	12.6	16.0	18.1	23.2	31.4	41.0	47.6	52.7
廊坊	10.9	14.3	20.1	28.5	40.7	48.0	46.2	62.1	54.0
衡水	6.5	8.3	9.6	10.5	11.4	10.5	13.6	19.1	18.1

资料来源：相关年份《全国科技经费投入统计公报》与《河北省科技经费投入统计公报》。

从 R&D 人员情况来看，2013~2021 年，京津冀地区科技人才队伍规模持续扩大，R&D 人员全时当量呈平稳增长态势，2021 年京津冀地区 R&D 人员全时当量为 56.69 万人年，较 2013 年增加了 13.50 万人年，年均增长率为 3.46%。此外，2013~2021 年，在京津冀地区科技创新人力投入方面北京增长明显，津冀两地增长缓慢。其中，北京的 R&D 人员全时当量由 24.22 万人年增加至 33.83 万人年，年均增长率为 4.27%，增长速度较快；天津的 R&D 人员全时当量由 10.02 万人年增加至 10.30 万人年，年均增长率为 0.35%，整体波动幅度较小；河北的 R&D 人员全时当量由 8.95 万人年增加至 12.56 万人年，年均增长率为 4.33%，增长幅度较大。从科技创新人力投入差距来看，2013~2021 年，北京与天津的人力投入差距持续扩大，北京与河北的人力投入差距呈现缩小态势但仍然显著。其中，北京与天津的 R&D 人员全时当量之比由 2.42 倍扩大到 3.28 倍，北京与河北的 R&D 人员全时当量之比由 2.71 倍缩小到 2.69 倍（见图 1）。

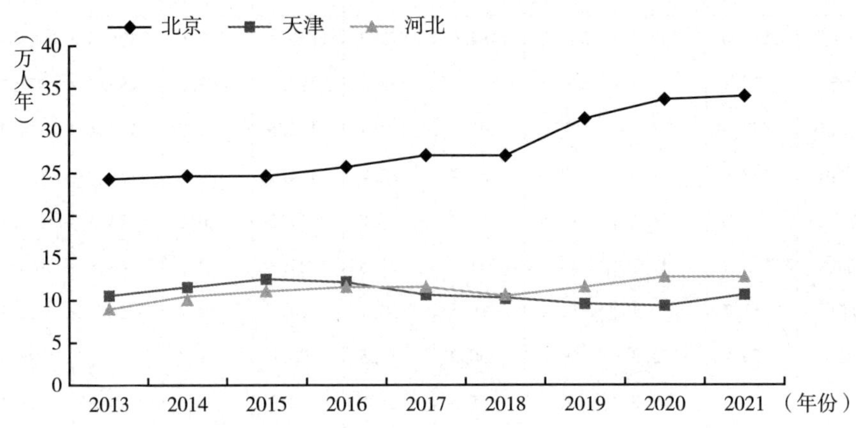

图 1　2013~2021 年京津冀地区 R&D 人员全时当量

资料来源：相关年份《中国科技统计年鉴》。

创新产出水平不断提升，创新发展动能进一步释放。2013~2021 年，京津冀地区专利申请授权数稳步增长，创新产出增速明显。其中，2021 年京津冀地区专利申请授权数达到 41.26 万件，比 2013 年增长 2.91 倍。从各城市来看，2013~2021 年，北京的专利申请授权数由 62671 件增加至 198778 件，年均增长率为 15.52%；天津的专利申请授权数由 24856 件增加至 97910 件，年均增长率为 18.69%；石家庄的专利申请授权数由 3799 件增加至 25758 件，年均增长率为 27.03%；唐山的专利申请授权数由 2398 件增加至 13873 件，年均增长率为 24.53%；秦皇岛的专利申请授权数由 1387 件增加至 5029 件，年均增长率为 17.47%。此外，年均增长率由高到低排在前 5 位的城市分别是沧州、邢台、张家口、廊坊、承德，其年均增长率均超 30%，分别为 33.09%、31.22%、31.19%、31.08%、30.78%（见表 4）。

表 4　2013~2021 年京津冀地区创新产出情况（专利申请授权数）

单位：件

城市	2013 年	2014 年	2015 年	2016 年	2017 年	2018 年	2019 年	2020 年	2021 年
北京	62671	74661	94031	102323	106948	123496	131716	162824	198778
天津	24856	26351	37342	39734	41675	54680	57799	75434	97910
石家庄	3799	4433	5786	6994	7501	11450	13859	19577	25758
唐山	2398	2636	3209	3282	3677	5038	7089	11352	13873
秦皇岛	1387	1310	2980	3217	3021	2884	3178	4386	5029
邯郸	1479	1498	3305	2107	2435	3910	4057	6757	8476
邢台	1146	1283	2194	2626	2927	4603	4662	7682	10073
保定	3267	3385	4271	964	5055	7581	8120	11047	14955
张家口	420	525	787	837	604	1249	1606	2543	3685
承德	299	300	494	595	774	1257	1299	2151	2559
沧州	1126	1545	2239	2456	3041	4898	4984	9094	11085
廊坊	1593	2156	2962	3057	3493	5547	5937	9911	13882
衡水	1084	1061	1524	2923	3074	3854	3018	4687	6513

资料来源：相关年份各地统计年鉴、《国民经济和社会发展统计公报》、《河北经济年鉴》。

（二）京津冀地区创新效率分析

2013~2021 年，京津冀地区创新效率呈现较为明显的提升态势，纯技术效率有效的地区数量由 5 个增加至 6 个，创新投入与产出效率不断提升。具体来看，2013~2014 年，纯技术效率有效的地区数量由 5 个减少至 4 个，其中北京、承德、廊坊、衡水的纯技术效率均有效；2014~2015 年，纯技术效率有效的地区数量由 4 个增加至 5 个，其中天津、秦皇岛、张家口由纯技术效率无效变为纯技术效率有效，廊坊、衡水跌出纯技术效率有效地区行列；2015~2016 年，纯技术效率有效的地区数量由 5 个增加至 6 个，衡水再度达到纯技术效率有效；2016~2019 年，纯技术效率有效的地区数量由 6 个减少至 4 个，其中北京、天津、张家口仍处于纯技术效率有效地区行列，秦皇岛、承德、衡水跌出纯技术效率有效地区行列，而邢台则进步为纯技术效率有效地区；2019~

2021年，纯技术效率有效的地区数量由4个增加至6个，沧州、廊坊达到纯技术效率有效（见表5）。需要指出的是，2013~2021年，京津冀地区纯技术效率有效的基本决策单元数量呈波动变化的态势，但是北京、天津的效率值基本为1，张家口、承德和衡水达到纯技术效率有效的年份分别为7年、6年、5年，而石家庄、唐山、邯郸、保定4个城市在所有年份均未达到纯技术效率有效。北京、天津纯技术效率有效的原因与张家口、承德等地不同，北京、天津创新效率高的原因在于其研发投入力度大、产出成果丰硕、高新技术水平处于领先地位，而张家口、承德等地的创新效率较高可能是由于其处于技术创新投入初始阶段，少量的投入即可带来相对较高的产出，从而其纯技术效率较高。

表5　2013~2021年京津冀地区创新效率测算结果（纯技术效率）

城市	2013年	2014年	2015年	2016年	2017年	2018年	2019年	2020年	2021年
北京	1.000	1.000	1.000	1.000	1.000	1.000	1.000	1.000	1.000
天津	1.000	0.932	1.000	1.000	1.000	1.000	1.000	1.000	1.000
石家庄	0.692	0.644	0.544	0.640	0.495	0.901	0.695	0.868	0.900
唐山	0.456	0.318	0.243	0.234	0.302	0.337	0.439	0.400	0.375
秦皇岛	0.747	0.946	1.000	1.000	0.773	0.445	0.739	0.626	0.529
邯郸	0.418	0.477	0.531	0.480	0.347	0.315	0.453	0.446	0.439
邢台	0.628	0.767	0.723	0.648	0.626	1.000	1.000	1.000	1.000
保定	0.804	0.680	0.541	0.107	0.461	0.582	0.787	0.561	0.564
张家口	0.793	0.919	1.000	1.000	1.000	1.000	1.000	1.000	1.000
承德	1.000	1.000	1.000	1.000	1.000	1.000	0.944	0.950	0.955
沧州	0.630	0.869	0.704	0.518	0.517	0.992	0.988	1.000	1.000
廊坊	1.000	1.000	0.669	0.574	0.546	0.940	0.922	0.853	1.000
衡水	1.000	1.000	0.982	1.000	1.000	1.000	0.896	0.852	0.890
平均值	0.782	0.812	0.764	0.708	0.698	0.809	0.836	0.812	0.819
$PTE=1$ 地区数	5	4	5	6	5	6	4	5	6

资料来源：根据DEAP 2.1软件处理结果编制。

（三）京津冀地区创新效率的变动趋势分析

前文运用 DEA 模型对京津冀地区创新效率进行了静态分析，接下来利用 Malmquist 指数模型对其进行动态比较分析。首先，对京津冀地区创新效率进行时序变化分析。2013~2021 年，京津冀地区全要素生产率变动指数（*TFPCH*）值从 0.968 上升至 1.160，上升了 19.83%，均值为 1.150，表明创新效率呈现缓慢增长态势。其中，除 2013~2014 年、2015~2016 年、2018~2019 年 *TFPCH* 值小于 1 之外，其余年份均大于 1。从各分解指数变化情况来看，2013~2021 年，京津冀地区技术效率变动指数（*EFFCH*）值从 1.094 下降至 0.948，下降了 13.35%，均值为 1.031。其中，2014~2015 年、2015~2016 年、2019~2020 年、2020~2021 年 *EFFCH* 值小于 1，技术效率呈现下降趋势。技术进步变动指数（*TECHCH*）值从 0.885 上升至 1.223，上升了 38.19%，均值为 1.115。其中，仅 2013~2014 年、2018~2019 年 *TECHCH* 值小于 1，其余年份均大于 1（见表 6）。测算结果表明，技术进步对京津冀地区创新效率提升的贡献更大，是京津冀地区创新效率提升的主要手段。

表 6　2013~2021 年京津冀地区 Malmquist 指数及其分解指数

年份	*EFFCH*	*TECHCH*	*PECH*	*SECH*	*TFPCH*
2013~2014	1.094	0.885	1.029	1.063	0.968
2014~2015	0.897	1.529	0.923	0.972	1.371
2015~2016	0.843	1.065	0.847	0.994	0.897
2016~2017	1.075	1.029	1.063	1.012	1.106
2017~2018	1.364	1.112	1.162	1.174	1.517
2018~2019	1.174	0.842	1.079	1.089	0.989
2019~2020	0.943	1.409	0.963	0.980	1.329
2020~2021	0.948	1.223	1.000	0.949	1.160
均值	1.031	1.115	1.004	1.027	1.150

资料来源：根据 DEAP 2.1 软件处理结果编制。

其次，对京津冀地区各城市的创新效率进行分析。2013~2021 年，京津冀地区各城市的全要素生产率变动指数（*TFPCH*）值都大于 1，均值为 1.150，表明各城市创新效率均有所提升。从各分解指数变化情况来看，2013~2021 年，京津冀地区各城市的技术进步变动指数（*TECHCH*）值均大于或等于技术效率变动指数（*EFFCH*）值，这进一步说明技术进步对京津冀地区创新效率提升的贡献突出，而技术效率未发挥促进作用，意味着京津冀地区在创新技术研发方面取得了一定的积极成效，但在创新成果应用方面还存在薄弱环节。从各城市技术进步变动指数（*TECHCH*）值来看，京津冀地区各城市的 *TECHCH* 值均大于 1，均值达到了 1.115，其中天津、石家庄、邢台、张家口、承德、沧州、衡水 7 个城市的 *TECHCH* 值超过了均值，技术进步较快，这种向好趋势在一定程度上受益于北京的辐射带动作用。由于北京的创新资源高度集中，创新成果丰富，其先进技术向周边扩散带动了周边城市的技术进步，产生了良好的技术溢出效应。从各城市技术效率变动指数（*EFFCH*）值来看，有效率的城市有 8 个，分别为北京（1.003）、天津（1.057）、石家庄（1.041）、唐山（1.029）、邢台（1.063）、张家口（1.159）、承德（1.119）、沧州（1.048），说明这些城市的技术效率有所提升，创新的管理模式和方法得到了改善。此外，为进一步考察秦皇岛、邯郸、保定等城市未达到有效率的原因，将技术效率指数（*EC*）分解为纯技术效率变动指数（*PECH*）和规模效率变动指数（*SECH*）。结果显示，秦皇岛、衡水是 *PECH* 值和 *SECH* 值均小于 1 导致的无效率；邯郸、廊坊是 *SECH* 值小于 1 导致的无效率；保定的无效率主要归因于其 *PECH* 值小于 1（见表 7）。

（四）京津冀地区创新效率的投影值分析

在 DEA-BCC 模型的基础上，可对基本决策单元进行投影值分析，即投入冗余研究，其中投入冗余比例等于基本决策单元投入的冗余量除以投入量。对于无效或弱有效的基本决策单元来说，至少有一个投入要素（资本、劳动）的冗余量不为 0，因此通过分析创新效率的投影值可以了解未达到基本

表 7　2013~2021 年京津冀地区各城市 Malmquist 指数及其分解指数

城市	*EFFCH*	*TECHCH*	*PECH*	*SECH*	*TFPCH*
北京	1. 003	1. 093	1. 000	1. 003	1. 097
天津	1. 057	1. 118	1. 000	1. 057	1. 181
石家庄	1. 041	1. 123	1. 033	1. 008	1. 170
唐山	1. 029	1. 103	0. 976	1. 054	1. 135
秦皇岛	0. 954	1. 107	0. 958	0. 996	1. 057
邯郸	0. 999	1. 091	1. 006	0. 993	1. 090
邢台	1. 063	1. 121	1. 060	1. 003	1. 192
保定	0. 990	1. 099	0. 957	1. 035	1. 089
张家口	1. 159	1. 159	1. 029	1. 126	1. 343
承德	1. 119	1. 127	0. 994	1. 125	1. 261
沧州	1. 048	1. 132	1. 060	0. 989	1. 186
廊坊	0. 977	1. 088	1. 000	0. 977	1. 064
衡水	0. 979	1. 138	0. 986	0. 993	1. 114
均值	1. 031	1. 115	1. 004	1. 027	1. 150

资料来源：根据 DEAP 2. 1 软件处理结果编制。

决策单元 DEA 有效的原因。从测算结果来看，整体上 2013~2021 年，京津冀地区创新投入平均冗余比例较小，但部分城市仍存在科研经费和人员浪费的情况。从资本冗余情况来看，2013~2021 年，京津冀地区平均资本冗余比例为 5. 45%，其中冗余比例小于等于该均值的城市有北京、天津、石家庄、邢台、保定、张家口、衡水，而在冗余比例大于该均值的城市中，承德的资本冗余情况较为严重，R&D 经费闲置情况较为明显，其冗余比例达到了 21. 21%。从劳动冗余的情况来看，2013~2021 年，京津冀地区平均劳动冗余比例为 4. 14%，其中冗余比例小于等于该均值的城市有北京、天津、唐山、秦皇岛、邯郸、邢台、承德、廊坊、衡水，而在冗余比例大于该均值的城市中，保定、石家庄的劳动冗余情况较为严重，其冗余比例分别达到了 19. 11%、15. 30%（见表 8）。总的来看，京津冀地区在加大 R&D 人员和经费投入的同时，应优化创新资源配置，提高创新资源配置效率，真正使创新资源发挥效用，否则会出现冗余现象导致的非效率。

表 8　2013~2021 年京津冀地区各城市创新投入平均冗余情况

类别	冗余比例(%)	城市
资本冗余	≤5.45	北京、天津、石家庄、邢台、保定、张家口、衡水
	>5.45	唐山、秦皇岛、邯郸、承德、沧州、廊坊
劳动冗余	≤4.14	北京、天津、唐山、秦皇岛、邯郸、邢台、承德、廊坊、衡水
	>4.14	石家庄、保定、张家口、沧州

资料来源：根据 DEAP2.1 软件处理结果计算所得。

为进一步寻求提升创新效率的方向，本报告以表 8 测算的平均资本冗余比例和劳动冗余比例为临界点构造二维矩阵，将京津冀地区各城市的创新投入情况划分为四种类型，分别为双低冗余地区、高劳动冗余低资本冗余地区、双高冗余地区以及高资本冗余低劳动冗余地区。其中，北京、天津、邢台、衡水属于双低冗余地区，在人才利用以及研发投入方面表现良好，能够充分利用自身的创新资源；石家庄、张家口和保定属于高劳动冗余低资本冗余地区，存在科研人员利用效率不高引致的劳动冗余现象；沧州属于双高冗余地区，在人力资源和财力资源运用方面都存在闲置和浪费，创新资源利用效率较低，存在较大的效率提升空间；承德、廊坊、邯郸、秦皇岛、唐山属于高资本冗余低劳动冗余地区，存在经费投入过多导致的非效率（见图 2）。

五　京津冀创新效率的影响因素分析

（一）多重共线性检验

在进行面板数据基准回归分析之前，为排除模型中可能存在的变量间多重共线性问题，使用方差膨胀因子方法进行多重共线性检验，结果表明所有变量的方差膨胀因子（VIF）均值均小于临界值 10，即解释变量之间不存在显著的多重共线性问题（见表 9）。

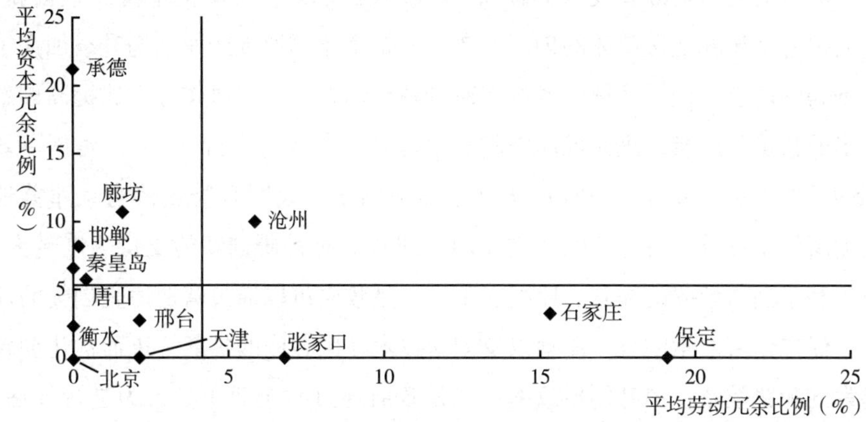

图 2 2013~2021 年京津冀地区创新投入冗余情况

资料来源：根据 DEAP 2.1 软件处理结果计算所得。

表 9 多重共线性检验

变量	VIF	1/VIF
Eco	5.18	0.193229
Str	3.69	0.271334
Gov	2.90	0.345143
Hum	1.31	0.761706
VIF 均值	3.27	

资料来源：结果由 Stata15.0 汇报。

（二）实证分析

本报告利用软件 Stata 15.0 对京津冀地区创新效率及其影响因素进行了面板数据的回归，表 10 报告了固定效应 OLS、随机效应 OLS、混合 Tobit 以及随机 Tobit 的回归结果。随机 Tobit 回归结果如下。①产业结构（*Str*）对创新效率的系数为正，并且通过了 1%水平下的显著性检验，表明产业结构优化有助于促进京津冀地区创新资源配置效率的提升。原因在于，一是京津冀地区产业结构优化往往伴随产业转移，河北作为产业转入地吸收转出地北

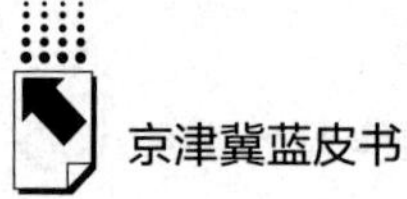

京、天津的创新资源和技术，通过消化吸收再创新，推动上下游产业创新，进而提升京津冀地区整体的创新效率；二是京津冀地区产业结构升级加大了对创新的需求，使得区域内各城市通过联合创新、分工协作等方式提高创新产出的数量与质量，进而推动创新效率提升。②政府支持（*Gov*）对创新效率的系数为正，并且在10%的水平下显著为正，表明政府支持对京津冀地区创新效率提升具有显著的促进作用，即政府对科研创新的支持力度越大，越有利于创新效率的提升。原因在于，一是政府可以通过营造适宜创新的环境，促进创新要素的自由流动以及创新技术在区域内的扩散，进而优化创新要素的配置效率，提升创新效率；二是政府通过对企业研发行为进行补贴，缓解企业资金压力，加快研发进度，从而提升创新效率。③经济发展（*Eco*）对创新效率的回归结果通过了1%水平下的显著性检验，但回归系数为负。可能的原因在于，随着地区经济的发展，基础研究领域的投入进一步加大，但与其他类型的研究相比，基础研究的周期更长，成果产出所需时间也相对较长，使得从创新的整个阶段来看，创新效率趋于下降。④人力资本（*Hum*）对创新效率的影响为正但不显著，其原因可能在于，受数据来源所限，本报告选取普通专科及以上人口数占全市常住人口的比例来表征人力资本情况，由于京津冀地区高校资源分布不均匀，数据波动较大，如2020年北京市人力资本指标为2.70%，而衡水为0.54%，因此数据不平稳可能会对回归结果产生一定的影响。

表10　京津冀地区创新效率影响因素分析的估计结果

变量	固定效应 OLS	随机效应 OLS	混合 Tobit	随机 Tobit
	模型1	模型2	模型3	模型4
产业结构(*Str*)	0.5200*	0.4897**	1.1523***	0.7374***
	(0.2645)	(0.2185)	(0.4248)	(0.2280)
政府支持(*Gov*)	0.0017*	0.0012**	0.0048***	0.0034*
	(0.0009)	(0.0005)	(0.0009)	(0.0019)
经济发展(*Eco*)	-0.1093*	-0.0981**	-0.2989**	-0.1762***
	(0.0610)	(0.0492)	(0.1192)	(0.0680)

续表

变量	固定效应 OLS	随机效应 OLS	混合 Tobit	随机 Tobit
	模型 1	模型 2	模型 3	模型 4
人力资本(*Hum*)	0.0382	0.0180	-0.0342	0.0037
	(0.0424)	(0.0288)	(0.0380)	(0.0367)
Constant	0.7959***	0.8328***	1.3661***	1.0549***
	(0.1500)	(0.1418)	(0.2915)	(0.1741)

注：*、**、*** 分别代表系数在 10%、5%、1%的水平下显著，括号内为 z 检测值。
资料来源：结果由 Stata15.0 汇报。

六　主要结论及对策建议

（一）主要结论

在国家创新驱动发展战略和北京打造国际科技创新中心的大背景下，本报告利用 2013~2021 年京津冀地区 13 个地级以上城市的创新投入与产出数据，运用 DEA-BCC 模型以及 Malmquist 指数模型对各城市的创新效率进行静态与动态分析，结果如下。

第一，从创新投入与产出来看，2013~2021 年京津冀地区创新投入增长明显，其中 R&D 经费投入逐年增加；科技人才队伍规模持续扩大，R&D 人员全时当量呈平稳增长态势，年均增长率为 3.46%。创新产出水平不断提升，京津冀地区专利申请授权数稳步增长，创新产出增速明显。

第二，从 DEA-BCC 模型纯技术效率来看，2013~2021 年京津冀地区创新效率呈现较为明显的提升态势，纯技术效率有效的地区数量由 5 个增加至 6 个，创新投入与产出效率不断提升。

第三，从 Malmquist 指数来看，2013~2021 年京津冀地区全要素生产率变动指数值从 0.968 上升至 1.160，均值为 1.150，表明创新效率呈现缓慢增长态势，且技术进步对京津冀地区创新效率提升的贡献更大，是京津冀地区创新效率提升的主要手段。此外，2013~2021 年京津冀地区各城市的全要素生产率变动指数值都大于 1，均值为 1.150，表明各城市创新效率均有所提升，其中天津、石家庄、邢台、张家口、承德、沧州、衡水 7 个城市的技术进步变动指数值超过了均值，技术进步较快，这种向好趋势在一定程度上受益于北京的辐射带动作用。

第四，从投入冗余情况来看，2013~2021 年京津冀地区平均投入冗余比例总体较小，平均资本冗余比例、平均劳动冗余比例分别为 5.45%、4.14%，但部分城市仍存在科研经费和人员浪费的情况。如承德的资本冗余情况较为严重，R&D 经费闲置情况较为明显，其冗余比例达到了 21.21%；保定、石家庄的劳动冗余情况较为严重，其冗余比例分别达到了 19.11%、15.30%。

第五，从影响因素分析来看，产业结构优化和政府支持有助于促进京津冀地区创新效率的提升。回归结果显示，产业结构和政府支持分别在 1%、10%的水平下对京津冀地区创新效率具有显著影响。

（二）对策建议

一是加强科研经费管理，激发科研人员创新活力。京津冀地区创新效率提升的关键不在于简单地扩大投入规模，而在于优化创新资源的配置与利用效率。首先，京津冀地区应合理配置科研经费投入，避免出现资本冗余现象。完善 R&D 经费投入项目的审查管理机制，避免研发经费投入在项目实施过程中的无效使用；优化科研经费预算管理制度，提升预算编制的科学性、合理性，避免出现科研经费闲置现象；加强科研经费的事中、事后监管，确保科研经费使用的合理性、规范性；完善科研经费绩效管理考核机制，评价科研经费落实情况，确保科研经费使用效率。其次，京津冀地区应进一步提升科技人才投入效能，激发科研人员创新活力，避免出现劳动冗余现象。完善科技创新激励机制，通过股权激励或分红等形式落实科研成果性收入；健全支持科技人员研究的保障机制，改善科研人员生活环境和条件，实现科研和生活的双向激励；根据不同类型科研活动的特点，健全相应的分类激励机制，使奖励和科研类型相匹配。

二是推动创新资源在区域内高效流动，提升区域创新协同效率。首先，北京作为核心城市，应注重发挥自身辐射带动作用，加快国际科技创新中心建设，建立产学研相结合的创新科技园区，通过技术外溢等方式带动周边城市的发展；天津应加强与北京科技创新及核心产业的对接，促进产业链与创新链的深度融合，积极融入区域创新协同的发展格局；河北各城市除增强自主创新研发能力之外，还应充分利用好产业转移过程中带来的技术外溢，促进创新能力的提升。其次，京津冀地区可通过搭建创新技术交流平台、产业技术联盟等与创新有关的网络共享平台，加强京津冀地区各城市间的技术交流与创新合作。

三是强化政府引领作用，改善区域创新环境。首先，京津冀应建立区域协同创新的联席会议制度，定期召开有关部门参与的协同创新联席会议，研究制定区域内创新资源合理高效利用的政策，以解决三地在创新效率提升方面存在的突出问题。其次，三地政府应不断完善有关科研经费管理、科研人员激励的政策，强化科技政策法规对科技创新的保障作用，激发科研人员的创新活力。最后，应加大科技知识产权的保护力度，统筹推进科技知识产权有关法律法规的修改工作，推进专利法实施细则的修改工作，保障专利法的各项规定得到有效实施，增强知识产权保护效能，为科技创新营造良好的社会环境。

参考文献

白俊红、蒋伏心：《协同创新、空间关联与区域创新绩效》，《经济研究》2015 年第 7 期。

冯江茹：《人力资本对区域创新效率影响的实证研究》，《技术经济》2020 年第 12 期。

韩晶、陈曦：《就业质量差异性视角下区域创新效率研究》，《工业技术经济》2020 年第 6 期。

胡立和、商勇、王欢芳：《长江经济带技术创新效率评价及影响因素分析》，《湖南社会科学》2020 年第 3 期。

刘素坤、王乐、何文韬、王清：《国际化程度对企业创新效率的影响——基于战略性新兴产业》，《经济问题》2022 年第 3 期。

仇怡、郑泽、吴建军：《长江中游城市群创新效率时空变化及溢出效应》，《长江流域资源与环境》2022 年第 12 期。

王文成、隋苑：《生产性服务业和高技术产业协同集聚对区域创新效率的空间效应研究》，《管理学报》2022 年第 5 期。

原毅军、高康：《产业协同集聚、空间知识溢出与区域创新效率》，《科学学研究》2020 年第 11 期。

赵庆：《产业结构优化升级能否促进技术创新效率?》，《科学学研究》2018 年第 2 期。

B.7

京津冀科技成果协同转化及对策研究*

江　成**

摘　要： 党的二十大报告指出，要提高科技成果转化和产业化水平。本报告从京津冀协同现状出发，针对当前科技成果协同转化面临的主要问题进行深入分析。在此基础上，基于复杂网络理论模型构建京津冀区域专利转移的流入网络和流出网络，对科技成果转化的流向、流量、关键链路、中介枢纽和聚类模块等核心要素进行分析，深入挖掘科技成果转化过程中的“肠梗阻”，更好地推动京津冀科技成果协同转化。研究发现，北京的科技成果主要流向长三角城市群和珠三角城市群，京津冀科技成果协同转化相对不足，流向津冀的成交额占比不足流向外部地区的10%，未来潜力较大。北京溢出的专利类型主要属于电子信息领域和生物医药领域。其中，北京转移到河北的专利主要分布在传统制造业，北京转移到天津的专利主要分布在先进制造业和信息技术服务业。从河北和天津的专利流入网络来看，对两地科技创新辐射带动作用最强的城市均为北京，但两地之间的互动明显不足。因此，本报告提出进一步提高科技成果转化率、加强以企业研发为主导的政策体系建设、发挥各自优势打造区域创新共同体、完善科技成果评估和定价机制、建设区域科技成果转化中介公共服务平台、建设区域科技成果转化“区

* 本报告为北京市社会科学基金决策咨询重点项目“北京创新科技成果转化机制研究”（22JCB025）的阶段性成果。

** 江成，工学博士，首都经济贸易大学管理工程学院副教授、硕士生导师，研究方向为经济社会复杂系统、创新网络。

块链+众包+众筹”平台等对策建议。

关键词： 科技成果转化　创新机制　创新生态系统　专利网络

一　研究背景与研究意义

（一）综观国际——创新科技成果转化机制已成为世界各国建设科技强国的战略抓手

从国际层面来看，随着世界百年未有之大变局不断向纵深发展，新一轮科技革命与新技术的发明应用正在对全球产生深远影响。创新驱动发展战略受到各国高度关注，科技成果转化速度和效率成为国家核心竞争力的重要来源。欲破坚冰，政策先行。从世界范围来看，美国于1980年颁布《拜杜法案》，1992年颁布《加强小企业技术转移法》，2007年颁布《美国竞争法案》，2021年颁布《美国创新与竞争法案》，一系列政策的出台都对美国科技成果转化起到了促进作用，使其在科技成果转化方面保持国际领先地位。英国政府于2001年成立了英国研究与创新基金会，旨在支持创新型企业和科技成果转化；2013年推出了创新委员会（Innovation Council）计划，旨在加速新技术、新产品和新服务的发展；2014年启动了“产学研互动计划”（Catapult Programme），旨在加强科研机构和企业之间的合作与互动；2018年推出了“工业战略”，旨在支持技术创新和产业升级。日本政府于2001年成立了技术转化机构（Technology Transfer Organization），旨在支持科技成果转化；2005年推出了“产学研融合计划”，旨在支持企业、大学和研究机构之间的合作；2012年启动了“未来创造科学技术计划”，旨在支持前沿科技的研究和应用；2014年实施了“社会挑战性研究促进法”，旨在促进以社会问题为导向的科研成果转化。

《2021年全球创新指数报告》数据显示，2021年我国在全球创新指数排名中居第 12 位，相较于 2020 年上升了 2 位。该报告还显示，深圳-香港-广州科技集群、北京科技集群和上海科技集群在全球“最佳科技集群”排名中均列前十位。尽管我国在科技创新领域的排名有所上升，但是我国的科技创新能力与美国、英国和日本等创新强国相比仍然存在较大差距。

（二）审视国内——创新科技成果转化机制是加快我国迈向创新型国家的重要路径，对构建双循环新发展格局和实现我国科技统一大市场具有重要意义

作为科技大国，我国的科技论文总量和专利申请量不断攀升，中国科学技术信息研究所发布的《2022 年中国科技论文统计报告》显示，我国热点论文数量在全球中的占比持续提升，首次升至全球第 1 位。与此同时，科技成果转化率低等问题日益凸显。2020 年工信部相关数据显示，相比发达国家 60%～70% 的转化率，我国的科技成果转化率仅为 30%～40%[①]，致使我国科技研发成果与市场需求脱节，长期存在“两张皮”问题。习近平总书记曾指出，要加速科技创新和制度创新，推动科技成果转化，培育经济发展新动能，使创新成为统筹经济发展和绿色转型的有力支撑。

为积极推进科技成果转化方面的政策方案，我国陆续出台了科技成果转移转化“三部曲”，即 2015 年的《中华人民共和国促进科技成果转化法》，以及 2016 年的《实施〈中华人民共和国促进科技成果转化法〉若干规定》和《促进科技成果转移转化行动方案》。这三部政策方案详细地给出了科技成果转化的法律条款、配套细则和具体部署，为各级政府制定相应的科技成果转化细则提供了政策依据。

① 《李毅中：中国科技成果转化率仅为 30%　发达国家达 60%～70%》，凤凰网，2020 年 12 月 5 日。

（三）聚焦京津冀——立足北京政策优势、资源优势和区位优势，创新科技成果转化机制，有助于北京加快国际科技创新中心建设和实现经济高质量发展

北京是全国科技创新中心，将率先建成国际科技创新中心。截至2021年，北京已有90多所大学、1000多所科研院所和近3万家国家级高新技术企业[①]，创新能力居全国之首，但目前仍存在原创性和高质量成果供给不足、基础性研究投入较少、成果承接能力不足、供需信息渠道不畅等问题。以2020年为例，北京的研发投入总量为2300多亿元，但对基础研究环节的投入明显不足，占比仅为16.04%。[②] 同时，北京的科技成果主要流向长三角城市群和珠三角城市群，流向津冀的成交额占比不足流向外部地区的10%，这反映出京津冀科技成果协同转化相对不足，未来潜力较大。推动京津冀科技成果协同转化，是京津冀协同发展战略的重要内容，也是新发展格局下的必然要求。

北京对科技成果转化工作进行整体考虑和系统性部署，从法律法规修订、配套细则完善和具体任务部署等方面，陆续出台了一系列政策方案，形成了科技成果转移转化“地方三部曲”。《北京市促进科技成果转化条例》、“京校十条”、“京科九条”、“科创30条”、《关于打通高校院所、医疗卫生机构科技成果在京转化堵点若干措施》等一系列政策的出台，促进了各类创新要素的顺畅流动，全面打通了科技成果转化的政策路径。

基于上述三个层面，本报告从京津冀科技成果转化现状和问题入手，重点分析制约科技成果转化的主要因素，以及科技成果转化在技术、资本和人才等方面的“肠梗阻”，提出创新科技成果转化机制的对策建议。特别是针对京津冀城市群科技协同相对不足的问题，构建基于专利数据的空

① 《北京全面建设高水平人才高地和国际科技创新中心》，新华社，2021年9月30日。

② 《〈首都科技创新发展指数报告（2021）〉发布》，人民资讯，2021年12月22日。

间转移关联网络，重点分析北京市专利流出网络、天津市专利流入网络，以及河北省专利流入网络，为京津冀区域科技成果转化更好协同提供决策依据。

二　国内外研究现状

（一）科技成果转化的内涵

科技成果转化，是我国在科技创新方面使用的术语，是指将研究成果转化为产品、服务，并对市场和社会产生使用价值的过程。国外层面则多用 Technology Transfer（科技转移）、Commercialization of Scientific Knowledge 或 Commercializing Academic Research（科技知识商业化）、University Spins Off（大学衍生企业）来阐述科技成果转化的相关内涵。其中，Technology Transfer（技术转移）是指将科学发现（如学术发明）从一个组织转移到另一个组织（即行业），以进一步发展和商业化的过程。科技部发布的《国家技术转移示范机构管理办法》将技术转移定义为制造某种产品、应用某种工艺或提供某种服务的系统知识，通过各种途径从技术供给方向技术需求方转移的过程。从这一定义来看，技术转移强调技术归属权或技术使用权的主体转移，不包含同一主体内所进行的价值转移。Commercialization of Scientific Knowledge 或 Commercializing Academic Research（科技知识商业化）是通过新的和改进的产品或服务将科学知识与技术带入市场。这种商业化过程通常需要研究组织与公司之间的合作，以利用这些组织内的技术和市场知识。University Spins Off（大学衍生企业）被认为是创业生态系统的核心支柱，并且已经成为从研究中创造价值和转让技术、将学术研究成果和知识产权商业化的常见方式。

综上所述，相较于国外的科技转移，我国的科技成果转化同时强调“转”（即科技成果由高等院校和科研院所等供给方向企业及衍生企业等需求方转移）与“化”（即科技成果在供给方内部被深度再开发和应用

的过程，包括小试、中试、产品化、商业化和产业化等各阶段）两个层面。

（二）科技成果转化的政策研究

现有研究主要通过政策分析量化评估科技成果转化效果及其影响，以便达到通过优化政策方案来促进科技成果转化的目的。已有研究表明，利用政策工具可以提高科技成果转化率（禹文豪、周治，2022）。因此，科技成果的相关政策也经常被纳入衡量科技成果转换率的评估指标体系（赵睿等，2020）。

（三）科技成果转化的模式研究

从国际层面来看，科技成果转化模式按地域特点主要划分为美国斯坦福大学和麻省理工学院的TLO（Technology Licensing Organization）模式、英国的“创新加速器”模式、德国的“史太白”模式、瑞士的“创新园区”模式、瑞典的“政产学合作”模式、以色列的“创新孵化器”模式、韩国的“未来科技”模式，以及加拿大的“协同创新平台”模式。从国内层面来看，科技成果转化模式按主体类型主要划分为“北京模式”“上海模式”“青岛模式”“中关村模式”“全科盟模式”等。此外，还可以按照科技成果转化机制的主体类型和科技成果转化条件对科技成果进行划分（霍国庆，2022）。

（四）科技成果转化的机制研究

国内外关于科技成果转化机制的研究主要从加强研究和生产的融合与合作，建立健全评价体系，完善政策保障机制，建立技术转让、技术许可和商业化机制，鼓励创新、创业和风险投资，促进引进高质量技术和人才，加强研发基础设施建设，优化产业环境和完善技术创新体系，以及优化收益分配和激励机制等方面展开。

（五）科技成果转化的影响因素

科技成果转化是一个多主体参与、多目标并存的复杂过程。科技成果转化是一个复杂的系统性工程，是多种因素共同作用的结果（吴寿仁，2022）。从科研项目的选题立项，到科技成果完成研发，再到转化成现实生产力，受到研发主体内部因素、科技成果自身因素、外部需求因素、区域发展水平、政策环境因素，以及成果转化综合服务等多方面的影响。

（六）科技成果转化的效率测度及绩效评价

在科技成果转化的效率测度方面，当前学者主要通过测度模型和评价类型构建测度指标。如基于数据包络分析方法的测度研究（林青宁、毛世平，2022）和基于指标赋权排名法的测度研究（郝少盼、陈达，2022）。

（七）文献述评

国内外关于科技成果转化的文献探究了影响创新转化成功的主要因素，包括资金、知识产权、市场需求、人力资本和制度支持、强有力的专利保护、有效的风险投资网络等。在关于科技成果转换模式和路径的研究方面，以往研究探究了诸如技术许可、分拆公司和战略合作伙伴关系等多种模式。同时，以往研究也对成功转化创新的特定行业或地区进行了研究，如美国的生物技术行业和日本的电子行业等。然而，现有研究的主要局限是对有效转化机制缺乏共识。由于大多数研究集中于个别案例或特定行业，很难得出可推广的或广泛应用的转化机制。此外，全球化或消费者行为等外部因素的快速变化可能会限制研究结果的普适性，尤其是在技术和创新等快速更新的行业领域。现有研究多从单个城市角度入手，对区域层面科技成果协同转化的探讨不足。本报告旨在采取更全面的创新研究方法，基于微观层面的专利数据考察多个行业和地区的创新溢出效应及其特征，突破已有研究的局限性。

因此，本报告将关注协同创新网络和溢出关系在推动科技创新方面的作用，特别是对京津冀城市群的专利技术转移协同进行重点探究。

三　北京科技成果转化机制的现状及问题

（一）北京科技成果转化的现状及成就

2012~2021年，北京在科技成果转化方面取得了一系列重要进展。全市技术合同成交额年均增长12.3%，认定登记技术合同总量突破9万项，成交额为7005.7亿元，分别是2012年的1.6倍和2.8倍。此外，2021年北京流向外省份的技术合同成交额是2012年的3.1倍，在对全国创新驱动发展的辐射溢出方面起到了重要的支撑引领作用。① 目前，人工智能在我国发展迅速，政府和私营部门在该领域进行了大量投资。北京已经在人工智能、自动驾驶、机器人、生物技术、医疗设备、能源效率、可再生能源和智慧城市基础设施等领域取得了一系列重要科技成果。此外，北京正在积极投资前沿技术的研究、开发和实施，包括北京人工智能谷和北京智慧城市数字平台等。

（二）北京科技成果转化在全国范围的地位和作用

本部分基于龙信企业大数据平台2000~2019年的科学技术服务业资本流入与流出的矢量数据，构建全国298个地级及以上城市资本互投网络。在此基础上，通过复杂网络方法探究北京在全国科学技术服务业资本互投网络中的地位、作用及影响范围，以此分析北京科技成果转换机制及其存在的问题。图1至图3分别展示了所构建的2000年、2010年和2019年全国地级及以上城市科学技术服务业资本互投网络。

① 数据来源于《2021年北京技术市场统计年报》。

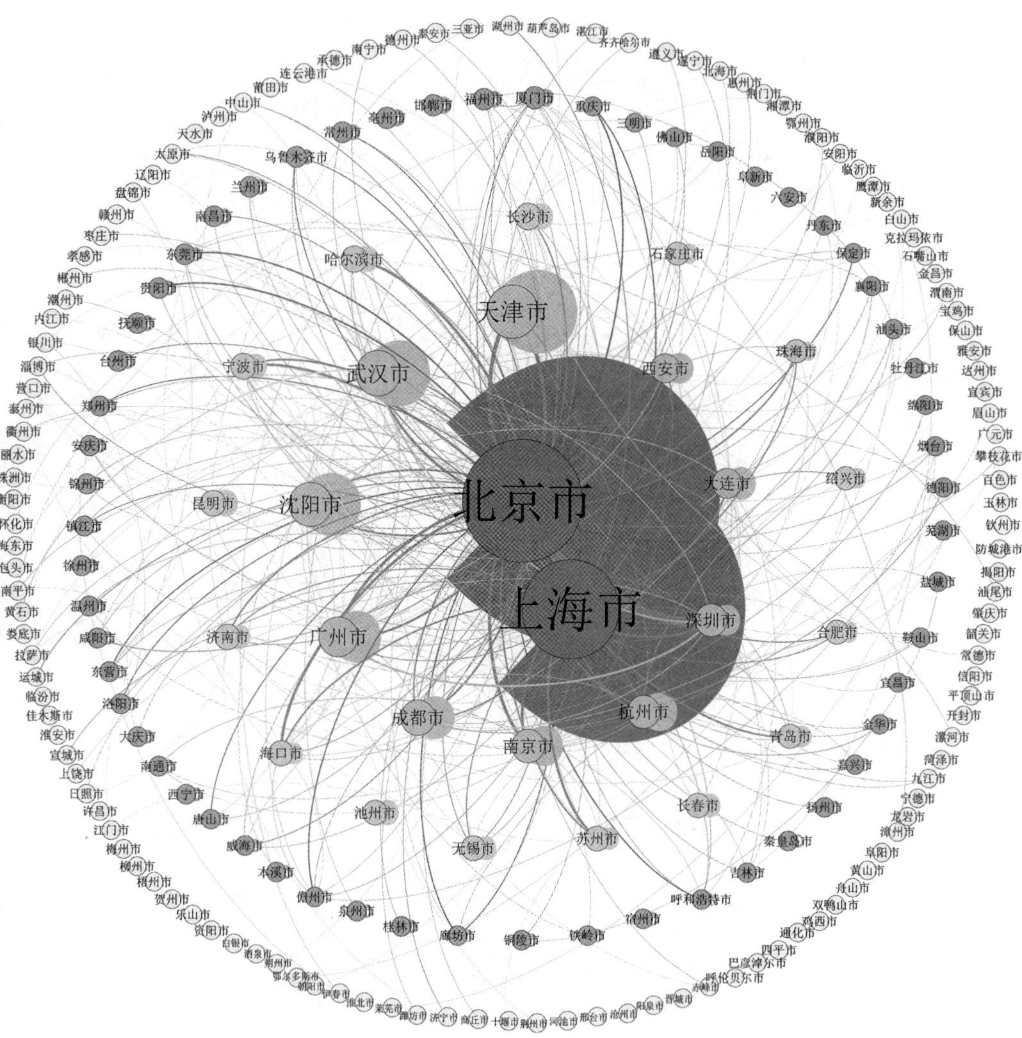

图 1　2000 年全国地级及以上城市科学技术服务业资本互投网络

资料来源：依托龙信企业大数据平台数据和 Gephi 软件自绘。

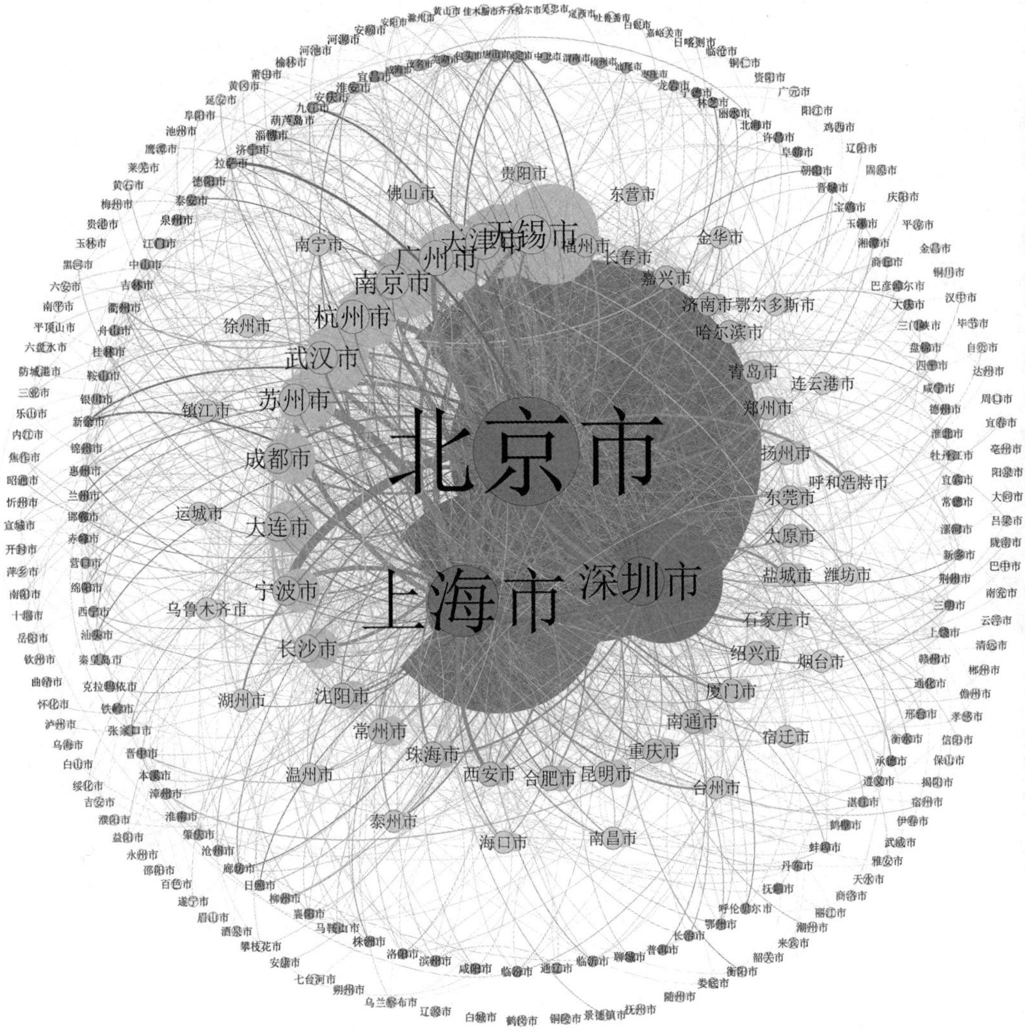

图 2　2010 年全国地级及以上城市科学技术服务业资本互投网络

资料来源：依托龙信企业大数据平台数据和 Gephi 软件自绘。

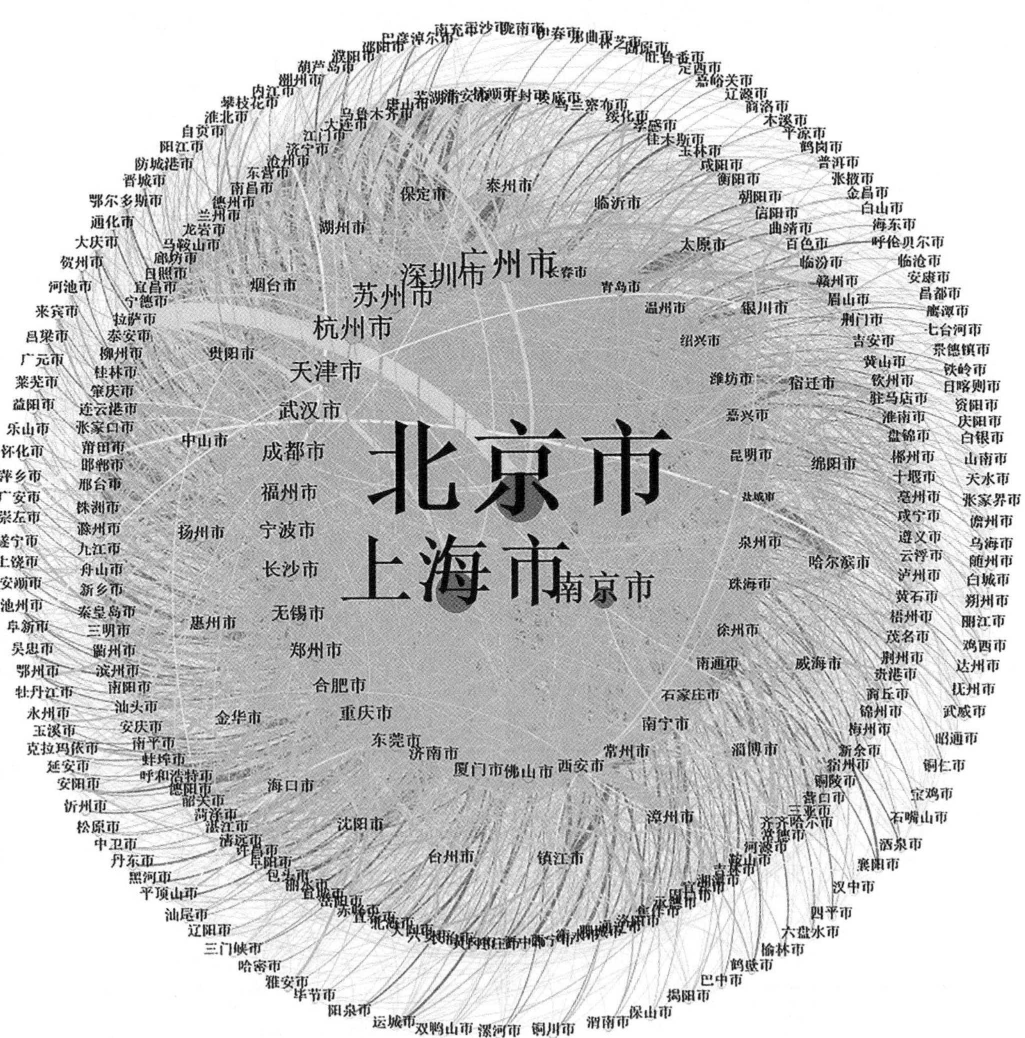

图 3　2019 年全国地级及以上城市科学技术服务业资本互投网络

资料来源：依托龙信企业大数据平台数据和 Gephi 软件自绘。

利用复杂网络分析指标对各年份科学技术服务业资本互投网络进行测度分析，在全国298个地级及以上城市中，相关年份全国地级及以上城市科学技术服务业资本流出与流入企业数量前十名分别见表1至表4。对这些表中结果进行分析，可以得出以下结论。

表1　2000年和2005年全国地级及以上城市科学技术服务业资本流出企业数量前十名

单位：家

2000年			2005年		
排名	城市	资本流出企业数量	排名	城市	资本流出企业数量
1	北京	818	1	北京	1400
2	上海	736	2	上海	655
3	天津	190	3	天津	223
4	武汉	140	4	深圳	184
5	沈阳	136	5	广州	154
6	广州	111	6	杭州	152
7	深圳	103	7	南京	109
8	南京	89	8	沈阳	101
9	杭州	84	9	成都	89
10	成都	81	10	大连	88

资料来源：龙信企业大数据平台。

表2　2010年、2015年和2019年全国地级及以上城市科学技术服务业资本流出企业数量前十名

单位：家

2010年			2015年			2019年		
排名	城市	资本流出企业数量	排名	城市	资本流出企业数量	排名	城市	资本流出企业数量
1	北京	2121	1	北京	11616	1	上海	13133
2	上海	1261	2	上海	6730	2	北京	8582
3	深圳	803	3	深圳	3274	3	深圳	6248
4	无锡	429	4	杭州	2007	4	广州	5029

续表

2010年			2015年			2019年		
排名	城市	资本流出企业数量	排名	城市	资本流出企业数量	排名	城市	资本流出企业数量
5	天津	368	5	广州	1980	5	南京	4960
6	广州	363	6	天津	1762	6	杭州	4129
7	南京	345	7	苏州	1400	7	苏州	3832
8	杭州	342	8	南京	1297	8	天津	3008
9	苏州	299	9	成都	1231	9	成都	2366
10	武汉	279	10	宁波	1118	10	武汉	2354

资料来源：龙信企业大数据平台。

表3　2000年和2005年全国地级及以上城市科学技术服务业资本流入企业数量前十名

单位：家

2000年			2005年		
排名	城市	资本流入企业数量	排名	城市	资本流入企业数量
1	北京	988	1	北京	1684
2	上海	815	2	上海	692
3	天津	189	3	天津	212
4	武汉	155	4	广州	152
5	沈阳	144	5	杭州	144
6	广州	122	6	南京	106
7	成都	105	7	深圳	103
8	南京	78	8	沈阳	95
9	杭州	76	9	大连	95
10	大连	59	10	成都	86

资料来源：龙信企业大数据平台。

表 4　2010 年、2015 年和 2019 年全国地级及以上城市科学技术服务业资本流入企业数量前十名

单位：家

2010 年			2015 年			2019 年		
排名	城市	资本流入企业数量	排名	城市	资本流入企业数量	排名	城市	资本流入企业数量
1	北京	2388	1	北京	14483	1	上海	11792
2	上海	1331	2	上海	6271	2	北京	5278
3	深圳	604	3	广州	2170	3	南京	5115
4	无锡	497	4	天津	1904	4	广州	4821
5	天津	389	5	深圳	1679	5	苏州	4077
6	广州	363	6	杭州	1627	6	天津	3389
7	南京	329	7	成都	1431	7	杭州	3332
8	武汉	325	8	南京	1216	8	武汉	2766
9	杭州	293	9	苏州	1163	9	成都	2343
10	苏州	281	10	武汉	876	10	深圳	2310

资料来源：龙信企业大数据平台。

一是京津冀城市群、长三角城市群和珠三角城市群对全国其他城市的科技创新辐射带动作用明显，其中长三角城市群各城市对外辐射能力呈迅速上升趋势。2000 年、2005 年、2010 年、2015 年和 2019 年，全国地级及以上城市科学技术服务业资本流出企业数量前十名城市中来自三大城市群的城市占比分别为 70%、70%、90%、90%和 80%。其中，京津冀城市群层面，北京的排名始终领先，而天津的排名则在 2010 年后下滑出前三，对外科技资本辐射能力呈下滑趋势。珠三角城市群层面，深圳和广州“后来者居上”，自 2010 年后一直稳居前五名位置。长三角城市群层面，各城市发展迅猛，其中杭州、南京、苏州的科技资本辐射能力呈逐年上升态势。

二是从京津冀城市群来看，北京对全国各城市的科学技术服务业投资辐射作用处于领先地位，天津的辐射能力呈下滑趋势，河北对外科技辐射能力则明显不足。2000~2019 年，按照科学技术服务业资本流出情况来看，北京流出的企业数量从 2000 年的 818 家增加到 2005 年的 1400 家、2010 年的 2121

家、2015 年的 11616 家，年均增长率分别为 11.35%、8.66%和 40.51%，在此期间，北京对全国其他城市始终起着最重要的创新辐射高地的作用。但是，2019 年北京流出的企业数量为 8582 家，首次出现负增长，年均增长率为 -7.29%。相比较而言，上海流出的企业数量则从 2015 年的 6730 家增加到 2019 年的 13133 家，年均增长率为 18.19%，首次超越北京，排名第一。

三是北京既是对外创新辐射的重要高地，也是吸纳创新科技资本的重要集聚地，上海与北京的排名比肩并呈现“后来者居上”的趋势。2000 年、2005 年、2010 年和 2015 年，北京均以科学技术服务业资本流入企业数量排名第一而稳居榜首。2019 年，上海在吸纳创新科技资本方面首次超越北京，排名第一。

（三）北京科技成果转化面临的主要问题

北京在科技投资辐射和吸纳方面均处于领先地位，但 2019 年上海首次超越了北京。因此，北京需要进一步提高科技成果转化能力，打造更具影响力的国际科技创新高地。北京科技成果转化涉及由人才链、创新链、产业链、资本链和政策链等几个相互关联的主体构成的创新生态系统，这些环节出现的问题都将阻碍科技成果的有效转化。

从人才链来看，北京目前还存在人才短缺的问题，特别是开发创新产品和服务的资源不足，人才短缺严重。因此，需要进一步促进国际合作和思想交流，以确保北京始终处于技术进步的前沿。由表 5 可知，2005~2019 年，北京市高技术产业从业人员总数呈逐年增长的趋势。科技部（国家外专局）发布的 2019 年“魅力中国——外籍人才眼中最具吸引力的中国城市”主题活动结果显示，上海再次排名第一。2019 年在沪工作的外国人数量为 21.5 万人，占全国的 23.7%，居全国首位。上海市引进外籍人才的数量和质量均居全国第一。[①] 这说明，作为国际科技创新中心，北京的海外人才占比还远远不足。特别是随着科技创新的不断发展，对人才的需求越来越大，从而导致出现人才供不应求的局面。

---

① 《八连冠！ 上海再次蝉联外籍人才眼中最具吸引力的中国城市》，东方网，2020 年 11 月 8 日。

表 5　2005 年、2010 年、2015 年、2019 年北京市科研人员情况

年份	科学研究和技术服务业从业人员数(万人)	R&D 人员数(万人)	本科及以上R&D 人员数(万人)
2005	16. 1	14. 2	—
2010	65. 3	26. 9	20. 1
2015	88. 5	35. 0	24. 6
2019	118. 1	46. 4	40. 5

资料来源：相关年份《北京统计年鉴》。

从创新链来看，北京拥有全国最多的创新资源，但获得高科技基础设施的机会依然有限，限制了北京高科技行业的发展。此外，北京的高科技产业仍集中在硬件制造和电子信息领域，虽然这些领域的技术领先，但缺乏其他领域技术创新的支持，使得原创性和创新性成果不足。

从产业链来看，高校与工业企业之间的联系薄弱，导致创新系统难以将新的想法与技术转化为成功的产品和服务，需要促进利益相关者之间的数据共享和整合。根据《全国科技经费投入统计公报》，2015 年~2019 年，北京市产学研合作项目经费支出由 1384. 02 亿元增加至 2233. 6 亿元，增长 61. 4%，显示出高校与工业企业之间的联系加强，但深度合作和专业化程度还有待进一步提升。

从资本链来看，北京对科技成果的资本投资尚不足，需要进一步加大创新创业方面的投资力度。截至 2022 年第一季度末，北京市战略性新兴产业贷款规模为 8103 亿元，是 2017 年末的近 3 倍。2022 年 5 月末，北京市科技型企业贷款规模为 6866 亿元，比 2017 年末增长 56%。① 北京在创新创业领域的投资持续增加，但基础性研究项目投资回报周期长，往往得不到及时的市场融资支持。

从政策链来看，北京市支持创新转型的政策仍不完善，相关政策和法规对创新成果转化的指导性不足。2000 年，北京出台《北京市关于加快科技

① 《北京银保监局：至 5 月末北京小微企业贷款规模 1. 78 万亿元，较 2017 年末增 71%》，蓝鲸财经，2022 年 6 月 27 日。

企业孵化器发展若干规定（试行）》，明确提出要推动科技创新和促进经济发展，但此时对新兴创新产业扶持的政策较少，缺乏支持创新转型的公共政策。2005年，北京出台《北京市“十五”时期高新技术产业发展规划》，开始将高新技术产业和新兴产业作为经济发展的重要方向，但这些政策的执行效果并不显著，缺乏对创新型企业的扶持政策。2010年，北京出台《北京市“十一五”时期科技发展与自主创新能力建设规划》，将创新和高新技术产业放在城市发展的核心位置，但这些政策难以精准扶持新兴产业和创新型企业。2015年，北京出台《北京市“十三五”科技创新规划》，继续加大对科技创新和新兴产业的扶持力度，但在政策执行中仍存在许多难题，如政策落地难等问题。2020年，北京提出“加快建设全球科技创新中心”的目标，进一步加大了对科技创新和新兴产业的投入力度，但具体的支持政策仍需进一步完善。虽然近年来北京陆续出台了一系列扶持科技创新和新兴产业的政策，但这些政策的制定和执行仍有较大的提升空间。

从区域科技创新系统来看，作为重要的创新源，北京对国内和国际的辐射作用明显。但从京津冀地区来看，北京科技成果“就近转化”的效果并不显著。表6和表7分别为2013～2021年北京流向河北的科技成果情况和北京流向天津的科技成果情况。

表6　2013～2021年北京流向河北的科技成果情况

年份	流入合同数（项）	流入成交额（亿元）	流向外省份的技术合同成交额占比（%）
2013	2006	32.4	2.0
2014	2099	62.7	3.6
2015	2291	53.9	2.9
2016	2362	98.7	4.9
2017	2880	154.2	6.6
2018	3119	193.8	6.4
2019	3093	214.2	7.5
2020	3170	192.7	5.1
2021	3554	240.2	4.6

资料来源：相关年份《北京技术市场统计年报》。

表 7　2013~2021 年北京流向天津的科技成果情况

年份	流入合同数（项）	流入成交额（亿元）	流向外省份的技术合同成交额占比（%）
2013	2611	38.7	2.4
2014	1376	20.4	1.1
2015	1407	57.6	3.0
2016	1486	56.0	2.7
2017	1766	49.3	2.1
2018	1748	33.6	1.1
2019	1815	68.6	2.4
2020	1863	154.3	4.1
2021	1880	110.2	2.1

资料来源：相关年份《北京技术市场统计年报》。

四　基于复杂网络理论的分析框架

（一）数据选取与模型构建

本报告从智慧芽商业大数据平台采集 2012~2022 年的专利数据，并选取我国 31 个省份作为研究对象进行分析。

从专利数据的所有权转移趋势来看，2012~2022 年，受京津冀城市群协同发展战略政策的利好影响，2014 年北京转移到河北的专利申请量和专利公开量分别为 1509 项、1161 项，转移到天津的专利申请量和专利公开量分别为 1210 项、1030 项，达到此阶段的高峰，之后则逐渐出现放缓的现象，即专利申请量和专利公开量总体呈现先增加后减少的趋势（见表 8、表 9）。

（二）复杂网络模型的测度指标

复杂网络分析法是一种分析网络系统属性的成熟方法，通过将全国各城市抽象为复杂网络中的节点，将两个城市之间的科学技术服务业资本关联抽

表 8　2012~2022 年北京转移到河北的专利申请量和专利公开量

单位：项

年份	专利申请量	专利公开量
2012	558	126
2013	771	476
2014	1509	1161
2015	950	900
2016	978	966
2017	1073	1134
2018	894	958
2019	697	908
2020	560	742
2021	421	677
2022	225	525

资料来源：智慧芽商业大数据平台。

表 9　2012~2022 年北京转移到天津的专利申请量和专利公开量

单位：项

年份	专利申请量	专利公开量
2012	624	171
2013	596	320
2014	1210	1030
2015	892	709
2016	1014	763
2017	414	983
2018	305	521
2019	223	433
2020	317	346
2021	136	308
2022	61	184

资料来源：智慧芽商业大数据平台。

象为复杂网络中的度，构建网络关联模型。

从复杂网络中各要素的定义来看，复杂网络中两个节点之间的距离为连接两点的最短路径的边的数量。复杂网络的直径为任意两个节点之间的最大距离。复杂网络的平均路径长度为所有节点对之间距离的平均值，它描述了复杂网络中节点间的分离程度，即网络有多小（小世界效应）。入度表示复杂网络中各城市直接向某地进行专利转移流入而形成的区际技术关联，入度越高表示该城市对某类专利技术的需求转化度越高。需要进一步考虑的是，入度仅是直接指向该城市所有连接关系的数量，没有考虑关联主体及联结关系的异质性，有的城市间的关联强度较高，而有的城市间的关联强度较低。加权入度能够衡量这种关联效应的异质性，因此选择加权入度来反映一个城市在整个专利转移体系中的技术关联情况。

$$C_D(i) = d(n_i) = A_{i+} = \sum_j A_{ij} \tag{1}$$

$$C_D^{'} = \frac{C_D(i)}{N - 1} \tag{2}$$

$$D_i^{in} = \sum_j A_{ji} \tag{3}$$

$$D_i^{out} = \sum_j A_{ij} \tag{4}$$

式（1）中，C_D（i）是节点 i 的度值，A 是复杂网络的邻接矩阵，如果节点与 i 和 j 之间存在直接关联关系，则 $A_{ij}=1$，否则 $A_{ij}=0$。在此基础上，将式（1）除以网络中可能的最大度值 $N-1$，得到归一化到区间［0，1］后的度中心性指标，如式（2）所示。入度和出度是在度的基础上衍生计算得出的带有方向的指标，节点的入度和出度定义分别如式（3）和式（4）所示。节点 i 的入度是指以其他所有节点为起点指向节点 i 的有向边的数量之和，节点 i 的入度越高表示外部向其转移流入的边的数量越多；节点 i 的出度是指以节点 i 为起点指向其他所有节点的有向边的数量之和，节点 i 的出度越高表示其向外部转移流出的边的数量越多。加权入度和加权出度把每条边的关联强度也包含其中，即不仅衡量了与城市 i 存在专利转移关联的数量，而且衡量了专利转移的规模强度。

接近中心性。式（5）中，C_C（i）为节点 i 的接近中心性指标，d_{ij}是节点对 i 和 j 之间的最短路径长度，N 是网络中所有节点之和（节点规模）。该指标值越大，说明节点 i 和网络中其他节点的平均接近程度越高，否则平均接近程度越低。为了使得该指标取值在［0，1］区间，在式（6）中进行归一化处理。

$$C_C(i) = \left(\sum_{j=1}^{N} d_{ij}\right)^{-1} \tag{5}$$

$$C_C^{'} = C_C(i) \cdot (N - 1) \tag{6}$$

中介中心性。式（7）中，C_B（i）是节点 i 的中介中心性指标，d_{jk}是节点对 j 和 k 之间的最短路径长度，d_{jk}（i）是节点对 j 和 k 之间的最短路径中经过节点 i 的最短路径。因此，该指标值越大，说明节点 i 在整个网络中处于桥梁或枢纽的位置。为了使得该指标取值在［0，1］区间，在式（8）中进行归一化处理。

$$C_B(i) = \sum_{j<k} \frac{d_{jk}(i)}{d_{jk}} \tag{7}$$

$$C_B^{'}(i) = C_B(i)/[(n-1)(n-2)/2] \tag{8}$$

（三）专利网络结构构建与特征分析

本报告基于智慧芽商业大数据平台采集专利数据，将当前申请（专利权）的地址和原始申请（专利权）的地址作为网络节点，专利权从原始申请地址变更为当前申请地址的流向关系作为网络关系连边，构建专利转移网络。通过国民经济行业分类 GBC 分类号对专利数据进行分类收集，构建京津冀城市群专利转移网络。本报告分别构建了 2012～2022 年北京流出专利转移网络、北京流入河北的专利转移网络、北京流入天津的专利转移网络，以探究京津冀科技成果协同转化的特征。

1. 北京流出专利转移网络构建与特征分析

根据数据的可得性和代表性，本报告选取我国31个省份作为研究对象。将北京作为原始申请（专利权）的地址节点，将其他30个省份作为当前申请（专利权）的地址节点，收集2012~2022年北京专利权流出地域分布数据，以及北京流入核心城市群的专利数量和类型，按照城市群和四大板块划分的统计结果分别见图4和图5。

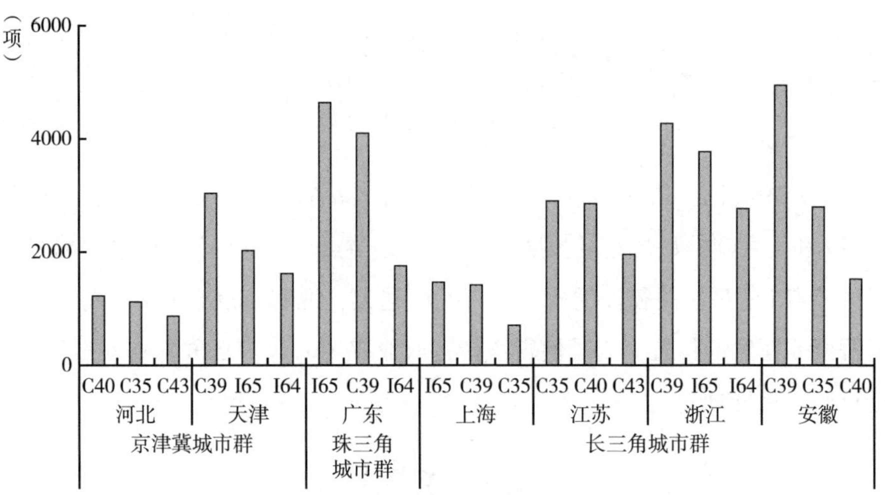

图4　2012~2022年北京流入三大城市群的专利数量和类型

注：C35，专用设备制造业；C39，计算机、通信和其他电子设备制造业；C40，仪器仪表制造业；C43，金属制品、机械和设备修理业；I64，互联网和相关服务；I65，软件和信息技术服务业。

资料来源：笔者整理计算所得。

从北京流入三大城市群的专利数量来看，长三角城市群最多，珠三角城市群次之，京津冀城市群最少。2012~2022年，北京流入外部地区的专利数量为103397项，其中长三角城市群的上海5269项、江苏10852项、浙江11717项、安徽11038项，共计38876项，占比为37.60%；珠三角城市群的广东14700项，占比为14.22%；京津冀城市群的天津8277项、河北4622项，共计12899项，占比为12.48%（见表10）。

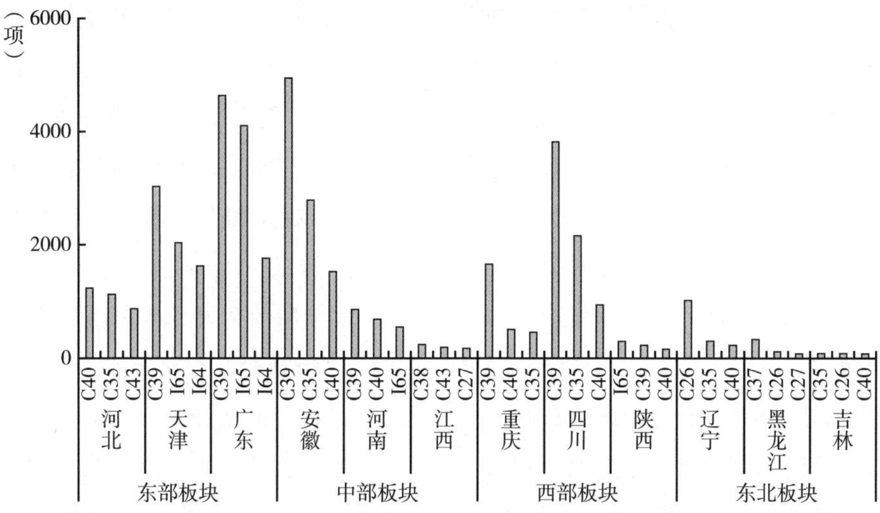

图 5　2012~2022 年北京流入四大板块的专利数量和类型

注：C26，化学原料和化学制品制造业；C27，医药制造业；C35，专用设备制造业；C37，铁路、船舶、航空航天和其他运输设备制造业；C38，电气机械和器材制造业；C39，计算机、通信和其他电子设备制造业；C40，仪器仪表制造业；C43，金属制品、机械和设备修理业；I64，互联网和相关服务；I65，软件和信息技术服务业。

资料来源：笔者整理计算所得。

表 10　2012~2022 年北京流入外部地区的专利数量及排名情况（前十名和后十名）

单位：项

排名	城市	专利数量	排名	城市	专利数量
1	广东	14700	21	黑龙江	772
2	浙江	11717	22	广西	589
3	安徽	11038	23	新疆	400
4	江苏	10852	24	西藏	394
5	四川	8399	25	甘肃	383
6	天津	8277	26	吉林	344
7	山东	6008	27	云南	339
8	上海	5269	28	宁夏	198
9	河北	4622	29	重庆	195
10	河南	3316	30	青海	160

资料来源：笔者整理计算所得。

从北京流入三大城市群的专利类型来看，天津、广东、浙江和上海的专利需求分布在先进制造业以及信息传输、软件和信息技术服务业，而河北、江苏和安徽的专利需求依旧局限在传统制造业。2012~2022年，长三角城市群流入较多的专利类型分布在制造业（占比为74.5%）以及信息传输、软件和信息技术服务业（占比为25.5%）。其中，浙江和上海呈现对信息传输、软件和信息技术服务业的专利具有旺盛需求（分别占各自总量的60.46%和40.75%），占比较大的专利类型为软件和信息技术服务业以及互联网和相关服务；而江苏和安徽引进的依旧是传统制造业类型专利，需求较大的类别分别为专用设备制造业（占比为37.63%）以及计算机、通信和其他电子设备制造业（占比为44.80%）。珠三角城市群中广东对信息传输、软件和信息技术服务业的专利需求（占比为60.93%）超过对制造业的专利需求（占比为39.07%）。津冀地区中天津和河北的专利需求具有显著差异，其中天津对信息传输、软件和信息技术服务业的专利需求（占比为54.68%）超过对制造业的专利需求（占比为45.32%）；河北的专利需求则均为传统制造业，占比最大的类别为仪器仪表制造业（占比为38.20%）。

在此基础上，构建北京流出专利转移网络。将北京作为原始申请（专利权）的地址节点，将其他30个省份作为当前申请（专利权）的地址节点，收集2012~2022年北京专利权流出地域分布数据，得到由153个节点、565条边所构成的异质有向有权网络（见图6）。异质是因为网络中的节点包含两种不同类型：城市节点和专利GBC类型节点。有向是因为节点的连边表示专利从原始地变更到当前地的转移过程，边的权值表示2012~2022年专利转移总数量。

通过对所构建的北京流出专利转移网络进行特征分析，可以得出以下结论。

一是北京流出专利转移网络中专利的类型分布呈现典型的“核心-外围”结构。出度排名较高的10种类型专利主要分布在先进制造业和信息技术服务业领域，如仪器仪表制造业，计算机、通信和其他电子设备制造业，软件和信息技术服务业，这些类型的专利占据专利权转移空间的核心。相比较而言，出度排名较低的十种类型专利主要分布在传统制造业，如木材加工

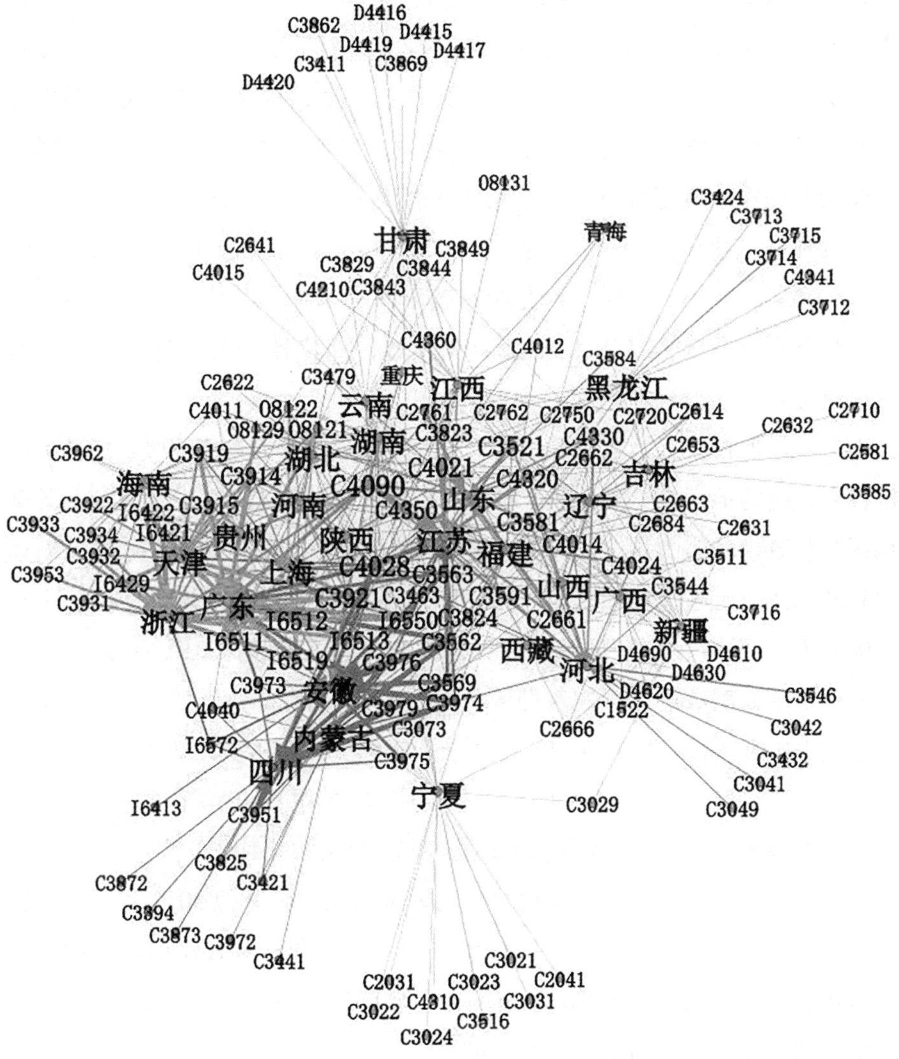

图 6　2012~2022 年北京流出专利转移网络

资料来源：依托智慧芽商业大数据平台专利数据和 Gephi 工具自绘。

和木、竹、藤、棕、草制品业以及非金属矿物制品业，这些专利占据网络边缘位置。

二是从城市的聚类模块来看，城市对专利的需求呈现典型的地域差异，并与当地支柱产业显著相关。上海、天津、浙江、广东、河南、湖南、湖北、贵州和海南属于同一个聚类模块，共同的专利需求类型分布在计算机制造及软件开发服务领域，如计算机、通信和其他电子设备制造业以及软件和信息技术服务业；安徽、内蒙古和四川属于同一个聚类模块，共同的专利需求类型分布在电子半导体相关制造和动漫游戏服务领域，如专用设备制造业以及计算机、通信和其他电子设备制造业；江苏、河北、山东、福建、吉林、辽宁、黑龙江等属于同一个聚类模块，共同的专利需求类型分布在仪器仪表和化工制造业领域，如仪器仪表制造业，金属制品、机械和设备修理业。

三是从加权入度排名来看，北京流入外部地区的专利主要吸纳群体为经济较为发达的地区，欠发达地区对流出专利的吸纳能力不足。北京流入外部地区专利数量较多的省份依次是广东（14700 项）、浙江（11717 项）、安徽（11038 项）、江苏（10852 项）、四川（8399 项）、天津（8277 项）、山东（6008 项）、上海（5269 项）、河北（4622 项）和河南（3316 项）。北京流入外部地区专利数量较少的省份依次是黑龙江（772 项）、广西（589 项）、新疆（400 项）、西藏（394 项）、甘肃（383 项）、吉林（344 项）、云南（339 项）、宁夏（198 项）、重庆（195 项）和青海（160 项）。

2. 北京流入河北的专利转移网络构建与特征分析

将河北作为当前申请（专利权）的地址节点，将其他 30 个省份作为原始申请（专利权）的地址节点，收集 2012~2022 年专利权流向河北的地域分布数据，以及流入河北核心城市的专利数量和类型，按照城市群和四大板块划分的统计结果分别见图 7 和图 8。

从流入河北的专利总量来看，北京是对河北科技创新辐射最强的城市，天津对河北的辐射能力不强。2012~2022 年，外部地区流入河北的专利数量排名前十的省份依次是北京（4622 项）、浙江（2938 项）、江苏（2356 项）、广东（1741 项）、安徽（1550 项）、山东（1530 项）、天津（894 项）、福建（891 项）、四川（693 项）和河南（558 项）（见表 11）。

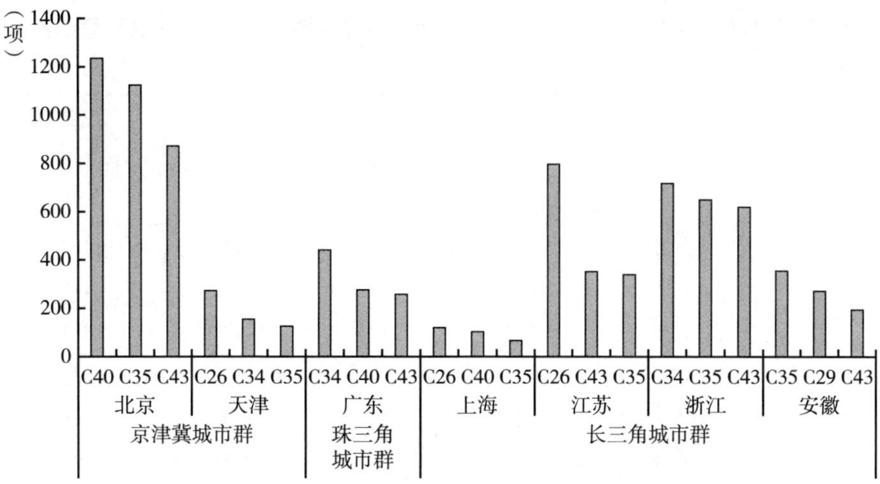

图7　2012~2022年三大城市群流入河北的专利数量和类型

注：C26，化学原料和化学制品制造业；C29，橡胶和塑料制品业；C34，通用设备制造业；C35，专用设备制造业；C40，仪器仪表制造业；C43，金属制品、机械和设备修理业。

资料来源：笔者整理计算所得。

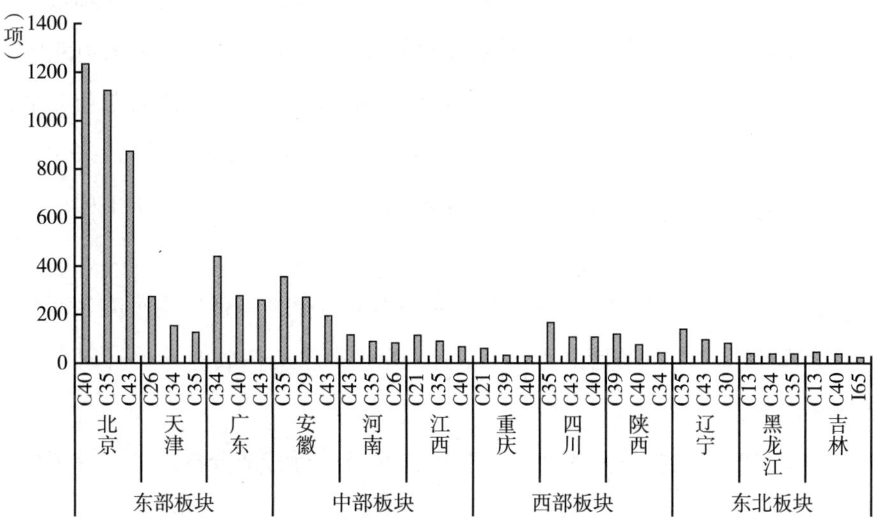

图8　2012~2022年四大板块流入河北的专利数量和类型

注：C13，农副食品加工业；C21，家具制造业；C26，化学原料和化学制品制造业；C29，橡胶和塑料制品业；C30，非金属矿物制品业；C34，通用设备制造业；C35，专用设备制造业；C39，计算机、通信和其他电子设备制造业；C40，仪器仪表制造业；C43，金属制品、机械和设备修理业；I65，软件和信息技术服务业。

资料来源：笔者整理计算所得。

表 11　2012~2022 年外部地区流入河北的专利数量及排名情况（前十名和后十名）

单位：项

排名	城市	专利数量	排名	城市	专利数量
1	北京	4622	21	吉林	195
2	浙江	2938	22	贵州	178
3	江苏	2356	23	山西	168
4	广东	1741	24	云南	115
5	安徽	1550	25	内蒙古	113
6	山东	1530	26	甘肃	75
7	天津	894	27	新疆	74
8	福建	891	28	青海	69
9	四川	693	29	宁夏	53
10	河南	558	30	西藏	5

从三大城市群流入河北的专利数量来看，长三角城市群流入专利数量最多，京津冀城市群次之，珠三角城市群最少。2012~2022 年，流入河北的专利数量共 22231 项，其中京津冀城市群中北京和天津流入河北的专利数量为 5516 项，占比为 24.81%；长三角城市群流入河北的专利数量为 7301 项，占比为 32.84%；珠三角城市群中广东流入河北的专利数量为 1741 项，占比为 7.83%。

为进一步探究河北的专利流入布局和类型特征，本报告构建流入河北的专利转移网络。该网络是由 206 个节点、583 条边所构成的异质有向有权网络（见图 9）。

通过对所构建的流入河北的专利转移网络进行特征分析，可以得到如下结论。

一是流入河北的专利转移网络中专利的类型分布呈现典型的“核心-外围”结构，流入河北的主要是传统制造业需求类型的专利。从加权入度前十名来看，专利类型主要包括仪器仪表制造业，金属制品、机械和设备修理业，金属制品业，通用设备制造业，专用设备制造业，这些类型的专利占据

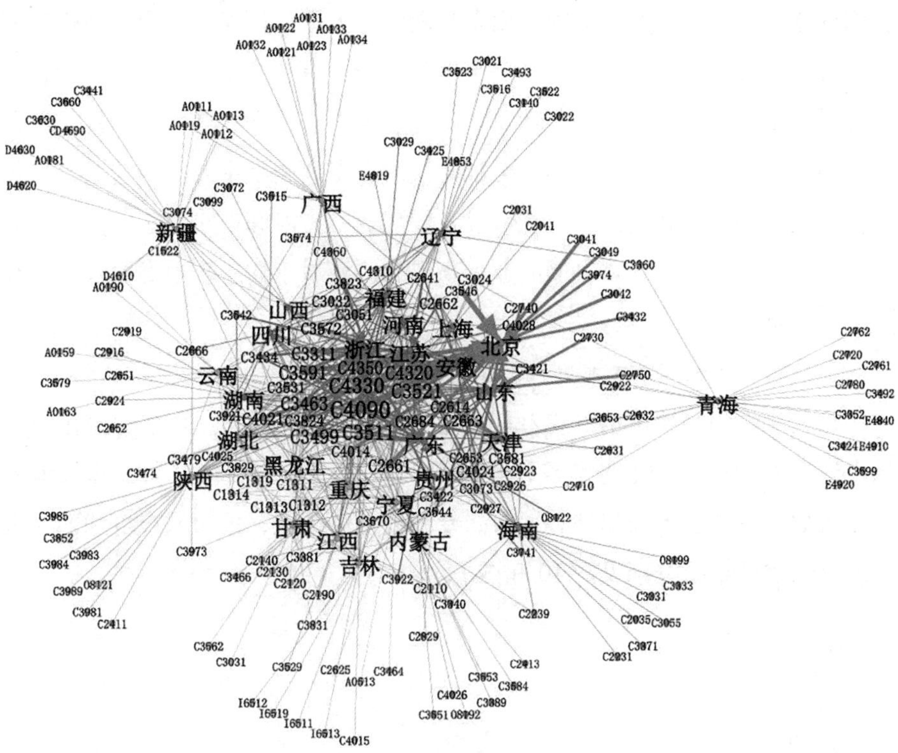

图 9　2012~2022 年外部地区流入河北的专利转移网络

资料来源：依托智慧芽商业大数据平台专利数据和 Gephi 工具自绘。

专利转移网络的核心位置。从加权出度后十名来看，专利类型主要分布在农、林、牧、渔服务业和医药制造业，这些类型的专利位于转移网络的边缘位置。

二是流入河北的专利转移网络中城市分布呈现典型的“核心-外围”结构，对河北的专利供给主要来源于经济较发达地区且专利复杂性较高，经济较落后地区的供给不足且专利复杂性较低。在流入河北的专利转移网络中，海南、内蒙古、吉林、甘肃、陕西、云南、新疆、广西、辽宁和青海处于网络的边缘位置。北京、上海、广东、山东、江苏、浙江、安徽等处于网络的核心位置。从流入河北的专利转移网络聚类结果来看，北京单独成为一个聚类模块，专利类型主要是制造业，如仪器仪表制造业，金属制品、机械和设备修理业；江苏、广东、天津、山东、浙江、上海、福建、山西、四川、河南、安徽、海南和内蒙古属于同一个聚类模块，专利类型主要是制造业，如仪器仪表制造业、专用设备制造业；吉林、陕西、甘肃、江西、宁夏、黑龙江、湖北、重庆和云南属于同一个聚类模块，专利类型主要是制造业，如仪器仪表制造业，金属制品、机械和设备修理业；青海和辽宁属于同一个聚类模块，专利类型主要是金属制品业；新疆和广西属于同一个聚类模块，专利类型主要是农业。

3. 北京流入天津的专利转移网络构建与特征分析

将天津作为当前申请（专利权）的地址节点，将其他 30 个省份作为原始申请（专利权）的地址节点，收集 2012~2022 年专利权流向天津的地域分布数据，以及流入天津核心城市的专利数量和类型，按照城市群和四大板块划分的统计结果分别见图 10 和图 11。

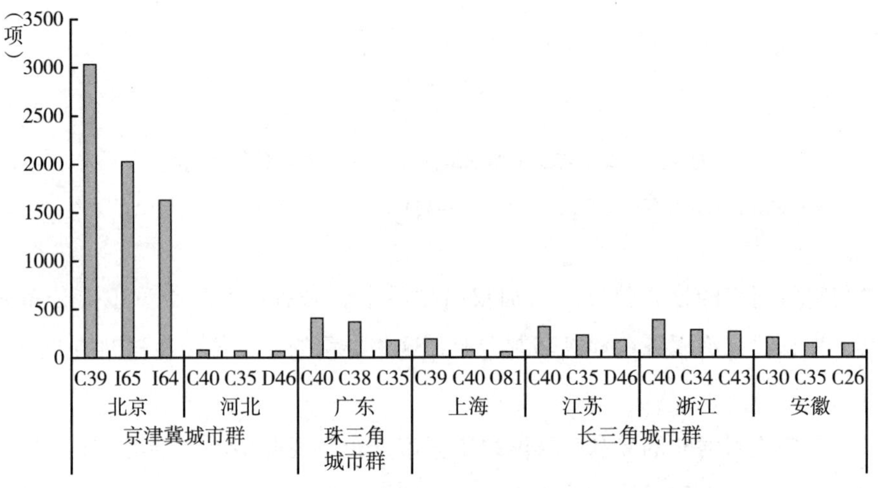

图 10　2012~2022 年三大城市群流入天津的专利数量和类型

注：C26，化学原料和化学制品制造业；C30，非金属矿物制品业；C34，通用设备制造业；C35，专用设备制造业；C38，电气机械和器材制造业；C39，计算机、通信和其他电子设备制造业；C40，仪器仪表制造业；C43，金属制品、机械和设备修理业；D46，水的生产和供应业；I65，软件和信息技术服务业；O81，其他服务业。

资料来源：笔者整理计算所得。

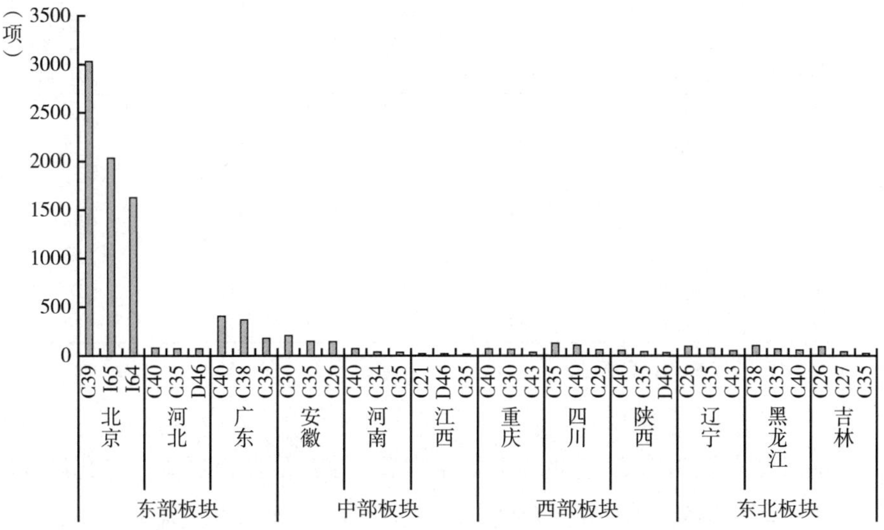

图 11　2012~2022 年四大板块流入天津的专利数量和类型

注：C21，家具制造业；C26，化学原料和化学制品制造业；C27，医药制造业；C29，橡胶和塑料制品业；C30，非金属矿物制品业；C34，通用设备制造业；C35，专用设备制造业；C38，电气机械和器材制造业；C39，计算机、通信和其他电子设备制造业；C40，仪器仪表制造业；C43，金属制品、机械和设备修理业；D46，水的生产和供应业；I64，互联网和相关服务；I65，软件和信息技术服务业。

资料来源：笔者整理计算所得。

从流入天津的专利总量来看，北京仍然是对天津科技创新辐射最强的城市，河北对天津的辐射能力不强。2012~2020 年，外部地区流入天津的专利数量排名前十的省份依次是北京（8277 项）、广东（1856 项）、浙江（1414 项）、江苏（1108 项）、山东（656 项）、安徽（619 项）、上海（551 项）、河北（396 项）、四川（373 项）和福建（361 项）（见表 12）。

表 12　2012~2022 年外部地区流入天津的专利数量及排名情况（前十名和后十名）

单位：项

排名	城市	专利数量	排名	城市	专利数量
1	北京	8277	21	云南	149
2	广东	1856	22	内蒙古	139
3	浙江	1414	23	山西	134

续表

排名	城市	专利数量	排名	城市	专利数量
4	江苏	1108	24	广西	116
5	山东	656	25	甘肃	113
6	安徽	619	26	江西	111
7	上海	551	27	贵州	102
8	河北	396	28	新疆	53
9	四川	373	29	青海	20
10	福建	361	30	西藏	20

资料来源：笔者整理计算所得。

从三大城市群流入天津的专利数量来看，京津冀城市群流入专利数量最多，长三角城市群次之，珠三角城市群最少。2012~2022年，流入天津的专利数量共18666项，其中京津冀城市群中北京和河北流入天津的专利数量为8673项，占比为46.46%；长三角城市群流入河北的专利数量为3692项，占比为19.78%；珠三角城市群中广东流入河北的专利数量为1856项，占比为9.94%。

为进一步探究天津的专利流入布局和类型特征，本报告构建流入天津的专利转移网络。该网络是由244个节点、600条边所构成的异质有向有权网络（见图12）。

通过对所构建的流入天津的专利转移网络进行特征分析，不难发现以下结论。

一是流入天津的专利转移网络中专利的类型分布呈现典型的“核心-外围”结构，流入天津的主要是先进制造业和信息技术服务业需求类型的专利。从加权入度前十名来看，专利类型主要分布在先进制造业和信息技术服务业领域，如仪器仪表制造业，计算机、通信和其他电子设备制造业，互联网和相关服务，这些类型的专利占据专利转移网络的核心位置。从加权出度后十名来看，专利类型主要分布在农、林、牧、渔业和传统制造业领域，如橡胶和塑料制品业、纺织业等，这些类型的专利位于转移网络的边缘位置。

二是流入天津的专利转移网络中城市分布呈现典型的“核心-外围”结构，对天津的专利供给主要来源于经济较发达地区，经济较落后地区的供给

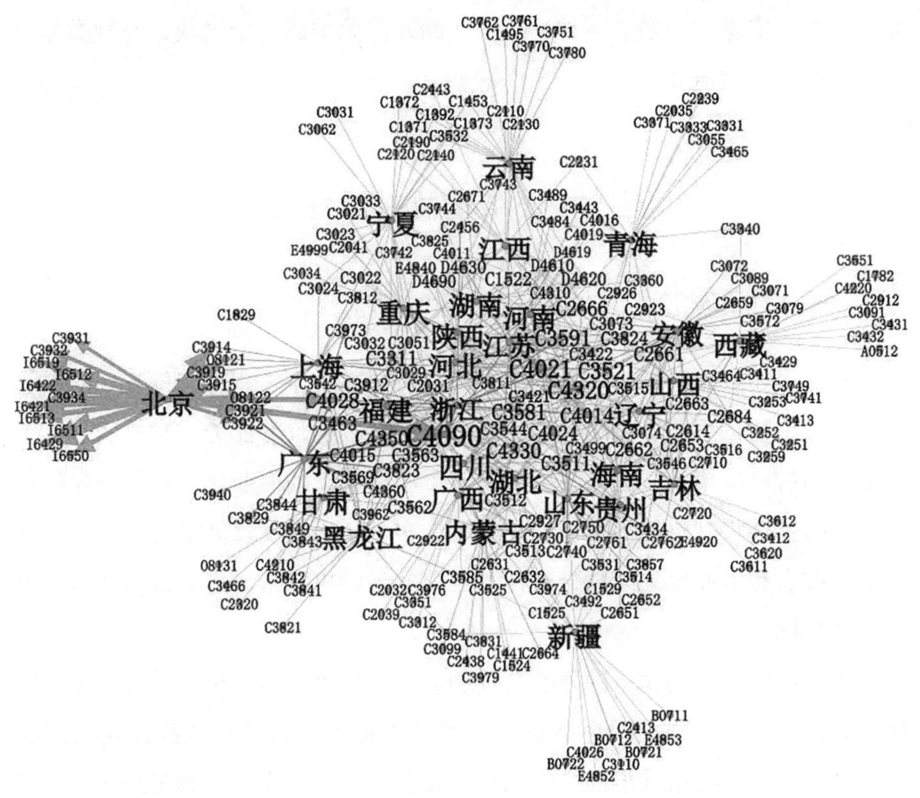

图 12　2012~2022 年外部地区流入天津的专利转移网络

资料来源：依托智慧芽商业大数据平台专利数据和 Gephi 工具自绘。

不足，城市的专利供给呈现聚类模块状态。北京、广东、浙江、江苏、山东、安徽、上海等位于专利转移网络的核心位置；相比较而言，甘肃、江西、贵州、新疆、青海、西藏等位于专利转移网络的边缘位置。从聚类结果来看，北京单独成为一个聚类模块，专利类型主要分布在先进制造业和信息技术服务业领域，如互联网和相关服务，软件和信息技术服务业，计算机、通信和其他电子设备制造业；上海、广东、浙江、福建、甘肃、山西、青海和黑龙江聚类成一个模块，专利类型主要分布在先进制造业领域，如仪器仪表制造业，金属制品、机械和设备修理业；宁夏、云南聚类成一个模块，专利类型主要分布在食品制造业领域，如农副食品加工业和食品制造业；河北、江苏、安徽、山东、吉林、辽宁、湖北等聚类成一个模块，专利类型主要是仪器仪表制造业。

五　主要结论及对策建议

（一）主要结论

通过上述研究结果可以看出，北京的科技成果转化机制面临一些挑战。第一，注重数量而非质量，导致大量低价值专利被没有能力或意愿实施的组织申请和持有。第二，风险投资不足，限制了创新的商业化。初创企业往往难以获得资金将其想法推向市场，导致许多创新无法发挥其潜力。第三，学术界、政府和工业界之间缺乏合作，目前的激励机制未能有效地协调这三个群体的目标。

为了克服这些问题，国外有几种创新模式可以借鉴。例如，硅谷模式围绕创新建立了一个强大的生态系统，风险投资家、大学和科技公司共同努力，创造投资和技术进步的良性循环。以色列的创新模式强调要高度重视商业化、冒险文化以及工业和学术研究之间的密切联系。日本的创新模式则强调长期投资、跨部门合作以及政府对研发的大力支持。通过借鉴这些成功的创新模式，并考虑北京创新生态系统的独特需求和条件，建立一个更加有效的科技成果转化机制，推动科技成果商业化。

本报告从国内层面出发，重点对京津冀城市群科技成果转化协同程度较低的现状进行深入分析，基于智慧芽商业大数据平台专利数据和国民经济商业分类 GBC 分类号，分别构建了北京流出专利转移网络、北京流入河北的专利转移网络，以及北京流入天津的专利转移网络。在此基础上，利用复杂网络模型和一系列测度指标对网络进行分析，得到 2012~2022 年北京流入全国各省份的主导专利类型，以及主要省份流入河北、天津的主导专利类型。按照聚类分析方法，探究各省份转移专利的主要需求和供给类型。根据对京津冀专利转移网络的分析可以发现，2012~2022 年，北京转移到河北的专利主要分布在传统制造业；北京转移到天津的专利主要分布在先进制造业和信息技术服务业。

（二）对策建议

1. 进一步提高科技成果转化率

一是建立一个技术转让系统，促进研究机构和企业之间的信息流动。二是增加企业获得资源的机会，政府和私营部门提供更多的资金以支持实施试点和示范项目。三是提供更加优惠的税收、金融和租赁政策以吸引投资者。四是鼓励风险投资和天使投资者参与技术项目。五是建立一个孵化器，帮助企业家启动项目并为其提供指导。

2. 加强以企业研发为主导的政策体系建设

一是明确以企业为主的研发导向，充分发挥企业在区域创新中的主体地位，采取“政府政策+龙头企业+融资担保+产业链中小企业”的发展模式，提升中小企业竞争力，完善市场主导的科技创新生态系统。二是拓展政府课题资助体系选题范围，设置企业科技发展专项课题，推动应用型课题从高校和科研院所主导向企业主导转变，更好地赋能企业发展。三是完善高校和科研院所职称评定标准，提升企业课题在职称评定中的地位和作用。四是组织区域产业创新创业大赛，通过“揭榜挂帅”在高校和科研院所发布产业实际需求，鼓励大学生和研究生团队参与创新创业，并对大赛优秀项目进行定向推广转化，可在北京大兴临空经济区试点并推广。五是针对“专精特新”企业定时推送科技前沿数据库，将北京各大高校和科研院所已发表的最新前沿成果上传数据库，并免费同步给京津冀地区企业，赋能企业更好地了解科技前沿，捕捉科技动向和成果转化对接机会。

3. 发挥各自优势打造区域创新共同体

一是鼓励清华大学、北京大学、中国科学院等知名院校和科研院所对接津冀产业实际需求，针对重点领域的科技集群，在津冀地区建立科技合作示范基地和“科技中试中心”。二是鼓励三地对当前国家重大需求（如低碳、零碳）、重大装备及关键零部件等课题和项目采取合理分工与联合攻关，通过共

同研发形成北方“比较优势”。三是建立科技人才共享机制，利用互联网平台优势定期开展线上“星期日工程师”，形成三地人才交流的有效互动机制。

4. 完善科技成果评估和定价机制

一是出台京津冀科技成果转移转化条例，完善三地科技成果转化政策体系，提升区域内科技成果转移转化能力。二是完善三地科技成果评估体系，发挥行业协会、研究会和专业评估机构在科技成果价值评价中的作用，根据科技成果转化历史数据，利用大数据技术对科技成果价值评估进行精准分类分层指导，建立科技成果转化的公开案例库，为科技成果转化的科学评估和定价提供参考。三是建立京津冀技术交易市场，举办区域“科博会”，畅通三地科技要素流通渠道。

5. 建设区域科技成果转化中介公共服务平台

一是加大力度培育技术经理人。可通过扶持技术转移转化服务机构培育技术转移转化服务专员，完善技术转移转化从业人员的资质标准和配套政策；在三地职业高校试点开设“科技转化”相关专业，培养科技成果转化人才。二是加强科技成果转移转化中介平台建设。建立科技成果的大数据推介平台，通过人工智能技术对产业科技需求和北京科技成果供给进行精准匹配，更好地实现“穿针引线”。三是依托科技行业协会等建立三地有效沟通机制。可充分利用科技行业协会建立创新链研发端和产业链需求端的有效沟通机制，降低产业链与创新链融合的效率损失。

6. 建设区域科技成果转化“区块链+众包+众筹”平台

一是打造京津冀区域性科技成果转化“众包”公共平台。京津冀地区的企业通过“众包”形式，在区域公共平台发布业务需求。京津冀地区的高校和科研院所通过领取任务实现对接，以此消除供需双方的信息不对称，更好地撮合科技成果转化双方。二是在区域公共平台基础上进一步融入“众筹”模式，融资机构通过“众筹”形式为“众包”任务进行融资，形成长期的、可追溯的捆绑式利益共同体，降低传统科技成果转化双方的对赌风险。三是在区域公共平台引入区块链技术，进一步强化科技成果转化各方的共识和信任机制。

参考文献

郝少盼、陈达:《基于 Delphi-AHP-熵权法的科技成果转化影响因素指标体系构建——以水利行业为例》,《中国高校科技》2022 年第 12 期。

霍国庆:《科技成果转化的两种基本模式》,《智库理论与实践》2022 年第 5 期。

林青宁、毛世平:《我国涉农企业科技成果转化效率提升路径研究——基于 SSBM-网络 DEA 与 Light GBM 方法》,《农业技术经济》2022 年第 5 期。

刘瑞明、金田林、葛晶、刘辰星:《唤醒“沉睡”的科技成果:中国科技成果转化的困境与出路》,《西北大学学报》(哲学社会科学版)2021 年第 4 期。

吴寿仁:《科技成果转移转化成效的影响因素及提高途径》,《创新科技》2022 年第 5 期。

禹文豪、周治:《中国科技成果转化政策有效性评价:以长三角三省一市为例》,《科技管理研究》2022 年第 23 期。

赵睿、李波、陈星星:《基于文本量化分析的金融支持科技成果转化政策的区域比较研究》,《中国软科学》2020 年第 S01 期。

B.8

京津冀创新资本流空间演变与成效分析*

叶堂林　吴明桓**

摘　要： 创新已成为当前推动我国经济高质量发展的第一动力，随着信息通信技术的发展，资源能够以流的形式实现跨区域流动，流空间将成为推动城市群创新发展的新组织形式。运用流空间相关理论与研究方法，对城市群创新格局的进展与成效进行研究，对推动城市群高质量发展具有重要的现实意义。首先，本报告借助京津冀城市群13个地级市科学技术服务业的资本互投数据，构建了基于流空间的京津冀城市群创新资本流空间网络，并运用Gephi软件进行可视化分析，直观展示了2012～2021年京津冀创新资本流空间的基本特征及演化趋势。其次，利用社会网络分析法，深入分析了京津冀创新资本流空间的宏观格局和微观特征，试图找寻当前流空间下节点城市之间的创新关联特点以及变化趋势。最后，运用面板回归分析方法，从创新能力、创新投资、人才资源、产业结构四个角度对京津冀创新资本流空间的影响因素进行研究，找寻影响节点城市创新资本输出和创新资本输入的关键要素，进而为推动京津冀创新资本流空间的进一步发展，以及更好地实现创新驱动发展提供参考。研究发现，京津石“三足鼎立”

* 本报告为北京市社会科学基金重点项目“京津冀发展报告（2023）——国际科技创新中心助推区域协同发展”（22JCB030）、北京市自然科学基金面上项目“京津冀创新驱动发展战略的实施路径研究——基于社会资本、区域创新及创新效率的视角”（9212002）的阶段性成果。

** 叶堂林，经济学博士，首都经济贸易大学特大城市经济社会发展研究院（首都高端智库）执行副院长，特大城市经济社会发展研究省部共建协同创新中心（国家级研究平台）执行副主任，教授、博士生导师，研究方向为区域经济、京津冀协同发展等；吴明桓，首都经济贸易大学城市经济与公共管理学院硕士研究生，研究方向为区域经济。

的流空间格局基本形成，节点城市之间的创新关联愈加紧密；京津冀创新资本流空间结构日趋复杂，关联数量和关联强度提升趋势明显；京津石在创新资本流空间中占据重要地位，节点城市之间的地位差距逐年缩小；节点城市的独立性特征愈加明显，推动信息利用效率提升和流空间发展；京津石三地的资源控制能力凸显，创新资本流空间资源分布趋于协调稳定；京津石构成规模最大的创新关联子系统，子群内部成员创新关联程度提升显著。由此提出以下对策建议：一是应借助核心城市的力量带动外围城市实现更多创新互动，优化区域创新流空间结构；二是应持续推进京津冀实现区域间创新协同发展，构建多元主体相互协调支撑的区域创新流空间；三是应积极推动产业链与创新链的有机融合，形成产业升级与技术研发互为供求的发展模式；四是应加强科技人才的培育和引进，积极打造创新人才高地。

关键词： 京津冀　创新资本　流空间　社会网络分析法

一　研究背景与研究意义

（一）创新成为促进我国经济社会发展的主要引擎，加快落实创新驱动发展战略对推动我国经济高质量发展具有重要意义

当前，我国经济发展进入新常态，传统经济增长模式中以要素投入和扩大投资规模来驱动经济增长的逻辑已经无法满足高质量发展的需求，创新驱动成为当前乃至未来引领经济持续增长的主要动力源。党的十八大首次提出创新驱动发展战略，将科技创新摆在国家发展全局的核心位置；党的十九大进一步明确了创新在引领经济社会发展中的重要地位，并将创新驱动作为一项基本国策；党的二十大再次强调要加快实施创新驱动发展战略。党的十八

大以来，我国科技创新水平快速提高，研发经费保持较快增长态势。根据《2021 年全国科技经费投入统计公报》，2012～2021 年，我国研发经费从 1.03 万亿元增加至 2.79 万亿元，研发投入强度从 1.91%提高至 2.44%，已接近 OECD 国家新冠肺炎疫情前（2019 年）2.47%的平均水平。同时，以专利数量衡量的国内创新产出也在快速增长，中国在许多重要科技领域的技术实力已达到世界前沿水准。世界知识产权组织（WIPO）发布的《2022 年全球创新指数报告》显示，中国排名第 11，位居 36 个中高收入经济体之首。由此可见，创新已经成为当前推动区域经济增长、实现高质量发展、提升我国综合国力和国际竞争力的重要抓手，创新驱动已经成为我国经济发展的主要引擎。

（二）城市群是创新活动产生的重要空间载体，推动以城市群为主体的创新发展对落实创新驱动发展战略具有重要意义

创新活动的产生需要依赖一定的空间载体，通过空间实现要素资源的高度集中和高效扩散，创新活动的价值才能最终得以实现。城市群作为由区域空间和自然因素、社会因素构成的一体化城市集群区域，是当前城市化发展的重要空间形式。以城市群为创新载体，能够推动城市群内部创新要素资源的高效整合，使得城市群内部各个创新主体通过良性互动和协同合作形成一种长期的、稳定的、共赢的关系，有利于城市群整体创新能力的显著提升。推动城市群创新发展，是落实我国创新驱动发展战略的关键一环。《中华人民共和国国民经济和社会发展第十三个五年规划纲要》明确提出“十三五”期间要以城市群为主体形态，加快建设全国 19 个城市群；2019 年，习近平总书记在中央财经委员会第五次会议上指出，经济发展的空间结构正在发生深刻变化，中心城市和城市群正在成为承载发展要素的主要空间形式；党的二十大报告再次强调了城市群的重要性，要求以城市群、都市圈为依托构建大中小城市协调发展格局。在国家层面，城市群发展已经占据战略主导地位。在新时代背景下，为了进一步推动北方以创新驱动经济发展，完成经济转型升级，应充分发挥京津冀城市群作为经济发展载体的重要作用。

（三）流空间成为当前及未来城市群创新的新组织形态，加快城市群创新流空间形成对推动城市群以创新带动经济发展具有重要意义

信息通信技术的发展改变了人类的信息交流方式及其在社会经济活动中的时空关系。城市本质由“城市的内部组织关系”发展为城市作为空间中节点，这些节点与其他节点之间的相互作用和联系状况变得更加重要。在此背景下，“流空间”这种新的空间组织形式逐步取代原有的场所空间，成为区域间沟通交流的新组织形态。此时，创新要素和资源能够以更低的成本和更灵活的形态在区域内自由流动，有利于实现资源高效利用和技术高效转化。同时，创新主体依托平台与多个主体对接，实现了创新主体的高效联结，最大限度地汇集了创新资源，有助于在重大创新难题上实现突破。这种更灵活的流通形式使得城市之间的创新关联得到加强，城市创新联系的载体和格局也开始发生巨大变化，城市之间的创新关联以实体流和虚拟流的形态形成更加深入复杂的经济联系，最后在一定空间范围内形成创新联系紧密、要素流动密集的创新流空间形态。在京津冀城市群内形成创新要素流空间，有利于城市群内创新主体进一步打破沟通壁垒，实现创新要素、资源整合效率的全面提升，以新的空间形式进一步强化城市群内的创新关联，有利于进一步实现创新能力突破。

创新已经成为当前推动我国经济高质量发展的第一动力，随着信息通信技术的发展，资源能够以流的形式实现跨区域流动，流空间将成为推动城市群创新发展的新的组织形式。运用流空间相关理论与模型，对城市群创新格局的进展与成效进行分析，对推动城市群高质量发展具有重要的现实意义。本报告基于流空间的视角，对京津冀城市群创新资本流空间进展与成效进行分析，梳理当前创新资本流空间的格局分布和节点网络的作用机理，有助于厘清京津冀城市群创新资本流空间下的城市体系结构以及各城市的创新流空间地位。进一步地，通过对影响创新流空间的关键因素进行探究，分析创新流空间的优化路径，有助于推动京津冀城市群协同创新，对推动京津冀城市群实现高质量发展具有重要的现实意义。

二　文献综述与研究框架

（一）文献综述

1. 关于创新内涵的研究现状

约瑟夫·熊彼特首次提出了创新的概念，认为创新就是“建立一种新的生产函数”，即“生产要素的重新组合”（约瑟夫·熊彼特，2015）。我国学者也从不同角度对创新的内涵进行了界定。如经济学领域学者认为技术创新是研究生产力的发展和变化（董景荣、周洪力，2007）；管理学领域学者认为创新是包括科技、组织、商业和金融等在内的一系列活动的综合，是创新主体开发新的资源以及对现有资源进行重新整合或更高效能使用的社会过程（刘凤朝，2000）；社会学领域学者认为技术创新是一种新思想和技术活动实现成功应用的整个过程，它不仅是一个物质层面的创造工作，更是一个复杂的社会学过程（刘劲杨，2002）。

2. 关于流空间的理论研究现状

流空间的概念最早由卡斯特（Castells）提出，他将流空间看作通过流动而运作的共享时间之社会实践的物质组织（Castells，1996）。事实上，传统区域理论中的“工业区位论”和“中心地理论”等都曾有“流要素”带来产业布局与地域空间格局变化的阐释。传统区域理论中强调的是“流要素”的条件、意义，而实际上“流要素”的运动及其地域组合本身就表现为流空间的过程。

此后，国内外相关研究不断走向深入，主要涉及时空观、空间构成以及流空间的结构模式等方面。在时空观与空间构成方面，随着新时空观研究的展开，全球数字网络的发展使得空间开始表现出强烈的数字化特征，学者们进而开始对空间的形式进行深入研究，网络空间、流空间等词语的出现，表明城市间的物质联系在很大程度上不再取决于地理距离，而是处于物质的流动过程中（Flusser，1991）。在流空间的结构模式方面，学者大多从几何层面的空间结构角度出发，认为空间由点、线、面三种要素的不同组合构成，并开始通过关系型数据对流空间进行描述（Graham，1996）。国内学者对流空间的研究大多注重区域空间的理性重构，从地理学或传统中心地理论的视角对流空间进行解释，通过节点、联系、格局等不同层次对流空间下的城市群变形结构进行识别，进而揭示我国区域的空间重构（王士君等，2019）。也有学者基于反身性视角对空间建构进行诠释，表明个体行动与区域网络结构韧性具有地域反身性（王钊等，2017）。

3. 关于流空间的实证研究现状

在实证研究层面，国内外学者主要基于各种有向的流数据或移动数据的变化规律构建城市网络进行结构分析，以此揭示城市运动的空间特征。一方面，很多学者对旅游流空间的结构进行了研究，主要通过观察法、旅游者时空账户、现代追踪技术对旅游流数据进行收集，并运用地理学相关概念和理论，通过中心性分析、相关性分析、AOI 空间识别、社会网络分析等方法，利用 Gephi、Ucinet、ArcGIS 等软件，对区域旅游流空间的结构和演化过程进行分析（Roth et al.，2010；刘大均、陈君子，2020）。另一方面，流空间的发展为学者们探索城市群空间结构提供了新的思路。从流空间的视角，学者们基于信息流、交通流构建流空间网络，对城市群空间联系特征与演进趋势进行重构分析，主要采用复杂网络分析、社会网络分析、空间自相关分析等方法探究流数据网络特征（李苑君等，2021；胡昊宇等，2022）。

4. 研究评述

通过梳理创新内涵、城市群创新以及流空间的相关研究可以发现，城市群对创新发展的重要意义得到了学术界的广泛认同，并且基于信息化、全球化背景下的区域流空间组织研究逐渐受到国内外学术界的关注。现有城市群创新和流空间有关研究成果为本报告提供了重要参考，但在研究内容与研究视角两方面仍存在进一步拓展的空间。从研究内容来看，探究城市群创新的学者大多从单一时间维度分析了创新网络的格局特征，忽略了不同时间阶段创新网络格局的演化情况。同时，学者们只是基于创新格局的表象特征提出可行的优化路径，忽略了其他因素对创新格局的影响。从研究视角来看，研究城市群创新的学者仅从专利数量的固定指标角度衡量创新能力，忽略了信息通信技术发展背景下创新资源跨区域流动带来的创新能力提升。

因此，一方面，本报告通过增加 2012 年、2015 年、2018 年、2021 年四个时间截面，分析不同时间阶段创新流空间的格局演化特征，并探寻创新流空间的影响因素。另一方面，本报告基于流空间的视角，利用科学研究与技术服务业的资本有向流数据，对京津冀城市群创新资本互投的空间特征进行分析，在一定程度上弥补了现有研究视角和研究内容的局限。

（二）分析框架

首先，本报告利用 2012~2021 年京津冀城市群创新资本互投矢量数据，以 13×13 的创新资本互投矩阵构建了京津冀创新资本流空间网络。其次，运用社会网络分析法，借助 Gephi 和 Ucinet 软件，对 2012 年、2015 年、2018 年、2021 年四个时间截面下流空间的整体样貌进行可视化分析，并从宏观和微观两个层面探究其结构特征以及演化趋势，试图总结当前京津冀创新资本流空间的基本格局和发展短板。最后，从科技人才资源、产业结构、本地创新投资水平、创新能力四个层面，利用面板回归分析了影响京津冀创新资本流空间特征演化的因素，从而为推动京津冀创新资本流空间实现结构优化提供思路，为推动京津冀城市群实现创新发展提供对策建议。

三　研究方法与数据来源

（一）研究方法

1. 社会网络分析法

社会网络分析法是探究社会角色之间结构关系和属性的规范与方法。社会网络分析法将社会看作一个相互关联的网络，网络中的节点之间存在互动联系，通过对网络进行分析进而探讨社会关系的结构及属性。社会网络研究既包括了整个网络之间的结构特征，也包括了各个节点在整个网络中的地位以及节点与节点之间的作用特点。近年来，社会网络分析法逐渐被应用于地理经济学、城市经济学等学术领域，学者们利用该方法从事大量有关流空间、网络空间的研究，其中包括城市经济网络、企业网络、旅游网络和交通网络等。社会网络分析法为研究城市群流空间格局提供了分析工具，通过 Gephi 和 Ucinet 软件能够直观清晰地展现城市群流空间的结构特征，并对其节点特征进行描绘。

一是流空间的宏观结构特征分析，包括平均度、平均路径长度、网络密度、平均聚类系数。其中，平均度侧重于探求一个空间中各个节点的直接关联程度。平均路径长度能够体现出流空间中任意两个节点的联通特性，距离越小表明联系越紧密。网络密度侧重于测算整个流空间的结构密集度，网络中连接数越多，密度越大。平均聚类系数侧重于描述流空间中节点之间连接的紧密程度。

二是流空间的微观结构特征分析，包括特征向量中心度（Eigenvector Centrality）、接近中心度（Closeness Centrality）、中介中心度（Betweenness Centrality）、凝聚子群（Cohesive Subgroup）分析。其中，特征向量中心度往往根据某一节点的邻居节点数量和重要性来判断该节点的重要程度。$EC_i = x_i = c\sum_{j=1}^{n} a_{ij} x_j$，$x_i$ 表示节点 i 的重要性，c 为比例常数，记 $x = [x_1, x_2, x_3, \cdots, x_n]^T$，经过多次迭代达到稳态时，可以写成如下矩阵形式：$x=cAx$。这里的 x 表示矩阵 A 的特征值c^{-1}对应的特征向量。接近中心度反映某一节点的独立性特征，一个节点离其他节点越近，那么该节点越容易到达其他节点，因此在网络中越容易处于核心地位。公式为：$d_i = \frac{1}{n-1}\sum_{j\neq i} d_{ij}$，$CC_i = \frac{1}{d_i} = \frac{n-1}{\sum_{j\neq i} d_{ij}}$。这个节点的接近中心度是基于该节点到网络中其余所有节点的最短路径之和。中介中心度用于衡量节点对资源的控制力。若一个节点处于许多其他节点对的捷径（最短路径）上，就表明该节点具有较高的中介中心度。凝聚子群分析的目的是研究行动者之间关系的紧密程度。$BC = \sum \frac{d_{st}(\ )}{d_{st}}$，$d_{st}$表示 s 到 t 的最短路径数量，d_{st}（）表示 s

到 t 的最短路径中经过节点的数量。凝聚子群分析是为了揭示社会行动者之间实际存在的或者潜在的关系。当网络中存在凝聚子群，且凝聚子群密度较大时，说明处于凝聚子群内部的这些主体之间联系紧密，拥有更频繁的信息交互与合作。

2. 面板回归分析法

本报告通过构建固定效应回归模型对京津冀创新资本流空间的影响因素进行探究。具体构建模型如下：

$$y_{it} = \beta_c + \beta_1 a_{it} + \beta_2 b_{it} + \beta_3 c_{it} + \beta_4 d_{it} + \mu_i + \varepsilon_{it} \tag{1}$$

其中，y 为被解释变量，a、b、c、d 表示不同的影响因素，μ_i 为个体固定效应，ε_{it} 为随机误差项。

（二）数据来源

流空间构建方面，选用龙信企业大数据平台中北京、天津、保定等13 个城市科学技术服务业的资本互投数据，经过处理得到 13×13 的有向流数据矩阵，进而构建京津冀创新资本流空间网络。影响因素分析方面，选用科研、技术服务和地质勘查业从业人员数表示科技人才储备情况，选取第一产业增加值与第三产业增加值的比值表示产业结构水平，选取科学技术支出额表示创新投资水平，选取新增发明专利数量表示创新能力水平。其中，科研、技术服务和地质勘查业从业人员数，第一产业增加值与第三产业增加值的比值，科学技术支出额数据均来自《中国城市统计年鉴》，新增发明专利数量数据来自龙信企业大数据平台（见表 1）。

表 1　指标选取及数据来源

指标名称	数据名称	数据来源
创新资本输出水平	创新对外投资金额	龙信企业大数据平台
创新资本输入水平	吸收外地创新投资金额	龙信企业大数据平台

续表

指标名称	数据名称	数据来源
科技人才储备情况	科研、技术服务和地质勘查业从业人员数	《中国城市统计年鉴》
产业结构水平	第一产业增加值与第三产业增加值的比值	《中国城市统计年鉴》
创新投资水平	科学技术支出额	《中国城市统计年鉴》
创新能力水平	新增发明专利数量	龙信企业大数据平台

资料来源：笔者整理所得。

四　京津冀城市群创新流空间结构特征及演化分析

（一）京津冀城市群创新资本流空间宏观结构特征

1. 京津石“三足鼎立”的流空间格局基本形成，节点城市之间的创新关联愈加紧密

从流空间的整体结构特征来看，京津冀城市群创新资本流空间变化显著，基本形成了京津石“三足鼎立”的空间格局。2012 年，京津冀创新资本流空间的节点城市之间联系较为松散，但北京的中心地位凸显，天津为第一个次中心。2015 年，北京与天津的创新资本互通日趋紧密，石家庄与其他地区的创新关联显著增强，逐渐成为京津冀创新资本流空间的第二个次中心。2018 年，京津冀创新资本流空间的整体结构进一步复杂化，13 个节点城市之间的创新资本关联愈加紧密，形成了以北京为中心，以天津、保定、石家庄为多个次中心的“一核多枢”的空间特征。2021 年，京津冀创新资本流空间结构趋于稳定，以北京为中心，以天津、石家庄为次中心的“三足鼎立”的基本局面已经形成，保定、邢台、沧州、唐山等多个节点城市在流空间中具有一定的地位与作用，秦皇岛、衡水、承德则仍处于流空间的结构边缘（见图 1）。

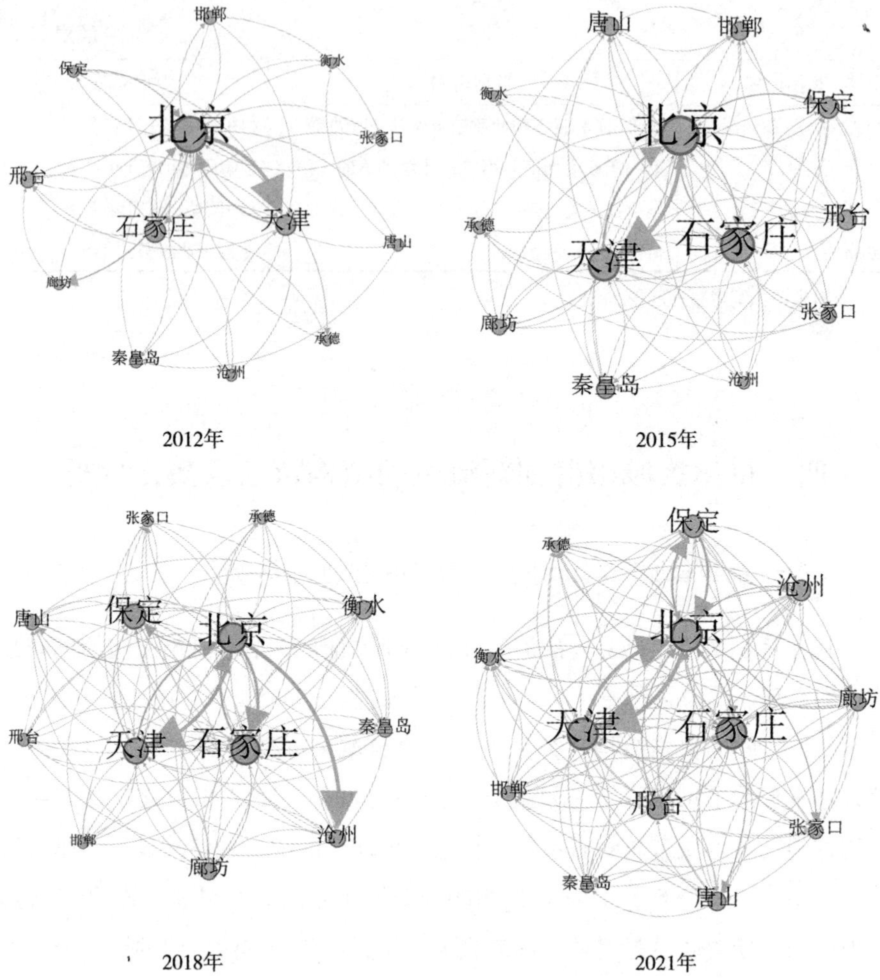

2012年　　2015年

2018年　　2021年

图 1　2012 年、2015 年、2018 年和 2021 年京津冀创新资本流空间结构特征变化情况

资料来源：笔者运用 Gephi 软件生成。

从节点城市之间的关联情况来看，京津冀创新资本流空间中各个节点之间的创新关联愈加紧密，京津两地已与所有节点城市实现双向创新关联。2012 年，北京的出度、入度分别为 11、10，总度值列京津冀城市群首位，其他节点城市与北京的差距明显，说明北京与大部分节点城市建立了创新关联，但其他节点城市之间则未建立联系。2015 年，北京的总度值首次达到24，意味着北京已经与京津冀创新资本流空间中的所有节点城市建立了双向创新关联，北京不仅会将创新资本向其他12个节点城市输出，而且会吸收这12个节点城市的创新资本。石家庄、天津、保定、邢台、邯郸、唐山、秦皇岛7个节点城市的总度值较高。2018年，京石两地实现了与流空间中所有节点城市建立创新关联，其他节点城市的总度值也在持续增加。2021年，京津两地实现了与流空间中所有节点城市建立双向创新关联，且流空间中大部分节点城市之间已形成稳定的双向创新关联（见表2）。

表2　2012年、2015年、2018年和2021年京津冀创新资本流空间节点城市总度值变化情况

城市	2012年	2015年	2018年	2021年
保定	4	12	20	21
沧州	4	6	14	15
承德	3	6	9	17
邯郸	5	10	9	19
衡水	3	5	15	17
廊坊	3	8	14	18
秦皇岛	5	10	12	18
石家庄	11	21	24	21
唐山	4	10	13	18
天津	10	19	21	24
邢台	7	11	11	13
张家口	4	8	10	17

资料来源：笔者运用Gephi软件计算得出。

2. 京津冀创新资本流空间结构日趋复杂，关联数量和关联强度提升趋势明显

运用Gephi 0.10.1软件，同样计算出了京津冀创新资本流空间的平均度、平均路径长度、网络密度、平均聚类系数，从不同视角反映了流

空间宏观结构的演化趋势，发现京津冀创新资本流空间的整体结构朝着不断复杂化的方向发展，各个节点城市之间的创新关联数量和关联强度均得到了显著提升，意味着流空间内节点城市之间的创新联系愈加紧密，不仅有利于创新资源和信息的高效流通，而且有利于促成更多的创新合作。

空间网络中的平均度和平均路径长度可以反映一个空间中各节点城市之间实现创新关联的便捷程度，侧重于网络可达性的探究。从平均度的发展趋势来看，2012～2021 年，京津冀创新资本流空间的平均度依次为 3.231、4.308、5.154、5.769、6.692、7.692、7.538、7.462、8.846、8.923，总体呈现逐年递增的态势，说明京津冀创新资本流空间中的节点城市与其他节点城市之间的直接关联程度逐渐提高，有利于创新合作强度和信息流通性的提升。从平均路径长度的发展趋势来看，2012～2021 年，京津冀创新资本流空间的平均路径长度依次为 1.771、1.673、1.571、1.519、1.442、1.359、1.372、1.378、1.263、1.256，总体呈现逐年缩短的稳定态势，表明 2021 年流空间中的每个节点平均只需通过 1.256 个节点就可以与其他节点发生关联，说明京津冀创新资本流空间的整体传输性能和效率显著提升，流空间网络的可达性较高。

网络密度和平均聚类系数可以反映一个空间中各个节点之间联系的紧密度，侧重于关联密集度的探究。从网络密度的发展趋势来看，2012～2021 年，京津冀创新资本流空间的网络密度依次为 0.269、0.359、0.429、0.481、0.558、0.641、0.628、0.622、0.737、0.744，总体呈现逐年递增的稳定态势，意味着京津冀创新资本流空间的结构日趋复杂，节点城市之间的创新资本互投日趋紧密，创新合作越来越多，创新资源流通性逐渐提升。从平均聚类系数的发展情况来看，2012～2021 年，京津冀创新资本流空间的平均聚类系数依次为 0.575、0.729、0.755、0.709、0.687、0.711、0.745、0.741、0.776、0.788，基本呈现逐年递增的态势，且逐渐趋近于 1，说明京津冀创新资本流空间的节点之间连接紧密，并呈现小世界特征①。2012~2021 年京津冀创新资本流空间宏观结构演化趋势见图 2。

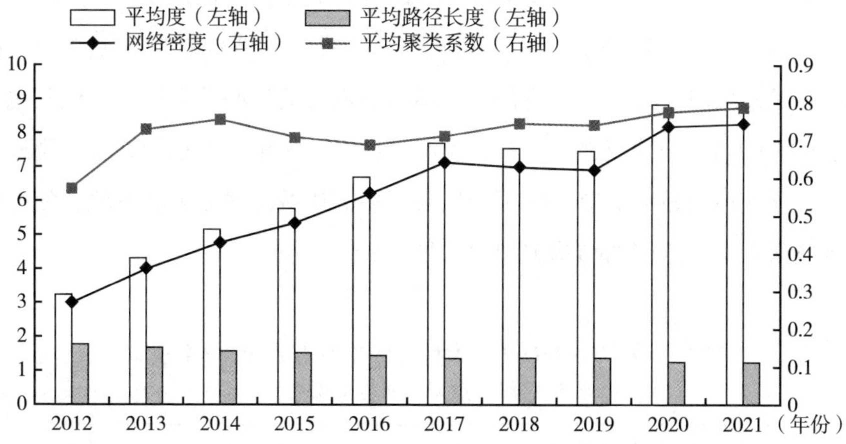

图 2　2012~2021 年京津冀创新资本流空间宏观结构演化趋势

资料来源：笔者整理所得。

（二）京津冀城市群创新资本流空间微观结构特征

1. 京津石在创新资本流空间中占据重要地位，节点城市之间的地位差距逐年缩小

从特征向量中心度的发展现状来看，2021 年，特征向量中心度在京津冀城市群创新资本流空间中居前三位的分别是北京、天津、石家庄，在创新资本流空间中占据重要地位。沧州、承德、衡水的特征向量中心度在 0.80 及以上，说明这些节点城市与周边建立了较为密切的创新资本联系，在京津冀创新资本流空间中同样具有较高的地位。从特征向量中心度的发展趋势来

① 小世界特征（Small-World Effect），即在社会网络中，多数节点只拥有少量与其他节点的联系，被称作“长程联系”（Long Range Correlation），这些数量少但聚集度高的节点在与其他社会节点的联系中起着中心角色的作用。同时，人们往往只与自己相邻的朋友、熟人或同事保持频繁联系，被称作“局域联系”。这种由拥有大量“局域联系”和“长程联系”的节点构成的平均路径短、点聚集度大的网络叫作“小世界网络”。

看，2012~2021 年，京津冀城市群中大部分节点城市的特征向量中心度增长明显，保定、沧州、承德、邯郸、衡水、廊坊、石家庄、天津、张家口均呈现明显的递增态势，仅秦皇岛呈现下降趋势，北京始终保持稳定，唐山与邢台波动较为明显（见表 3）。由此可见，北京在京津冀创新资本流空间中的地位并未发生较大改变，始终是流空间中最重要的核心节点城市。但其他边缘节点城市的关联地位逐年上升，说明其他节点城市与北京的地位差距逐渐缩小，原先地位较低的节点城市开始与更多邻居城市建立创新关联，使得京津冀创新资本流空间的结构愈加紧密复杂。

表 3　2012 年、2015 年、2018 年和 2021 年京津冀创新资本流空间节点城市特征向量中心度

城市	2012 年	2015 年	2018 年	2021 年
保定	0.25	0.54	0.90	0.77
北京	1.00	1.00	1.00	1.00
沧州	0.31	0.41	0.69	0.85
承德	0.37	0.52	0.42	0.80
邯郸	0.25	0.63	0.46	0.75
衡水	0.44	0.28	0.81	0.80
廊坊	0.25	0.36	0.52	0.61
秦皇岛	0.62	0.57	0.61	0.47
石家庄	0.49	0.84	1.00	1.00
唐山	0.25	0.72	0.49	0.61
天津	0.75	0.86	0.85	1.00
邢台	0.69	0.49	0.71	0.68
张家口	0.44	0.36	0.61	0.73

资料来源：笔者运用 Gephi 软件计算得出。

2. 节点城市的独立性特征愈加明显，推动信息利用效率提升和流空间发展

从接近中心度的发展现状来看，2021 年，接近中心度在京津冀创新资本流空间中居前三位的分别是北京、天津、石家庄，接近中心度均为 1.00，

说明这些核心节点城市与流空间中其他节点城市均能建立直接的创新联系，使得信息的传递效率更高，创新资源利用更加充分。不仅如此，流空间中大部分节点城市呈现较高的接近中心度特征，说明这些节点城市已经具有较高的独立性，这会使得整个流空间结构的稳定性更强，创新资源的运行效率更高。从接近中心度的发展趋势来看，2012~2021 年，京津冀创新资本流空间中大部分节点城市的接近中心度增长趋势明显，保定、沧州、邯郸、衡水、廊坊、秦皇岛、石家庄、唐山、天津、邢台、张家口均呈现显著的递增态势，北京基本保持稳定，承德出现轻微波动（见表 4）。由此可见，北京的信息独立性始终处于较强地位，与流空间中任意节点城市的距离都很近，不需要依赖其他节点城市就能实现创新资源的传递，因此拥有最为高效直接的信息传输能力。除此之外，随着其他节点城市信息独立性的逐渐增强，它们逐渐摆脱对北京、天津等核心节点城市的依赖，实现了更多直接的创新信息互通，这些节点城市的自身发展也不再受限，极大地推动了信息利用效率的提升和创新资本流空间格局的演化。

表 4　2012 年、2015 年、2018 年和 2021 年京津冀创新资本流空间节点城市接近中心度

城市	2012 年	2015 年	2018 年	2021 年
保定	0.57	0.71	0.86	0.86
北京	0.92	1.00	1.00	1.00
沧州	0.55	0.57	0.71	0.75
承德	0.50	0.52	0.63	0.60
邯郸	0.60	0.60	0.63	0.71
衡水	0.00	0.57	0.67	0.63
廊坊	0.52	0.63	0.80	0.80
秦皇岛	0.50	0.63	0.63	0.80
石家庄	0.75	0.92	1.00	1.00
唐山	0.55	0.57	0.75	0.86
天津	0.60	0.80	0.92	1.00
邢台	0.46	0.71	0.60	0.92
张家口	0.50	0.63	0.60	0.71

资料来源：笔者运用 Gephi 软件计算得出。

3. 京津石三地的资源控制能力凸显，创新资本流空间资源分布趋于协调稳定

从中介中心度的发展现状来看，2021 年，中介中心度在京津冀创新资本流空间中居前三位的分别是北京、石家庄、天津，中介中心度均为 9.39，且与其他节点城市相比优势明显，说明北京、石家庄、天津在创新资源和信息的控制力方面拥有绝对地位，是其他非核心节点城市之间实现创新联系的关键途径。其他非核心节点城市的中介中心度仍较低，如承德为 0.67，衡水为 0.29，秦皇岛为 0.27，张家口为 0.58，说明这些节点城市仍处于流空间中的结构边缘，无法实现对大量信息和资源的收集，不利于这些节点城市实现有效、快速的创新突破。从中介中心度的发展趋势来看，流空间中大部分节点呈现中介中心度稳定递增的态势，2012~2021 年，保定、沧州、承德、邯郸、衡水、廊坊、秦皇岛、唐山、张家口 9 个节点城市的中介中心度显著提升，而北京、石家庄、天津、邢台 4 个节点城市的中介中心度则有所下降（见表 5）。由此可见，最初处于流空间结构边缘的节点城市逐渐拥有了对创新资源的控制能力，且这些边缘节点城市与北京、石家庄、天津的资源控制力差距明显缩小，意味着创新资源分布得到优化，京津冀创新资本流空间的结构正朝着协调、稳定的方向发展。

表 5　2012 年、2015 年、2018 年和 2021 年京津冀创新资本流空间节点城市中介中心度

城市	2012 年	2015 年	2018 年	2021 年
保定	0.00	2.67	8.83	2.09
北京	86.17	39.23	16.27	9.39
沧州	0.00	0.00	1.09	1.98
承德	0.00	0.00	0.14	0.67
邯郸	0.00	0.64	0.00	1.30
衡水	0.00	0.00	1.66	0.29
廊坊	0.00	0.56	1.21	1.58
秦皇岛	0.00	0.48	1.36	0.27
石家庄	12.17	19.89	16.27	9.39

续表

城市	2012 年	2015 年	2018 年	2021 年
唐山	0.00	0.50	1.03	1.03
天津	10.17	16.17	9.63	9.39
邢台	2.50	0.48	0.00	2.06
张家口	0.00	0.39	0.52	0.58

资料来源：笔者运用 Gephi 软件计算得出。

4. 京津石构成规模最大的创新关联子系统，子群内部成员创新关联程度提升显著

为探究京津冀创新资本流空间的聚类特征，进一步揭示节点城市之间存在的实际联系和潜在联系，本部分采用 Ucinet 6.0 中的 CONCOR 模块分析方法，设置最大分割深度为 2，收敛标准为 0.2，将京津冀创新资本流空间简化为块模型（见图 3）。京津冀创新资本流空间的子群结构变化较明显，各个子群内部成员变动幅度较大，但各个子群的密度明显增大，说明虽然流空间中的子群结构依旧不够稳定，但子群中各个成员之间的关联关系愈加紧密，创新沟通愈加频繁。

从凝聚子群的数量和成员结构来看，2012 年，京津冀创新资本流空间被分为 4 个子群，其中第一子群形成了以北京为核心、邢台为节点的最大规模子系统；第二子群由张家口、沧州、衡水、承德、秦皇岛构成子系统；第三子群由天津、石家庄、唐山构成子系统；由廊坊、保定、邯郸构成的第四子群规模最小。2015 年，京津冀创新资本流空间的第二层级依旧为 4 个子群，但各个子系统的结构发生了较大变化。北京凭借自身强大的创新资源，形成了最具独立性和规模性的创新子系统，天津和石家庄也快速崛起，一跃组成仅次于北京的第二大规模的子系统。2018 年，京津冀创新资本流空间的整体创新关联度明显提高，表现为第二层级仅有 3 个子群。其中，北京不再拥有较强的独立性，而是以石家庄为次中心共同组成规模最大的第一子群；位列第二子群的成员明显增多。2021 年，京津冀创新资本流空间的子系统结构进一步

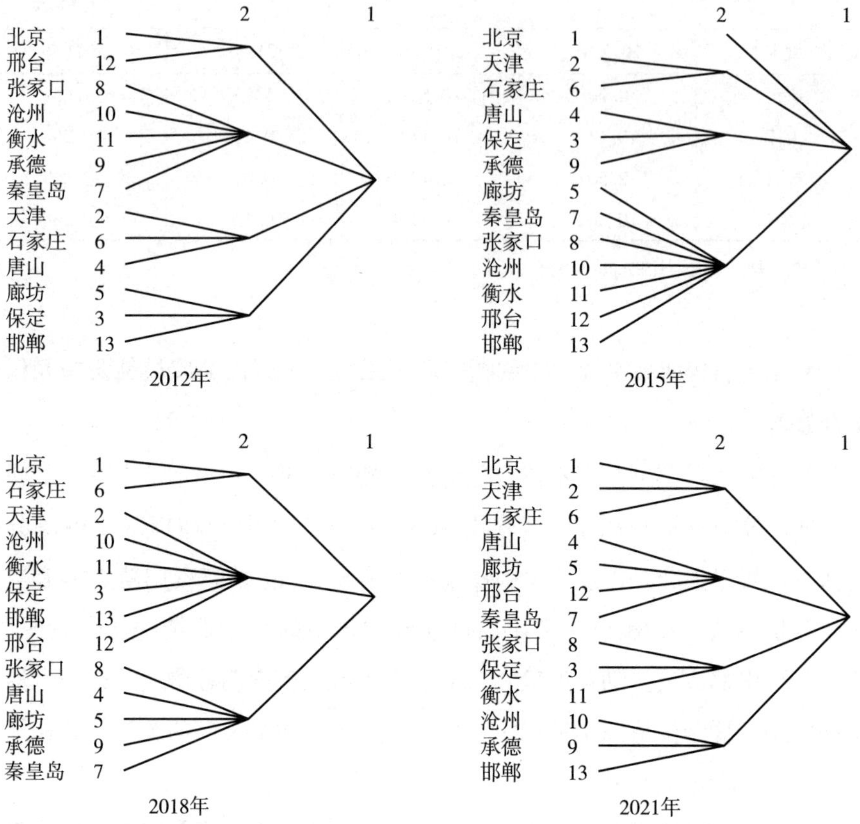

2 1
北京 1
邢台 12
张家口 8
沧州 10
衡水 11
承德 9
秦皇岛 7
天津 2
石家庄 6
唐山 4
廊坊 5
保定 3
邯郸 13
2012年

2 1
北京 1
天津 2
石家庄 6
唐山 4
保定 3
承德 9
廊坊 5
秦皇岛 7
张家口 8
沧州 10
衡水 11
邢台 12
邯郸 13
2015年

2 1
北京 1
石家庄 6
天津 2
沧州 10
衡水 11
保定 3
邯郸 13
邢台 12
张家口 8
唐山 4
廊坊 5
承德 9
秦皇岛 7
2018年

2 1
北京 1
天津 2
石家庄 6
唐山 4
廊坊 5
邢台 12
秦皇岛 7
张家口 8
保定 3
衡水 11
沧州 10
承德 9
邯郸 13
2021年

图 3　2012 年、2015 年、2018 年和 2021 年京津冀创新资本流空间凝聚子群分布情况

资料来源：笔者运用 Ucinet 6.0 软件生成。

调整，子群数量增加至 4 个。其中，以北京为核心，天津、石家庄为节点组成了规模最大的第一子系统，其他子群的成员结构也出现了较大调整。这说明京津冀创新资本流空间中的节点城市并不依赖地理邻近性形成关联，创新资本流空间已跨越地域空间的局限性，在更大范围内构成了创新联系，但子群结构仍处于不断调整的过程中，尚未形成较为稳定的团体结构。

从流空间各个凝聚子群的密度来看，2012 年，在 4 个凝聚子群中，第一子群和第三子群的密度分别为 0.500 和 0.167，第二子群和第四子群的密度均为 0.000，说明此时虽然在流空间中形成了子系统，但子系统内部各成员之间的关联和沟通较少，关系较为松散，有的系统甚至基本没有沟通和交流。2015 年，流空间中子群的内部关系明显改善，除北京自成体系外，第二子群内成员之间的联系和沟通非常频繁，建立了较为紧密的关联关系；第四子群的密度为 0.071，第三子群的密度为 0.000，说明这两个子系统内成员之间的关系更趋向于随机分布，并不存在明显的关联特征。2018 年，凝聚子群数量缩减为 3 个，子群内部各成员之间的关联强度明显改善，第一子群的密度为 1.000，第二子群的密度为 0.767，第三子群的密度为 0.450。2021 年，各个子群内部的创新关联进一步得到加强，第一子群和第二子群的密度分别为 1.000 和 0.917，说明此时第一子群和第二子群内的成员之间已经形成了频繁紧密的沟通和联系，且具有一定的规模；第三子群和第四子群的密度分别为 0.500 和 0.333，说明这两个子群内成员之间的关联仍较松散，分布更加随机，需要进一步改善（见表 6）。

表 6　2012 年、2015 年、2018 年和 2021 年京津冀创新资本流空间凝聚子群密度变化情况

年份	第一子群	第二子群	第三子群	第四子群
2012	0.500	0.000	0.167	0.000
2015	—	1.000	0.000	0.071
2018	1.000	0.767	0.450	—
2021	1.000	0.917	0.500	0.333

资料来源：笔者整理所得。

五　京津冀城市群创新要素流空间的影响因素探究

在对京津冀城市群创新资本流空间的结构特征进行宏观、微观分析的基础上，本部分通过构建面板回归模型，从科技人才储备、创新投资、产业结构、创新能力四个方面入手，进一步探究影响京津冀创新资本流空间发展演化的关键因素。

（一）指标选取与变量说明

通过对已有文献进行梳理总结，选用京津冀城市群创新资本流空间中不同节点城市的创新对外投资金额表示该节点城市的创新资本输出水平，选用节点城市吸收外地创新投资金额表示该节点城市的创新资本输入水平。在解释变量的选取方面，科技人才储备是创新水平提升的重要基础，不仅会给一个地区自身的创新发展带来直接影响，而且会引发该地区实现创新外溢，从而带动周边地区的创新发展，因此本报告选用科研、技术服务和地质勘查业从业人员数反映某一节点城市的科技人才储备情况；创新投资是实现创新发展的关键要素，能够通过推动本地创新水平提升从而对周边地区产生影响，因此本报告选用科学技术支出额反映某一节点城市的创新投资水平；从产业结构优化的角度来看，本报告选取第一产业增加值与第三产业增加值的比值反映一个地区的产业结构水平；一个地区自身的创新能力决定了该地区是否有能力实现向外输出创新资源或吸引外地的创新投资，因此本报告选取新增发明专利数量反映该地区的创新能力水平。京津冀创新资本流空间变量说明见表7。

表7　京津冀创新资本流空间变量说明

类别	变量名称	变量符号	变量定义
被解释变量	创新资本输出水平	*outcome*	创新对外投资金额
被解释变量	创新资本输入水平	*income*	吸收外地创新投资金额
解释变量	科技人才储备情况	*Tech_workforce*	科研、技术服务和地质勘查业从业人员数
解释变量	产业结构水平	*industry*13	第一产业增加值与第三产业增加值的比值
解释变量	创新投资水平	*Scitech_expenditure*	科学技术支出额
解释变量	创新能力水平	*PatentsNew_allcity*	新增发明专利数量

资料来源：笔者整理所得。

本报告选取的数据来自2011~2022年各城市统计年鉴、《中国城市统计年鉴》以及龙信企业大数据平台，对于各城市部分指标缺失的数据，采用计算年均增长率的方法替代。

（二）模型构建

由于本报告重点探究2010~2021年京津冀创新资本流空间的关键影响因素，相关数据涉及横截面和时间序列两个维度，因此本报告选取面板数据回归模型，分别以创新资本输出水平和创新资本输入水平为被解释变量，构建以下回归方程：

$$\begin{aligned} \ln outcome_{it} &= \alpha_c + \alpha_1 \ln PatentsNew\_allcity_{it} + \alpha_2 \ln Scitech\_expenditure_{it} \\ &\quad + \alpha_3 \ln industry13_{it} + \alpha_4 \ln Tech\_workforce_{it} + \mu_i + \varepsilon_{it} \end{aligned} \tag{2}$$

$$\begin{aligned} \ln income_{it} &= \beta_d + \beta_1 \ln PatentsNew\_allcity_{it} + \beta_2 \ln Scitech\_expenditure_{it} \\ &\quad + \beta_3 \ln industry13_{it} + \beta_4 \ln Tech\_workforce_{it} + \mu_i + \varepsilon_{it} \end{aligned} \tag{3}$$

其中，i为地区，t为年份，β_1至β_4为各个影响因素的影响系数，μ_i表示i地区不可观测的个体固定效应，ε_{it}为随机扰动项。为消除异方差的影响，将各个变量进行对数处理。

（三）实证分析

在进行面板数据回归分析之前，需要先对各个变量进行多重共线性检验。结果显示，创新资本输出水平和创新资本输入水平的VIF均值分别为5.66和5.72，各个变量的VIF值均小于10，说明不存在多重共线性的问题，可以进行面板数据回归（见表8）。

表8　京津冀创新资本流空间影响因素多重共线性分析

变量	创新资本输出水平		创新资本输入水平	
	VIF	1/VIF	VIF	1/VIF
ln*PatentsNew_allcity*	8.67	0.115284	8.66	0.115428
ln*Scitech_expenditure*	6.92	0.144417	7.1	0.140864
ln*Tech_workforce*	5.64	0.177256	5.8	0.172492
ln*industry*13	1.41	0.710998	1.31	0.763435
VIF均值	5.66		5.72	

资料来源：利用Stata17.0软件计算所得。

选择正确的面板数据回归模型，可以显著降低实际情况与模型估计结果的偏差，使参数估计的结果更加真实有效。利用 Stata17.0 软件得出京津冀创新资本输出水平和创新资本输入水平的 Hausman 检验结果（见表 9），发现三个因变量的 P 值均小于 0.05，因此应当拒绝随机效应模型的原假设，选择固定效应模型进行分析。

表 9　京津冀创新资本流空间面板数据回归结果

变量	创新资本输出水平	创新资本输入水平
	ln*outcome*	ln*income*
ln*PatentsNew_allcity*	0.763*** (0.287)	0.776*** (0.279)
ln*industry*13	-1.474** (0.709)	-0.567 (0.701)
ln*Scitech_expenditure*	0.284 (0.396)	1.290*** (0.389)
ln*Tech_workforce*	-0.566 (0.504)	0.885* (0.498)
_cons	0.839 (3.605)	-8.655** (3.496)

注：***、**、*分别表示在 1%、5%、10%的水平下显著，括号内为标准误。
资料来源：根据 Stata17.0 计算所得。

从京津冀各节点城市创新资本输出水平的回归结果来看，节点城市自身的创新能力水平和产业结构水平是影响其对外创新投资的关键因素。京津冀创新资本流空间节点城市的创新资本输出水平（ln*outcome*）在 1%的显著性水平下受到创新能力水平（ln*PatentsNew_allcity*）的正向影响，系数为 0.763；在 5%的显著性水平下受到产业结构水平（ln*industry*13）的负向影响，系数为-1.474。这表明产业结构的高端化和创新成果的有效产出有助于促进京津冀创新资本流空间中各节点城市实现更多的创新对外投资。

从京津冀各节点城市创新资本输入水平的回归结果来看，节点城市自身的创新能力水平以及当地的创新投资水平和科技人才储备情况是影响创新资本输入水平的关键因素。创新资本输入水平（ln*income*）在1%的显著性水平下受到创新能力水平（ln*PatentsNew_allcity*）的正向影响，系数为0.776；在1%的显著性水平下受到创新投资水平（ln*Scitech_expenditure*）的正向影响，系数为1.290；在10%的显著性水平下受到科技人才储备情况（ln*Tech_workforce*）的影响，系数为0.885。这表明创新成果的有效产出、创新投入水平的提高以及科技从业人员的充足储备都会显著提升节点城市对外地创新投资的吸引力。

六　研究结论与对策建议

（一）研究结论

一是京津石"三足鼎立"的基本局面已经形成，流空间的创新关联日趋紧密。2021年，京津冀创新资本流空间基本形成了以北京为中心，以天津、石家庄为次中心的局面，保定、邢台、沧州、唐山等多个节点城市在流空间中具有一定的地位与作用，秦皇岛、衡水、承德则仍处于流空间的结构边缘。大部分城市之间已经形成双向创新关联，流空间内部节点间的创新关联显著增强。2021年，京津冀创新资本流空间中各个节点城市总度值从高到低依次为北京、天津、保定、石家庄、邯郸、廊坊、秦皇岛、唐山、承德、衡水、张家口、沧州、邢台。这说明京津两地已经实现与流空间中所有节点城市建立双向创新关联，且大部分节点城市之间已形成稳定的双向创新关联关系。

二是京津冀创新资本流空间的可达性和关联紧密度提升明显。京津冀创新资本流空间的平均度从2012年的3.231增加至2021年的8.923，说明节点城市之间的直接关联性逐渐增强，有利于流空间内创新合作强度和信息流通性的提升。平均路径长度从2012年的1.771缩短至2021年的1.256，意味着2021年京津冀创新资本流空间中的每个节点平均只需通过1.256个节点就可以与其他节点发生关联，网络可达性提升明显。网络密度从 2012 年的 0.269 增加至 2021 年的 0.744，说明京津冀创新资本流空间的结构日趋复杂，创新关联密集性增强，意味着创新合作将会越来越多，创新资源也更易实现高效流通。平均聚类系数从 2012 年的 0.575 增加至 2021 年的 0.788，意味着京津冀创新资本流空间的节点之间连接紧密，并呈现小世界特征。

三是京津石的创新资本流空间地位凸显，节点城市之间的发展差距明显缩小。2021 年，京津冀创新资本流空间的节点城市特征向量中心度从高到低依次为北京（1.00）、天津（1.00）、石家庄（1.00）、沧州（0.85）、衡水（0.80）、承德（0.80）、保定（0.77）、邯郸（0.75）、张家口（0.73）、邢台（0.68）、唐山（0.61）、廊坊（0.61）、秦皇岛（0.47），说明北京、天津、石家庄拥有较多的邻居节点，且邻居节点也拥有较高的地位。不仅如此，其他边缘节点城市的特征向量中心度也在逐年上升，说明其他节点城市与北京的地位差距逐渐缩小，原先地位较低的节点城市开始与更多邻居城市建立创新关联。

四是京津冀创新资本流空间中节点城市的独立性及资源控制能力凸显。从节点城市的独立性来看，2021 年，京津冀创新资本流空间节点城市的接近中心度从高到低依次为北京（1.00）、石家庄（1.00）、天津（1.00）、邢台（0.92）、唐山（0.86）、保定（0.86）、廊坊（0.80）、秦皇岛（0.80）、沧州（0.75）、邯郸（0.71）、张家口（0.71）、衡水（0.63）、承德（0.60），流空间中大部分节点城市呈现较高的接近中心度特征，说明这些节点城市已经具有较高的独立性，这会使得整个流空间结构的稳定性更强，创新资源的运行效率更高。从节点城市的资源掌控力来看，2021 年，京津冀创新资本流空间中节点城市的中介中心度从高到低依次为北京（9.39）、天津（9.39）、石家庄（9.39）、保定（2.09）、邢台（2.06）、沧州（1.98）、廊坊（1.58）、邯郸（1.30）、唐山（1.03）、承德（0.67）、张家口（0.58）、衡水（0.29）、秦皇岛（0.27），处于流空间结构边缘的节点城市逐渐拥有了一定的创新资源控制力，但与北京、天津、石家庄三大城市还存在较大差距，意味着大部分资源仍掌握在核心节点城市中，不利于边缘节点城市获得丰富的创新资源，难以实现快速的创新突破。

（二）对策建议

一是应借助核心城市的力量带动外围城市实现更多创新互动，优化区域创新流空间结构。京津冀应积极推动边缘节点城市之间形成创新关联，加快构成以北京为中心、津石为次中心、保沧廊邢等多个地区为重要节点的层层递进的创新资本流空间结构。一方面，应积极构建新的创新互动关系。通过积极加大创新资本投资、加强创新人员储备，推动保定、沧州、廊坊、邢台等关键节点城市的创新能力提升，并实现创新资本向边缘节点地区外溢，使这些节点成为流空间边缘地区间建立创新关联的重要枢纽。另一方面，应充分维护并深化已经建立好的创新关联。京津冀城市群中各个节点城市之间的创新关联仍旧存在不稳定性，无法建立持久的关联体系。各地政府应通过搭建技术交流平台、成立产业技术联盟等，积极建立两个地区之间的长效合作机制，并充分发挥北京、天津、石家庄作为创新资源"总控中心"的作用，为京津冀实现创新突破搭建稳定的区域间创新合作桥梁，实现创新资源与信息的高效流通，推动京津冀城市群创新能力提升。

二是应持续推进京津冀实现区域间创新协同发展，构建多元主体相互协调支撑的区域创新流空间。构建流空间的关键在于创新信息与资源的实时互通，京津冀应积极搭建城市间各级政府、科研机构、高校、企业等各类创新主体互通有无的创新合作桥梁，为区域间不断强化创新联系、促成创新合作提供机会和保障。一方面，应明确不同创新主体的基本职责，积极以企业为创新引领，充分依托高校、科研机构在凝聚人才和基础研究方面的优势，为创新关联的构建提供关键要素和核心科技力量；发挥中介机构作为创新资源的"融合剂"，以及金融机构作为创新应用的"催化剂"的作用，积极为创新活动拓宽资本渠道、提供优质环境。另外，还应充分发挥政府的作用，以合理的政策手段辅助创新发展。另一方面，应积极推动建设区域间创新共同体，借助咨询会、讲座、年会等活动形式，利用互联网跨地区展开创新交流活动，为创新主体之间实现互动合作提供更多契机。

三是应积极推动产业链与创新链的有机融合，形成产业升级与技术研发互为供求的发展模式。京津冀三地应围绕产业结构升级重点任务加强科技成果应用转化。北京应坚持高端引领发展，并加快新一代信息技术领域科技成果的产业化，以节能环保为着力点，做优节能环保产业，加强环保领域的核心技术攻关与知识产权保护，提升创新成果转化能力。天津应加大先进制造、人工智能等产业的资金和人才投入，开发关键共性技术。河北应着力发展环境友好型高端产业，运用现代科学知识和先进技术方法推动传统产业“强链”“补链”“延链”，并聚焦大数据、互联网、高端装备制造、新能源等新兴产业，加大重点领域的研发投入，缩小与京津两地的创新差距。

四是应加强科技人才的培育和引进，积极打造创新人才高地。充足的科技人才储备能够为本地吸纳更多创新资本，有效促进创新活力提升，实现创新成果转化，进而带动更多地区间的创新互动。一方面，应加大本地企业对人才的政策引进支持力度，优化市场引才机制，建成以各级政府人事部门所属人才市场为主、社会人才中介服务组织为辅的多层次、多功能、全覆盖的综合人才市场体系，充分发挥市场在人才资源配置中的重要作用。另一方面，应建立区域人才协同发展机制，打造京津冀创新人才高地。积极建设区域间人才信息共享平台，实现城市群内人才资源共享，提升人才资源的供需匹配效率。在充分掌握各市人才资源供求信息的基础上，做好协作沟通工作，横向促进各地人才政策的衔接，以人才互动带动资本互动，结合本地特色与利用自身优势资源，实现差异化竞争。

参考文献

董景荣、周洪力：《技术创新内涵的理论思考》，《科技管理研究》2007 年第 7 期。

胡昊宇、黄莘绒、李沛霖、赵鹏军：《流空间视角下中国城市群网络结构特征比较——基于铁路客运班次的分析》，《地球信息科学学报》2022 年第 8 期。

李苑君、吴旗韬、吴康敏、王洋、张虹鸥、邹志鹏：《“流空间”视角的电子商务快递物流网络结构研究——以珠三角城市群为例》,《地域研究与开发》2021 年第 2 期。

刘大均、陈君子:《成渝城市群旅游流网络空间与区域差异研究》,《西南师范大学学报》(自然科学版)2020 年第 12 期。

刘凤朝:《浅析国家创新系统研究中对“创新”的界定》,《软科学》2000 年第 4 期。

刘劲杨:《知识创新、技术创新与制度创新概念的再界定》,《科学学与科学技术管理》2002 年第 5 期。

王士君、廉超、赵梓渝:《从中心地到城市网络——中国城镇体系研究的理论转变》,《地理研究》2019 年第 1 期。

王钊、杨山、龚富华、刘帅宾:《基于城市流空间的城市群变形结构识别——以长江三角洲城市群为例》,《地理科学》2017 年第 9 期。

〔美〕约瑟夫·熊彼特:《经济发展理论》,郭武军、吕阳译,华夏出版社,2015。

Camille, R., Kang, S. M., Michael, B., et al., "Structure of Urban Movements: Polycentric Activity and Entangled Hierarchical Flows", *PLoS ONE*, 2011, 6 (1).

Castells, M., *The Rise of Network Society*, Oxford: Blackwell, 1996.

Flusser, *Ende der Geschichte*, *Ende der Stadt?*, Germany: Picus Date Published, 1991.

Graham, M., *Telecommunications and the City: Electronic Spaces, Urban Places*, London: Routledge, 1996.

Roth, C., Kang, S. M., Batty, M., Barthelemy, M., "Structure of Urban Movements: Polycentric Activity and Entangled Hierarchical Flows", *PLoS ONE*, 2010.

B.9
京津冀绿色创新进展与成效分析*

叶堂林　何晶彦**

摘　要： 绿色创新已成为世界经济转型的主要方向，绿色技术创新体系为中国经济低碳转型提供了必要支撑。绿色创新是一种以绿色技术驱动经济向绿色低碳转型的发展手段或模式，具有经济增长、社会发展、生态环保三重属性，对驱动区域经济发展具有要素替代效应、技术补偿效应、产业重组效应、经济增长效应、节能减排效应。研究发现，在绿色创新产出水平方面，京津冀地区整体水平稳步提升，其中北京最高且稳居全国首位，天津次之，河北总量落差较大；在绿色创新效率方面，京津唐优势突出，张家口和承德劣势明显；在绿色创新网络关联方面，京津冀地区面临网络节点较少、网络关联密度趋弱、网络关联格局碎片化、产业承载能力严重不足等现实问题。建议从构建以绿色技术为前沿领域的区域创新生态系统、加快推进区域绿色产业发展、优化京津冀绿色创新链的空间分工与布局等方面提升区域绿色创新整体效能。

关键词： 京津冀　绿色创新　网络关联　“核心-外围”结构

---

* 本报告为北京市社会科学基金重点项目“京津冀发展报告（2023）——国际科技创新中心助推区域协同发展”（22JCB030）、北京市自然科学基金面上项目“京津冀创新驱动发展战略的实施路径研究——基于社会资本、区域创新及创新效率的视角”（9212002）的阶段性成果。

** 叶堂林，经济学博士，首都经济贸易大学特大城市经济社会发展研究院（首都高端智库）执行副院长，特大城市经济社会发展研究省部共建协同创新中心（国家级研究平台）执行副主任，教授、博士生导师，研究方向为区域经济、京津冀协同发展等；何晶彦，经济学博士，北京大学政府管理学院博士后，研究方向为区域经济。

一　研究背景与研究意义

（一）综观国际——绿色创新发展已成为全球经济发展的主要方向

综观全球，统筹绿色发展、创新发展的双重理念已成为引领世界经济转型发展的主要方向。自工业革命以来，工业化和城市化在推动经济快速发展的同时带来了严重的负外部性，工业化的生产方式破坏了人们的正常生活。特别是伴随工业化的深入推进，“世界八大公害事件”“全球气候变暖”等危机更加突出。为此，绿色发展成为世界各国普遍的共同认知。各国开始探索低碳化、清洁化、集约化的经济发展方式，以智能化、信息化、低碳化为主要特征的新一轮科技革命正在席卷全球，这必将驱动人类生产生活方式的新变革。而综观历次工业革命，如第一次工业革命的蒸汽机、第二次工业革命的电力、第三次工业革命的信息技术，都给人类生产生活方式带来了重大影响。工业 4.0 时代以数据、生物、新材料为核心技术变革，而这种新技术发明的特征本身就具有绿色低碳、节能减排、智能高效的创新特征，也必将构建全球绿色创新发展新体系，统筹绿色和创新两种特征的新技术必将成为工业 4.0 时代驱动全球经济转型发展的根本动力和主要方向。

（二）审视国内——绿色创新体系是经济低碳转型的必要支撑

面对需求收缩、供给冲击、预期转弱三重压力，中国亟须挖掘推进经济持续增长的新动能、新业态、新模式。而面对全球气候变暖、国内生态环境恶化等现实问题，党的十八大以来，中国系统统筹生态治理与环境保护，生态文明建设取得明显成效，生态文明理念深入人心，绿色发展成为普遍共识。“十四五”时期是国家“推动绿色发展，促进人与自然和谐共生”的重要阶段，而推动绿色转型的关键就是要研究新技术，更好地支撑绿色发展，实现碳达峰、碳中和目标。2021 年 2 月，国务院发布的《关于加快建立健全绿色低碳循环发展经济体系的指导意见》明确提出要构建市场导向的绿色技术创新体系，鼓励绿色低碳技术研发。2022 年 12 月，国家发展改革委、科技部联合印发的《关于进一步完善市场导向的绿色技术创新体系实施方案（2023—2025 年）》明确提出要完善市场导向的绿色技术创新体系，加快节能降碳先进技术研发和推广应用。因此，提高绿色技术创新能力，对促进“双碳”目标实现、推动全社会绿色转型发展具有重要意义。

（三）聚焦京津冀——绿色创新为区域低碳转型提供内生动力

京津冀地区是拉动全国经济增长的重要引擎。但近年来特别是新冠疫情发生以来，京津冀三地的经济增速及其在全国的经济地位呈下降态势。2022 年京津冀城市群 GDP 约为 10 万亿元，占全国的比重已跌至 8.2%，低于 2014 年的 10.4%。对比 2023 年的经济增速预期，北京为 4.5%，天津为 4%，河北为 6%，与全国 5%的平均增速预期总体持平。从长期看，预期的下调不利于市场信心提升和经济持续平稳增长。在生态环境领域，京津冀地区跨界协同治理有效地改善了区域生态质量，但与其他区域相比仍有差距。例如，在空气质量方面，京津冀地区 PM2.5 整体仍高于长三角和珠三角地区。2021 年，北京的 PM2.5 为 43 微克/立方米，高于上海的 33 微克/立方米；北京的重度以上污染天数为 8 天，而上海为 0 天。在流域生态方面，海河流域下游的海河大闸监测点仍存在劣 V 类水质，优质水质占比仍低于长江、淮河等主要水系。因此，京津冀地区同时面临经济乏力和绿色转型的双重艰巨任务。聚焦兼具绿色低碳、智能高效、网络互联的绿色创新技术，构建支撑区域经济绿色转型的绿色创新体系，探索围绕北京创新链布局津冀产业链以提高区域绿色创新效率、挖掘区域绿色高质量协同发展的新路径，或将成为带动京津冀地区转型的重要途径。

二 理论基础与文献综述

（一）绿色创新的内涵特征

绿色创新是针对现实问题和需求总结出的相对新兴的概念。绿色创新的研究源于20世纪90年代，被认为是融入了可持续发展特性的创新过程。总体包括狭义和广义两种内涵，狭义的绿色创新更多的是一种绿色技术或产品的创新，主要应用或发生于企业主体等微观层面；广义的绿色创新包含了绿色技术或产品创新、制度创新、管理创新及服务创新等，且这种创新具有明显的绿色生态转型方向，是一种将绿色技术应用于生产实践中而产生的行业乃至区域的绿色生产模式变革，最终形成以提高经济效益为主要目标，同时提高生态效能的创新模式。因此，绿色创新是技术创新效率与环境创新效率有机融合的整体。

（二）绿色创新的评价方法

目前学界测度绿色创新的手段主要包括以下三种。一是构建绿色创新综合评价指标体系。黄焕宗和易晓明（2021）运用主成分分析法和系统聚类分析法分别对福建省绿色创新驱动发展过程中的动态演进规律和集聚驱动特征进行了实证研究。二是运用“投入-产出”范式测度绿色创新效率。部分学者采用随机前沿方法（SFA）测算绿色创新效率，如白俊红等（2009）、苗成林等（2016）。更多的学者运用数据包络分析方法（DEA）测算绿色创新效率，如彭文斌等（2019）。三是基于绿色创新专利数量反映绿色创新能力。如温丽琴等（2023）利用中国研究数据服务平台（CNRDS）数据，用绿色创新专利申请与授权量反映绿色创新能力，并用作中介变量分析了双向FDI协调发展与环境污染的关系。

（三）绿色创新的关注重点

第一，关注国内区域间绿色创新发展效率的测度及其空间异质性分析。吴旭晓（2019）通过测度中国各区域的绿色创新效率，认为中国整体的绿色创新效率偏低，但不同地区存在明显的异质性，经济基础和绿色发展认知水平较高的地区，绿色创新效率往往也较高。许学国和周燕妃（2020）从投入产出规模的视角对中国各区域的绿色创新效率做了更微观的分析，认为东北地区的技术无效现象较为严重，沿海地区的投入与产出存在失衡。

第二，探究绿色创新的影响因素。沈能和刘凤朝（2012）从环境规制角度，实证分析了环境规制对绿色创新的影响。原毅军和谢荣辉（2015）从产业集聚的角度探究绿色创新的影响因素，得出了产业集聚水平、企业减排、外资进入能够影响区域绿色创新水平的结论。

（四）绿色创新的研究进展

绿色专利、绿色信贷、数字经济、区域绿色协同创新等领域逐渐成为绿色创新的新兴研究热点。时间图谱是基于文献计量学、科学计量学和信息可视化的分析方法。本报告基于引文分析理论，在 CNKI 检索 2013～2023 年 CSSCI、CSCD 期刊文献 1000 篇，运用 CiteSpace 软件对绿色创新有关文献集合进行计量分析，得到绿色创新最新研究趋势时间图谱。从图谱中可以看出，随着对绿色发展的重视度持续提高，绿色创新、环境规制等关键词出现的频率大幅提升。

综上所述，我国关于绿色创新的研究已经产出丰富的理论成果和实用的政策建议，但仍处于起始阶段的新型研究领域，对绿色创新能否产生协同效应，以及能否通过绿色创新协同效应带动区域经济发展都是目前亟须讨论的问题。聚焦京津冀地区，一方面要探索以绿色创新驱动区域经济转型发展的新模式，另一方面要以绿色创新新模式探寻推进京津冀协同发展的新动能。值得关注的是，基于绿色创新的独特特征，这两个方面可以同时实现。

三　研究设计与分析框架

（一）绿色创新的概念内涵

绿色创新是一种以绿色技术驱动经济向绿色低碳转型的发展手段或模式。一方面，绿色创新具有生产模式绿色低碳、节能减排、环境保护的生态化特征，能够有效促进生产生活方式的绿色转型，驱动产业发展和产品生产朝绿色化方向转变；另一方面，绿色创新具有刺激经济持续增长的高效化特征，因其本质是技术发明，而技术的发明、应用与推广必将大幅提高经济效率，是经济持续增长的内生化手段。两者的综合将成为驱动经济持续增长、绿色增长、高效增长的重要方式。

（二）绿色创新的价值属性

绿色创新是推动实现生态文明建设目标的有力手段。2016 年，习近平总书记在全国科技创新大会上的讲话中指出，生态文明发展面临日益严峻的环境污染，需要依靠更多更好的科技创新建设天蓝、地绿、水清的美丽中国。要纠正传统工业文明导致的人与自然、经济与生态关系的失衡，实现人与自然和谐共生的现代化发展，不仅仅要依靠生态环境治理的行政化手段，更多的还要依靠技术，充分挖掘绿色创新的价值，真正推动经济社会的绿色变革，促进经济社会与生态环境协调发展。总体来看，绿色创新具有经济、社会、生态三种价值属性（见图 1）。

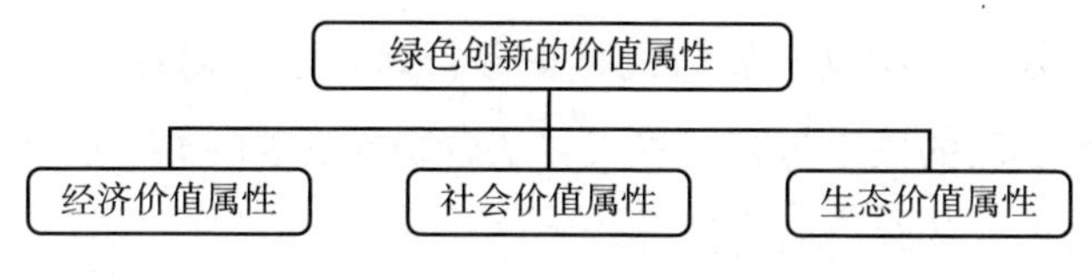

图 1　绿色创新的价值属性构成

一是经济价值属性。经济价值属性是指绿色创新应用于产品生产和产业发展环节中，对经济增长形成的内生驱动作用。绿色创新的实现过程一般包括知识创造、技术发明、成果研发、产品推广、产业化生产等多个环节。绿色创新的技术成果转化为产品并实现产业化，不仅能够给社会带来经济增长，而且能够以技术应用的方式推动经济的内生发展，是实现经济可持续发展的有效方式。

二是社会价值属性。社会价值属性是指绿色创新应用于社会发展各领域中，对社会平稳运行形成的技术支撑作用。针对日益普遍且复杂的老龄化、流动人口管理、智慧城市建设等社会发展运行问题，更需要依赖技术创新，运用大数据、云计算等新型技术手段探索智慧养老、智能医疗、城市智慧治理等社会治理新模式，以精准化、智慧化、生态化的绿色科技引领社会治理水平提升和治理能力现代化。

三是生态价值属性。生态价值属性是指绿色创新应用于经济转型、空间治理等方面，对生态环境形成的可持续保障作用。通过生态系统修复、碳减排、碳中和等方面的科技创新，加大生态产品供给，恢复自然生态系统的完整性、多样性，促进人居环境的改善，降低环境污染对健康的负面影响，不仅有利于推动经济与生态环境的协调发展，而且有助于探索“绿水青山就是金山银山”的实现机制。

（三）绿色创新的综合效应

绿色创新代表了一种新的科技前沿方向，它兼具技术性和生态性等基本特征，在以新技术驱动经济更加高效增长的同时，能够有效促进经济与环境的和谐共生，实现经济的创新发展、绿色发展。而从区域视角看，绿色创新具有空间溢出效应，应以开放的视野来分析绿色创新对区域经济的驱动机理。根据绿色创新的发生过程，本报告从微观到宏观的五个层面分析绿色创新对区域经济发展的综合效应。

1. 要素替代效应

绿色创新是技术创新中代表绿色发展的前沿领域，通过发挥“创造性破坏”作用对要素使用结构产生调整。一是优化人力资本结构。对于实体经济，特别是具有污染性特征的行业，绿色技术进步提高了行业整体的劳动生产率，能够有效降低污染类产业部门劳动力岗位的需求，转而加大对绿色技术研发的人才需求，即形成技术对劳动力的替代效应，推动产业部门人力资本的结构优化。二是优化物质资本结构。从规模化大机器设备、矿石燃料等固定资本品购置转向依靠绿色技术发明、节能设备等生态化、智能化物质资本，且资金的使用结构更加偏重绿色生产和技术发明。三是优化投入品结构。污染性产业部门一般将石油、矿石燃料等作为投入要素，但随着绿色技术的进步，太阳能、风能等污染少的绿色化新动能将对化石燃料产生替代效应。因此，绿色创新能替代初始投入品，进而优化要素利用结构。

2. 技术补偿效应

绿色创新在中高端消费、绿色低碳产品、数字经济、电商购物、智能网联、AI 新场景应用等多个战略性新兴领域形成了新的经济增长点，在创造良好经济效应、生态效应，引领经济绿色转型增长的同时，也会为社会创造新的就业机会，进而以绿色新产品供给引领绿色消费新模式，有助于增强教育文化、科技卫生、社会保障的可持续能力，推动生产、生活与生态的协调发展。

3. 产业重组效应

绿色创新能够带动生产模式的变革，进而从技术研发、产品研制、产品生产及产业化等各个环节推动产业重组。一是实现生产模式变革。绿色创新有助于形成新的生产模式，通过投入绿色清洁型要素，以大数据或智能化的技术平台为媒介，从研发设计、生产管理、服务营销等环节推动生产和管理方式的智慧化变革，即改变以往高消耗、高投入、高污染的生产模式。二是引领绿色消费新需求。依托绿色创新，生态修复与国土空间治理、城市更新、智能网联、战略性新兴产业等领域形成了绿色发展的新市场需求，同时行业协会、重点企业等针对绿色创新共性技术难点和技术需求开展联合攻关，以此带动多个产业部门围绕绿色创新开展合作，带动产业合作模式变革。三是催生绿色新业态。绿色创新能够形成清洁环保、绿色节能的绿色产品，节能环保产业、新能源产业和新能源汽车产业等与绿色技术密切相关的新产业将快速发展。

4. 经济增长效应

绿色创新将人与自然之间的平衡作为价值尺度，兼顾经济、社会和生态效益，探索“绿水青山就是金山银山”的实现模式。绿色创新通过改变生产工艺、降低治理成本、开发绿色产品，以及提高管理效率等方式，能够在很大程度上降低生产和消费对环境的影响，节约生产资源，提高企业的市场竞争力。此外，绿色创新通过中试、推广转化为新技术、新产品，进而促进产品生产方式的变革，有助于大幅提高生产效率和生产力水平，为经济实现转型增长培育新动力。

5. 节能减排效应

绿色创新增加了污染治理技术、清洁生产工艺、绿色智能装备等方面的市场需求，推动相关领域的深度研发和生态环保产品的有效供给，直接降低了污染物排放水平，缓解了企业生产的环境压力。在投入环节，绿色创新以实现绿色发展为最终目标，通过研发绿色低碳新技术，促进产品、工艺和服务的供给方式向绿色生态模式转变，从而减少自然资源消耗，降低生态环境损害，提高资源配置效率，同时通过管理创新和循环技术创新，拓宽废弃物循环利用的路径，为企业创造二次收益，实现经济与生态的均衡协调发展。

（四）绿色创新的评价方法

1. 核心指标选取与数据来源

聚焦京津冀“2+11”城市的绿色创新发展水平，根据数据可得性，本报告以京津冀“2+11”城市为研究对象，采用CNRDS公布的2012~2021年绿色专利申请量和授权量数据，反映地区绿色创新发展水平。本报告中涉及的其他变量均来自相关年份《中国城市统计年鉴》《中国城市建设统计年鉴》《北京统计年鉴》《天津统计年鉴》《河北统计年鉴》以及京津冀13个城市的《国民经济和社会发展统计公报》，缺失数据用插补法补齐，其中河北各城市的非期望产出缺失值根据污染物减排量计算。

2. 绿色创新效率评价

绿色创新效率是统筹资源集约、环境污染和经济增长的评价方法。从投入、期望产出和非期望产出的角度看，绿色创新效率综合考虑了要素投入和经济增长对环境的负外部性，用其来反映生态环境约束下的经济增长更能体现绿色发展的内涵。借鉴学界在绿色创新效率指标选取方面的主流方式，本报告拟从投入和产出两个方面选取相应的指标（见表1）。

表1 绿色创新效率评价指标体系

类别	目标层	指标层	指标解释
投入指标	劳动力投入	年末从业人员数(人)	反映劳动力投入数量
	资本投入	资本存量(万元)	反映资本投入数量
	能源投入	全社会用电量(万千瓦时)	反映化石能源需求量
产出指标	期望产出	GDP(万元)	反映城市经济产出的正效应
		绿色创新专利授权量(件)	反映城市绿色创新水平
	非期望产出	工业废水排放量(吨)	反映城市经济产出的负效应
		工业二氧化硫排放量(吨)	反映城市经济产出的负效应
		工业烟(粉)尘排放量(吨)	反映城市经济产出的负效应

投入方面关注劳动力、资本和能源的投入情况，产出方面关注期望产出和非期望产出。其中，期望产出方面关注 GDP 和绿色创新专利授权量情况；非期望产出方面关注工业废水排放量、工业二氧化硫排放量、工业烟（粉）尘排放量情况。

本报告采用数据包络分析法（DEA）对京津冀 13 个城市的绿色创新效率进行测度。根据包含非径向距离函数的 DEA 模型，为了更加精确地测度京津冀 13 个城市的绿色创新效率，本报告采用可以测度超效率且包含非期望产出的 SBM-DEA 模型，模型可以表示成如下形式：

$$\rho^* = \min \frac{\frac{1}{m}\sum_{i=1}^{m}\frac{\bar{x}_i}{x_{i0}}}{\frac{1}{s_1+s_2}\left(\sum_{r=1}^{s_1}\frac{\bar{y}_r^g}{y_{r0}^g}+\sum_{r=1}^{s_2}\frac{\bar{y}_r^b}{y_{r0}^b}\right)} \tag{1}$$

$$\text{s. t.}\begin{cases}\bar{x} \geqslant \sum_{j=1,\neq 0}^{o}\lambda_j x_j \\ \bar{y}^p \leqslant \sum_{j=1,\neq 0}^{o}\lambda_j y_j^g \\ \bar{y}^q \geqslant \sum_{j=1,\neq 0}^{o}\lambda_j y_j^b \\ \bar{x} \geqslant x_0, \bar{y}^p \leqslant y_0^p, \bar{y}^q \geqslant y_0^q, \bar{y}^g \geqslant 0, \lambda \geqslant 0\end{cases} \tag{2}$$

其中，λ 表示权重矩阵。目标函数ρ^*的值越大，表明该单元越有效率，绿色创新效率越高；反之则表示绿色创新效率越低。$\bar{x}$为投入要素的集合，y^p为期望产出的集合，y^q为非期望产出的集合。

3. 绿色创新网络关联评价

根据经济引力原理和地理学第一定律，不同地区间的经济联系存在类似万有引力的相互作用关系，其强度具有随距离增大而不断衰减的规律，且在存在经济关联的现实中，经济运行往往呈现复合式、多维度的网络结构特征。网络发育水平及节点中心度是衡量网络关联结构特征的重要指标。本报告基于上述分析，采用修正的引力模型来识别京津冀绿色创新的空间交互作用关系，首先利用引力模型计算各节点的绿色创新强度关联矩阵，进而运用社会网络分析法（SNA）测度网络发育结构的各项指标。

（1）构建基于引力模型的绿色创新强度关联矩阵

$$F_{ij} = k\,Q_i\,Q_j/\,d_{ij}^{\lambda} \tag{3}$$

其中，F_{ij}为 i 和 j 区域绿色创新水平的引力值；Q_i和Q_j分别为 i 和 j 区域绿色创新强度值；d_{ij}为用经纬度计算的 i 和 j 区域间的地理中心距离；k 为引力常数，$k=0.2$；λ 为距离衰减指数，$\lambda=2$。

（2）测算基于 SNA 的绿色创新网络关联度

构建 13×13 的绿色创新交互作用的关联共现矩阵。取强度关联矩阵各行的均值作为阈值并对比，若行内数值大于阈值，则记作$a_{ij}=1$，表示该行和列特定单元的两个区域存在空间交互作用；若行内数值小于阈值，则记作$a_{ij}=0$，表示该行和列特定单元的两个区域不存在空间交互作用，进而构建一个 30×30 的 0-1 空间关联共现矩阵 $N=[a_{ij}]$（$i=1, 2, \cdots, n$；$j=1, 2, \cdots, n$），形成各空间单元交互影响的集合。

第一，采用网络密度反映网络关联的总体密度特征。

$$D = \frac{m}{n(n-1)} \tag{4}$$

其中，n 表示网络中的节点数，n（$n-1$）表示各节点间最大可能关系数；m 为网络实际关系对总数。

采用聚集系数反映网络关联的总体聚合程度。首先，计算各节点的聚集系数：

$$C_v = \frac{2 \mid U_{x,y \in N(i)} e(i,j) \mid}{d(i)[d(i) - 1]} : e(i,j) \in E \tag{5}$$

其中，d（i）是节点 v 的度数；N（i）是节点 v 的邻居节点集合；E 是网络中联系对的集合，e（i，j）表示每对节点的联系。

其次，计算网络总体的聚集系数：

$$\bar{C} = \frac{1}{n} \sum_{i=1}^{n} C_i \tag{6}$$

第二，在中心性结构特征方面，主要测度三种中心度。

点度中心度。点度中心度主要依据样本在网络中的关联数来近似表征节点在网络中的中心位置程度。在有向网情形下，绝对点度中心度［C_{AD}（i）］是某节点的点入度［C_{ED}（i）］与点出度［C_{OD}（i）］之和。点入度是指进入该节点的其他节点的关联数，点出度是指从该节点出发连接到其他节点的关联数。相对点度中心度是指节点的绝对点度中心度与网络中节点的最大可能关联数之比。绝对点度中心度的计算公式为：

$$C_{AD}(i) = C_{ED}(i) + C_{OD}(i) \tag{7}$$

接近中心度。接近中心度用来表示一个节点不受其他节点控制的能力。在网络中，一个节点的接近中心度越高，越容易与其他节点产生交互关联关系，该节点越接近网络中的中心地位，进而区域整体越趋向于多中心空间关联结构。绝对接近中心度（C_{AP}）的计算公式为：

$$C_{AP} = 100 / \sum_{j=1}^{n} d_{ij} \tag{8}$$

为便于计算，将指数值扩大至 0~100 范畴，其中d_{ij}为节点 i 到节点 j 的捷径距离，C_{AP}表示一个节点与其他节点的捷径距离之和。

中介中心度。中介中心度用来反映一个节点对其他节点控制的能力。在网络中，一个节点的中介中心度越高，控制其他节点的能力就越强。绝对中介中心度（C_{AB}）的计算公式为：

$$C_{AB} = \sum_{j}^{n} \sum_{k}^{n} g_{jk} \tag{9}$$

其中，$g_{jk}(i) = h_{jk}(i) / h_{jk}$，表示节点 i 处于节点 j 与 k 之间捷径上的概率，C_{AB}表示通过节点 i 的全部节点对合计后的结果。

四　综合评价与短板分析

（一）京津冀绿色创新产出水平

1. 京津冀地区绿色创新能力明显提升，实用新型专利数量增幅明显

从绿色创新专利授权量看，2012~2021 年，京津冀地区绿色创新水平整体呈现持续上升态势。2021 年，京津冀地区绿色创新专利授权量为 35612 件，较 2012 年（8431 件）增长了 322.40%。其中，绿色发明专利授权量从 2012 年的 3741 件增加到 2021 年的 10809 件，增幅为 188.93%；绿色实用新型专利授权量从 2012 年的 4690 件增加到 2021 年的 24803 件，增幅为 428.85%（见图 2）。因此，从绿色创新专利授权量的增长情况可以看出，京津冀地区绿色创新水平明显提升。

从绿色创新专利授权量的变化趋势看，2012~2021 年，京津冀地区绿色发明专利授权量、绿色实用新型专利授权量呈现“N”形增长态势。总体来看，2012~2018 年为上升阶段，2019 年大幅下降，2020 年再次呈现上升态势。这说明 2012~2018 年京津冀地区绿色创新取得了较大发展，但 2019 年绿色创新发展速度放缓甚至倒退，表明 2019 年可能出现了资源配置不合理的情况，造成了资源浪费，在一定程度上影响了京津冀绿色创新的发展。2020 年开始又表现出继续增长态势，绿色创新仍具有较强的市场竞争力。

从绿色创新专利授权量占地区专利授权总量的比重看，2012~2021 年，京津冀地区总体低于 20%，维持在 8%~18%的水平，而绿色发明专利授权量占地区专利授权总量的比重、绿色实用新型专利授权量占地区专

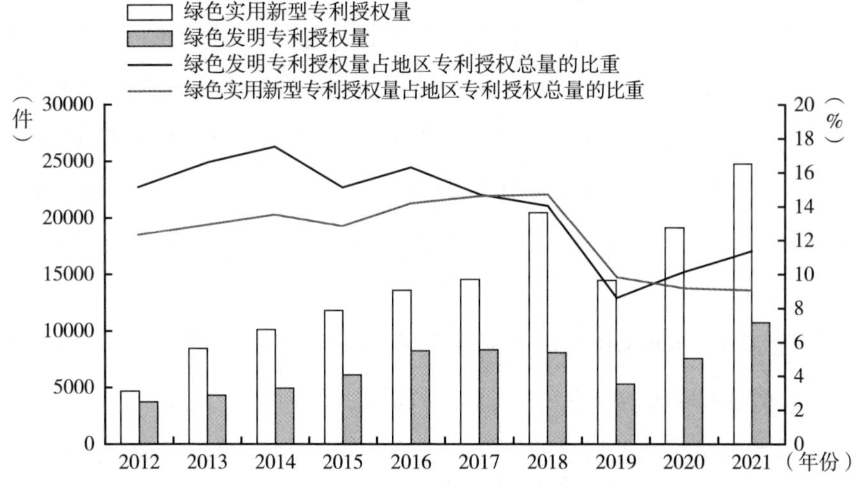

图 2　2012~2021 年京津冀地区绿色创新情况

资料来源：根据 CNRDS 数据整理所得。

利授权总量的比重总体呈现下降趋势。京津冀是我国创新资源最为集中、科技创新成果最为丰硕的区域，随着绿色低碳发展理念的不断深化，三地的绿色创新数量不断增加，但地区占比有所下降。这在一定程度上说明，绿色创新在京津冀地区仍有扩张空间。

2. 北京绿色创新能力最高，天津次之，河北总量落差较大，张家口、沧州和邢台绿色创新能力提升较快①

从绿色创新专利授权量的规模看，北京始终居于核心地位，天津次之。2021 年北京的绿色创新专利授权量为 19368 件，是 2012 年（5703 件）的 3.40 倍；2021 年天津的绿色创新专利授权量为 7484 件，是 2012 年（1523 件）的 4.91 倍。石家庄居第三位，2021 年绿色创新专利授权量为 2243 件，是 2012 年（282 件）的 7.95 倍；保定居第四位，2021 年绿色创新专利授权量为 1408 件，是 2012 年（281 件）的 5.01 倍。河北其他地级市绿色创新

① 本部分为使图表更为清晰，选取 2012 年、2015 年、2018 年和 2021 年四个时间节点，反映 2012~2021 年的总体趋势。

专利授权量均低于1000件，与京津两地差距明显。

值得关注的是，沧州的绿色创新专利授权量从2012年的54件增加到2021年的768件，增长了13.22倍；张家口的绿色创新专利授权量从2012年的21件增加到2021年的316件，增长了14.05倍；邢台的绿色创新专利授权量从2012年的55件增加到2021年的557件，增长了9.13倍。沧州、张家口和邢台的绿色创新能力提升较快，增速快于京津两地及河北其他地级市。

3. 北京和天津的绿色发明专利授权量与绿色实用新型专利授权量始终高于河北，保定和廊坊的绿色发明专利授权量占比略有优势

从绿色发明专利授权量的规模看，2012~2021年，北京获得的绿色发明专利授权量居首位，天津次之，石家庄、保定、唐山位居河北前三。2021年，北京获得的绿色发明专利授权量最多，为9077件；天津居第二位，为704件，仅为北京的7.76%；石家庄排名第三，保定排名第四，但总量均不足200件，与京津两地的差距过大（见图3）。

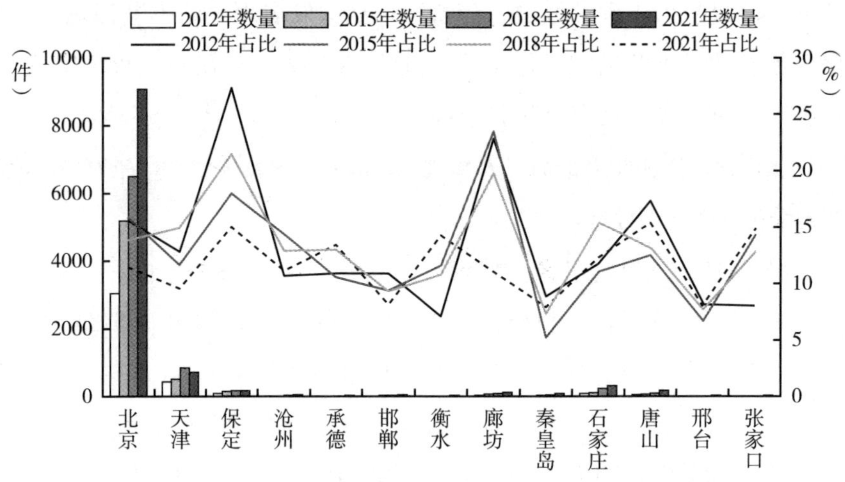

图3 2012年、2015年、2018年和2021年京津冀各城市绿色发明专利授权量及其占比

资料来源：根据CNRDS数据整理所得。

从绿色发明专利授权量占地区专利授权总量的比重看，保定、廊坊总体超过20%，高于京津两地15%左右的占比。2012~2021年，保定的绿色发明专利授权量占比总体高于20%，其中2012年占比最高，为27.30%；廊坊的绿色发明专利授权量占比同样总体高于20%，其中2014年占比最高，为24.31%。

从绿色实用新型专利授权量的规模看，2012~2021年，北京获得的绿色实用新型专利授权量居核心地位，其中2021年为10291件，是居第二位的天津（6780件）的1.52倍，是居第三位的石家庄（1947件）的5.29倍，是居第四位的保定（1238件）的8.31倍。河北其他地级市的绿色实用新型专利授权量均不足1000件，增长趋势平稳，未出现波动式增长（见图4）。这说明北京、天津的绿色创新应用水平领先于河北各地级市。

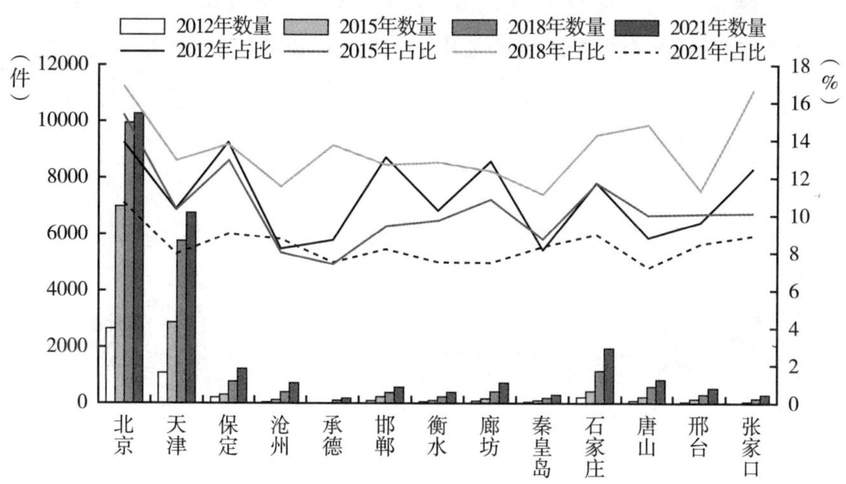

图4　2012年、2015年、2018年和2021年京津冀各城市绿色实用新型专利授权量及其占比

资料来源：根据CNRDS数据整理所得。

从绿色实用新型专利授权量占地区专利授权总量的比重看，京津冀各城市呈现波动变化特征。具体来看，北京占比最高的年份出现在2018年，占比最低的年份出现在2021年。天津占比最高的年份出现在2017年，为

13.11%，2020年的占比最低。保定2013年的占比最高，2019年8.40%的占比最低。沧州2017年12.23%的占比最高，2019年的占比最低。通过上述分析可以发现，京津冀各城市绿色实用新型专利授权量占地区专利授权总量比重的峰值基本出现在2017~2018年，且总体增长态势呈现波动变化特征，略有不稳定的增长趋势。

（二）京津冀绿色创新效率

京津冀绿色创新水平总体稳定且效率较高。绿色创新效率是绿色经济效率分析中更为细微的研究内容和分析视角，是更加聚焦绿色创新的专业化领域，其效率提升更需要专业化的技术创新。因此，为更加客观地评价京津冀地区的绿色创新效率水平，本报告计算了绿色经济效率（产出中剔除绿色创新专利授权量，其他投入和产出指标不变）。经对比分析，2012~2020年，京津冀地区总体的绿色创新效率在0.6~0.8的区间波动变化，均值为0.7042，总体变化趋势与绿色经济效率趋同，但低于绿色经济效率（均值为0.7226）（见图5）。

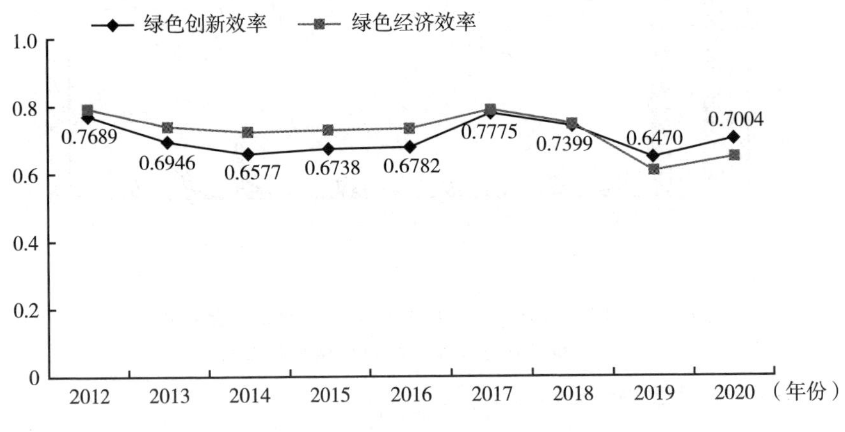

图5　2012~2020年京津冀地区绿色创新效率与绿色经济效率

从空间维度看，京津冀13个城市的绿色创新效率总体呈现“核心-外围”的空间发展格局，且东部沿海城市普遍高于内陆城市。第一，北京的绿色创新效率居核心地位。2012~2020 年，北京的绿色创新效率均值为 1.5923，是居第二位的天津（1.0756）的 1.48 倍，且高于河北各地级市。第二，京津唐的绿色创新效率较高。从 2012~2020 年京津冀各城市的绿色创新效率均值看，北京、天津、唐山居前三位。三个城市具有工业经济优势，是京津冀地区的工业强市，也是转型发展成效明显的地区。这在一定程度上说明具有工业基础的地区具备开展绿色创新的优势。第三，区域绿色创新效率总体呈现“东南高、西北低”的空间格局。东部沿海城市的绿色创新效率明显高于西部、北部内陆地区，其中张家口、承德两地的绿色创新效率始终排在后两位。

（三）京津冀绿色创新网络关联

网络密度是指网络中各节点关联的紧密度，网络密度越大，说明京津冀绿色创新的网络关联度越高，总体网络关联结构越紧密。聚集系数用于分析网络中各节点联系的疏密程度，聚集系数越大，说明各节点联系度越高，信息互通频率越快。

从网络密度看，京津冀地区绿色创新的网络关联仍处于低水平阶段，且呈现弱化趋势。2012~2021 年，京津冀整体的网络密度保持在 0.15 左右的水平，2018 年为 0.1731，是此期间的峰值。但随后京津冀地区绿色创新的网络密度呈现明显的下降态势，2021 年降至 0.1346，较 2018 年下降了 22.24%（见图 6）。这说明京津冀地区绿色创新的网络关联总体趋向分化，空间关联格局趋于弱化和分散化。

从聚集系数看，京津冀地区各节点城市的联系度明显趋于弱化，关联度总体呈下降态势。2012~2021 年，京津冀整体的聚集系数保持在 0.42 左右的水平，2012~2013 年居于高位，聚集系数为 0.4715，继而呈现小幅波动的下降态势，2018 年降至 0.4461。自 2019 年以来，京津冀地区各节点城市的聚集系数呈现大幅下降趋势，2021 年降至 0.3400，较 2019 年下降了 20.23%。这说明各节点城市的绿色创新联系强度明显弱化，信息要素流动趋缓。

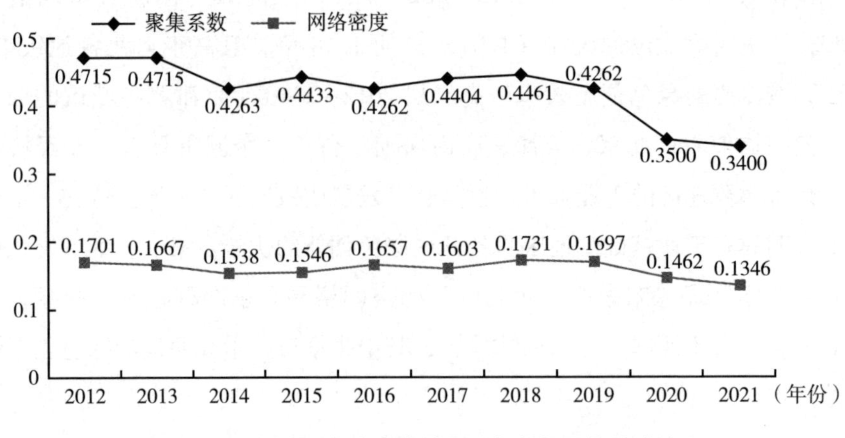

图 6　2012~2021 年京津冀地区绿色创新网络关联情况

从中心性特征看，北京是京津冀地区绿色创新网络的主节点，天津、石家庄是次节点，但总体的节点度偏低。从点度中心度看，2012~2021 年，北京和天津的点度中心度总体高于京津冀地区均值（3.2）。其中，北京的点度中心度始终高于 10，2020 年天津的点度中心度跌至 5，与其他节点城市的联系度明显下降，在一定程度上导致京津冀地区整体绿色创新网络密度和聚集系数下降。从接近中心度看，仅北京（0.8333）、天津（0.5208）、保定（0.4386）、石家庄（0.2500）较高，其他城市均低于 0.1。这说明上述四个城市与其他城市的绿色创新联系相对频繁，在京津冀地区绿色创新网络中处于主要的关联地位。从中介中心度看，只有北京最高，为 10，包含天津在内的其他城市均为 0。这说明北京在网络关联中更多地发挥着连通各节点的中介节点作用。从网络关联总体格局看，以 2012 年、2017 年和 2021 年三个时间点为例，北京为京津冀地区绿色创新网络中的主节点，天津和石家庄为次节点。值得关注的是，廊坊、张家口、承德三地处于京津冀地区绿色创新网络的绝对边缘地位，尚未与核心节点发生网络关联（见图 7）。这反映了京津冀地区绿色创新网络关联总体趋弱，仅京津石三地地位突出，其他地级市的网络关联具有明显的碎片化特征。

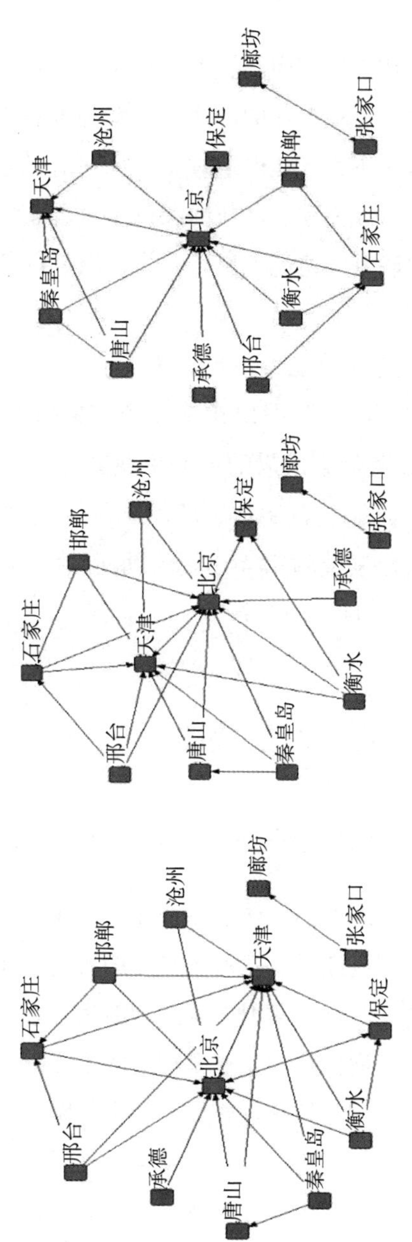

图 7　2012 年、2017 年和 2021 年京津冀各城市绿色创新网络关联情况

（四）京津冀绿色创新的产业支撑

在京津冀地区的工业结构中，偏向污染型的高能耗产业仍占据第二产业的重要地位，且京津冀三地高能耗产业的产能利用率整体偏低，三地高能耗产业产品同质化严重，总体表现为产能严重过剩。特别是三地高能耗产业与高校合作的深度不足，尚未形成完整、高效的绿色技术支撑体系，且未能围绕绿色创新形成产学研紧密联系的协同创新共同体，绿色技术研发支撑高能耗产业绿色转型的能力较弱。

京津冀绿色创新的产业化支撑能力不足。2021 年，京津冀地区绿色发明专利授权量为 10809 件，占全国（55129 件）的 19.61%，其中北京以 9077 件稳居全国首位，但绿色创新成果的产业承载能力严重不足。在工信部公布的新一代信息技术、高端装备制造、新能源及智能网联汽车、新材料、生物医药及高端医疗器械领域的 45 个国家级集群中，京津冀地区仅有 2 个，而长三角、珠三角地区则有近 30 个。

五　对策建议

（一）构建以绿色技术为前沿领域的区域创新生态系统

聚焦绿色技术的新发明、新产品，构建以企业为主体、高校和科研机构为支撑、金融机构和中介组织为纽带、政府为平台的协同创新共同体，进而在主体协同联动下演进为依托区域、辐射区域的创新生态系统。一是发挥企业在绿色技术应用中的市场导向作用。企业是创新的重要微观主体和核心要素，是把握创新前沿领域、应用与转化创新成果的主力军。应充分发挥企业在应用、推广绿色新技术中的主导作用，推动绿色新产品、新技术的产业化进程。二是发挥高校和科研机构在绿色技术研发中的支撑作用。高校和科研机构是绿色创新知识的集聚地，聚焦京津冀，特别是北京优质高校和科研机构的集聚优势，充分发挥其在引领绿色技术研发中的主航向作用，加快推进绿色技术发明和绿色生态产品研发。三是发挥金融机构和中介组织的纽带作用。发挥京津冀三地金融机构和中介组织的服务功能，探索绿色科技金融与绿色技术的关联机制，为绿色技术领域的重大科技攻关、重大科技成果转化等关键性任务提供便捷化支撑。四是发挥政府的平台作用。依托京津冀国家技术创新中心、中关村国家自主创新示范区等空间实体，整合三地绿色创新实施主体，针对重点领域的关键技术，成立绿色技术联合攻关组，共同突破绿色技术难题。通过促进信息、技术、资金、人员等创新要素的传递与交换以及创新成果的共享，实现京津冀地区绿色技术的协同创新。

（二）加快推进区域绿色产业发展

一是加快培育绿色创新的前沿产业领域。根据《绿色产业指导目录（2019 年版）》，建议京津冀地区优先培育和发展依托大数据、云计算、智能制造、“互联网+”的新型绿色产业新业态，继续扩大节能环保产业、清洁生产产业、清洁能源产业、生态环境产业等基础绿色产业规模，以新基建带动基础设施的绿色化升级，培育绿色服务型产业，同时以教育、科研手段培育后备人力资本，为绿色产业发展和城市经济绿色转型提供新动能。二是以绿色生产、绿色消费引领产业转型。当前京津冀及周边地区全社会固定资产投资、消费方式仍未转向绿色动能新领域，应加快提高新兴产业、节能环保新设备等绿色动能领域的投融资比例，加强生产投入端、生产工艺流程、废弃物处理、消费端等生产和流通环节的绿色技术研发，引领消费者提高生态产品、碳金融产品等领域的绿色消费比例，以生产和消费协同推进城市经济绿色转型。

（三）优化京津冀绿色创新链的空间分工与布局

针对京津冀地区绿色创新仅存在北京一个主节点，天津、石家庄为次节点，廊坊、张家口、承德尚未与核心节点发生网络关联，区域绿色创新关联具有碎片化特征等问题，应在遵循区域发展规律的基础上，立足各城市的比较优势，加快促进绿色创新产业的网络关联。一是依托张家口的大数据中心、石家庄的生物医药产业、沧州的汽车制造业优势，提升绿色创新的承载能力。二是依托唐山和秦皇岛的重化工业、制造业以及冀中南地区的制造业基础，推进制造业的产业数字化升级，加快绿色技术的孵化与应用。三是发挥高校、科研院所等创新主体的作用，围绕北京创新链布局津冀的绿色产业链。通过扩大低碳、高技术产业规模，打造一批低碳产业园区、循环经济园区和智慧园区，形成“研发—中试—成果转化—技术推广”的区域绿色技术创新链。

参考文献

白俊红、江可申、李婧：《应用随机前沿模型评测中国区域研发创新效率》，《管理世界》2009 年第 10 期。

黄焕宗、易晓明：《福建省绿色创新驱动发展的综合评价研究》，《延边大学学报》（自然科学版）2021 年第 4 期。

苗成林、孙丽艳、杨力：《能源消耗与碳排量约束下区域技术效率研究》，《科研管理》2016 年第 2 期。

彭文斌、文泽宙、邝嫦娥：《中国城市绿色创新空间格局及其影响因素》，《广东财经大学学报》2019 年第 1 期。

沈能、刘凤朝：《高强度的环境规制真能促进技术创新吗？——基于“波特假说”的再检验》，《中国软科学》2012 年第 4 期。

温丽琴、石凌江、周璇：《双向 FDI 协调发展、绿色创新与环境规制——基于绿色创新中介效应研究》，《经济问题》2023 年第 1 期。

吴旭晓：《中国区域绿色创新效率演进轨迹及形成机理研究》，《科技进步与对策》2019 年第 23 期。

许学国、周燕妃：《基于三阶段 Malmquist-PNN 的区域绿色创新效率评价与智能诊断研究》，《科技进步与对策》2020 年第 24 期。

原毅军、谢荣辉：《产业集聚、技术创新与环境污染的内在联系》，《科学学研究》2015 年第 9 期。

B.10

京津冀高技术产业发展与成效分析*

张贵　赵一帆**

摘　要：在建设全国统一大市场的背景下，推动京津冀协同发展实现新突破，加快产业链和创新链深度融合，高技术产业发展是关键所在。本报告从京津冀区域内外两个视角对京津冀高技术产业的发展情况进行描述性统计，利用区位熵和空间基尼系数分析了区域内各城市高技术产业聚集特征，基于专利授权量探究了自主创新产出的区域空间分布情况。针对京津冀高技术产业发展进程中存在的问题，本报告建议完善高技术产业链与创新链融合发展模式，强化空间集聚，推进产业生态建设，塑造数字经济新动能，最终形成完善的区域共同体。

关键词：高技术制造业　高技术服务业　京津冀协同发展

新时代我国经济发展的基本特征是由高速增长阶段转向高质量发展阶段。按照高质量发展要求，需要深入推进供给侧结构性改革，提高供给体系质量和效率。在此改革过程中，建设现代化产业体系是最为主要的任务之一。高技术产业发展，既是加快构建区域现代化产业体系的现实要求，也是推动经济实现高质量发展的重要动力。京津冀协同发展承担着国家创新驱动

* 本报告为国家社科基金重大项目“雄安新区创新生态系统构建机制与路径研究”（18ZDA044）的阶段性成果。

** 张贵，经济学博士，南开大学教授、博士生导师，京津冀协同发展研究院秘书长，研究方向为京津冀区域经济、创新生态、战略性新兴产业；赵一帆，南开大学经济学院博士研究生，研究方向为区域经济。

发展战略重任。自 2014 年京津冀协同发展战略上升为重大国家战略以来，京津冀所集聚的科技创新和人才资源不仅推动了本区域的产业结构升级和高质量发展，而且带动了北方腹地经济社会的发展。当前，在建设全国统一大市场的背景下，推动京津冀协同发展实现新突破，加快产业链和创新链深度融合，高技术产业发展更是关键所在。

一　高技术产业发展的相关研究

（一）高技术产业的概念界定

随着时代的变化，不同历史时期所形成的对高技术的认知也不尽相同。高技术产业不仅具有技术水平高的特点，而且具有知识密集度高、研发投入强度高以及资源能源消耗低等特点，是支撑国民经济的战略性产业。本报告所使用的高技术产业定义，根据国家统计局行业标准，从高技术产业功能入手，分别从高技术制造业和高技术服务业角度分类讨论京津冀高技术产业发展情况，具体分类见表 1。

表 1　中国高技术产业分类

功能	高技术产业（制造业）	高技术产业（服务业）
文件	《高技术产业（制造业）分类（2017）》	《高技术产业（服务业）分类（2018）》
概念	国民经济行业中 R&D 投入强度相对高的行业	采用高技术手段为社会提供服务活动的集合
产业细分	医药制造 航空、航天器及设备制造 电子及通信设备制造 计算机及办公设备制造 医疗仪器设备及仪器仪表制造 信息化学品制造	信息服务 电子商务服务 检验检测服务 专业技术服务业的高技术服务 研发与设计服务 科技成果转化服务 知识产权及相关法律服务 环境监测及治理服务 其他高技术服务

资料来源：笔者整理。

（二）与高技术产业发展相关的理论

高技术产业集聚研究。第一，高技术产业集聚的理论研究。集聚经济理论表明，通过共享中间品投入、提高劳动力匹配性和知识溢出等能够促进经济增长。产业集聚是相关产业在空间上的高度集中。第二，现有测算产业集聚的方法也常被用来测度高技术产业集聚水平，包括区位熵、空间基尼系数、赫芬达尔-赫希曼指数等方法。区位熵用来衡量区域产业集聚的专业化程度；空间基尼系数可反映产业分布的空间均衡程度，但是未考虑规模因素；赫芬达尔-赫希曼指数用以测度区域产业集聚多样化程度。第三，高技术产业集聚的影响研究。如高技术产业集聚对区域创新的促进作用（唐晓华等，2022）。

高技术产业效率研究。针对高技术产业技术创新效率使用DEA研究方法，如使用三阶段网络DEA模型测度高技术产业科技创新效率（王海花等，2022）。

高技术产业协同发展相关研究。第一，基于创新生态系统理论研究高技术产业。张贵等（2017）借助该理论探究京津冀、长三角和珠三角地区高技术产业发展的差距及其成因。第二，从产业关联视角研究区域间产业的协同发展。测度产业关联水平使用的方法有区域投入产出表分析方法（石敏俊等，2022）、灰色关联度分析法（孙威、高沙尔·吾拉孜，2022）。第三，产业协同集聚研究。如在产业集聚理论的基础上探究制造业与生产性服务业集聚之间的关系（刘志彪，2021）。

二　京津冀高技术产业发展的进展

本报告分别分析京津冀高技术制造业和高技术服务业的发展情况。2014年京津冀协同发展战略被确认为国家区域重大战略，为了更清晰地呈现该战略下京津冀高技术产业发展的进展与成效，选取研究时间段为2010~2021年。为了进一步探究京津冀地区在全国的地位，本报告将其与长三角和珠三角地区高技术产业发展情况进行比较分析。其中，包含北京、天津、河北三地的京津冀地区和包含江苏、浙江、上海三地的长三角地区数据较易获得，珠三角地区部分区域数据难以获得，采用广东省的数据代替。基于《中国高技术产业统计年鉴》《中国科技统计年鉴》等整理获得研究数据，由于航空、航天器及设备制造业和信息化学品制造业数据缺失，本报告针对高技术制造业分析时并未囊括这两类产业。由于《中国高技术产业统计年鉴（2018）》未发布，本报告以前后年份的平均值进行处理。

（一）京津冀高技术服务业总体发展情况

根据《高技术产业（服务业）分类（2018）》，结合实际收集的数据，本报告的高技术服务业细分产业包括科学研究和技术服务、研究和试验发展、专业技术服务业以及科技推广和应用服务。2010 年京津冀地区高技术服务业在营企业数量为 415916 家，2021 年在营企业数量是 2010 年的 4.55 倍，达到 1893454 家。在此期间，京津冀地区高技术服务业在营企业数量标准差系数逐渐下降，说明京津冀地区高技术服务业在营企业数量与平均值的离散程度变小（见图 1）。

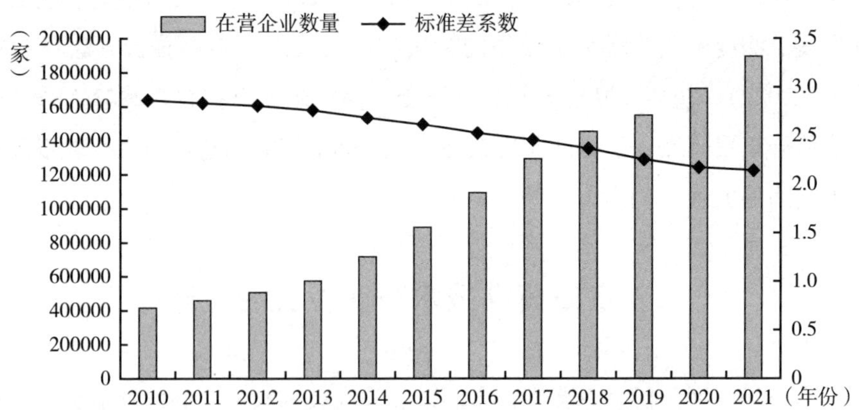

图 1　2010~2021 年京津冀地区高技术服务业在营企业数量及标准差系数

资料来源：根据龙信企业大数据平台数据整理计算。

（二）京津冀高技术制造业总体发展情况

1. 京津冀高技术制造业发展的基本情况

从在营企业数量来看，2021 年京津冀地区高技术制造业在营企业数量达到 13853 家，是 2010 年的 2.12 倍。2010 年以来，京津冀地区高技术制造业在营企业数量标准差系数总体呈上涨趋势，说明京津冀地区高技术制造业在营企业数量与地区平均值的离散程度趋于扩大（见图 2）。在此期间，京津冀地区高技术制造业在营企业数量和从业人员数量占全国比重总体呈下降趋势（见图 3）。

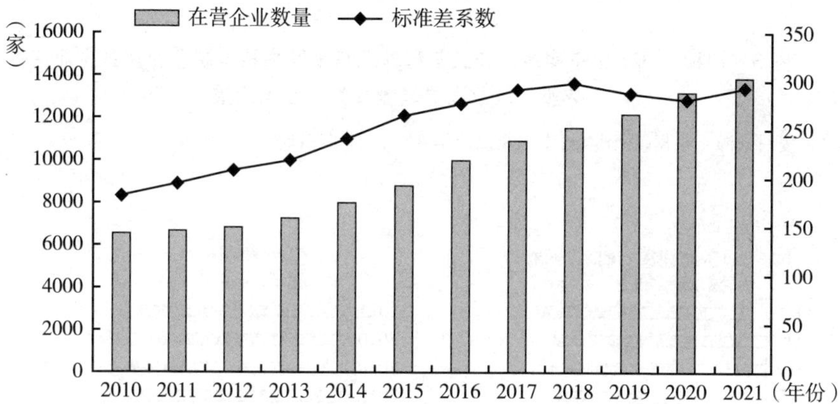

图 2　2010~2021 年京津冀地区高技术制造业在营企业数量及标准差系数

资料来源：根据龙信企业大数据平台数据整理计算。

京津冀地区高技术制造业利润占全国比重在 2010~2013 年略有提升，之后呈下降趋势，2017 年为 6.47%，然后缓慢爬升，2021 年达到 16.95%。2010~2021 年，京津冀地区高技术制造业营业收入占全国比重经历了一个先下降再反弹的过程，2018 年是其最低点，占比为 6.10%（见图 4）。2010~2021 年，京津冀地区高技术制造业利润率在 2021 年有一个迅猛上涨，平均用工规模逐年缩小（见图 5）。

2. 与其他地区高技术制造业生产运营的比较分析

与长三角和珠三角地区相比，京津冀地区高技术制造业发展规模较

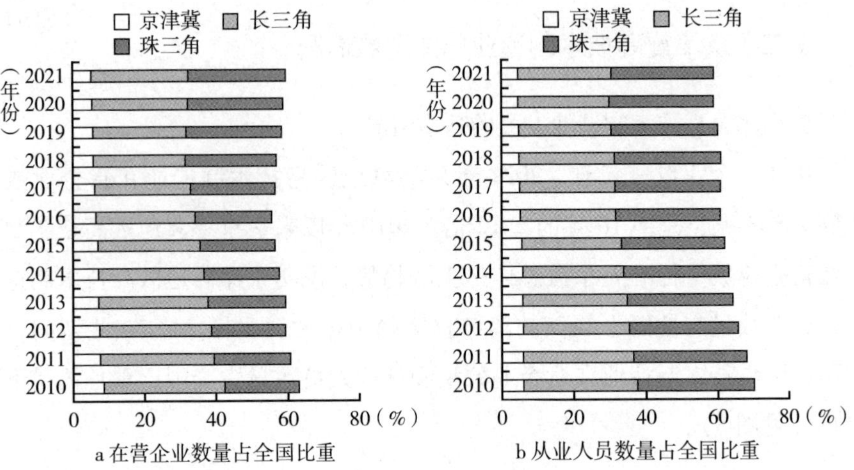

图 3　2010~2021 年京津冀、长三角和珠三角地区高技术制造业在营企业数量、从业人员数量及其占全国比重

资料来源：根据《中国高技术产业统计年鉴》数据整理计算。

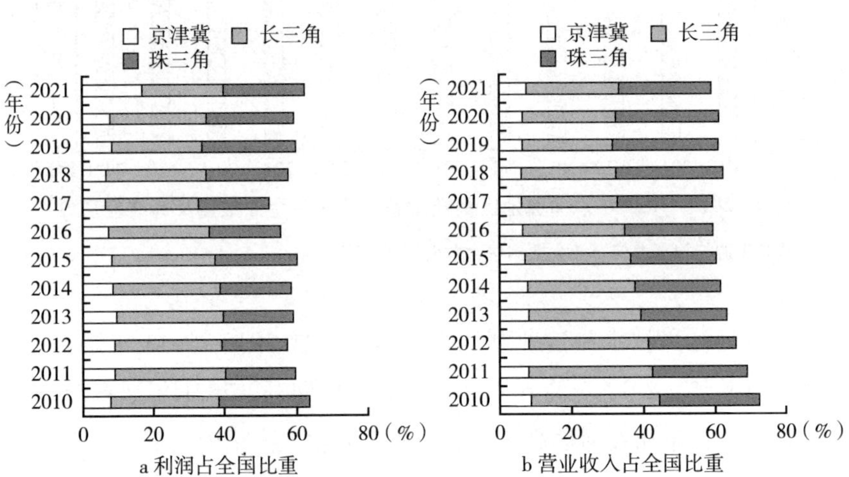

图 4　2010~2021 年京津冀、长三角和珠三角地区高技术制造业利润、营业收入及其占全国比重

资料来源：根据《中国高技术产业统计年鉴》数据整理计算。

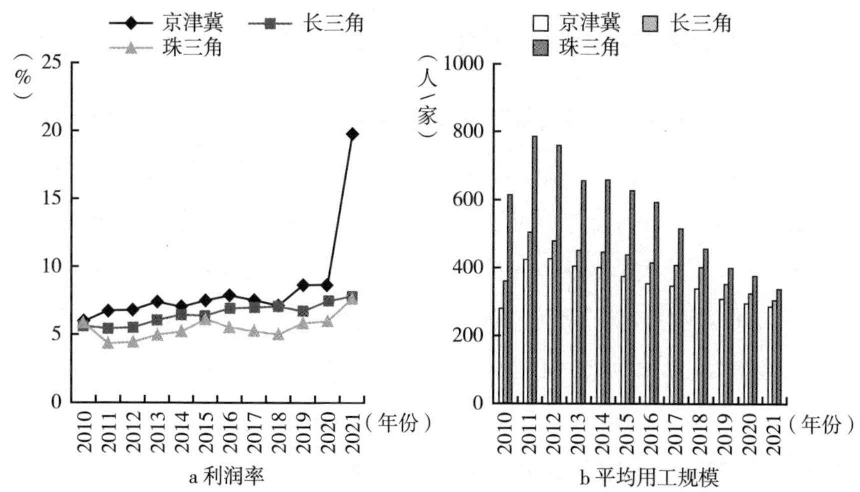

图 5　2010~2021 年京津冀、长三角和珠三角地区高技术制造业利润率、平均用工规模

注：利润率=利润总额/营业收入；平均用工规模=从业人员数量/在营企业数量。

资料来源：根据《中国高技术产业统计年鉴》数据整理计算。

小，且在全国的地位呈下降趋势，但其产业利润率高。就高技术制造业在营企业数量占全国比重而言，2021 年，京津冀地区占比仅为 5.17%，长三角和珠三角地区为 27%左右；就高技术制造业从业人员数量占全国比重而言，京津冀地区占比在 2018 年不到 5%，且之后占比逐年递减，而长三角地区在 25%上下波动，珠三角地区在 29%上下波动。2010~2021 年，京津冀地区高技术制造业营业收入占全国比重为 6%~9%，利润占全国比重除 2021 年迅猛上升至 16.95%外，其他年份在 7%~10%的范围内波动。

总体来看，2010~2021 年，京津冀地区高技术制造业发展比较缓慢，甚至还出现发展速度下降的情况，但是高技术制造业利润率高于长三角和珠三角地区，特别是 2021 年利润率突破 10%达到最高值；自 2011 年后三个地区的高技术制造业平均用工规模呈现递减趋势，珠三角地区平均用工规模缩小幅度最大，三个地区平均用工规模差异趋于一致。导致京津冀地区高技术产业发展波动的主要原因是国际制造业回流和国内地区间竞争。

（三）京津冀高技术制造业细分产业分析

1. 与其他地区医疗仪器设备及仪器仪表制造业生产运营的比较分析

2010~2021年，京津冀地区医疗仪器设备及仪器仪表制造业发展走下坡路。该产业在营企业数量占全国比重逐年递减，2016年被珠三角地区实现反超。2010~2021年，京津冀地区从业人员数量占全国比重相对稳定，保持在7%~8%的区间内。全国医疗仪器设备及仪器仪表制造业产业利润率在2010年为9.82%，2015年为8.97%，2020年为13.41%，2021年为13.03%，京津冀地区产业利润率不仅远高于全国平均水平，而且远高于长三角和珠三角地区。就企业平均用工规模而言，2010年全国企业平均用工规模为175.15人/家，2015年为226.66人/家，2020年为173.31人/家，2021年为166.46人/家。京津冀地区企业平均用工规模低于全国平均水平（见表2）。

表2　2010~2021年京津冀、长三角和珠三角地区医疗仪器设备及仪器仪表制造业生产运营基本情况

年份	地区	在营企业数量占全国比重(%)	从业人员数量占全国比重(%)	营业收入占全国比重(%)	利润占全国比重(%)	产业利润率(%)	企业平均用工规模(人/家)
2010	京津冀	12.09	7.82	8.47	10.77	12.49	113.26
	长三角	43.71	43.47	48.94	44.36	8.90	174.19
	珠三角	8.18	13.45	9.30	10.82	11.43	288.04
	全国	—	—	—	—	9.82	175.15
2015	京津冀	9.36	7.40	6.49	9.02	12.47	179.01
	长三角	40.93	41.74	49.16	49.97	9.11	231.13
	珠三角	8.79	13.31	7.85	9.13	10.43	343.07
	全国	—	—	—	—	8.97	226.66
2020	京津冀	7.91	7.55	8.78	9.99	15.25	165.38
	长三角	39.35	38.58	40.88	42.38	13.90	169.93
	珠三角	17.02	18.60	17.23	17.85	13.89	189.35
	全国	—	—	—	—	13.41	173.31

续表

年份	地区	在营企业数量占全国比重(%)	从业人员数量占全国比重(%)	营业收入占全国比重(%)	利润占全国比重(%)	产业利润率(%)	企业平均用工规模(人/家)
2021	京津冀	7.67	7.15	8.22	10.12	16.03	154.99
	长三角	39.93	39.30	43.72	42.52	12.67	163.79
	珠三角	17.49	19.68	16.73	16.89	13.15	187.29
	全国	—	—	—	—	13.03	166.46

注：为使表格更为简洁，选取2010年、2015年、2020年和2021年四个时间节点，反映2010~2021年的总体趋势，下同。

资料来源：根据《中国高技术产业统计年鉴》数据整理计算。

2. 与其他地区医药制造业生产运营的比较分析

从医药制造业在营企业数量占全国比重和从业人员数量占全国比重来看，2010~2021年，整体呈现长三角地区优于京津冀地区、京津冀地区优于珠三角地区的趋势。在此期间，京津冀地区医药制造业在营企业数量占全国比重保持在7.4%~8.5%的范围内，从业人员数量占比保持在8.9%~10.9%的范围内。2010~2015年，京津冀地区医药制造业营业收入和利润占全国比重逐年递减，2016年之后开始逐年上升，2021年达到最大值，分别为18.41%和37.23%。2010~2021年，京津冀地区医药制造业产业利润率一直高于全国平均水平。就企业平均用工规模而言，2010~2021年京津冀地区一直高于长三角和珠三角地区（见表3）。

表3　2010~2021年京津冀、长三角和珠三角地区医药制造业生产运营基本情况

年份	地区	在营企业数量占全国比重(%)	从业人员数量占全国比重(%)	营业收入占全国比重(%)	利润占全国比重(%)	产业利润率(%)	企业平均用工规模(人/家)
2010	京津冀	8.33	10.44	10.59	11.59	12.76	308.58
	长三角	20.93	19.81	22.22	22.28	11.69	232.89
	珠三角	5.85	6.10	6.49	7.69	13.80	256.27
	全国	—	—	—	—	11.66	246.01

续表

年份	地区	在营企业数量占全国比重(%)	从业人员数量占全国比重(%)	营业收入占全国比重(%)	利润占全国比重(%)	产业利润率(%)	企业平均用工规模(人/家)
2015	京津冀	7.66	9.22	8.52	9.96	12.35	363.04
	长三角	18.36	18.00	20.59	22.33	11.46	295.72
	珠三角	5.38	5.75	5.47	6.48	12.50	322.00
	全国	—	—	—	—	10.56	301.59
2020	京津冀	8.20	10.15	11.30	11.57	15.09	323.81
	长三角	18.54	20.20	25.68	28.39	16.30	285.06
	珠三角	6.98	7.20	6.87	8.10	17.39	269.93
	全国	—	—	—	—	14.74	261.72
2021	京津冀	8.44	10.81	18.41	37.23	43.95	314.42
	长三角	18.68	20.80	22.20	17.82	17.45	273.18
	珠三角	6.86	7.46	6.41	6.59	22.33	266.68
	全国	—	—	—	—	21.74	245.33

资料来源：根据《中国高技术产业统计年鉴》数据整理计算。

3. 与其他地区电子及通信设备制造业生产运营的比较分析

总体来讲，京津冀地区电子及通信设备制造业发展规模小于长三角和珠三角地区。2010~2021年，京津冀地区电子及通信设备制造业在营企业数量占全国比重和从业人员数量占全国比重明显小于其他两个地区，并与长三角地区一样总体逐年递减，而珠三角地区则呈现波动上升趋势；营业收入占全国比重在5%~11%范围内波动，利润占全国比重在2%~10%范围内波动。电子及通信设备制造业产业利润率明显低于医疗仪器设备及仪器仪表制造业和医药制造业，三个地区的电子及通信设备制造业产业利润率差异不大。就企业平均用工规模而言，同时期相比京津冀地区最小（见表4）。

表 4　2010~2021 年京津冀、长三角和珠三角地区电子及通信设备制造业生产运营基本情况

年份	地区	在营企业数量占全国比重(%)	从业人员数量占全国比重(%)	营业收入占全国比重(%)	利润占全国比重(%)	产业利润率(%)	企业平均用工规模(人/家)
2010	京津冀	6.89	5.56	10.48	6.40	3.79	361.27
	长三角	37.26	32.37	31.79	30.21	5.90	389.23
	珠三角	31.53	41.58	36.78	37.51	6.33	590.91
	全国	—	—	—	—	6.21	448.06
2015	京津冀	5.61	4.43	6.12	6.08	5.52	439.10
	长三角	30.27	28.18	28.76	27.62	5.33	518.07
	珠三角	31.60	38.34	34.33	36.63	5.93	675.17
	全国	—	—	—	—	5.55	556.39
2020	京津冀	3.46	2.80	5.16	4.70	5.06	328.17
	长三角	26.78	23.98	24.05	23.99	5.54	362.06
	珠三角	35.82	37.20	37.77	35.90	5.28	419.92
	全国	—	—	—	—	5.56	404.34
2021	京津冀	3.18	2.83	5.57	4.95	6.05	331.41
	长三角	27.08	24.72	24.79	23.64	6.49	339.67
	珠三角	35.87	35.93	33.04	34.35	7.07	372.62
	全国	—	—	—	—	6.80	372.04

资料来源：根据《中国高技术产业统计年鉴》数据整理计算。

4. 与其他地区计算机及办公设备制造业生产运营的比较分析

总体来讲，京津冀地区计算机及办公设备制造业发展规模小于长三角和珠三角地区。2010~2021 年，京津冀地区计算机及办公设备制造业在营企业数量占全国比重和从业人员数量占全国比重明显小于其他两个地区，并与长三角地区一样总体逐年递减，而珠三角地区在营企业数量占比呈波动上升趋势，从业人员数量占比呈下降趋势；营业收入占全国比重为 3%~6%，利润占全国比重在 2016 年和 2017 年突破 10%之后有所下降，2020 年和 2021 年稳定在 8.5%左右。计算机及办公设备制造业产业利润率明显低于医疗仪器设备及仪器仪表制造业、医药制造业以及电子及通信设备制造业。三个地区计算机及

办公设备制造业产业利润率在2015年之前基本一致，2015年之后逐步呈现明显差距，2021年京津冀地区产业利润率比长三角地区高出3.58个百分点。就企业平均用工规模而言，京津冀地区在2014年达到峰值634.38人/家，之后呈下降趋势，珠三角地区下降规模和速度最快，长三角地区次之（见表5）。

表5　2010~2021年京津冀、长三角和珠三角地区计算机及办公设备制造业生产运营基本情况

年份	地区	在营企业数量占全国比重(%)	从业人员数量占全国比重(%)	营业收入占全国比重(%)	利润占全国比重(%)	产业利润率(%)	企业平均用工规模(人/家)
2010	京津冀	6.46	1.67	4.07	3.03	2.57	285.43
	长三角	33.50	37.95	48.66	39.31	2.79	1252.40
	珠三角	39.04	43.92	32.16	32.23	3.47	1243.57
	全国	—	—	—	—	3.46	1105.28
2015	京津冀	4.54	3.01	5.86	8.16	4.47	574.35
	长三角	25.31	31.33	32.75	35.21	3.45	1071.43
	珠三角	39.65	32.04	20.67	25.96	4.03	699.49
	全国	—	—	—	—	3.21	865.50
2020	京津冀	3.76	2.73	5.16	8.58	5.28	388.61
	长三角	20.68	33.24	29.53	23.81	2.57	861.05
	珠三角	45.72	28.94	20.16	27.66	4.37	339.03
	全国	—	—	—	—	3.18	535.69
2021	京津冀	3.50	2.53	4.68	8.43	5.45	347.28
	长三角	20.85	32.90	28.15	17.43	1.87	759.06
	珠三角	46.50	28.68	20.27	32.54	4.86	296.74
	全国	—	—	—	—	3.03	481.07

资料来源：根据《中国高技术产业统计年鉴》数据整理计算。

（四）京津冀国家级开发区企业发展情况

从横向来看，京津冀地区国家级开发区发展规模差距较大。7个国家级开发区在在营企业数量占全国比重、从业人员数量占全国比重、营业收入占全国比重和利润占全国比重方面的差距，与其所在地的高技术产业发展状况密切相关。北京凭借其研发优势，高技术产业发展程度高；天津以其传统制造业发展基础向战略性新兴产业过渡；河北整体上还是以低端制造业为主。

从时间演进角度来看，京津冀地区国家级开发区有多个全国占比的指标数值呈下降趋势，表明京津冀地区国家级开发区在全国范围内的影响力下降（见表6）。结合前文对京津冀高技术制造业的分析，2010~2021年，京津冀地区高技术产业在全国的地位呈下降趋势。

表6　2010~2021年京津冀地区国家级开发区企业生产运营情况

年份	开发区	在营企业数量占全国比重(%)	从业人员数量占全国比重(%)	营业收入占全国比重(%)	利润占全国比重(%)	产业利润率(%)	企业平均用工规模(人/家)
2010	中关村	30.37	13.64	16.40	17.67	6.94	73.66
	天津滨海	6.69	3.36	3.10	4.54	9.43	82.46
	石家庄	0.88	0.75	1.29	1.09	5.47	141.29
	保定	0.31	0.92	0.78	0.96	7.88	487.98
	合计	38.24	18.68	21.58	24.27	6.44	164.00
2015	中关村	20.18	13.43	16.09	18.04	7.11	138.28
	天津滨海	4.79	2.18	2.98	4.02	8.55	94.72
	石家庄	0.84	0.64	0.67	0.66	6.21	160.03
	唐山	0.29	0.65	0.49	0.45	5.90	463.81
	保定	0.22	0.10	0.04	0.03	4.76	98.69
	承德	0.26	0.21	0.23	0.14	3.91	165.17
	燕郊	0.04	0.07	0.06	0.04	4.26	339.73
	合计	26.62	17.29	20.56	23.38	6.34	207.83
2020	中关村	16.62	12.17	16.89	18.55	7.81	105.51
	天津滨海	2.56	1.19	1.11	0.88	5.59	67.01
	石家庄	1.16	0.73	0.54	0.65	8.63	91.08
	唐山	0.21	0.07	0.03	0.02	5.09	51.04
	保定	0.42	0.46	0.49	0.22	3.23	156.81
	承德	0.06	0.07	0.05	0.04	5.85	151.88
	燕郊	0.16	0.12	0.13	0.10	5.58	113.25
	合计	21.19	14.81	19.23	20.47	7.11	144.14

续表

年份	开发区	在营企业数量占全国比重(%)	从业人员数量占全国比重(%)	营业收入占全国比重(%)	利润占全国比重(%)	产业利润率(%)	企业平均用工规模(人/家)
2021	中关村	13.25	11.37	17.05	18.63	7.92	118.44
	天津滨海	2.33	0.93	0.0105	0.0083	5.67	54.95
	石家庄	1.23	0.78	0.0050	0.0060	8.70	87.39
	唐山	0.23	0.08	0.0004	0.0004	6.74	49.04
	保定	0.45	0.54	0.0058	0.0021	2.62	166.63
	承德	0.07	0.07	0.0004	0.0003	5.39	138.34
	燕郊	0.15	0.12	0.0013	0.0011	6.42	111.14
	合计	17.70	13.88	17.07	18.65	7.24	138.08

注：①京津冀地区国家级开发区包括中关村国家自主创新示范区、天津滨海高新技术产业开发区、石家庄高新技术产业开发区、唐山高新技术产业开发区、保定国家高新技术产业开发区、承德高新技术产业开发区、燕郊高新技术产业开发区，表中分别简化表述为中关村、天津滨海、石家庄、唐山、保定、承德、燕郊。②2010 年《中国科技统计年鉴》数据只有北京、天津、石家庄和保定。③合计中的产业利润率和企业平均用工规模指的是全国平均水平。

资料来源：根据《中国科技统计年鉴》数据整理计算。

三 京津冀高技术产业空间演变分析

（一）测度方法

区位熵（Location Entropy）常用于测度产业集聚水平。区位熵越大，说明该区域高技术产业集聚程度越高。一般来说，区位熵大于 1 时，表明该地区的某一产业集聚水平较高；区位熵小于 1 时，表明该地区的某一产业集聚水平偏低。

$$LPQ_{ij} = \frac{p_{ij}/p_j}{p_i/p} \tag{1}$$

其中，LPQ_{ij}表示 j 城市的 i 产业在京津冀地区的区位熵。基于数据可得性，本报告中p_{ij}表示京津冀地区 j 城市 i 产业（高技术制造业或高技术服务业）累计注册资本，p_j表示京津冀地区 j 城市高技术产业累计注册资本，p_i表示京津冀地区 i 产业（高技术制造业或高技术服务业）累计注册资本，p 表示京津冀地区高技术产业累计注册资本。数据来源于龙信企业大数据平台。本报告整理了 2010～2021 年京津冀地区 13 个城市包括高技术制造业、科学研究和技术服务业、研究和试验发展、专业技术服务业、科技推广和应用服务业在内的产业层面的在营企业注册资本数据。

（二）京津冀高技术服务业空间演变分析

1. 京津冀科学研究和技术服务业空间演变分析

对京津冀地区内部城市进行比较发现，2010～2021 年，只有北京的科学研究和技术服务业区位熵大于 1，表明北京的科学研究和技术服务业集聚水平较高；其他城市的区位熵小于 1，表明科学研究和技术服务业集聚水平偏低（见表 7）。

表 7　2010～2021 年京津冀各城市科学研究和技术服务业区位熵变化

年份	保定	北京	沧州	承德	邯郸	衡水	廊坊	秦皇岛	石家庄	唐山	天津	邢台	张家口
2010	0.022	1.833	0.011	0.001	0.005	0.003	0.007	0.006	0.032	0.014	0.222	0.004	0.003
2011	0.021	1.816	0.010	0.001	0.005	0.005	0.007	0.006	0.035	0.013	0.222	0.004	0.003
2012	0.020	1.793	0.010	0.002	0.006	0.006	0.009	0.007	0.038	0.013	0.226	0.006	0.004
2013	0.021	1.772	0.010	0.002	0.008	0.007	0.010	0.007	0.043	0.014	0.233	0.007	0.004
2014	0.022	1.710	0.010	0.002	0.014	0.009	0.011	0.008	0.053	0.014	0.248	0.010	0.005
2015	0.024	1.657	0.011	0.003	0.016	0.012	0.011	0.009	0.063	0.015	0.262	0.012	0.006
2016	0.026	1.585	0.013	0.005	0.019	0.013	0.022	0.010	0.072	0.017	0.285	0.014	0.011
2017	0.030	1.536	0.017	0.006	0.020	0.015	0.025	0.011	0.078	0.019	0.295	0.018	0.012
2018	0.044	1.495	0.022	0.009	0.022	0.015	0.024	0.011	0.084	0.020	0.293	0.021	0.012
2019	0.048	1.431	0.023	0.009	0.022	0.016	0.026	0.011	0.121	0.022	0.302	0.023	0.013
2020	0.049	1.428	0.022	0.008	0.022	0.015	0.027	0.011	0.114	0.022	0.307	0.021	0.012
2021	0.052	1.425	0.023	0.009	0.023	0.016	0.029	0.011	0.111	0.024	0.301	0.022	0.012

资料来源：根据龙信企业大数据平台数据整理计算。

从空间演变角度分析，总体看，2010～2021年京津冀地区科学研究和技术服务业集聚水平呈现明显的上升趋势。北京的科学研究和技术服务业区位熵逐年递减，其他城市的区位熵虽然小但逐年增加，表明北京的科学研究和技术服务业产业活动呈现分散趋势，其他城市的专业化程度逐渐提高。

2. 京津冀研究和试验发展空间演变分析

对京津冀地区内部城市进行比较发现，2010～2021年，北京、石家庄的研究和试验发展区位熵远远大于1，表明北京、石家庄的研究和试验发展产业集聚水平较高。近年来，天津、邢台、保定、沧州的研究和试验发展区位熵在1附近浮动，表明这些城市的研究和试验发展产业集聚水平较高；承德、邯郸、衡水、廊坊、秦皇岛、唐山、张家口的研究和试验发展区位熵小于1，表明这些城市的研究和试验发展产业集聚水平偏低（见表8）。

表8　2010～2021年京津冀各城市研究和试验发展区位熵变化

年份	保定	北京	沧州	承德	邯郸	衡水	廊坊	秦皇岛	石家庄	唐山	天津	邢台	张家口
2010	0.299	22.976	0.153	0.026	0.218	0.235	0.524	0.491	2.663	0.314	1.937	0.359	0.110
2011	0.300	21.641	0.150	0.039	0.267	0.236	0.446	0.413	2.788	0.291	1.586	0.366	0.117
2012	0.401	20.662	0.178	0.043	0.312	0.345	0.505	0.413	3.140	0.288	1.487	0.544	0.157
2013	0.474	19.635	0.258	0.044	0.405	0.474	0.535	0.383	3.540	0.278	1.369	0.638	0.184
2014	0.578	17.688	0.325	0.062	0.587	0.643	0.565	0.375	4.483	0.353	1.364	0.832	0.251
2015	0.762	15.653	0.398	0.085	0.567	0.859	0.604	0.370	5.085	0.411	1.222	1.012	0.341
2016	0.910	14.779	0.558	0.137	0.797	0.982	0.772	0.389	5.868	0.442	1.104	1.243	0.518
2017	0.991	14.097	0.674	0.172	0.803	1.056	0.890	0.368	5.881	0.523	1.016	1.751	0.585
2018	1.211	13.043	1.181	0.183	0.752	0.999	0.847	0.361	5.751	0.503	1.280	1.704	0.649
2019	0.973	8.354	0.785	0.144	0.507	0.667	0.625	0.222	7.795	0.430	0.863	1.392	0.396
2020	1.233	8.905	0.898	0.174	0.636	0.788	0.758	0.259	9.002	0.485	1.270	1.393	0.450
2021	1.337	9.540	1.001	0.202	0.669	0.885	0.810	0.259	9.017	0.530	1.404	1.506	0.487

资料来源：根据龙信企业大数据平台数据整理计算。

从空间演变角度分析，总体看，2010~2021年京津冀地区研究和试验发展产业集聚水平呈现明显的上升趋势。北京的研究和试验发展区位熵逐年递减，表明北京的研究和试验发展产业活动集聚程度降低；石家庄的研究和试验发展区位熵逐年增加，2019年后基本与北京处在一个水平，表明石家庄的研究和试验发展产业活动集聚程度不断提高。同时，2021年保定、沧州、邢台的研究和试验发展区位熵比2010年有了大幅度提升且结果大于1，表明这三个城市的研究和试验发展专业化程度逐渐提高，产业集聚水平较高。

3. 京津冀专业技术服务业空间演变分析

对京津冀地区内部城市进行比较发现，2010~2021年，北京的专业技术服务业区位熵远远大于1，表明北京的专业技术服务业集聚水平很高。近年来，天津的专业技术服务业区位熵略大于1，表明天津的专业技术服务业集聚水平较高。保定、石家庄的专业技术服务业区位熵总体略低于1，表明这两个城市的专业技术服务业具有一定的集聚水平。其余城市的专业技术服务业区位熵较小，表明其专业技术服务业集聚水平较低（见表9）。

表9　2010~2021年京津冀各城市专业技术服务业区位熵变化

年份	保定	北京	沧州	承德	邯郸	衡水	廊坊	秦皇岛	石家庄	唐山	天津	邢台	张家口
2010	0.279	7.052	0.149	0.010	0.032	0.007	0.039	0.032	0.215	0.0165	0.770	0.016	0.034
2011	0.305	7.572	0.163	0.012	0.037	0.010	0.053	0.048	0.264	0.070	0.824	0.019	0.037
2012	0.325	7.950	0.175	0.013	0.040	0.014	0.077	0.054	0.295	0.076	0.884	0.022	0.041
2013	0.351	8.461	0.187	0.015	0.046	0.019	0.093	0.060	0.335	0.088	0.965	0.027	0.045
2014	0.387	9.203	0.206	0.021	0.060	0.025	0.123	0.086	0.428	0.107	1.113	0.035	0.051
2015	0.468	10.179	0.232	0.034	0.077	0.034	0.154	0.109	0.575	0.124	1.298	0.043	0.065
2016	0.542	11.280	0.282	0.049	0.098	0.048	0.212	0.131	0.749	0.152	1.507	0.060	0.080
2017	0.606	11.882	0.346	0.091	0.117	0.094	0.250	0.155	0.901	0.194	1.624	0.086	0.096
2018	0.702	12.097	0.412	0.101	0.137	0.103	0.305	0.174	0.989	0.221	1.779	0.100	0.110
2019	0.797	12.454	0.463	0.121	0.153	0.114	0.341	0.171	1.128	0.237	2.023	0.108	0.119
2020	0.775	12.052	0.359	0.107	0.143	0.097	0.292	0.137	0.988	0.197	1.906	0.112	0.108
2021	0.953	12.184	0.351	0.112	0.153	0.105	0.297	0.134	1.033	0.212	2.006	0.122	0.116

资料来源：根据龙信企业大数据平台数据整理计算。

从空间演变角度分析，总体看，2010~2021年京津冀地区专业技术服务业集聚水平呈现明显的上升趋势。2010年区位熵大于1的城市只有北京，2021年京津冀地区13个城市的专业技术服务业区位熵都有增加，其中北京、石家庄和天津的区位熵都大于1。可以看出，京津冀地区的专业技术服务业集聚水平明显提高。

4. 京津冀科技推广和应用服务业空间演变分析

对京津冀地区内部城市进行比较发现，2010~2021年，北京的科技推广和应用服务业区位熵大于1，表明北京的科技推广和应用服务业集聚水平很高；其余城市的科技推广和应用服务业区位熵较小，表明其科技推广和应用服务业集聚水平较低（见表10）。

表10　2010~2021年京津冀各城市科技推广和应用服务业区位熵变化

年份	保定	北京	沧州	承德	邯郸	衡水	廊坊	秦皇岛	石家庄	唐山	天津	邢台	张家口
2010	0.006	2.769	0.001	0.001	0.004	0.004	0.003	0.003	0.011	0.018	0.357	0.002	0.001
2011	0.006	2.677	0.001	0.001	0.004	0.006	0.003	0.003	0.012	0.017	0.351	0.002	0.001
2012	0.006	2.597	0.002	0.002	0.005	0.007	0.005	0.005	0.013	0.016	0.350	0.003	0.002
2013	0.008	2.519	0.002	0.002	0.007	0.007	0.006	0.005	0.018	0.016	0.355	0.004	0.002
2014	0.012	2.365	0.003	0.002	0.016	0.009	0.006	0.006	0.026	0.016	0.367	0.007	0.004
2015	0.014	2.237	0.005	0.002	0.018	0.010	0.007	0.006	0.033	0.016	0.379	0.009	0.004
2016	0.018	2.076	0.007	0.005	0.020	0.010	0.022	0.009	0.041	0.019	0.402	0.011	0.011
2017	0.023	1.982	0.013	0.006	0.022	0.012	0.025	0.010	0.051	0.020	0.411	0.012	0.012
2018	0.043	1.921	0.015	0.009	0.024	0.013	0.024	0.010	0.060	0.021	0.400	0.016	0.011
2019	0.047	1.894	0.017	0.010	0.025	0.014	0.026	0.011	0.070	0.025	0.423	0.017	0.012
2020	0.047	1.867	0.017	0.009	0.026	0.014	0.029	0.011	0.070	0.026	0.423	0.017	0.011
2021	0.048	1.843	0.019	0.010	0.026	0.014	0.031	0.011	0.072	0.028	0.406	0.018	0.013

资料来源：根据龙信企业大数据平台数据整理计算。

从空间演变角度分析，总体看，2010~2021年京津冀地区科技推广和应用服务业集聚水平呈现趋弱的态势。2010年区位熵大于1的城市只有北京，2021年区位熵大于1的城市依然只有北京，且北京的科技推广和应用服务业区位熵逐年递减。可以看出，京津冀地区的科技推广和应用服务业集聚水平偏低。

（三）京津冀高技术制造业空间演变分析

对京津冀地区内部城市进行比较发现，2010~2021年，北京和天津的高技术制造业区位熵大于1，且几乎逐年递增，表明北京和天津的高技术制造业集聚水平较高，专业化程度持续提升。近年来，沧州的高技术制造业区位熵大于1，而石家庄的区位熵已超过2，表明沧州和石家庄的高技术制造业发展较快，已具备较高的集聚水平（见表11）。

表11　2010~2021年京津冀各城市高技术制造业区位熵变化

年份	保定	北京	沧州	承德	邯郸	衡水	廊坊	秦皇岛	石家庄	唐山	天津	邢台	张家口
2010	0.307	8.277	0.221	0.052	0.072	0.058	0.338	0.123	0.809	0.089	2.789	0.098	0.043
2011	0.335	8.917	0.297	0.058	0.081	0.070	0.371	0.134	0.878	0.100	3.019	0.110	0.048
2012	0.360	9.361	0.343	0.068	0.107	0.076	0.391	0.141	0.986	0.116	3.219	0.118	0.051
2013	0.348	9.821	0.351	0.066	0.104	0.078	0.377	0.134	0.939	0.121	3.049	0.110	0.035
2014	0.439	11.290	0.459	0.084	0.129	0.112	0.442	0.164	1.127	0.153	3.576	0.129	0.043
2015	0.532	12.638	0.595	0.098	0.181	0.149	0.514	0.191	1.309	0.294	4.031	0.417	0.047
2016	0.544	14.253	0.660	0.101	0.227	0.179	0.543	0.186	1.319	0.354	3.901	0.413	0.063
2017	0.641	15.962	0.825	0.113	0.258	0.246	0.615	0.206	1.494	0.414	4.388	0.440	0.071
2018	0.719	17.268	0.928	0.129	0.298	0.277	0.681	0.331	1.923	0.486	4.919	0.502	0.084
2019	0.788	18.400	1.053	0.141	0.343	0.320	0.748	0.367	2.212	0.526	5.387	0.564	0.100
2020	0.892	20.877	1.205	0.187	0.404	0.370	0.826	0.293	2.443	0.801	5.799	0.691	0.125
2021	0.883	22.114	1.284	0.183	0.424	0.417	0.817	0.214	2.544	0.829	5.806	0.701	0.136

资料来源：根据龙信企业大数据平台数据整理计算。

从空间演变角度分析，总体看，2010~2021年京津冀地区高技术制造业集聚水平呈现明显上升的趋势。京津冀地区所有城市的高技术制造业区位熵基本上逐年增加，表明京津冀地区的高技术制造业集聚水平逐年上升。2010年区位熵大于1的城市有北京和天津，2021年区位熵大于1的城市有北京、天津、石家庄和沧州。可以看出，京津冀地区的高技术制造业集聚水平有了大幅度提高。

四　京津冀高技术产业自主创新产出的空间分布

理论上，创新活动比工业活动更趋向于集聚，并且创新活动天然具有空间集聚特征。同理，高技术产业自主创新也应具有集聚特征。为了探究京津冀高技术产业自主创新活动的集聚特征，本报告依托京津冀地区 13 个城市高技术产业专利数据，使用空间基尼系数和空间自相关的方法测度京津冀高技术产业自主创新产出的空间特征。

（一）京津冀高技术产业自主创新产出的空间集中度

1. 测度方法

空间基尼系数用来测定行业在空间分布的均衡程度，其衡量的是频率分布值之间的不平等程度，如一个国家各区域的就业水平。空间基尼系数随后成为衡量地理专业化模式的标准，部分原因就在于空间基尼系数计算简单，在数据要求方面相对容易管理。空间基尼系数的公式为：

$$G = \sum_i (S_i - X_i)^2 \tag{2}$$

其中，G 为空间基尼系数，S_i 为 i 市高技术产业新增授权发明专利数量占京津冀高技术产业新增授权发明专利数量的比重，X_i 为 i 市城市层面新增授权发明专利数量占京津冀地区新增授权发明专利数量的比重。当 $G=0$ 时，专利在空间的分布是均匀的，G 越大（最大值为 1），表明专利的集聚程度越高。数据来源于龙信企业大数据平台。本报告整理了 2010~2021 年京津冀地区 13 个城市包括高技术制造业、科学研究和技术服务业、研究和试验发展、专业技术服务业、科技推广和应用服务业在内的产业层面的累计授权发明专利数量数据。

2. 京津冀高技术产业自主创新产出基本情况

2021 年，京津冀地区城市层面累计授权发明专利数量为 454039 件。总的来看，京津冀高技术产业累计授权发明专利数量占该地区所有产业累计授权发明专利数量的 89.42%，说明高技术产业是其自主创新的主要来源。

分产业来看，京津冀地区高技术服务业和高技术制造业在自主创新产业中存在较大差距。2021 年，京津冀科学研究和技术服务业累计授权发明专利数量占该地区所有产业累计授权发明专利数量的 40.08%，在所有产业中占比最高，之后依次是科技推广和应用服务业（31.26%）、高技术制造业（9.24%）、研究和试验发展（5.60%）、专业技术服务业（3.24%）（见表 12）。

表 12　2021 年京津冀各城市不同产业累计授权发明专利数量占比情况

单位：%

城市	高技术制造业占比	科学研究和技术服务业占比	研究和试验发展占比	专业技术服务业占比	科技推广和应用服务业占比	合计
保定	0.22	0.31	0.04	0.24	0.04	0.84
北京	6.52	34.94	4.73	2.10	28.12	76.41
沧州	0.06	0.05	0.02	0.01	0.02	0.16
承德	0.02	0.01	0.00	0.00	0.01	0.04
邯郸	0.06	0.09	0.02	0.04	0.03	0.24
衡水	0.01	0.05	0.02	0.00	0.02	0.11
廊坊	0.10	0.42	0.19	0.08	0.15	0.93
保定	0.22	0.31	0.04	0.24	0.04	0.84
秦皇岛	0.10	0.09	0.02	0.03	0.04	0.27
石家庄	0.45	0.54	0.24	0.20	0.09	1.53
唐山	0.04	0.13	0.02	0.02	0.09	0.30
天津	1.58	3.40	0.27	0.51	2.63	8.39
邢台	0.06	0.04	0.03	0.00	0.01	0.15
张家口	0.01	0.01	0.01	0.01	0.01	0.05
京津冀	9.24	40.08	5.60	3.24	31.26	89.42

资料来源：根据龙信企业大数据平台数据整理计算。

分城市来看，京津冀地区各城市高技术产业自主创新产出存在较大的差距。2021 年，北京的高技术产业自主创新实力“一骑绝尘”，其高技术产业累计授权发明专利数量占京津冀地区所有产业累计授权发明专利数量的 76.41%，天津为 8.39%，石家庄为 1.53%，紧邻北京的廊坊和保定分别为 0.93%和 0.84%。

3. 京津冀高技术产业自主创新产出的空间基尼系数分析

从表 13 可以看出，整体来说京津冀地区高技术产业自主创新产出的空间基尼系数偏小，特别是科学研究和技术服务业、研究和试验发展以及科技推广和应用服务业的空间基尼系数接近 0，表明京津冀地区高技术产业自主创新产出的集聚程度很低。

表 13　2011~2021 年基于专利数据计算的京津冀高技术产业自主创新产出的空间基尼系数

年份	高技术制造业	科学研究和技术服务业	研究和试验发展	专业技术服务业	科技推广和应用服务业
2011	0.003	0.007	0.008	0.055	0.015
2012	0.015	0.006	0.009	0.002	0.011
2013	0.041	0.002	0.008	0.001	0.006
2014	0.028	0.001	0.003	0.010	0.004
2015	0.027	0.002	0.005	0.039	0.006
2016	0.095	0.001	0.004	0.052	0.005
2017	0.025	0.001	0.004	0.074	0.004
2018	0.017	0.001	0.003	0.106	0.003
2019	0.035	0.001	0.001	0.048	0.003
2020	0.050	0.002	0.020	0.049	0.003
2021	0.026	0.001	0.002	0.105	0.003

资料来源：根据龙信企业大数据平台数据整理计算。

京津冀地区高技术制造业和高技术服务业自主创新产出的空间基尼系数存在较为明显的差距，表明京津冀地区 13 个城市高技术制造业自主创新的集聚程度相对高于高技术服务业。与高技术服务业其他细分行业相比，专业技术服务业的集聚程度相对较高。

（二）京津冀高技术产业空间关联分析

1. 测度方法

已有研究通常使用 Moran 指数来检验空间相关性的存在。全局 Moran 指数可以体现出空间集聚是否存在，其取值范围为 [-1, 1]，指数绝对值越大，表明相关性越强。局部 Moran 指数进一步地表明哪个区域出现了空间集聚。

全局 Moran 指数的计算公式如下：

$$Moran's\ I = \frac{\sum_{i=1}^{n}\sum_{j=1}^{n} w_{ij}(x_i - \bar{x})(x_j - \bar{x})}{S^2 \sum_{i=1}^{n}\sum_{j=1}^{n} w_{ij}} \tag{3}$$

Moran 指数揭示了经济行为的全局空间相关性，该指数位于 [0, 1] 区间表示经济行为空间正相关，位于 [-1, 0] 区间则表示经济行为空间负相关。

局部 Moran 指数的计算公式如下：

$$I_i = \frac{x_i - \bar{x}}{S^2}\sum_{j=1}^{n} w_{ij}(x_j - \bar{x}) \tag{4}$$

其中，n 为空间单元数量，本报告中 $n=13$；x_i和x_j分别表示第 i 空间单元和第 j 空间单元的高技术产业发明专利数量；$\bar{x} = \frac{1}{n}\sum_{i=1}^{n} x_i$ 指的是所有空间单元数字经济创新发展效率的平均值；$S^2 = \frac{1}{n}\sum_{i=1}^{n}(x_i - \bar{x})^2$ 表示 13 个城市高技术制造业或高技术服务业发明专利数量的方差；w_{ij}为空间权重矩阵。

在 Moran 指数的计算中，本报告用地理邻接标准对 w_{ij} 赋值，$w_{ij} = \begin{cases} 1，i \text{ 和 } j \text{ 空间邻接} \\ 0，i \text{ 和 } j \text{ 空间不邻接} \end{cases}$，以此来定义空间单元的邻接关系（刘和东，2010）。

2. 京津冀高技术制造业全局 Moran 指数和局部 Moran 指数分析

表 14 给出了 2010~2021 年京津冀地区高技术制造业自主创新空间相关性的结果。针对京津冀地区高技术制造业发明专利的全局 Moran 指数进行分析发现，每一年的全局 Moran 指数结果都为负且不显著，结果不支持 2010~2021 年京津冀地区高技术制造业自主创新存在正空间相关的结论，这些结果与预期的自主创新产出存在空间集聚特征的结论不一致，说明集聚效应在京津冀地区高技术制造业自主创新活动中未得到充分显现。

表 14　2010~2021 年京津冀地区高技术制造业自主创新产出全局 Moran 指数

指标	2010 年	2011 年	2012 年	2013 年	2014 年	2015 年
全局 Moran 指数	-0. 043	-0. 046	-0. 044	-0. 041	-0. 043	-0. 043
P 值	0. 606	0. 617	0. 61	0. 604	0. 619	0. 621
指标	2016 年	2017 年	2018 年	2019 年	2020 年	2021 年
全局 Moran 指数	-0. 041	-0. 043	-0. 045	-0. 048	-0. 049	-0. 052
P 值	0. 622	0. 635	0. 638	0. 654	0. 662	0. 678

资料来源：根据龙信企业大数据平台数据整理计算。

进一步使用局部空间相关性分析方法判别京津冀地区各城市属于自主创新产出的高水平区域还是低水平区域。借助 Moran 散点图法把整个空间联系分解为 4 个象限，对应研究 4 种类型的局部空间联系模式。第一象限和第三象限揭示了区域集聚特征，第二象限和第四象限揭示了区域异质性。图 6 展示了 2021 年京津冀地区高技术制造业自主创新产出的 Moran 散点图。天津位于第一象限，表明天津及邻近城市的自主创新水平较高；邢台、廊坊、承德、保定位于第二象限，表明这些城市的自主创新产出能力不足，与周边的高产出区相比有一定差距；唐山、沧州、衡水、石家庄、邯郸、张家口、秦皇岛位于第三象限，表明这些城市及其邻近城市的自主创新能力较低；北京位于第四象限，表明北京的自主创新能力远高于邻近城市。总体来看，京津冀地区各城市高技术制造业自主创新能力差距大，形势不容乐观。

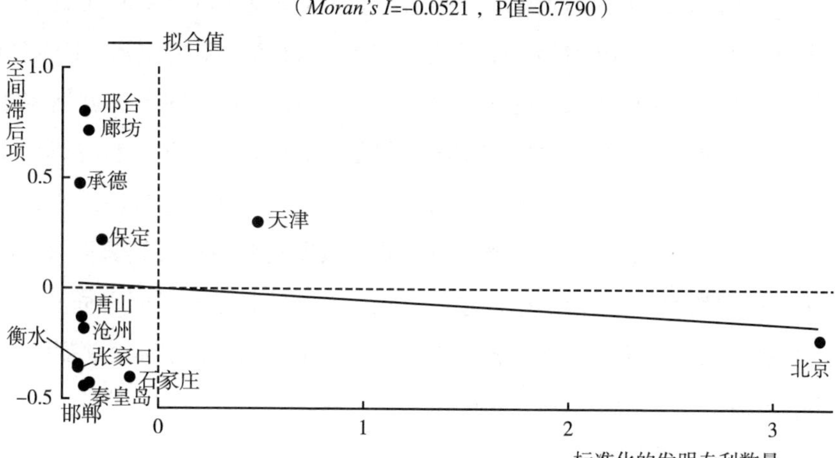

图 6 2021 年京津冀地区高技术制造业发明专利 Moran 散点图

资料来源：根据龙信企业大数据平台数据整理绘制。

3. 京津冀高技术服务业全局 Moran 指数和局部 Moran 指数分析

表 15 给出了 2010~2021 年京津冀地区高技术服务业自主创新空间相关性的结果。针对京津冀地区高技术服务业发明专利的全局 Moran 指数进行分析发现，每一年的全局 Moran 指数结果都为负且不显著，结果不支持 2010~2021 年京津冀地区高技术服务业自主创新存在正空间相关的结论，说明京津冀地区高技术服务业自主创新产出尚未具备空间集聚特征。

表 15 2010~2021 年京津冀地区高技术服务业自主创新产出全局 Moran 指数

指标	2010 年	2011 年	2012 年	2013 年	2014 年	2015 年
全局 Moran 指数	-0.078	-0.076	-0.074	-0.072	-0.071	-0.071
P 值	0.899	0.869	0.834	0.810	0.795	0.789
指标	2016 年	2017 年	2018 年	2019 年	2020 年	2021 年
全局 Moran 指数	-0.071	-0.072	-0.072	-0.073	-0.073	-0.073
P 值	0.797	0.797	0.806	0.821	0.808	0.820

资料来源：根据龙信企业大数据平台数据整理计算。

进一步地，图 7 展示了 2021 年京津冀地区高技术服务业自主创新产出的 Moran 散点图，与 2021 年京津冀地区高技术制造业自主创新产出的 Moran 散点图一致。天津位于第一象限，表明天津及邻近城市的自主创新水平较高；邢台、廊坊、承德、保定位于第二象限，表明这些城市的自主创新产出能力不足，与周边的高产出区相比有一定差距；唐山、沧州、衡水、石家庄、邯郸、张家口、秦皇岛位于第三象限，表明这些城市及其邻近城市的自主创新能力较低；北京位于第四象限，表明北京的自主创新能力远高于邻近城市。总体来看，京津冀地区各城市高技术服务业自主创新能力差距大，形势不容乐观。

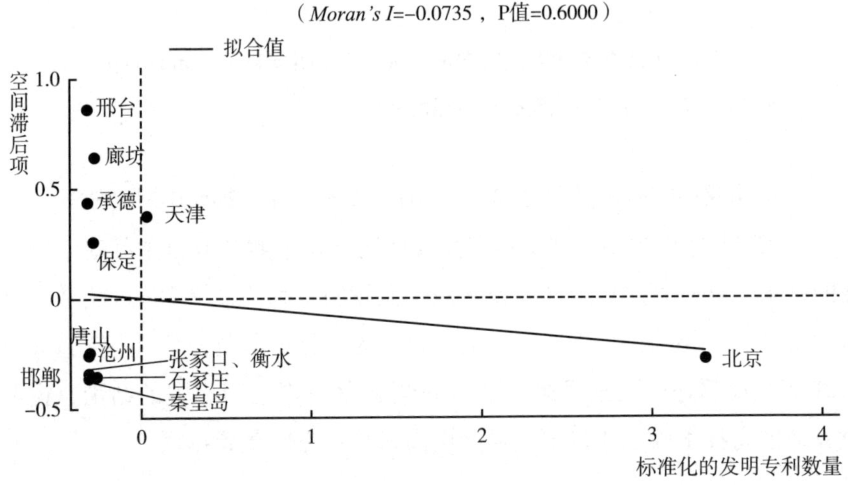

图 7　2021 年京津冀地区高技术服务业发明专利 Moran 散点图

资料来源：根据龙信企业大数据平台数据整理绘制。

（三）京津冀创新合作网络分析

1. 测度方法

社会网络分析是社会实体间互动模式的一种研究方法。在一个社会网络中，通常使用点度中心度或者接近中心度来衡量某一个节点的重要程度；采用中介中心度表明其他节点对某一节点的依赖程度；借助邻居节点的重要程度，构造特征向量中心度来衡量某个节点的重要程度。本报告参考温科和张贵（2019）的做法，使用 Stata 软件对 2010～2020 年京津冀地区合作专利数据做了基本的社会网络分析，刻画京津冀地区创新合作网络特征。

2. 京津冀创新合作网络整体特征分析

本报告通过网络关系数和网络密度等整体网络指标对京津冀专利合作网络的整体情况进行描述。网络关系数和网络密度值越大，表明网络关联程度越高。图 8 对 2010 年、2015 年和 2020 年京津冀地区专利合作网络进行可视化呈现。表 16 描述了 2010～2020 年京津冀地区专利合作网络关系数与网络密度的演变情况，可以发现，京津冀地区专利合作网络关系数与网络密度整体呈上升趋势，这表明 2010～2020 年，特别是京津冀协同发展战略实施后，京津冀地区创新合作逐渐紧密。理论上京津冀地区创新合作网络关系数可以达到 156 个（13×12），而考察期内网络关系数最大的是 2020 年的 57 个，说明京津冀地区创新合作网络的发展空间巨大。

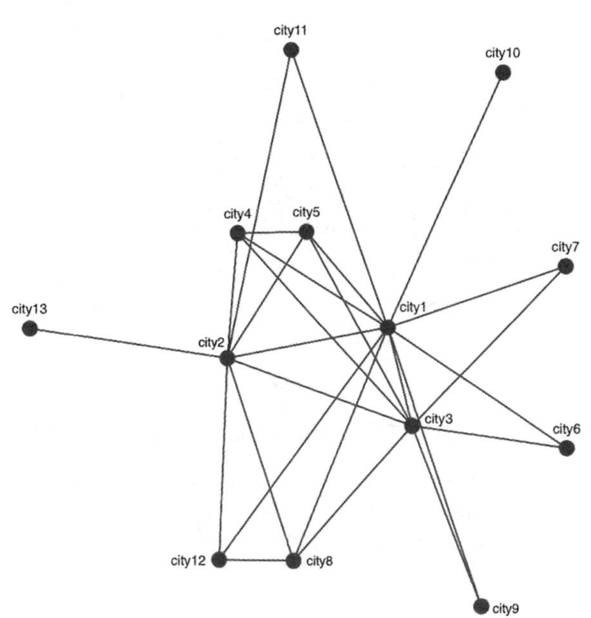

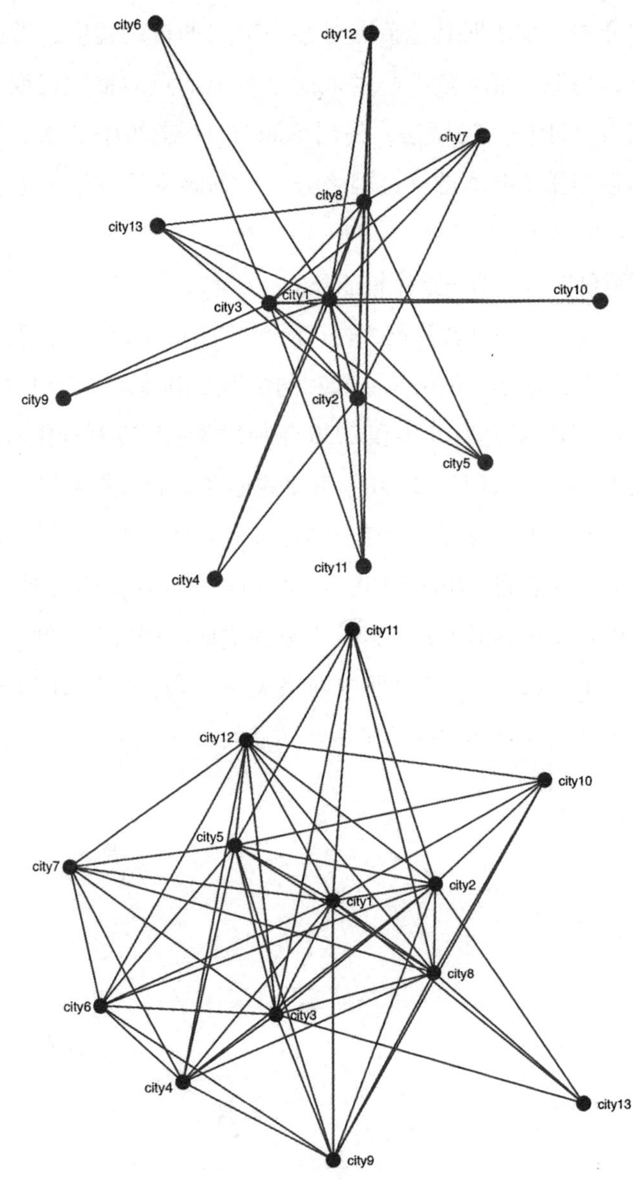

图 8　2010 年、2015 年和 2020 年京津冀地区专利合作网络

注：图中 city1 至 city13 依次为北京、天津、石家庄、唐山、秦皇岛、邯郸、邢台、保定、张家口、承德、沧州、廊坊、衡水。

资料来源：根据国家知识产权局数据整理绘制。

表 16　2010~2020 年京津冀地区专利合作网络关系数与网络密度

指标	2010 年	2011 年	2012 年	2013 年	2014 年	2015 年	2016 年	2017 年	2018 年	2019 年	2020 年
网络关系数（个）	26	29	32	33	35	34	42	42	44	51	57
网络密度	0.333	0.372	0.410	0.423	0.449	0.436	0.538	0.538	0.564	0.654	0.731

资料来源：根据国家知识产权局数据整理计算。

3. 京津冀创新合作网络中心性特征分析

本报告测量了京津冀地区创新合作网络的点度中心度、接近中心度、中介中心度和特征向量中心度，分析京津冀各城市在创新合作网络中的地位（见表 17）。2010~2020 年，京津冀各城市的点度中心度和接近中心度都有明显增加，表明近年来各城市对京津冀创新网络的重要性逐渐提升。2010 年，北京、天津和石家庄的中介中心度远高于其他城市，并且除保定外其他城市的中介中心度为 0，表明这些城市在创新上极度依赖北京、天津和石家庄；2020 年，只有沧州和衡水两个城市的中介中心度为 0，北京、天津和石家庄的中介中心度都已是个位数，表明京津冀各城市间的创新已出现多层级合作网络特征。从特征向量中心度来看，北京、天津、石家庄和唐山 4 个城市 2020 年的数值低于 2010 年，其余城市都是 2020 年的数值高于 2010 年，表明京津冀地区专利合作不再局限于创新资源丰富的节点城市，其他节点城市的专利合作愈加紧密。

表 17　2010 年和 2020 年京津冀地区专利合作网络中心性特征指标情况

城市	2010 年				2020 年			
	点度中心度	接近中心度	中介中心度	特征向量中心度	点度中心度	接近中心度	中介中心度	特征向量中心度
北京	11	0.923	61	0.488	12	1	9.119	0.343
天津	8	0.750	31	0.409	11	0.923	6.933	0.320
石家庄	8	0.750	19.333	0.415	11	0.923	6.486	0.323
唐山	4	0.600	0	0.295	9	0.800	1.119	0.289
秦皇岛	4	0.600	0	0.295	11	0.923	4.619	0.329

续表

城市	2010年				2020年			
	点度中心度	接近中心度	中介中心度	特征向量中心度	点度中心度	接近中心度	中介中心度	特征向量中心度
邯郸	2	0.522	0	0.166	8	0.750	0.869	0.258
邢台	2	0.522	0	0.166	7	0.706	0.250	0.233
保定	4	0.600	0.667	0.280	11	0.923	7.402	0.318
张家口	2	0.522	0	0.166	8	0.750	1.317	0.257
承德	1	0.500	0	0.090	6	0.667	0.250	0.201
沧州	2	0.545	0	0.165	6	0.667	0	0.209
廊坊	3	0.571	0	0.216	10	0.857	3.636	0.304
衡水	1	0.444	0	0.075	4	0.600	0	0.140

资料来源：根据国家知识产权局数据整理计算。

五　京津冀高技术产业发展存在的问题

（一）京津冀高技术产业发展差距过大

从京津冀内部来看，虽然2010~2021年区位熵的结果表明京津冀三地高技术制造业集聚程度不断提高，但是京津冀内部各城市高技术制造业存在巨大差距，产业结构不合理。从高技术服务业来看，京津冀内部各城市区位熵结果表明，虽然京津冀整体产业集聚水平不断提高，但是城市间的产业集聚水平差异过大。基于京津冀内部各城市高技术产业专利数据的分析也表明，京津冀内部各城市高技术产业自主创新实力悬殊。此外，国家级开发区对所在地的经济发展具有引领带动作用，但是通过对京津冀地区7个国家级开发区生产经营的分析发现，开发区的发展状况与其所在城市的高技术制造业情况基本一致。

总体来说，北京的高技术产业发展已相对成熟，天津的高技术产业发展处于成长阶段，而河北除石家庄和保定之外的9个地级市的高技术产业都处于初级阶段水平。基于以上分析，京津冀内部各城市的高技术产业结构梯度性强而互补性弱，结构性错位形成了“断崖式”差距，这会增大京津冀地区高技术产业协同发展的难度。

（二）京津冀高技术产业集聚水平不高

针对京津冀地区各城市高技术制造业和高技术服务业区位熵的分析发现，总体来看，京津冀地区高技术制造业、科学研究和技术服务业、研究和试验发展、专业技术服务业的集聚水平呈现明显的上升趋势，而科技推广和应用服务业的集聚水平则呈现趋弱的趋势。其中，京津冀地区高技术产业集聚水平较高的城市有北京、天津、石家庄，其余城市的集聚水平整体偏低。

高技术产业自主创新活动的区域集聚特征不显著。针对京津冀地区高技术产业自主创新产出空间相关性的分析发现，各城市高技术制造业和高技术服务业的发明专利并不具备创新活动的空间集聚特征，并且京津冀地区各城市高技术制造业与高技术服务业自主创新能力排名基本一致。

（三）与其他地区相比，京津冀地区高技术产业整体规模较小

从高技术制造业来看，与长三角和珠三角地区相比，京津冀地区生产经营数据表明，近年来京津冀地区在全国的地位有下降风险；对京津冀地区 7 个国家级开发区生产经营数据的分析发现，京津冀地区国家级开发区在全国范围内的影响力下降。

（四）京津冀创新合作有待进一步深化

通过对专利合作分析发现，京津冀协同发展战略实施后，京津冀地区的创新合作更加频繁，创新合作网络有了显著成长。2020 年京津冀地区专利合作网络关系数为 57 个，与理想中可以达到的网络关系总数仍有很大差距，创新合作网络需要进一步培育。

六 京津冀高技术产业发展的政策建议

（一）完善京津冀高技术产业链与创新链融合发展模式

数字技术的迅猛发展必然会对区域高技术制造业产业链的结构和布局产生深刻影响。京津冀要把握数字经济赋能区域产业发展的新风口。一是优化高技术产业布局，围绕创新合作网络布局高技术产业合作网络，促进高技术产业链和创新链的链接与升级。从高技术产业细分领域入手，京津冀地区各城市应立足各自优势，紧紧抓住非首都功能疏解这个“牛鼻子”，瞄准世界科技前沿和产业制高点，运用好“链长+链主”工作推进机制，多维度探索产业横向联合、垂直整合、跨界融合新路径，推动产业链上中下游企业、大中小微企业融通发展，推进京津冀产业链深度融合，加强京津冀跨城内部合作，带动京津冀高质量发展。二是充分发挥科技资源禀赋优势，提升创新合作网络密度，增加网络关系数量，挖掘网络潜力，形成“一核带动、多级联动”的京津冀创新合作网络。注重创新合作网络密度的提升，通过更广泛和更深入的知识溢出与技术合作，推动高技术产业升级，促进城市间协同发展。加快头部项目研发，聚集科技重大专项和首都科技资源，提升原始创新能力。鼓励津冀借力北京科技力量，支持国内外一流高校、科研院所在津冀设立分校、分院，将其建设成为科技创新的先导、人才培养的枢纽、协同发展的示范。建立天津与北京“三城一区”的常态化联络机制，探索共建协同研发平台和重点产业创新中心，形成区域科技创新的“双核驱动”格局。加强多层次区域科技创新中心建设，重点提升天津滨海新区、石家庄、雄安新区等地的创新水平，培育创新次中心和创新节点城市，健全国家战略科技力量梯次培育体系。

（二）强化空间集聚，提升京津冀高技术产业发展水平和创新能力

京津冀在推进高技术产业高质量协同过程中，目标之一就是要实现创新驱动经济增长。产业关联能够通过强化空间集聚促进企业创新。京津冀地区

高技术产业自主创新产出尚未具备空间集聚的特征，区域内部难以实现创新成果就地就近转化。为此，一是要充分发挥集聚效应，提升产业空间集聚密度，充分发挥国家级开发区的引领作用，促进形成“北京研发—津冀转化”格局，从而推动区域产业活动、创新活动与协同发展相适应。例如，借助北京科技资源，打造天津滨海-中关村科技园等特色鲜明、功能较强的承接平台，这既有利于天津滨海和中关村两个国家级开发区的高质量发展，也有利于增强津冀地区的吸引力，疏解北京非首都功能。二是要强化市场机制作用，支撑京津冀地区高技术产业创新发展。以国家级开发区为载体，发挥市场机制作用，提升高技术制造业和高技术服务业协同集聚水平，促进“两业”互动融合发展。为充分发挥国家级开发区的经济效应，开发区所在城市要进一步推进体制机制改革，优化市场环境，吸引更多高新企业入驻园区，力争将开发区培育和打造成产业关联性强、空间协同性好的产业集群与标志性产业链。三是要把雄安新区打造成高新技术产业集聚高地。把握雄安新区建设的有利契机，为京津冀创新合作网络密度提升以及高技术产业合理分工提供有效外生条件。雄安新区致力于打造京津冀城市群中新的增长极，是承接非首都功能的重要区域，已经逐渐汇聚众多的创新资源。利用好此次培育的良好机遇，以雄安新区高技术产业发展破解以北京为代表的虹吸效应，不仅有利于打造区域内新的特色高技术产业集群，而且能够营造京津冀地区协同合作氛围，推动京津冀区域一体化建设。

（三）推进京津冀产业生态建设，积极打造京津冀协同发展“微中心”

津冀要以产业优先、功能复合的思路深化合作，承接北京非首都功能，推进京津冀产业生态建设。在功能上，以“生态+智慧”为核心，建设一批承接北京科技创新外溢的特色园区、社区，打造创新“微生态”。推动津冀园区向集生产、服务、消费等多功能于一体的复合型园区转型，完善“苗圃+孵化器+加速器”的孵化培育链条以及金融服务、公共技术、专业孵化、人才培训、市场拓展、商务咨询等全产业链服务，确保疏解项目引得来、留得住、发展好。在动能上，以市场需求为导向，以应用场景为牵引，以骨干

企业为依托，带动各类企业深化分工协作，构建上中下游企业、大中小微企业融通发展的高技术产业生态体系。打造高端“会展矩阵”，借鉴深圳高交会和上海进博会经验，进一步提升北京服贸会、世界智能大会（天津）、中国国际数字经济博览会（河北）能效，突出科技成果转移转化、成果交易、博览展示、高层论坛、项目招商、合作交流等功能，通过“官产学研资介”有机结合，加速技术、人才、项目、产品、资金集聚，筑牢高新技术协同发展“根基”。

（四）加强京津冀数字经济发展顶层设计，塑造数字经济新动能

明晰京津冀三地数字产业定位和主要分工，加快推进“东数西算”工程，紧扣“场景牵引、应用为王”这一关键点，发挥平台型企业带动效应，有效激发数据要素创新活力。以津冀经开区、高新区等制造业集聚区为载体，构建高端制造产业体系，形成产业共生、资源共享的发展格局。以津冀自贸区、保税区和自创园等服务业集群为先导，打造特色生产性服务业基地，提升核心竞争力。实施主题园区培育工程，依托北京创新影响力，积极布局和建设各类新型产业创新载体，推动其成为区域经济发展新动能。

（五）产业空间发展要换“局”，形成完善的“区域共同体”

立足北京新“两翼”建设和京津“双城记”的独特优势，遵循“中心城市—都市组团—城市群”发展思路，基于交通纽带作用从教育、科技和人才入手推动“人口—产业—城市”统筹发展，打造现代化都市圈，共建京津冀世界级城市群。一是交通互联互通助力构建京津冀地区现代化产业体系。在京津冀交通网络建设中，着力提升轨道交通通勤效率，推动形成功能复合、立体开发、公交导向的集约型发展模式。一方面有助于整体夯实产业基础和提升产业链水平，另一方面有助于抓紧布局战略性新兴产业和未来产业，推动经济高质量发展。二是以都市组团建设谋划京津冀地区现代化都市圈。巩固都市组团与都市圈相结合的城市群“骨架”，支持环京津市县与京津联动打造京东黄金走廊，提升“通武廊”和“静沧廊”建设能级，谋划

建设天津都市圈、石家庄都市圈、京津雄创新三角区和北方自由贸易港。三是在京津冀世界级城市群建设进程中加快推进区域产业一体化。创新总部经济、企业兼并重组、项目合作共建、园区合作共建、企业迁建、“飞地经济”等合作模式，以项目建设为抓手，以产业联盟为重点，以园区共建为支点，以市县合作为平台，以城镇建设为载体，以要素集聚为突破口，不断提高津冀承接北京非首都功能疏解的能力和水平，逐步从偏重单一转移疏解向注重区域产业链上下游协作、全域产业结构调整、产业空间布局优化转变，由京津“双城记”向“多城记”延伸，在大中小城市之间形成分工有序、疏密有致、有机联动的空间格局。

参考文献

刘和东：《中国区域原始创新产出的空间集聚研究》，《工业技术经济》2010年第11期。

刘志彪：《对两业互动融合发展的系统思考与全新探索——〈生产性服务业与制造业协同集聚的机理及效应研究：以长三角城市群为例〉评介》，《学术评论》2021年第5期。

石敏俊、孙艺文、王琛、张卓颖：《基于产业链空间网络的京津冀城市群功能协同分析》，《地理研究》2022年第12期。

孙威、高沙尔·吾拉孜：《京津冀地区高技术产业地位变化的成因探析》，《智库理论与实践》2022年第2期。

唐晓华、李静雯、邱国庆：《高技术产业集聚与区域创新：线性抑或非线性?》，《安徽师范大学学报》（人文社会科学版）2022年第6期。

王海花、王莹、李雅洁、李烨：《长三角区域高技术产业科技创新效率评价研究——基于共享投入的三阶段网络DEA模型》，《华东经济管理》2022年第8期。

温科、张贵：《京津冀产业空间关联网络特征及其转移效应研究》，《河北工业大学学报》（社会科学版）2019年第1期。

张贵、李佳钰、郭婷婷：《创新生态系统、高技术产业与京津冀协同发展新动能——基于我国三大区域行业数据的比较分析》，《河北工业大学学报》（社会科学版）2017年第2期。

区域报告

Regional Reports

B.11

北京市科技创新发展及其在区域中的地位与作用研究*

孙瑜康　李　萌　霍韶婕**

摘　要： 自北京市明确了建设国际科技创新中心的定位以来，出台了一系列促进科技创新的措施，有力地推动了北京综合创新水平的提升。北京的创新投入大幅增加，国家战略科技力量加快建设，高水平成果不断涌现，“三城一区”建设初见成效。但目前北京的引领性创新成果仍与世界领先城市存在差距，缺乏全球领军型的科创企业，在全球人才竞争中的优势不明显，创新应用转化效率低。在区域层面，虽然京津冀整体创新水平不断提升，但区域内发展差距扩大，北京仍有大量技术交易和科技转化成果流向京津

---

* 本报告为国家自然科学基金青年项目“中国区域知识基础的特征、演化及其对区域经济增长的影响研究”（41901147）的阶段性成果。

** 孙瑜康，博士，首都经济贸易大学城市经济与公共管理学院副教授、硕士生导师，研究方向为区域经济、创新地理、京津冀协同发展；李萌，首都经济贸易大学城市经济与公共管理学院硕士研究生，研究方向为区域经济；霍韶婕，首都经济贸易大学城市经济与公共管理学院本科生，研究方向为区域经济。

冀之外。未来北京应进一步加大对原始创新能力的培育力度，打造全球领先的创新产业集群，提高产学研协同联动发展水平，推动北京创新链与津冀产业链的融合，进一步发挥北京创新对京津冀协同创新的辐射带动作用。

关键词： 北京市　国际科技创新中心　“三城一区”

一　北京市科技创新发展历程

改革开放以后，科教兴国成为党和国家的头等大事，中国政府制定了一系列推动科技创新的政策，如恢复高考、建设“211 工程”高校等，北京依托已有的大量高校和科研机构，成为承担国家科技创新任务的重要基地。随着市场经济体制的建立，科技与经济发展的结合日益紧密，科技成果的转化应用对经济发展的作用越来越大。国家通过实施“火炬计划”，在全国形成了一批高新技术园区，吸引了大批高技术人才，诞生了许多高新技术企业。其中，北京的中关村通过科研人员的创业诞生了联想、方正等一批高技术企业，形成了 20 世纪 80 年代初的“电子一条街”。经过 10 多年的建设，到 21 世纪初，中关村已成为当时中国规模最大、水平最高、实力最强的高新技术产业集群。2000 年后，随着全球新一轮科技浪潮和中国改革开放的持续推进，北京的科技事业进入新的发展时期。2006 年 12 月，北京市发改委发布的《北京市“十一五”时期产业发展与空间布局调整规划》提出，到“十一五”期末，把北京建成亚太地区科技创新中心。[①] 2008 年，借助举办奥运会的契机，北京市政府提出了“人文北京、科技北京、绿色北京”的口号。2009 年 3 月 13 日，国务院批复同意在中关村建设国家自主创新示范

① 《北京发布“十一五”产业发展与空间布局调整规划》，中央人民政府网站，2006 年 12 月 8 日，http：//www. gov. cn/gzdt/2006-12/08/content_ 464087. htm。

区，要求在21世纪前20年再上一个新台阶，使中关村成为具有全球影响力的科技创新中心。①

2012年11月，党的十八大将创新驱动作为国家未来发展的核心战略，强化科技创新支撑引领作用。这一年，“科技北京”行动计划圆满收官，推动区域创新资源进一步集聚，示范带动效应不断显现，成为北京加快转变经济发展方式的重要支撑。同年9月，北京市人民政府发布《关于深化科技体制改革加快首都创新体系建设的意见》，首次提出科技要服务经济社会发展，并对科技体制改革做出全面部署。②

2014年2月26日，习近平主持北京市建设工作座谈会，会上提出了北京是“全国政治中心、文化中心、国际交往中心、科技创新中心”的未来城市战略定位。③ 习近平总书记的谈话首次在国家科技发展的高度将科技创新中心上升为北京未来发展的核心功能定位，为北京科技事业的发展指明了方向。

2016年9月，国务院印发了《北京加强全国科技创新中心建设总体方案》，提出坚持和强化北京全国科技创新中心地位，并对北京建设全国科技创新中心的目标、路径与措施进行了部署。按照“三步走”方针，使北京成为全球科技创新引领者、高端经济增长极、创新人才首选地、文化创新先行区和生态建设示范城。④《北京市国民经济和社会发展第十三个五年规划纲要》指出，“十三五”时期，北京要加快建设具有全球影响力的国家创新战略高地，成为国家自主创新重要源头和原始创新主要策源地。⑤

2017年9月，《北京城市总体规划（2016年—2035年）》发布，进一

① 《国务院关于同意支持中关村科技园区建设国家自主创新示范区的批复》，北京市科学技术委员会、中关村科技园区管理委员会网站，2009年3月13日，http：//zgcgw. beijing. gov. cn/zgc/zwgk/zcfg18/gj/654/index. html。

② 《北京关于深化科技体制改革加快首都创新体系建设的意见（全文）》，中国经济网，2012年10月10日，http：//district. ce. cn/zt/zlk/wj/201210/10/t20121010_ 23740867. shtml。

③ 《北京“四个中心”定位》，百度百家号，2021年3月25日，https：//baijiahao. baidu. com/s？id=1695170221416851662&wfr=spider&for=pc。

④ 《国务院关于印发北京加强全国科技创新中心建设总体方案的通知》，中央人民政府网站，2016年9月11日，http：//www. gov. cn/gongbao/content/2016/content_ 5113001. htm。

⑤ 《北京市国民经济和社会发展第十三个五年规划纲要》，北京市人民政府网站，2016年3月28日，http：//www. beijing. gov. cn/gongkai/guihua/wngh/qtgh/201907/t20190701_ 99981. html。

步明确了北京“四个中心”的地位和建设科技创新中心的路径。[①] 同时提出要坚持提升中关村国家自主创新示范区的创新引领辐射能力，形成以“三城一区”为重点、辐射带动多园优化发展的科技创新中心空间格局，努力将北京打造成世界高端企业总部聚集之都、世界高端人才聚集之都。2017年10月，党的十九大召开，党的十九大报告特别提出要将科技力量上升到战略层次。[②]

2020年1月1日，《北京市促进科技成果转化条例》正式实施，为科技成果落地打通“最后一公里”。[③] 2020年9月24日，中国（北京）自由贸易试验区正式挂牌，自由贸易区建设以科技创新、服务业开放、数字经济为主要特征，对建设具有全球影响力的科技创新中心起到了极大的促进作用。

2021年1月，北京市提出“五子联动”战略，即国际科技创新中心建设、“两区”建设、全球数字经济标杆城市建设、以供给侧结构性改革创造新需求、以疏解北京非首都功能为“牛鼻子”推动京津冀协同发展五大举措联动推进。[④] 2021年1月发布的《北京“十四五”规划纲要》提出，要加快建设国际科技创新中心，全面服务科教兴国、人才强国、创新驱动发展等国家重大战略。2021年10月发布的《“十四五”北京国际科技创新中心建设战略行动计划》提出，到2025年，北京国际科技创新中心基本形成；到2035年，北京国际科技创新中心创新力、竞争力、辐射力全球领先，形成国际人才的高地，切实支撑我国建设科技强国。[⑤] 2021年9月24日，习

---

① 《〈北京城市总体规划（2016年—2035年）〉发布》，中央人民政府网站，2017年9月30日，http：//www. gov. cn/xinwen/2017-09/30/content_ 5228705. htm。

② 《从党的十九大报告与2018年政府工作报告看北京全国科技创新中心建设 | 文稿》，百度百家号，2018年4月2日，https：//baijiahao. baidu. com/s？ id = 1596626078600710604&wfr = spider&for = pc。

③ 《〈北京市促进科技成果转化条例〉发布》，北京市人民政府网站，2019年1月29日，http：//www. beijing. gov. cn/ywdt/jiedu/zxjd/201911/t20191129_ 1835413. html。

④ 《“5万亿之城”，对北京意味着什么?》，《新京报》2022年6月28日。

⑤ 《落实五中全会精神加快推进北京国际科技创新中心建设发布会——文字实录》，科学技术部网站，2021年1月20日，https：//www. most. gov. cn/xwzx/twzb/fbh210120/twzbwzsl/202101/t20210120_ 172284. html。

近平总书记在“2021 中关村论坛”开幕式上致辞，提出推动中关村打造成世界领先的科技园区。①

2022 年 10 月，党的二十大报告中提出坚持创新在我国现代化建设全局中的核心地位，加快实施创新驱动发展战略。坚持面向世界科技前沿、面向人民生命健康，加快实现高水平科技自立自强，坚决打赢关键核心技术攻坚战。展望新时代，北京将肩负起中国建设世界科技强国重要引擎的历史使命，开启迈向建设具有全球影响力的科技创新中心的新征程。

二　北京市科技创新发展进展

（一）创新投入大幅增加，基础研究经费占比稳步提升

作为全国科技创新中心，北京的创新投入常年维持在较高水准。特别是自党的十八大以来，北京着力深化科技体制机制改革，整体科技实力和创新能力显著提升，创新人才、资本要素资源加快集聚，全社会研究与试验发展（R&D）经费实现较快增长。一方面，国家对在京高校、研究机构等的经费支持力度不断加大。另一方面，企业自身的研发投入也不断增加。从总量上来看，2010 年北京市 R&D 经费支出为 821.82 亿元，2021 年增加到 2629.32 亿元，年均增长 11.15%，为创新发展注入了强大活力；R&D 经费投入强度由 2010 年的 5.69%提高到 2021 年的 6.53%，连续多年位居全国之首（见图 1）。

从各创新主体的情况看，三大创新主体的创新投入不断增加。2021 年，政府属研究机构 R&D 经费支出为 1146.23 亿元，较 2010 年增长 1.85 倍，占北京市 R&D 经费支出的比重为 43.59%；高等学校 R&D 经费支出为 292.21 亿元，较 2010 年增长 1.65 倍，占北京市 R&D 经费支出的比重为 11.11%；各类企业 R&D 经费支出为 1136.65 亿元，较 2010 年增长 2.8 倍，占北京市 R&D 经费支出的比重为 43.23%，比 2010 年提高 6.87 个百分点。

---

① 《中关村加快建设世界领先的科技园区》，百度百家号，2022 年 8 月 24 日，https://baijiahao.baidu.com/s?id=1742003526318630390&wfr=spider&for=pc。

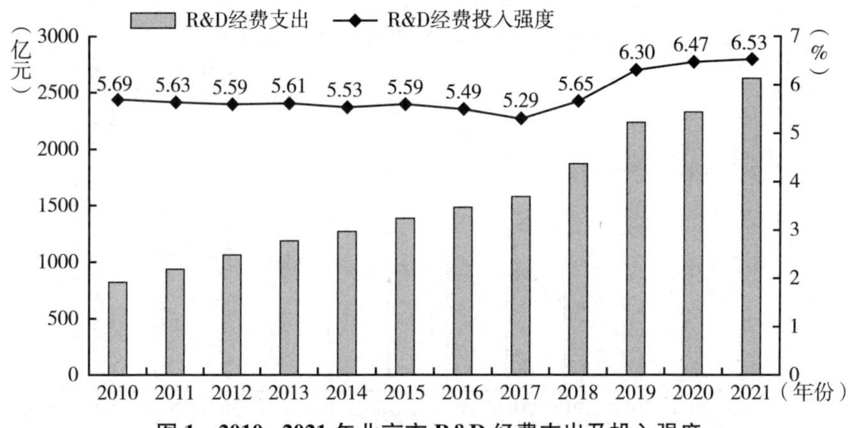

图1　2010~2021年北京市R&D经费支出及投入强度

资料来源：《北京统计年鉴》（2011~2022年）。

基础研究经费占比稳步提升。北京市前瞻布局基础研究，推进重大科技基础设施集群建设，不断加大基础研究投入，逐步构建起国家战略科技力量体系。北京市基础研究经费从2010年的95.61亿元增加到2021年的422.51亿元，约占全国的1/4；占北京市R&D经费支出的比重从2010年的11.63%提高到2021年的16.07%，提高4.44个百分点（见图2）。

随着全国科技中心建设进程的加快，北京集聚了大量的高端科技人才，成为北京发展科技创新事业的宝贵资源。2021年，北京市R&D人员折合全时当量33.8万人年，是2010年的1.74倍；R&D人员数量达47.29万人，较2010年增长75.2%。2020年，每万名从业人员中R&D人员数量达267人年，R&D人员中基础研究和应用研究人员占比达50.6%。[①] 科睿唯安2021年度全球"高被引科学家"名单显示，北京入选全球"高被引科学家"人数为260人次[②]，占全球的3.94%，较2018年提高1.11个百分点。

① 伊彤、王涵等：《北京建设高水平人才高地，人才结构需要进一步优化》，北京科学学微信公众号，2022年8月24日，https：//mp.weixin.qq.com/s/_ Y6hPZ9eSfD5wSNT-hbhrA。

② 王茜、张宓之：《全球"高被引科学家"的聚焦领域、分布格局及发展态势》，科睿唯安微信公众号，2022年11月1日，https：//mp.weixin.qq.com/s/5_ b-uv981sIXXb2iSqacoQ。

图 2 2010~2021 年北京市基础研究经费及其占比

资料来源：《北京统计年鉴》（2011~2022 年）。

（二）国家战略科技力量体系加快构建，原始创新能力进一步提升

作为全国的教育和科研中心，北京汇集了众多的高校和科研机构。近年来，北京进一步加强基础研究体系建设，构建国家战略科技力量体系，基础研究和创新能力进一步提升，为国际科技创新中心建设提供了有力支撑。

首先，加强高水平大学建设，高校科创能力进一步提升。北京拥有“985 工程”高校 10 所，“211 工程”高校 22 所，是拥有传统意义上的“重点大学”最多的城市。2017 年 9 月，教育部公布的“双一流”高校名单中北京共有 34 所大学入选，其中世界一流大学 8 所，占全国的 19%；世界一流学科建设高校 34 所，占全国的 25%，遥遥领先于其他城市。2021 年 QS 世界大学排名中，北京共有 6 所大学入选世界大学 500 强，位居全球城市第四。[①] 依托“双一流”高校建设，北京获得大量国家用于基础研究和科技创新方面的投入，进一步增强了其在原始创新和知识积累方面的竞争力，有力

① 《打造国际科技创新中心，北京大有可为》，搜狐网，2022 年 7 月 4 日，https：//gov. sohu. com/a/563771349_ 120995493。

地支撑了北京全国科技创新中心建设。

其次，逐步建立国家实验室体系，发挥国家实验室在基础科研中的作用。截至 2021 年 12 月，北京共拥有 5 个国家实验室、128 个国家重点实验室、3 个国家研究中心、22 个“高精尖创新中心”、68 个国家工程技术中心。[①] 涌现出全球首款 96 核区块链专用加速芯片，发布全球最大的智能模型“悟道 2.0”等一批世界领先的原始创新成果。国家实验室体系已成为孕育重大原始创新、推动学科领域发展和满足国家重大需求的战略科技力量。

最后，推动大科学装置建设，有力支撑北京市高质量发展。根据北京市科学技术委员会的统计，2022 年北京在用、在建、拟建的大科学装置已达 19 个，位居全国第一。“十三五”时期，怀柔科学城 29 个科学设施土建工程已全部完工，包括 5 个大科学装置、11 个科教基础设施、13 个交叉研究平台[②]，截至 2022 年底，已经有一半进入科研状态并陆续产出重大科技成果。通过大科学装置的建设，一方面加强了科研资源的开放共享，为高水平科研活动提供了良好支撑；另一方面推动解决了一批关键核心技术，为突破瓶颈问题提供了协同创新平台。

（三）国际化水平不断提高，全球科技影响力进一步提升

北京国际科技创新中心建设取得重要进展和显著成效，全球创新排名稳步提升，科技开放创新呈现活跃性局面，国际影响力进一步提升。

第一，北京在全球创新排名中处于领先地位。根据世界知识产权组织发布的《2022 年全球创新指数报告》，北京在全球前 100 个科技集群排名中由 2017 年的第 7 位上升到 2021 年的第 3 位，科技活跃度持续提升，北京已经进入全球创新型城市前列。英国《自然》杂志发布的 2022 年“自然指

① 《北京这十年丨集成电路突破“卡脖子”困境，北京科技创新实现“三级跳”》，腾讯网，2022 年 8 月 29 日，https：//new. qq. com/rain/a/20220829A08P1N00。

② 《怀柔科学城：建设“国之重器”，为科技创新注入新动能》，中关村人才协会微信公众号，2022 年 6 月 6 日，https：//mp. weixin. qq. com/s? _ _ biz = MjM5NjcwNzk3Mw = = &mid = 2651498601&idx = 4&sn = 3c29ae5e35d065648e4ebf22d9cbd128&chksm = bd1b23838a6caa952f23c1d37da0e7f6901fd7be51c5d9849c08c6abc713a237842afa41d981&scene = 27。

数——科研城市”榜单显示，北京在全球科研城市排名中依然保持首位，这是北京连续6年位于榜首，领先于纽约、上海、波士顿和圣何塞等主要创新城市。

第二，科技领域国际交流合作水平提高，国际创新合作进一步加强。近年来，北京举办了中关村论坛、世界机器人大会、世界5G大会、北京国际学术交流季等一批国际交流品牌活动，尤其是中关村论坛在全球的影响力持续提升，成为深度参与全球创新治理的重要窗口。2022年3月29日，第一个“世界数字友好园区联合创新实验室”正式成立，“中关村壹号—世界数字友好园区”“吉布提—世界数字友好园区”同步揭牌①，表明北京在国际要素资源集聚、体制机制创新等方面进一步深化改革、促进开放，建立起常态化国际协作机制以及对外开放和国际合作的纵横链路。

第三，吸引全球企业投资。2021年，北京市新设外资企业1924家，是2008年以来新设外资企业数量的最高值。② 其中，新设服务业外资企业1875家，同比增长52.2%。截至2022年7月底，北京市经济技术开发区共吸引全球40多个国家的7万多家企业，投资总额超过千亿美元，包括奔驰、ABB、康宁、GE、拜耳等90多家世界500强企业投资的130多个项目，国家级高新技术企业超过1800家。③

第四，引聚国际人才，建设高水平人才高地。高层次人才云集，北京有两院院士800余名，占全国的近一半；入选各类国家级人才项目者超3000人，占全国的近1/4。④ 2020年中关村国家自主创新示范区拥有留学归国人员及外籍从业人员6.1万人，同比增长15.6%。北京依托新型研发机构等载

---

① 《“中关村—世界数字友好园区”研讨会在京举办》，百度百家号，2022年3月31日，https://baijiahao.baidu.com/s?id=1728808912804345036&wfr=spider&for=pc。

② 《北京“两区”建设亮成绩单：去年全市新设外资企业1924家》，百度百家号，2022年9月10日，https://baijiahao.baidu.com/s?id=1743483496286104637&wfr=spider&for=pc。

③ 《北京经开区已汇聚全球7万多家企业，投资总额超过1000亿美元》，橙科技，2022年8月1日，http://news.startup-partner.com/18891.html。

④ 《高质量建设北京高水平人才高地》，百度百家号，2022年7月18日，https://baijiahao.baidu.com/s?id=17386200502 40542848&wfr=spider&for=pc。

体，加大力度吸引国际人才和团队落户，共推动 1.1 万套国际人才公寓、23 所国际学校、8 家国际医院、18 个外国人服务站点建设。

（四）创新产出大幅增加，高质量成果不断涌现

北京依托大量的高校、研究机构和高新技术企业，高质量科研成果保持增长趋势，专利数量持续增加，在创新产出方面取得了令人瞩目的成就。

第一，知识产出总量优势显著。2021 年，北京市发表的科学论文数量占全国的比重达 19.6%[①]，远远超过其他城市。2021 年，北京市高校、研究机构共发表科技论文 19.73 万篇，其中高校发表 13.21 万篇，研究机构发表 6.52 万篇；论文质量大幅提升，2020 年北京科研机构发表的 SCI 高被引论文数量为 1983 篇，是 2014 年的 2 倍，位居全球第二。

第二，技术创新成果大幅增加。2022 年，北京市专利授权量为 20.27 万件，同比增长 1.98%，其中发明授权量为 88127 件[②]；每万人发明专利拥有量保持全国第一，达到 218 件，较 2021 年增长 17.8%。国际高质量专利数量明显增长，2021 年，北京市 PCT 国际专利申请量为 10358 件，2012~2021 年年均增长 14.8%。

第三，标志性科技成果不断涌现。2021 年，北京市突破了一批“卡脖子”关键核心技术，涌现出一批具有世界影响力的原创成果。在量子信息领域，建设了超导量子计算云平台，研制出长寿命超导量子比特芯片，量子直接通信距离可以提升到 100 公里[③]；在医药领域，癌症、白血病、耐药菌防治等领域打破国外专利药垄断，细胞焦亡抗肿瘤免疫功能有了重大发现，抗癌新药取得标志性科技成果；在区块链领域，产生了“长安链”等一批

① 《跻身全球百强科技集群前三，北京是怎样做到的？丨新京智库》，百度百家号，2023 年 1 月 18 日，https://baijiahao.baidu.com/s?id=1755348931410927094&wfr=spider&for=pc。

② 《2022 年度北京市专利数据》，北京市知识产权局网站，2023 年 1 月 25 日，http://zscqj.beijing.gov.cn/zscqj/zwgk/tjxx/zl/tjnb62/326024211/。

③ 《北京实现量子直接通信百公里 达世界最长量子直接通信距离》，百度百家号，2022 年 4 月 12 日，https://baijiahao.baidu.com/s?id=1729913402750395307&wfr=spider&for=pc。

具有重要产业带动作用的底层技术和海量存储引擎“泓”。2021 年，北京共有 64 项重大成果获国家科学技术奖，其中 15 项成果获得国家自然科学奖，在基础数学理论、人工智能算法、蛋白质科学、半导体材料等前沿领域实现新突破。①

（五）高技术产业发展态势良好

经过多年的发展，北京凭借丰富的智力资源以及雄厚的经济基础，在高技术产业发展方面取得了显著成果，对北京经济增长形成强大拉力。

第一，高技术产业蓬勃发展。2010 年，北京市高技术产业增加值仅为 866.5 亿元，占 GDP 的比重为 6.3%；2021 年，北京市高技术产业增加值已经增加到 10866.9 亿元，占 GDP 的比重达 27.0%（见图 3）。

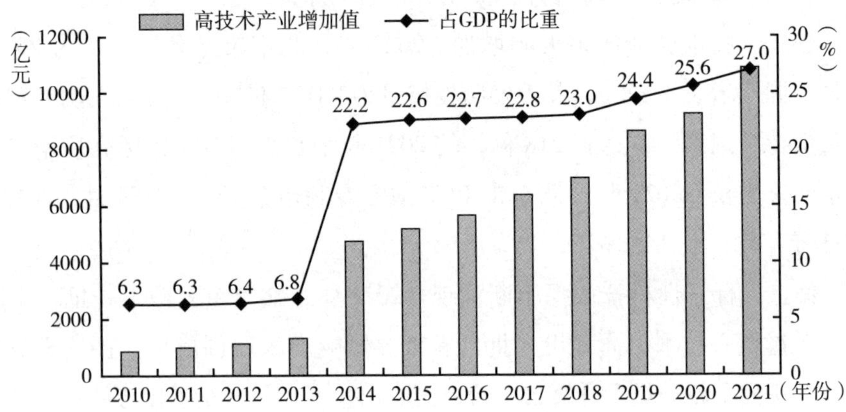

图 3　2010~2021 年北京市高技术产业增加值及其占 GDP 的比重

资料来源：相关年份《北京市国民经济和社会发展统计公报》。

第二，高技术制造业发展态势良好。2021 年，北京市高技术制造业工业总产值为 8708.6 亿元，较 2012 年增长 187.3%；利润总额为 2591.7 亿元，约是 2012 年的 10 倍。分行业看，位于六大行业之首的是医药制造业，2021 年实

① 《北京研发经费投入十年来年均增长 10.6%》，百度百家号，2022 年 9 月 28 日，https://baijiahao.baidu.com/s?id=17452160 12518579714&wfr=spider&for=pc。

现工业总产值3930.3亿元，占高技术制造业总产值的比重达到45.1%；利润总额为2112.3亿元，占高技术制造业利润总额的81.5%（见表1）。

表1　2012年和2021年高技术制造业细分行业情况

单位：亿元

行业类型	工业总产值		利润总额	
	2012年	2021年	2012年	2021年
医药制造业	543.3	3930.3	86.1	2112.3
航空、航天器及设备制造业	74.7	404.6	6.8	19.7
电子及通信设备制造业	1627.7	3445.9	81.3	308.8
计算机及办公设备制造业	455.1	345.3	12.7	30.2
医疗仪器设备及仪器仪表制造业	329.2	582.5	48.8	120.6
信息化学品制造业	0.5	0.1	0.2	0.03

资料来源：相关年份《北京统计年鉴》。

第三，科技服务业优势明显。2021年，北京市科技服务业产值为19772.5亿元，比2014年增长了79.15%，占全市GDP的比重为49.10%；实现增加值3198.2亿元，约占全市服务业增加值的10%。2021年，北京拥有科技服务业"小巨人"企业434家，占该行业"小巨人"企业总量的22.1%。[①] 独角兽企业数量从2015年的40家增至2021年的102家[②]，居全国首位。截至2021年底，北京市拥有国家级科技企业孵化器64家、市级孵化器81家、国家级众创空间147家、市级众创空间302家。[③]

第四，企业发展取得突破性成就。2021年，北京市百强企业生产经营良好，营业收入总额为5.47万亿元，同比增长21.0%；研发投入大幅提升，

---

① 《产业开放和数字经济让"小巨人"企业崛起丨新京智库》，百度百家号，2022年11月14日，https://baijiahao.baidu.com/s?id=1749435371386663108&wfr=spider&for=pc。

② 《跃居"独角兽之城"背后——北京积极打造创新之城、活力之城》，百度百家号，2022年6月8日，https://baijiahao.baidu.com/s?id=1735056058188202636&wfr=spider&for=pc。

③ 《北京再添2家国家级科技企业孵化器，总计达66家》，百度百家号，2022年4月26日，https://baijiahao.baidu.com/s?id=1731160830098611290&wfr=spider&for=pc。

投入总额为774亿元，同比增长18.2%。① 2021年，北京市新设企业23.8万家，在营中小微企业169.4万家，比2020年底增加12万家。②

（六）“三城一区”建设初见成效

“三城一区”是北京国际科技创新中心建设的主平台，包括中关村科学城、未来科学城、怀柔科学城和创新型产业集群示范区，以不足6%的土地面积贡献了全市GDP的1/3③，充分发挥了科技创新对北京高质量发展的支撑作用。

中关村科学城作为全国科技创新中心的核心区，在科技创新发展中表现突出。2021年，中关村科学城GDP和增长贡献连续五年保持“双第一”④；规模以上高新技术企业总收入超过3.5万亿元，同比增长19.3%，占中关村国家自主创新示范区的四成。国家级高新技术企业、专精特新“小巨人”企业和独角兽企业数量在全国各城市中遥遥领先，其中独角兽企业数量仅次于硅谷地区，总数达50家，占全国的两成以上。⑤ 2021年，技术合同登记总额为2920.8亿元，位列北京市第一；每万人发明专利拥有量达到617.2件，约是北京市平均水平的3倍；新增注册科技型企业1.2万家。在2021年度北京市科学技术奖名单中，共有16位科学家、191项科技成果上榜⑥，充分展现出中关村科学城雄厚的科研实力。

---

① 《2022北京企业100强正式发布，14家企业年营收超1000亿》，百度百家号，2022年12月22日，https://baijiahao.baidu.com/s?id=1752890611567957000&wfr=spider&for=pc。

② 《2021年北京市中小企业发展报告》，北京市经济和信息化局网站，2022年3月7日，http://jxj.beijing.gov.cn/zwgk/zfxxgk/zfxxgkml/202203/t20220307_2623697.html。

③ 《贡献了北京GDP的1/3　“三城一区”建设有了新进展》，北青网，2022年9月8日，https://t.ynet.cn/baijia/33325350.html。

④ 《中关村论坛亮点抢先看，量子计算机、辅听耳机等黑科技将亮相》，百度百家号，2022年9月8日，https://baijiahao.baidu.com/s?id=1743370169709160154&wfr=spider&for=pc。

⑤ 《创新唱主角！　中关村科学城上半年新增注册科企9863家，规上科研业收入占比超三成》，百度百家号，2022年9月15日，https://baijiahao.baidu.com/s?id=1744037960768299386&wfr=spider&for=pc。

⑥ 《97个项目获奖！　北京市科学技术奖5成花落中关村科学城》，中关村科学城微信公众号，2022年12月30日，https://mp.weixin.qq.com/s/IlHQoXhtBag-Iw9Uk-rTGQ。

未来科学城作为北京建设国际科技创新中心的主平台之一，也是“两区”建设的主阵地。2009~2022年，未来科学城的规划面积已从10平方公里扩展至170.6平方公里，扩大了16.1倍。集聚了国家电网公司、国家能源集团等许多国企的研究机构，进驻了北京航空航天大学、北京邮电大学等大学或分校区，引进了一批国家级科技服务平台，培育了新能源、高端制造、医药健康等高端产业。随着未来科学城的规划和建设，逐渐形成了东“能源谷”、西“生命谷”和沙河“高教园”的“两谷一园”新格局。截至2022年底，“能源谷”已累计入驻各类市场主体792家，集中布局碳中和、碳减排等新赛道。“生命谷”的建设使得创新产业集群进一步扩大，2021年已落户600余家生物医药健康产业，实现收入717亿元。①

怀柔科学城拥有大科学装置，成为综合性国家科学中心集中承载地。北京怀柔综合性国家科学中心的目标就是通过建设一批国家大科学装置，构筑前沿性的交叉研究平台，聚焦物质科学、空间科学、地球系统科学、生命科学、智能科学五大方向，集聚一批国际一流的科研机构，吸引国内外顶尖的科研人才来此工作和生活，成为世界级的科研中心。随着科技基础设施的逐渐落成，怀柔科学城科研成果加速涌现，多项引领性原创成果实现突破。截至2022年，已累计产出重大科研成果51项、专利394项、高水平论文756篇，涌现出无液氦稀释制冷机原型机、高品质因数超导腔等高质量科研成果。② 此外，怀柔科学城的另一重要功能是以中国科学院大学及中国科学院相关研究所等为依托的高端人才培养中心。2022年，中国科学院大学在怀柔的师生达到1万余人，中国科学院相关研究所在怀柔的工作总人数达3000余人，未来人数还会进一步增加。

北京经济技术开发区充分发挥科技成果转化的作用，北京创新产业集群

① 《〈北京日报〉头版头条报道未来科学城发展成就　十年筑一座预见未来的城》，北京市昌平区人民政府网站，2023年1月3日，http://www.bjchp.gov.cn/cpqzf/xxgk2671/ztzl/lqzxgz/lqzb/cp5658915/index.html。

② 《怀柔：科学城加速“展翅腾飞”》，国际科技创新中心网站，2022年8月16日，https://www.ncsti.gov.cn/kjdt/scyq/hrkxc/cqdt/202208/t20220816_93696.html。

示范区（顺义）着力打造科技成果转化与产业化承载地。随着高技术企业的集聚，以及关键核心技术的不断突破，北京经济技术开发区在“三城一区”的定位中被赋予了创新型产业集群和创新引领示范区的功能，着力承接转化“三大科学城”重大科技成果，承接“三城”科技成果转化项目162项。2021年，北京经济技术开发区实现工业总产值5712亿元，占全市的比重超过20%；拥有规模以上工业企业359家，利润总额达1401亿元，首次超过1000亿元。截至2021年底，北京经济技术开发区企业拥有有效发明专利数量11480件，万人有效发明专利拥有量为675件，领跑全国其他经济技术开发区。北京创新产业集群示范区（顺义）积极承接三大科学城成果外溢，依托三大创新产业集群、三大战略性新兴产业和智能制造，对接清华大学、北京师范大学、中国科学院等高校及科研院所，实现10个科技成果早期项目在顺义布局。

（七）创新生态持续优化

北京积极培育转化、孵化和产业落地的全链条服务体系，进一步创造良好的创新政策环境，加快建设创新创业人才高地，逐步形成了具有全球竞争力的创新生态。

第一，北京在全球创业生态系统排名中位居世界前列。根据全球创业研究机构StartupBlink发布的2021年全球创业生态系统城市排名，北京位于全球第三、亚洲第一[①]，仅次于旧金山和纽约，相比2019年上升14位。根据世界银行发布的《2020营商环境报告》，北京得分为78.2，居全球第31位，比上一年提升15位。在测度的各项指标中，开办企业、获得电力、登记财产、保护中小投资者、执行合同5项指标进入全球前30名。[②]

第二，加快建设标杆孵化器。自北京市第一家科技企业孵化器建立以

① 《2021年全球创业生态系统排名：北京第三，上海第七》，北京孵化微信公众号，2021年6月23日，https://mp.weixin.qq.com/s/HAnxskCKRfZiuddP-18Wig。

② 《“两区”发展进程——2019年》，北京市人民政府网站，2021年2月9日，http://www.beijing.gov.cn/fuwu/lqfw/ztzl/bjsgbztjlqjs/lqfzjc/202102/t20210209_2280728.html。

来，经过 30 余年的发展，其科技孵化体系日益完善，科技孵化能力不断增强。截至 2019 年底，北京市已拥有创业孵化机构 500 余家，机构中的在孵企业和创业团队由最初十几家增加到 7 万余家，共毕业企业 2.3 万家。[①] 北京市、区两级共给予标杆孵化器超亿元支持，探索建设了 9 家模式先进、专业化水平突出的引领类标杆孵化器，以及 14 家基础好、服务特色鲜明的培育类标杆孵化器，重点聚焦于细胞基因治疗、航空航天和高端装备关键材料、绿色能源等高精尖领域。此外，在全球创新创业活动日益活跃的大背景下，一批孵化机构走出国门，展现出十足的创新活力。北京未来将进一步对标全球标杆孵化器，“十四五”期间将打造 5~10 家具有全球影响力的国际标杆孵化器，以更好地服务北京国际科技创新中心，为经济高质量发展提供有效支撑。

第三，金融科技取得良好发展。2021 年，北京金融科技企业数量指数比上一年有了较大幅度的增长，达到 10.284。[②]《2021 全球金融科技中心城市报告》显示，北京金融科技综合实力连续三年排名第一，拥有金融科技上市企业 19 家、金融科技高融资上市企业 87 家，融资超 46 亿美元。[③]

三　北京市科技创新发展存在的问题

（一）在原始创新和引领性创新方面仍与世界领先城市有差距，关键技术“卡脖子”

目前，北京原始创新能力仍较弱，核心技术自主创新能力不强。尽管北

① 《北京创业孵化机构已达 500 余家》，百度百家号，2019 年 12 月 29 日，https：//baijiahao.baidu.com/s? id=165422139543 3609757&wfr=spider&for=pc。

② 《进击金融科技：北京连续三年稳居首位，深圳引领大湾区》，百度百家号，2022 年 9 月 30 日，https：//baijiahao.baidu.com/s? id=1745387092314852367&wfr=spider&for=pc。

③ 《服贸观止丨金融科技综合实力连续三年排第一，北京金融科技四项发展成果出炉》，百度百家号，2021 年 9 月 4 日，https：//baijiahao.baidu.com/s? id = 1709899734540742990&wfr = spider&for=pc。

京在人工智能、新材料、生物医药等行业的一些细分领域涌现了一批创新成果，但原创性的科技创新成果少，理论创新不足，关键核心技术仍然受制于人。《2021 年全球城市指数报告》显示，纽约在研发方面的得分为 216. 9，排名第一，而北京得分为 93. 3（见图 4），不及纽约的一半，与世界顶尖城市相比，北京在创新能力方面仍存在较大差距。①

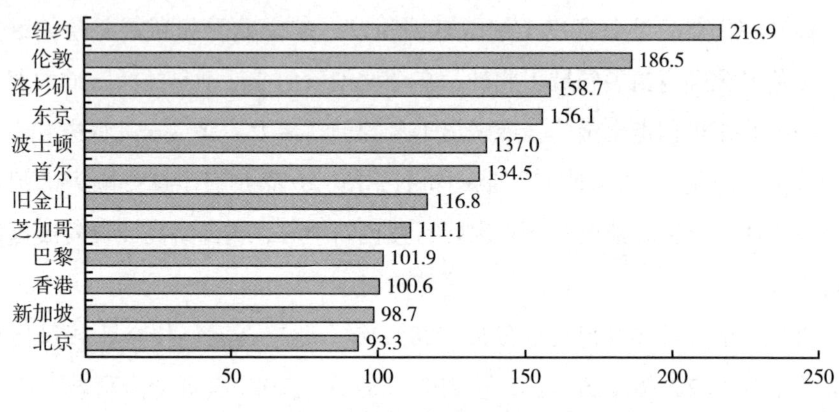

图 4　2021 年全球部分城市研发实力得分

资料来源：科尔尼：《2021 年全球城市指数报告》，2021 年 10 月。

另外，北京在研究前沿和突破性成果方面与世界领先城市有一定的差距。在《2020 年全球城市基础前沿研究监测指数》排名中，美国波士顿和英国伦敦分别位居世界第一和第二，北京位居第三。在生命科学、医药领域，纽约是全球引领者。根据 Medaverse 发布的“2022 年全球 TOP50 制药企业排行榜”，辉瑞药业位居榜首，销售收入高达 720. 43 亿美元，R&D 费用为 138. 29 亿美元，研发投入率为 19. 20%。在排行榜前 10 名中，北京无一制药企业上榜，中国生物制药在全球排在第 40 位，销售收入为 40. 06 亿美元，R&D 费用为 5. 03 亿美元，研发投入率为 12%，与 50 强平均研发投入率差距较大。②

① 科尔尼：《2021 年全球城市指数报告》，2021 年 10 月。

② 《2022 年全球制药 50 强企业》，发现精品网站，2022 年 10 月 4 日，https：//www. faxianjingpin. com/portal. php？ mod = view&aid = 10052&page = 1&mobile = no。

（二）未形成世界领先的高技术产业集群，缺乏全球领军型科创企业

对标国际顶尖科创城市，北京高技术产业集群优势不突出，未形成全球领军型的科创企业。世界知识产权组织发布的《2022 年全球创新指数报告》显示，2021 年在全球百强科技集群中，东京-横滨依然是全球最大的科技集群，深圳-香港-广州排在第 2 位，而北京排在第 3 位。但是北京 PCT 专利申请量和科学出版量合计占比为 6.5%，远低于东京-横滨的 12.3%和深圳-香港-广州的 10.1%（见表 2）。

表 2　2021 年全球百强科技集群前 5 名情况

单位：项，%

集群名称	PCT 专利申请量	科学出版量	PCT 专利申请量占比	科学出版量占比	合计占比	排名
东京-横滨	122526	112890	10.7	1.6	12.3	1
深圳-香港-广州	94340	133327	8.2	1.9	10.1	2
北京	32016	260937	2.8	3.7	6.5	3
首尔	46273	124530	4	1.8	5.8	4
加利福尼亚州圣何塞-旧金山	42884	58087	3.7	0.8	4.5	5

资料来源：世界知识产权组织：《2022 年全球创新指数报告》，2022 年 9 月。

缺乏全球领军型企业。虽然近年来中关村中小企业创新活力逐年提升，但仍然缺乏大企业和龙头企业的带动作用。中关村既有高成长性的科技型中小型公司，也有京东、联想、百度、小米等大型公司，但如谷歌、苹果公司等国际知名科技企业数量有限，竞争力不足，其国际影响力与硅谷还存在较大差距。根据普华永道发布的“2022 全球市值 100 强上市公司排行榜”，苹果公司以 28500 亿美元的市值蝉联榜首，而北京无一企业上榜。在 2022 年全球研发投入百强榜中，苹果公司的研发投入为 193 亿欧元，而百度仅为 34.6 亿欧元。[①]

① 《2022 全球工业研发投入百强榜》，网易，2023 年 2 月 12 日，https：//m.163.com/dy/article/HTC02IHC053159A3.html。

（三）人才仍短缺，在全球人才竞争中优势不明显

北京高端人才储备不足，在全球人才竞争中缺乏优势。北京虽然拥有庞大的人才基数，但关键核心领域人才缺口依然较大，特别是缺乏人工智能、生物医药等新兴技术领域的顶尖科技人才。2021 年欧洲工商管理学院（INSEAD）发布的“全球人才竞争力指数”排名中，北京排名较落后，仅排在第 64 名。[①] 2022 年 10 月斯坦福大学发布的全球顶尖科学家前 100 名中，北京无一人入围。[②] 总体上讲，北京市人才竞争力在国际上存在明显短板。

北京人才国际化程度仍较低。根据 2020 年硅谷指数，硅谷科技行业的就业岗位吸引了来自全球的优秀人才，硅谷非美籍人才占比达到 35%，如此多元化、国际化的人才结构确保了硅谷具有比其他地区更大的创新潜力。对标世界一流科技创新中心，北京在吸引全球优秀人才尤其是外籍人才方面仍有较大差距。2020 年，北京拥有外籍高端人才 2.8 万人，占全市从业人员的比重不足 1%，与世界一流科技创新中心相比差距明显。

（四）创新应用转化率低，大量科研成果没有转化为市场应用

北京的高等院校和科研院所密集，但区域配套能力较弱，科技成果转化水平低，大量科研成果不能被市场应用。高等院校、科研院所和企业是科技创新的三大主体，而企业是面向市场应用的创新主力。通过对比北京、上海、深圳三个城市的创新主体发现，2015～2019 年，深圳企业研发投入最多，占比高达 96%；上海次之，占比在 60%左右；而北京最少，企业研发投入占比仅为 40%左右。但北京的高等院校和科研院所的研发投入占比在 60%左右，这说明北京的研发投入更多集中在高等院校和科研院所，企业研

① 《全球人才竞争力排名！　北京 64 名，上海 77 名，香港第 2 名》，知乎，https：//zhuanlan.zhihu.com/p/531652366。

② 《最新！　2022 全球顶尖科学家排名发布：超 8300 位中国科学家入榜！朱健康、刘勇军、施一公排名前三》，腾讯网，2022 年 10 月 17 日，https：//new.qq.com/rain/a/20221017A05V0000。

发投入不足，产生的技术不容易转化为产品，科技成果离市场应用较远，在推动当地经济发展方面发挥的作用不足。

“产学研一体化”是连接学术界和企业的桥梁，是将科技成果转化为现实生产力的必由之路。2016~2020年，在全球20个创新城市产学合作发表文献比例方面，居前三位的城市分别是旧金山、大阪、波士顿，比例为11.3%、9.4%、9.3%，深圳的比例为6.9%，居第12位，而北京的比例为5.1%，排在第17位（见图5）。这一比例说明北京在产学融合方面较落后，与领先城市还有一定的差距。

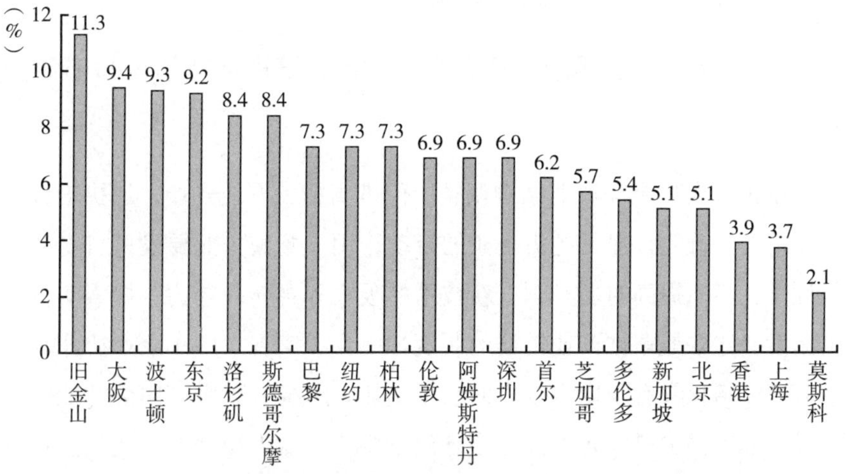

图5　2016~2020年全球20个创新城市产学合作发表文献比例

资料来源：《全球20城比较：论文人均发表量香港莫斯科最多，定居科研人员上海北京排前三》，上观网，2022年2月28日，https：//export. shobserver. com/baijiahao/html/456430. html。

四　促进北京市科技创新发展的建议

（一）加强关键技术突破，强化“从0到1”创新策源力量

北京要加强原创性、引领性科技攻关，实现“从0到1”以及“卡脖子”技术的突破。首先，要加大对具有原始独创性、重大突破性、广泛带

动性的技术研发力度，加强与世界一流水平的大学、科研院所、国家实验室等互动，推动重大原始创新的研发与转化。其次，鼓励开展跨领域、跨学科交叉研究，推进建设一批交叉学科中心，尤其是在智能科学、生命科学等与北京优势产业密切相关的学科领域，从而实现关键共性技术、前沿引领技术、现代工程技术、颠覆性技术创新。最后，推动重点领域前沿技术引领。重点聚焦生命健康、人工智能、高端生物医药、新材料、新能源等重点产业领域，组织推进“卡脖子”技术攻关和关键零部件攻克，针对超级计算机、芯片、载人航天、探月工程、纳米材料等基础领域，实现重要原创性科研突破，抢占全球创新竞争中的技术制高点。

（二）加快构建世界级高精尖产业体系，培育全球领先的创新产业集群

北京市要大力推动产业结构调整，促进高精尖产业发展，加快培育世界级产业集群。首先，强化龙头企业的带动作用。龙头企业要发挥自身的产品研发优势，不断提高对新知识、新技术的吸收和再转化能力，探索实行产业链群制度，建立战略性产业链群的制度性平台，实现大中小企业协作高效发展。其次，培育具有全球竞争力的领军企业。围绕世界级高精尖产业体系构建，鼓励北京顶尖科技企业建立全球研发中心，做大做强新一代信息技术产业，使得以京东方、中芯国际等为代表的龙头企业实现跨越式发展。加快培育世界一流的独角兽企业、瞪羚企业，在人工智能、生物医药、新材料、新能源等领域孕育更多的新型企业，进一步优化创新资源布局。最后，打造新业态、新场景。抓住大数据、AI 等数字经济关键生产要素，加快互联网大数据中心和数据基础设施建设，推动数字经济与制造业、服务业的互动，建设数字经济示范应用场景，为高精尖产业发展培育后备梯队。

（三）引进国内外高层次科技创新人才，建设全球人才新高地

广泛吸引国内外顶尖人才，全面增强首都人才凝聚力，建设全球人才新高地。首先，依托国家实验室、新型研发机构、一流大学和中关村领军企

业，培养人才、引进人才，特别要为青年人才创造良好的环境。其次，加大基础学科及前沿交叉领域的复合型人才引进力度，支持具有发展潜力的国内外科学家开展探索性、原创性研究，集聚一批科技领军人才和创新团队。最后，集聚全球拔尖创新人才。围绕国家及北京重大需求，引进全球顶尖科学家、高被引科学家、首席科学家等科技人才，广泛吸引国内外顶尖人才参与创新研究，建立全球顶尖战略科学家领衔的科技创新平台。

（四）提高产学研协同联动发展水平，提升科技成果转化率

推进产学研深度融合，实现科技成果高效转化。首先，企业应充分利用高校研发资源，强化在产学研协同联动中的主体地位以及与政府、高校、科研机构、社会服务机构之间的互动和联系，推动高校的科技成果转化为生产力并走向市场。其次，高校和科研机构应通过企业了解市场需求并指导高校研究方向，建立校企联合的技术研发和成果转化平台，使得科研机构与企业形成“研发—孵化—转化”的产业链合作关系。继续放宽对高校及科研机构使用、处置和转化自有科技成果的管理，实现双向的技术转移和科技成果共享。

五　北京市在京津冀协同创新中的作用发挥情况

（一）京津冀整体创新水平不断提升，但区域内发展差距扩大

自 2014 年京津冀协同发展战略实施以来，京津冀三地持续加强协同联动，在北京的辐射引领作用下，京津冀协同创新水平不断提升。2021 年，京津冀地区 GDP 为 9.6 万亿元，与 2013 年的 6.2 万亿元相比增长了 54.8%。2013~2021 年，京津冀的 R&D 经费内部支出由 1895 亿元增加到 3949 亿元，增长 108.4%；区域 R&D 经费平均投入强度由 3.53%上升到 4.01%；国内专利授权量由 10.6 万件增加到 41.7 万件，增长 293.4%。高技术产业营业收入由 2013 年的 9451 亿元增加到 2020 年的 11222 亿元，增长 18.7%（见表 3）。这表明京津冀在科学研究、创新载体建设等方面不断加大投入，创新动能持续增强，创新水平不断提高。

表 3　2013 年和 2021 年京津冀三地创新要素指标对比

单位：亿元，%

年份	地区	GDP		R&D 经费内部支出		国内专利授权量		高技术产业营业收入	
		规模	比重	规模	比重	规模	比重	规模	比重
2013	北京	19500	31	1185	62	62671	59	3826	40
	天津	14370	23	428	23	24856	24	4244	45
	河北	28301	46	282	15	18186	17	1381	15
2021	北京	40269. 60	42	2629	67	198778	48	10311	65
	天津	15695. 05	16	574	14	97910	23	3339	21
	河北	40391. 30	42	746	19	120034	29	2163	14

资料来源：相关年份《北京统计年鉴》《天津统计年鉴》《河北统计年鉴》《中国科技统计年鉴》。

然而，京津冀三地间发展不平衡的问题并未得到有效改善，北京的辐射带动作用没有达到预期的效果。从经济总量看，2013~2021 年，北京 GDP 占京津冀地区的比重从 31. 37%上升到 41. 79%，北京 GDP 与天津 GDP 的比值从 1. 36 上升到 2. 57，与河北 GDP 的比值从 0. 69 上升到 1. 00，差距有所扩大。从创新投入看，北京 R&D 经费内部支出占京津冀的比重从 2013 年的 62%上升到 2021 年的 67%，2021 年北京 R&D 经费内部支出与天津和河北的比值分别为 4. 58 与 3. 52。在高技术产业营业收入方面，北京占京津冀的比重从 2013 年的 40%上升到 2021 年的 65%。2021 年，我国 31 个省份区域创新能力综合排名显示，北京排在第 2 名，而天津和河北分别排在第 15 名和第 17 名①，区域创新能力差距较大。河北和天津的产业结构调整与升级转型有待进一步深入，其产业的技术含量还需进一步提高。

（二）北京与津冀的科研合作数量整体增加，对河北的知识创新辐射作用有待增强

北京是全国科技创新中心，汇集了众多重点高校与科研机构，对周边地

① 《2021 年中国区域创新能力综合排名，看看你的家乡排在第几 ｜ 榜一》，澎湃网，2021 年 12 月 17 日，https：//www. thepaper. cn/newsDetail_ forward_ 15906004。

区乃至全国都有较强的辐射带动作用。科研成果作为创新的重要表现形式，是各创新主体通过不同类型的科技创新活动获得的创新成果，在一定程度上反映了本地区的创新潜力和活力，在本地区经济、社会和生态的整体发展中发挥着重要作用。

随着京津冀协同创新的开展，三地创新合作逐渐加强，科研成果数量整体上升。京津冀合作论文数从 2013 年的 3085 篇逐年增加至 2020 年的 7973 篇，年均增长 14.53%（见图 6），这说明京津冀各城市间的科研交流与科研合作不断加强。

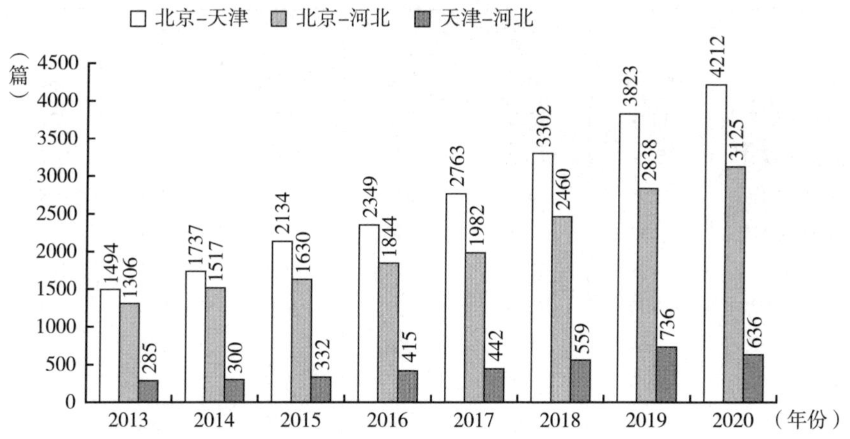

图 6　2013~2020 年京津冀合作论文数

资料来源：Web of Science 数据库。

在京津冀内部，北京与天津的科研联系更加密切，与河北的科研合作有待加强。北京与天津的合作论文数逐年增加，2020 年达到 4212 篇，是 2013 年的 2.82 倍，占北京与津冀所有城市合作论文总数的 57.41%。北京与河北的合作论文数从 2013 年的 1306 篇增加到 2020 年的 3125 篇。其中，石家庄、保定是与北京进行论文合作的主要城市，2020 年，北京与石家庄的合作论文数为 1109 篇，与保定的合作论文数为 626 篇，合计占北京与津冀所有城市合作论文总数的 23.65%。北京与河北大多数城市的合作论文数较少，科研联系不紧密。2020 年，北京与邯郸、廊坊、秦皇岛、唐山 4 个城市的合作论文数在 400 篇以下，与衡水、邢台、承德、沧州、张家口 5 个城市的合作论文数不足 100 篇（见表 4）。在京津冀科研合作网络中，以北京为核心，主要向天津进行知识创新辐射，对河北各城市的辐射只集中在石家庄等少数城市。京津成为带动京津冀整体科研水平提升的主要力量，区域内科研水平不均衡现象突出，未来在继续加强北京与津冀科研合作的过程中，应着重加强京冀的科研联系，提升其均衡性。

表 4　2013 年和 2020 年北京与天津以及河北各城市的合作论文数和合作专利数

	合作论文数(篇)			合作专利数(件)		
	2013 年	2020 年	增量	2013 年	2020 年	增量
北京-天津	1494	4212	2718	1985	4473	2488
北京-石家庄	508	1109	601	1268	2036	768
北京-保定	255	626	371	349	1246	897
北京-唐山	138	281	143	172	266	94
北京-秦皇岛	178	356	178	116	148	32
北京-廊坊	99	280	181	291	530	239
北京-邯郸	64	172	108	119	250	131
北京-张家口	23	60	37	159	137	-22
北京-沧州	6	59	53	156	296	140
北京-承德	18	77	59	155	100	-55
北京-邢台	13	73	60	173	238	65
北京-衡水	4	32	28	112	90	-22

资料来源：Web of Science 数据库、国家知识产权局。

（三）北京与津冀的技术合作加强，技术合作空间结构不断优化

专利是科技创新成果的重要载体，地区间合作专利数能够体现区域科技创新协同水平。近年来，京津冀地区重视技术创新的发展，技术联动得到加强，创新产出的数量明显增加。2013～2020 年，京津冀合作专利数从 5252 件增加到 10354 件，增长了 97.14%。其中，北京与河北的合作专利数从

3070 件增加到 5337 件，增长了 73.84%；北京与天津的合作专利数除在 2014 年和 2017 年经历不同程度的下降外，其余年份均呈增长趋势，2020 年达到 4473 件，是 2013 年的 2.25 倍（见图 7）。

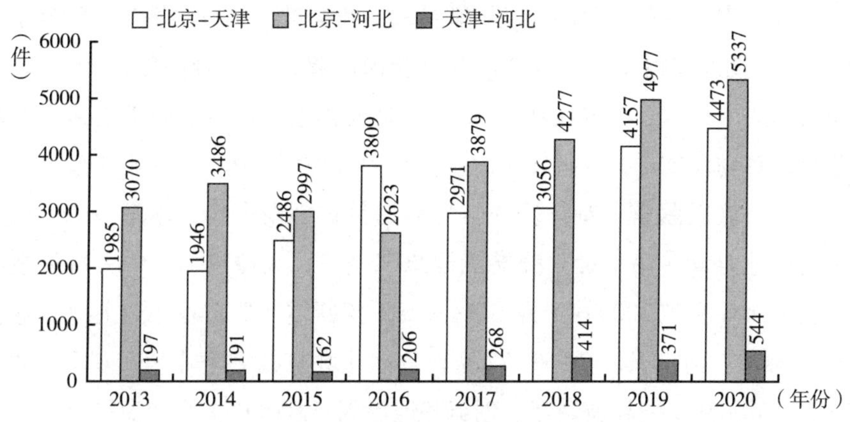

图 7　2013~2020 年京津冀合作专利数

资料来源：国家知识产权局。

在京津冀技术合作中，以北京为核心，引领区域内的技术联系与合作。在京津冀区域内，天津和石家庄是北京的主要创新合作对象，北京与天津、石家庄的合作专利数在 2020 年分别达到 4473 件、2036 件，合计占北京与津冀所有城市合作专利总数的 66.35%。与 2013 年相比，天津、石家庄、保定是 2020 年与北京专利合作增量最多的三个城市，分别增加了 2488 件、768 件、897 件。其中，保定的增幅最大，达到 257%。同时，廊坊、邯郸、沧州与北京的技术合作也在逐渐加强，2013~2020 年，三个城市与北京的合作专利数平均增长了 94%左右。

随着京津冀协同创新的不断推进，逐渐形成了以北京为创新中心、天津和石家庄为次中心，以京津为主轴、京保石为副轴的创新合作网络结构。一方面，体现出京津冀区域内各城市的创新等级排序；另一方面，由于地理邻近性能够促进城市间的技术创新合作，北京的创新辐射随着距离的增加而减弱，外围城市接受核心城市的创新溢出较少。

（四）京津冀技术交易规模增长较快，但仍有大量技术交易和科技转化流向京津冀之外

随着京津冀各项产业协同发展举措的不断推进，三地的科技创新合作在“十三五”期间取得了一定成效。北京流向津冀的技术合同数为23302项，与津冀达成的技术合同成交额为1215.3亿元，电子信息、先进制造、生物医药是北京向津冀进行科技转化的主要技术领域。[①] 中关村企业与京津冀协同发展战略联系紧密，持续推进与津冀的科技创新合作。截至2021年底，中关村企业累计在津冀设立分支机构9032家[②]，天津滨海—中关村科技园累计注册企业突破3000家，在2019~2021年新增注册企业中，北京企业占1/3[③]，廊坊三河市兴远高科等27家科创园入驻科技型企业860多家，北京企业占比达65%。[④] 科技园区、创新基地等创新载体成为京津冀三地的重要合作平台。

由于京津冀三地科技和经济的差距过大，北京的技术供给与津冀的技术需求无法有效衔接，在一定程度上阻碍了三地间的技术转移、成果转化和协同创新。2021年，北京流向外省份的技术合同数为59492项，技术合同成交额为4347.7亿元，其中流向津冀的技术合同数为5434项，成交额350.4亿元[⑤]（见图8）。北京对外技术交易绝大部分流向津冀以外的地区，更倾向于将科技成果在服务完善、产业链成熟的长三角、珠三角城市群落地转化。津冀技术吸收和成果转化能力的不足使北京的科技创新优势未能充分发

① 《2020北京技术市场统计年报》，北京市科学技术委员会、中关村科技园区管理委员会网站，2021年12月1日，http：//kw. beijing. gov. cn/art/2021/12/1/art_ 6656_ 636224. html。

② 《先行先试　中关村示范区十年建设硕果累累》，科学技术部网站，2022年12月16日，https：//www. most. gov. cn/dfkj/bj/zxdt/202212/t20221216_ 184027. html。

③ 《天津滨海—中关村科技园注册企业突破3000家》，中央人民政府网站，2021年11月24日，http：//www. gov. cn/xinwen/2021-11/24/content_ 5653154. htm。

④ 《北京通州区与廊坊北三县从“协同”迈向“一体化”》，中国经济网，2022年8月2日，http：//district. ce. cn/newarea//roll/202208/02/t20220802_ 37926698. shtml。

⑤ 《2021年北京技术市场认定登记技术合同总量首次突破9万项，成交额突破7000亿》，北京市科学技术委员会、中关村科技园区管理委员会网站，2022年2月16日，http：//zgcgw. beijing. gov. cn/zgc/yw/gzdt/21221466/index. html。

挥，对津冀的辐射带动作用不明显，未来北京在津冀的技术转化仍有很大空间。

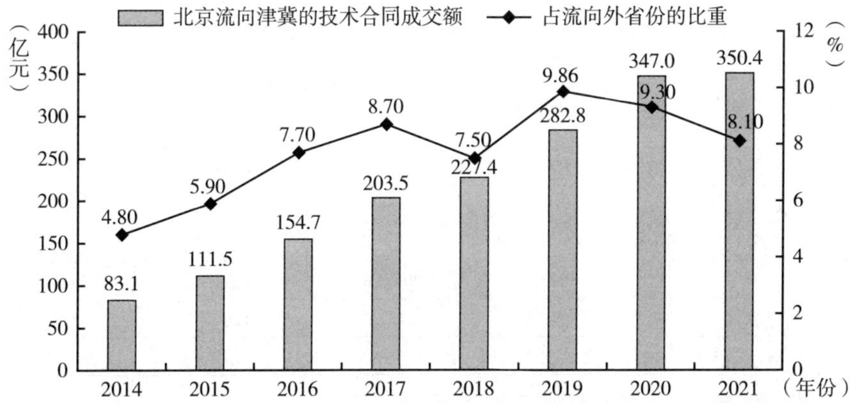

图 8　2014~2021 年北京流向津冀的技术合同成交额及其占流向外省份的比重

资料来源：相关年份《北京技术市场统计年报》。

（五）北京对津冀高技术产业带动不足，京津冀高技术产业在全国的地位呈下降趋势

京津冀地区科技和智力资源密集，创新活动活跃，但京津冀创新能力的提升并没有有效带动高技术产业的发展。2013~2020 年，京津冀高技术产业新产品销售收入占 GDP 的比重由 5.75%下降到 4.30%，高技术产业新产品出口额占 GDP 的比重由 4.67%下降到 1.46%，高技术产业的发展速度不及经济增长的速度。

从高技术产业的相关指标数据中可以看出，2013~2020 年京津冀高技术产业在全国的地位呈下降趋势。高技术产业主营业务收入占全国的比重由 2013 年的 8.14%下降至 2020 年的 6.43%，企业数、平均用工人数、利润总额三项指标占全国的比重分别降低了 1.54 个、1.20 个、1.82 个百分点（见表 5）。从细分行业来看，2013~2020 年，生物医药业、计算机及办公设备制造业、医疗仪器设备及仪器仪表制造业占全国的比重分别下降了 1.93 个、

1.02个、2.23个百分点。[①] 造成京津冀高技术产业地位下降的原因主要是津冀产业结构仍以重化工和传统制造为主，与北京难以衔接。

表5　2013年和2020年全国及京津冀高技术产业发展情况

年份	地区及占比	企业数(家)	平均用工人数(人)	主营业务收入(亿元)	利润总额(亿元)
2013	全国	26894	12936870	116048.9	7233.7
	京津冀	1871	755851	9450.6	698.1
	占全国的比重(%)	6.96	5.84	8.14	9.65
2020	全国	40194	13866556	174613	12394
	京津冀	2178	643158	11222	971
	占全国的比重(%)	5.42	4.64	6.43	7.83

资料来源：相关年份《中国高技术产业统计年鉴》。

北京高技术制造业企业的对外投资主要流向深圳、南京等经济发达的南方城市，北京企业对天津的投资以金融、科研教育和商务服务等行业为主，对河北的投资以劳动密集型和资本密集型制造业为主。北京对津冀高技术产业的投资力度总体较小。

六　进一步提升北京对京津冀协同创新带动作用的政策建议

（一）推进北京创新链与津冀产业链的整合协同，加强北京创新在京津冀区域内的应用转化

为进一步加强北京创新在京津冀区域内的应用转化，应缩小产业结构差距，推动津冀产业链与北京创新链双向融合。第一，天津、河北应重点围绕新一代信息技术、医药健康、人工智能、新材料、新能源等北京优势产业，

① 数据来源于相关年份《中国高技术产业统计年鉴》。

加强制造研发转化基地、科技成果转化基地等平台建设，提高技术研发与成果转化能力，并鼓励在重点产业上具有优势的北京企业布局津冀两地，促进产业跨区域间的紧密衔接。天津、河北的产业链布局需根据北京的创新链不断调整改进，这样才能更有效地对接北京科技成果。第二，天津应突出先进制造业研发基地的功能定位，将先进制造业做大做强，同时持续巩固提升汽车制造、石油化工等优势产业，加快实现向资本密集型、技术密集型产业转型升级；河北则要加快传统产业的更新换代，努力壮大生物医药产业、高端制造业等产业领域，提升产业链现代化水平。第三，津冀两地还应结合相关重点产业，推出具有吸引力与竞争力的相关产业政策、人才政策等，吸引技术型人才和科技企业，促进产业集群化，提升产业竞争力与自主创新能力。

（二）推进要素市场制度建设，促进京津冀区域间创新要素自由流动

第一，健全要素市场运行机制，减少政府在要素市场化配置中的行政干预，最大限度地发挥市场机制在资源配置中的决定性作用和在产业链重构中的主导作用。第二，针对京津冀三地在要素市场方面的利益矛盾，做好统筹协调工作，合理分配各方利益，促进区域合作稳定与深化。推进要素市场制度建设，完善要素市场化配置，为建设京津冀地区现代化的经济体系打下制度基础，并优化以交通、通信为主的创新支撑设施，降低科技交流成本，进一步促进创新要素跨区域间自由、高效流动，实现区域协调发展的目标。

（三）改善创新环境，增强津冀对北京企业和人才的吸引力

创新环境改善能够有效增强津冀对北京企业和人才的吸引力。第一，建设培育市场主体。应着重推进高科技领域的民营企业和本土品牌建设，加强津冀与中关村科技企业的创新对接。第二，推动创新资源共建共享。整合京津冀地区科技创新资源，在津冀两地建立科技园区、科研实验室等资源共享平台，完善创新体系，充分运用“互联网+”、大数据等平台提高创新资源利用效率与共享水平，促进创新资源在京津冀地区均衡分布。第三，提高科

技人员的创新能力。鼓励北京的科技人员到津冀两地交流和开展创新创业活动，同时支持津冀两地科技人员到北京开展短期或长期的科技服务与合作，加强津冀科技人员在创新创业方面的知识与技能储备，提升人力资本水平。

（四）建设区域性科创走廊，优化北京科创资源战略布局

区域性科创走廊是实现科技创新生态优化的重要途径，应合理规划建设科创走廊，引领城市群高质量发展。以京津城际铁路和京津高速公路为基础，将北京经济技术开发区、大兴生物医药产业基地、廊坊工业园区、天津武清产业园和天津北辰产业园以“一带、双核、多点”的方式联系起来，突出高科技制造业、外向型发展和产业化的特点，为重点产业研发带的发展和转型做出贡献。雄安新区是北京非首都功能疏解地和创新资源集聚区，应将京雄科技创新走廊建设为创新产业集聚和成果转化的重要廊道，对周边城市进行创新辐射。另外，张家口可以成为实现中关村科技创新功能体系国际化的重要创新功能区，而海淀北部科技城和昌平未来科技城可以成为通过提供低成本的创新创业空间来扩展自主创新的功能区。发挥北京作为核心节点城市的辐射引领作用，与津冀共建科创研究机构和高新产业园区，提升廊道创新能力，为创新成果的开放共享与应用转化提供支撑。同时，加快健全京津冀区域的交通体系和基础设施，增强三地的互联互通，促进优质创新资源和服务的流动、扩散、辐射。

参考文献

刘智：《京津冀科技协同与创新发展对策建议——基于三地创新产出的实证分析》，《科学管理研究》2021 年第 6 期。

孙瑜康、李国平：《京津冀协同创新中北京辐射带动作用的发挥效果与提升对策研究》，《河北经贸大学学报》2021 年第 5 期。

《推进科技自立自强　打造首都发展新引擎　社会各界建言“十四五”北京国际科技创新中心建设》，《北京日报》2020 年 12 月 11 日，第 5 版。汪淳、董晓莉、刘锐：

《以科创走廊促京津冀协同创新规划策略》,《北京规划建设》2022 年第 4 期。

王德利:《首都科技引领京津冀协同发展存在的问题及对策建议》,《科技管理研究》2018 年第 14 期。

文余源、杨钰倩:《高质量发展背景下京津冀协同发展评估与空间格局重塑》,《经济与管理》2022 年第 2 期。

叶振宇:《建设京津冀创新走廊的战略思考》,《中国发展观察》2017 年第 12 期。

B.12

天津市科技创新发展及其在区域中的地位与作用研究*

王得新　孙 媛**

摘　要： 近年来，天津科技创新发展的政策环境不断优化，科技创新氛围越发浓厚，创新能力不断提升，在推动京津冀协同创新中发挥了重要作用。但是，与先进地区相比，天津科技创新在自主创新能力、创新效率、人才供给等方面还存在不小的差距，与京冀科技创新的协同性有待提升。为更好地激发科技创新潜力，赋能天津经济高质量发展，本报告提出以下对策建议：通过加大基础研究经费投入、提升原始创新策源能力、强化企业科技创新主体地位等来提升自主创新能力；通过推动科技创新成果转移转化、加大金融服务科技创新力度、优化科技创新制度环境等来提高科技创新效率；通过加快科技创新人才引育、持续推进京津科教协同、打造高品质生活空间等来培育建设科技人才队伍；通过加强顶层设计、构建区域内协同创新体系、推动支撑协同创新的体制机制创新等来加大京津协同创新合作力度。

关键词： 天津市　科技创新　协同创新

---

* 本报告为天津市社会科学规划项目“绿色经济推进天津实现高质量发展的路径研究”（TJYJQN18-007）的阶段性成果。

** 王得新，经济学博士，中共天津市委党校、天津行政学院经济学教研部教授，研究方向为区域经济、产业经济；孙媛，经济学博士，中共天津市委党校、天津行政学院经济学教研部讲师，研究方向为区域经济、循环经济。

当今世界百年未有之大变局加速演化，围绕高科技的国际竞争空前激烈。国际上高新技术的发展呈现学科交叉、高新技术产业集聚、科学技术一体化和更新迭代速度明显加快等趋势。科技创新形势比过去任何时候都更加复杂，我国比过去任何时候都更加需要加强“创新”这个第一动力。

科技创新关系到天津的前途命运。2021 年天津提出“制造业立市”。制造业的提质增效对科技创新具有极高的依赖性。没有科技创新或者科技创新活力不足，制造业转型升级便难以达成，新的增长点和竞争力便难以形成，“全国先进制造研发基地”的功能定位便难以实现。因此，天津经济社会高质量发展的关键在于增强科技创新能力，提升科技创新转化水平，顺利实现增长的根本动力转向创新驱动。

一　天津科技创新发展成绩显著

近年来，天津科技创新发展取得积极进展。科技创新环境、能力、水平明显提升，科技创新综合能力位居国内前列。科技创新已然成为天津新旧动能转化、引领高质量发展的核心力量。

（一）政策机制创新保驾护航

出台多项政策法规，明确发展方向。天津先后颁布了《天津市科技创新三年行动计划（2020—2022 年）》《天津市科技创新“十四五”规划》《天津市科学技术进步促进条例》等政策、规划和法律，对科技创新重点任务进行安排部署。出台《关于加快推进天津市大学科技园建设的指导意见》《天津市大学科技园建设三年行动计划（2021—2023 年）》，为加快推动大学科技园高质量建设提供制度保障。同时，科技局会同工信局、人社局、商务局、税务局等部门整理 54 部政策，形成《天津市科技创新政策要点汇编》，为坚持科技自立自强、坚定不移深入实施创新驱动发展战略明确政策支撑。

深化体制改革，推动科技成果转移转化。“揭榜挂帅”机制把最具能力和创新精神的人才吸引聚集在一起开展科研攻关，有效释放巨大创新势能。近年来，天津将“揭榜挂帅”作为重大项目形成机制和组织实施改革的主攻方向，坚持不设门槛、企业为主、充分赋权、限时攻关，打通从科技强到产业强、经济强的通道。“天津号”纯太阳能汽车是首个采用该机制来实施关键技术攻关的科研项目，实施效果明显，部分技术达到行业顶尖水平，做到了关键零部件天津造。此外，制定出台了《天津市促进科技成果转化后补助办法》《关于完善科技成果评价机制的实施意见》等政策，为明确科研单位在实施科技成果转化、处置和收益分配方面的实现路径提供了政策支撑，为实施科研人员在科技成果收益分享方面的具体措施提供了依据。这些政策真正解除了成果转化过程中束缚科研单位和人员的“细绳子”，激发了创新活力。针对操作方面可能遇到的难题，围绕高校科技成果作价投资、科技成果评价、技术产权股权挂牌交易等工作，组织编制了《天津市高校科技成果作价投资操作指引》《技术产权、技术股权挂牌交易操作指引》等13项系列操作指引。为解决科技成果定价和公开交易难题，2021年天津产权交易中心建立了技术交易平台，实现了挂牌、受让、竞价、签约、结算、鉴证等全流程线上交易，为高校、科研院所、企业等各创新主体提供技术交易全链条服务。截至2022年4月，技术交易平台共挂牌400余项知识产权，其中70余项实现交易，交易额为2000多万元，产生经济效益近亿元。[①] 同时，天津在营造科技成果转化市场环境方面下了不少功夫。截至2021年9月，技术转移机构数量已超过190家，培训了900余名科技成果评价师、创新工程师以及技术经理人等技术转移人才。[②] 此外，还设置了技术经纪职称专业，为人才晋升提供畅通通道，并举办“科技成果俏津门”品牌活动以挖掘企业技术需求，进一步提升技术交易市场的活跃度，推动技术交易市场快速发展。

---

① 《国家超算天津中心等8家单位成为天津技术交易平台合作方》，《滨城时报》2022年4月29日，第1版。

② 《成果转化“三步走”　天津帮科研人员“三作为”》，《科技日报》2021年9月15日，第2版。

积极发挥科技金融“血脉”作用。启动“1+N”模式的天使投资引导基金，设立市、区两级天使母基金群。母基金前端与高成长初创科技型企业专项投资相结合，后端与海河产业基金相衔接，构建覆盖科技型企业发展全生命周期的股权投资体系，进一步搭建从“样品”到“产品”再到“商品”的“铁索桥”。充分发挥财政资金的杠杆效应和导向作用，结合金融资本，有效引导社会资本投资向“硬科技”领域发力，解决企业发展的资金难题。

依托重大平台项目引育高层次人才。以国家级和天津市级重大科技创新平台建设、重大项目实施为牵引，实施科技领军人才和创新团队遴选计划，引聚众多高水平创新人才、工程技术人才和技术技能人才。围绕“制造业立市”打造产业科技人才队伍，推动天津成为全球创新人才会聚发展高地，进一步促进经济高质量发展。出台《关于加强科技人才队伍建设支撑高质量发展的若干措施》，大力支持海河实验室建设，通过提供“绿色通道+政策定制”的全程跟进服务，对引进的顶尖人才及创新团队予以定向支持。

（二）科技创新氛围日渐浓厚

企业研发投入拉动天津全社会研发投入总量实现新突破。受中美贸易摩擦、俄乌冲突、新冠疫情等国内外多重不利因素的冲击，天津研发活动受到一定影响。但政府在企业研发支持和奖励措施上持续加大力度，如出台企业研发费用加计扣除和研发投入后补助等激励政策，以财政引导的“杠杆效应”将创新资源吸引集聚到企业主体，从而有效地激发和释放企业作为创新主体的活力和潜能。2021 年，天津市 R&D 经费高达 574. 3 亿元，年均增速超过 18%；企业 R&D 经费净增长超过 45 亿元，同比增长 12. 5%，其中享受研发投入后补助的规模以上企业 R&D 经费增速更高，达到 31. 9%。[①] 这表明创新政策效应正在逐步显现，对提高企业科技创新能力发挥了积极作用。

---

① 《2021 年全国科技经费投入统计公报》，国家统计局网站，2022 年 8 月 31 日，http：//www. stats. gov. cn/sj/zxfb/202302/t20230203_ 1901565. html。

全社会研发投入强度连续保持全国前列。2021 年天津市全社会研发投入强度达 3.44%，仅次于北京、上海，居全国第三位[①]；2022 年达到 3.66%，再创历史新高，高出全国平均水平 2.5 个百分点，对天津经济高质量发展发挥了强有力的支撑作用。[②]

科技创新多项指标进步显著，在国内和全球区域创新版图中的地位进一步提升。世界知识产权组织（WIPO）发布的《2020 年全球创新指数报告》指出，2020 年天津列“世界区域创新集群”百强榜第 56 位、“自然指数——科研城市”榜单第 24 位，分别较 2019 年提升了 4 位和 11 位。2022 年天津进入“科技集群”百强榜并且排名较上年提升超过 10 个位次。根据中国科学技术发展战略研究院发布的《中国区域科技创新评价报告》，2021 年天津市综合科技创新指数达到 80.88，排名全国第四，位列第一梯队；2022 年提升至 83.50，比全国平均水平高 8，位居全国第三。

（三）科技创新能力持续提升

重大科研创新平台建设成效喜人。拥有天津版“国之重器”之称的 6 家海河实验室均已开始运行，成立了由高校、相关产业链企业、金融机构以及科技创新服务机构等单位组成的 123 家海河实验室创新联合体，并建立了海河实验室“信息共享协同工作机制”，围绕海河实验室发展过程中面临的共性问题，加强开放交流合作和信息共享，打造良好活跃的创新生态，促进优质资源集聚，凝聚发展合力。以海河实验室为依托，聚集了包含两院院士在内的 182 个国家级人才团队，获得金融机构近 30 亿元资金支持。海河实验室是天津重要的科技创新平台，紧密联系对接“1+3+4”重点产业和 12 条重点产业链，成果研发有力地支撑了天津重点产业高质量发展和“制造业立市”。截至 2023 年 1 月，海河实验室共开展重大课题 130 余项，80%以

① 《2021 年天津市国民经济运行情况解读》，天津市统计局网站，2022 年 1 月 20 日，https：//stats. tj. gov. cn/sy_ 51953/jjxx/202201/t20220121_ 5786169. html。

② 常烃：《加强科技创新　培育能源发展新动能》，《天津日报》2023 年 3 月 24 日，第 9 版。

上的项目面向产业，有望进一步推动天津产业发展。①

战略性科技创新力量持续增强。天津在科技创新的国家战略布局中做出了积极贡献，围绕关键核心技术开展创新。截至2022年底，累计承担国家级项目120项，经费合计4.17亿元，获专利授权352项，参与制定国家标准13项，为国家重大战略实施贡献了天津力量。同时，天津积极推进技术创新中心建设，截至2023年1月已布局建设11家，参与细分关键技术领域的全球竞争。② 天津技术创新成效明显，涌现出一批原创标志性成果。例如，合成生物技术创新中心在国际上首次实现实验室条件下 CO_2 人工生物合成淀粉；区块链技术创新中心的"海河智链"区块链系统实现完全自主可控且实时开源；兽药技术创新中心的细胞全悬浮培养技术打破西方国家长期封锁，建立了具有自主知识产权的动物病毒细胞悬浮培养技术体系。此外，天津市在人工智能、生物医药、新材料等领域也涌现出银河麒麟操作系统v10、酵母长染色体精准定制合成、高效手性螺环催化剂、配网带电作业机器人等一批关键技术突破，成功布局前沿创新领域，为天津打造自主创新的重要源头和原始创新的主要策源地提供了坚实基础。

新型研发机构建设有序推进。天津积极探索与著名高校、科研院所合作共建重大科技创新平台，有效推进科研院所向"四不像、四位一体"新型研发机构转型。截至2022年底，清华大学天津电子信息研究院在天津孵化聚集企业120家，服务行业客户500余家，运营公司估值总计约8亿元。2022年清华大学天津电子信息研究院及孵化聚集企业实现营收约2亿元，在津新增注册资本1.17亿元，项目累计融资超过1.14亿元③，对天津经济

① 《创新无极限　决胜主战场——天津实施科教兴市人才强市行动》，百度百家号，2023年1月22日，https://baijiahao.baidu.com/s?id=1755683951101539216&wfr=spider&for=pc。

② 《科技赋能促发展　创新驱动显成效》，天津市科学技术局网站，2022年12月23日，https://kxjs.tj.gov.cn/ZWGK4143/ZXGZ7816/DWGKZXZLZZ4924/GZDT82/202212/t20221228_6063214.html。

③ 《孵化科企突破120家　平台建设步伐加快丨清华电子院交出2022年科技创新高质量"答卷"》，百度百家号，2023年1月21日，https://baijiahao.baidu.com/s?id=1755587417746079050&wfr=spider&for=pc。

发展做出了积极贡献。此外，天津还涌现了浙江大学滨海产业技术研究院、北京大学（天津滨海）新一代信息技术研究院、天津中科智能识别产业技术研究院等一批新型研发机构，初步形成了新型产业创新生态，有效提升了天津科技创新能级和成果转化水平。

（四）科技赋能产业高质量发展

“以用立业”，科技成果转化成效显著。科技创新最终要服务企业特别是科技型中小企业发展，为其提供技术创新与成果转化等方面的支持。2022年，天津签订技术合同12514项，同比小幅上涨0.4%；合同成交额和技术交易额分别达到1676.53亿元和793.16亿元，实现26.8%和27.9%的增长。[①] 其中，智能安防技术创新中心累计输出20余项行业新技术，转化12项科技成果，实现80余次技术服务；海水淡化技术创新中心签订横向开发合同1亿余元，服务行业内企业80余家，促成龙头企业与中小企业达成合作金额超4500万元。[②]

企业科技创新主体地位愈加突出。天津已有192家国家级专精特新“小巨人”企业、961家市级“专精特新”中小企业、77家国家级企业技术中心、680家市级企业技术中心，以及28项国家级制造业单项冠军。此外，科技型中小企业、市级雏鹰企业以及瞪羚企业分别达到10719家、5620家和447家。[③] 培育企业[④]拥有强劲的创新能力。2021年占全市“三上”企业[⑤]数量12.0%的培育企业，投入了全市41.5%的研发人员和39.6%的研发

---

① 《2022年天津市国民经济和社会发展统计公报》，天津市统计局网站，2023年3月17日，https：//stats. tj. gov. cn/tjsj_ 52032/tjgb/202303/t20230317_ 6142668. html。

② 《科技赋能促发展　创新驱动显成效》，天津市科学技术局网站，2022年12月23日，https：//kxjs. tj. gov. cn/ZWGK4143/ZXGZ7816/DWGKZXZLZZ4924/GZDT82/202212/t20221228 _ 6063214. html。

③ 《2022年天津市国民经济和社会发展统计公报》，天津市统计局网站，2023年3月17日，https：//stats. tj. gov. cn/tjsj_ 52032/tjgb/202303/t20230317_ 6142668. html。

④ “雏鹰—瞪羚—领军”企业的简称。

⑤ “三上”企业是对“规模以上工业、资质以上建筑业和限额以上服务业”企业的统称。

费用，产出了41.9%的有效发明专利，实现了39.8%的新产品销售收入。[①]

新兴经济快速发展、持续升温。2022年，天津高技术产业（制造业）增加值增长3.2%，高于全市规模以上工业平均增速；高技术制造业投资同比增长10.0%，占全市制造业投资总额的比重提高了3.2个百分点，达到31.5%。新产品得到快速增长，其中锂离子电池和城市轨道车辆产量分别增长了15.3%和53.8%。[②] 截至2022年6月，天津已经建成了200个智能工厂和数字车间，推动超过8000家工业企业实现数字化转型。[③] 智能科技产业方面，2021年营业收入占全市规模以上工业和限额以上信息服务业收入的比重达到24.8%，其中电子信息制造业增加值累计增长9.1%，信创和集成电路产业链增速分别达到了31%和24%。[④] 可见，智能制造正在支撑天津制造业立市战略的实施和发展。

（五）推动京津冀协同创新取得积极进展

协同创新中京津双核地位明显。河北省社会科学院京津冀协同发展（雄安）研究中心发布的《京津冀协同创新指数（2022）》显示，在京津冀科研领域的合作网络中，网络结构相对稳定，北京和天津拥有显著的“双核”地位。2013~2020年，“双核”合作量增量约占京津冀整体增量的46.6%。因此，京津合作仍然是京津冀科研合作网络发展中最重要的动力之一。

滨海新区是京津冀协同创新持续深化的重要地区。2022年9月落户在天津科技大学科技园的辽宁石油化工大学（滨海）石化产业研究院迎来首批师生，产学研用一体化的创新源头体系初现雏形。中国（滨海新区）知识产权保护中心、北塘中关村科技园中心法庭、天津经济技术开发区知识产权服务

---

① 《我市“雏鹰—瞪羚—领军”企业梯度培育成效显著　科技领军企业和科技领军培育企业230家》，《天津日报》2022年6月29日，第9版。

② 《2022年天津市国民经济和社会发展统计公报》，天津市统计局网站，2023年3月17日，https：//stats. tj. gov. cn/tjsj_ 52032/tjgb/202303/t20230317_ 6142668. html。

③ 《天津智能科技产业集群初步形成》，《人民日报》2022年6月27日，第1版。

④ 《人工智能赋能美好未来　智能科技引领高质量发展》，人民网，2022年6月27日，https：//baijiahao. baidu. com/s？id=1736774547709310735&wfr=spider&for=pc。

业集聚区陆续投入使用，已形成集知识产权创造、审核、运用、服务、保护于一体的服务体系。2022 年，天津吸引京冀投资 1989.4 亿元，占全部引进内资的 53.8%，2017 年以来累计吸引投资 8731.9 亿元。天津滨海—中关村科技园新增注册企业中约有 1/3 来自北京，其中科技型企业约占四成。[①]

京津冀基础研究走向深入。自 2014 年以来，京津冀三地科技主管部门已经签署了两期基础研究合作协议，形成了京津冀三地在基础研究领域的合作圈子，共同推进了区域协同创新发展。自基础研究合作专项启动以来，三地已累计投入约 5000 万元，共立项 100 多项，涉及领域包括“南水北调环境影响”“京津冀一体化交通”“智能制造”“精准医疗”等。其中，“南水北调工程调水对华北白洋淀区面源污染输出强度与水环境响应机理研究”项目的研究成果已经在雄安新区的生态规划、环境保护、水资源合理开发利用等方面发挥了积极的作用；“京津冀地面沉降区轨道交通服役状态致灾机理及对策研究”项目的研究成果已经应用于大张高铁、雅万高铁等工程沿线地面沉降的预测、评估及工程设计。2022 年 2 月，三地通过视频方式举办了“关于共同推进京津冀基础研究合作协议（第三期）”签约会，标志着科技创新合作向深度和广度不断拓展。

京津冀科技成果转化基金开始发挥作用。2021 年，天津市科技创新发展中心利用收回的科技风险投资资金，以母基金运作方式，设立京津冀科技成果转化基金，总额计划 20 亿元。2022 年以来，天津市科技创新发展中心投入力量宣传推广京津冀科技成果转化基金政策，受到了广泛关注；截至 2022 年 11 月，已收到 23 只子基金申请，计划资本总额合计超过 90 亿元，储备项目超过 150 个[②]，涉及信创、生物医药、新材料等 8 条产业链。2022 年京津冀科技成果转化基金所参股的首只子基金——达晨财智中小企业发展

---

① 《京津冀协同发展九周年　三地协同更紧密》，光明网，2023 年 2 月 26 日，https：//m. gmw. cn/baijia/2023-02/26/36391670. html。

② 《京津冀科技成果转化基金参股首只子基金——达晨财智中小企业发展基金》，天津市科技创新发展中心网站，2022 年 11 月 28 日，https：//www. ntem. cn/show. jsp？classid = 202106271355089880&informationid = 202211281609595406。

基金完成募集。

积极推动京津冀科技创新券合作机制。2018 年，京津冀三地科技、财政部门正式签订了《京津冀科技创新券合作协议》，共同推进“胜券在握、资源互通、互利共赢”的创新券区域合作机制。为进一步推动京津冀科技创新券合作，帮助企业更好地了解创新券政策信息，促进三地优质资源互联互通，三地科技部门联合启动“胜券在握”系列政策宣传与推广活动，邀请京津冀创新券服务机构面向企业开展宣传对接活动，打造“京津冀创新券科技服务工程”，从创新券制度保障、资源共享、服务对接等方面深化合作。

二　天津推进科技创新发展存在的问题

尽管天津科技创新发展取得了瞩目成绩，但依然存在一些重要问题和重大挑战。对标新发展格局的新要求，天津继续深入推动科技创新发展面临“不进则退、慢进亦退”的严峻竞争局面。

（一）自主创新能力亟待提升

基础研究实力相对薄弱。天津教育资源丰富，对科技创新成果转化的重视程度越来越高，但是对基础创新的投入和支持力度相对较小。目前，天津的基础研究投入强度（基础研究经费占研发经费的比重）有所提高，由 2014 年的 3.50%逐年提高至 2020 年的 7.08%，并在 2020 年首次实现基础研究投入强度高于全国平均水平，高出 1.08 个百分点。但与基础研究经费支出位于第一梯队的北京、上海相比，天津的基础研究投入强度偏低，与先进地区差距明显。例如，北京的 R&D 经费支出中基础研究投入强度较高，早在 2014 年就达到 12.60%的水平，2020 年提高到 16.04%，远远高于天津；2014 年上海的基础研究投入强度为 7.10%，2020 年提高至 7.94%（见图 1）。从天津获得授权专利的内部结构来看，代表科技前沿的发明专利占比较低，专利质量不高。2014 年，从国内发明专利申请授权量占全部专利申请授权量的比重来看，天津为 12.44%，广东为 12.38%，上海为

23.00%，北京为31.12%；2021年，天津、广东、上海的这一比重分别下降至7.53%、11.79%和18.35%，北京则上升至39.85%。与广东、上海相比，天津的下降幅度更大，与北京的差距也越来越大（见图2）。

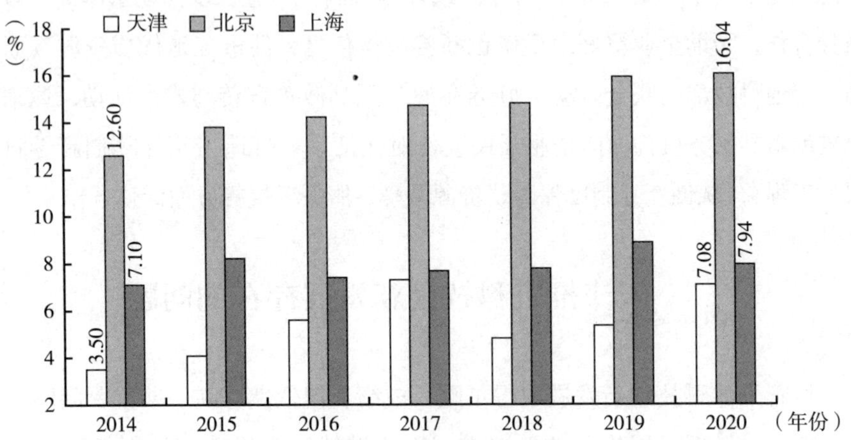

图1　2014~2020年天津与其他先进地区基础研究投入强度

资料来源：相关年份《天津统计年鉴》《北京统计年鉴》《上海统计年鉴》。

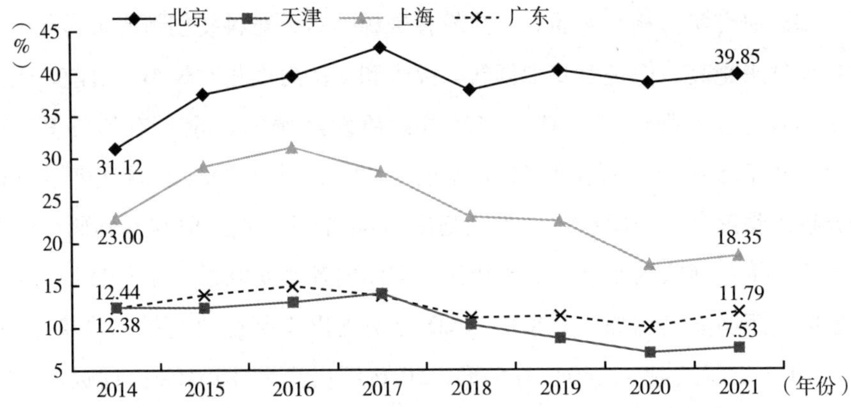

图2　2014~2021年天津与其他先进地区发明专利申请授权量占比

资料来源：国家统计局。

前沿核心技术差距较大。关键核心技术的依赖度过高也是一个重要问题。在世界百年未有之大变局背景下，国际形势复杂严峻，断供风险成为底线思考必须予以关注的常量。而一旦形势恶化，天津的制造业将首先遭受冲击。尤其是在半导体行业的原料获取、IC 设计、IC 制造等环节，天津还无法实现“去美国化”的技术路线，虽然拥有中电科、中芯国际、美新半导体等明星企业，也已经构建半导体芯片全产业链，但尚未真正解决问题。同时，天津拥有科技创新“国之重器”的数量相对较少。国家重点实验室作为我国科技创新体系的核心组成部分，在组织基础研究和应用研究、培养人才以及学术交流等方面发挥着极为重要的作用，一个地区拥有的实验室数量在一定程度上代表着该地区进行前沿科技创新的能力。截至 2020 年，拥有国家重点实验室数量排在前四位的地区依次为北京（136 个）、上海（44 个）、江苏（39 个）、湖北（29 个）。而天津仅拥有 14 个，数量还不及位列第四的湖北的一半，与先进地区的差距尤为明显，说明天津前沿技术的科技创新能力亟待提升。

企业科技创新活跃度不高。2014 年，天津有 R&D 活动的规模以上工业企业占比为 37.19%，该项指标总体呈现下降的态势，2021 年下降至 29.12%，较 2014 年下降了 8.07 个百分点，表明天津企业对科技创新活动的热情持续减退，创新活跃度不高。2014 年，北京、上海两地有 R&D 活动的规模以上工业企业占比分别为 30.93%和 19.42%，虽然此时天津企业的科技创新热情高于北京和上海，但北京和上海两地的该项指标呈现快速上升的态势，2021 年分别上升至 40.45%和 29.24%。与北京相比，天津的差距明显，且差距呈现越来越大的趋势。与上海相比，天津已被超越（见图 3）。天津企业 R&D 活动覆盖面大幅下降，导致企业科技创新的主体地位更难发挥，最终将掣肘天津发展动力向创新驱动的转换。

（二）科技创新效率有待提高

根据《中国城市科技创新发展报告（2022）》，2022 年中国城市科技创新发展排名中天津居第 9 位。在 9 个国家中心城市科技创新发展指数排名

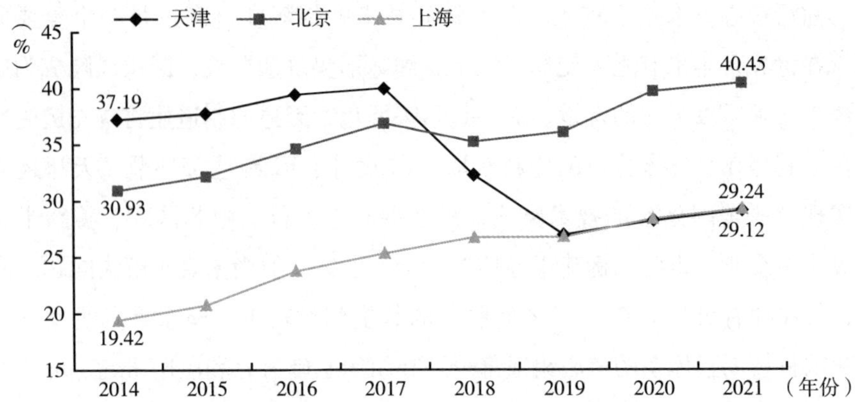

图3　2014~2021年天津与其他先进地区有R&D活动的规模以上工业企业占比

资料来源：根据相关年份《天津统计年鉴》《北京统计年鉴》《上海统计年鉴》数据计算得出。

中，天津排在北京、上海、广州、武汉之后，居第5位。天津的教育资源优质，营商环境优越，人才积累丰富，为科技创新提供了重要支持，但天津科技创新产出的全国排名逐年下滑。[①] 这表明，尽管天津在科技投入方面取得了一定的成绩，但科技创新效率存在问题，科技投入未能有效地转化为科技产出。

与北京、广东、上海等科技创新水平领先的地区相比，在知识成果的产出上，天津仅达到发达地区平均水平的20%左右，知识产出效率也仅为发达地区的40%。科技创新成果通常需要商业化和市场化才能产生经济效益和社会影响。然而，天津的企业和投资者在接受和应用新技术方面的意愿似乎相对较低，这可能是导致科技创新产出效率低下的一个重要原因。《2022年中国城市科技创新指数报告》显示，天津在知识产权领域的表现相对较差，与经济发展水平极不相符。从两个侧面均反映出天津的科技创新效率存在较大问题，造成这一问题的原因主要在于以下几个方面。

科技创新成果转化意愿低。虽然天津市科学技术局已经出台多项政策鼓

① 郭金兴：《提升科技创新水平　促进天津高质量发展》，《天津日报》2022年7月11日，第9版。

励成果转化，旨在破除束缚科研单位和人员的条条框框。但是，已出台政策的实施基本采取“广泛适用”+“一事一议”的模式，一方面，科研人员对政策适用条件和具体条款不甚了解，也缺乏研究“一事一议”机制的渠道，即便有想法也不知跟谁对接；另一方面，现有政策在评价和激励机制等方面还存在不健全、不灵活的情况，造成科研院所和人员的科技创新成果转化意愿低，技术产业化进程较慢。

科技创新成果交易效率较低。作为科技创新主体之一的科研人员大多来自高校或者科研院所等事业单位。一旦涉及科技创新成果交易，由于成果所有人对技术市场了解不甚深入全面，容易对科技成果的定价把握不准。同时，天津技术产权股权交易平台建设还有待进一步完善。虽然天津已经在2022年9月上线运营了天津产权交易中心有限公司知识产权交易平台专利开放许可交易模块，对知识产权运营新模式进行了有益尝试，但是平台功能相对单一，对于高校、科研院所和企业急需的科技创新成果公开披露、评估评价、转移转化、技术股权退出以及融资质押等配套服务尚未涉及，亟待加强创新平台建设，不断完善和提升功能。同时，还有很多科研单位和人员不熟悉科技创新成果挂牌交易的业务流程，容易贻误成果交易的最佳时机，也在一定程度上降低了科技创新成果交易效率。

科技创新生态体系尚未完全形成。一是创新要素的流动和集聚仍需加强。流向天津的技术、资金、人才、数据和设备等创新要素资源流动效率不高，政策和规则安排存在不足，需要进一步增强天津对科技创新资源的吸引力和聚集力。二是以企业为主导的创新体系不够完善。创新型企业与高校、科研机构、政府、科技创新服务商之间还未形成互补畅通的“政产学研金介用”创新生态体系，产业链、创新链、资金链、服务链“四链”贯通存在脱节的现象，融合发展还停留在比较浅的层次。三是科技金融服务新型研发机构的力度不足。新型研发机构的创新活动具有科技含量高、投入风险高、收益回报高的特点。作为连接高校、科研院所、企业和市场的枢纽与平台，新型研发机构起步时期在平台搭建、人才引进以及科技成果产业化等领域均需要大量的资金投入，除了政府投资以外，亟须科技金融的大力支持。

目前天津的新型研发机构缺乏天使投资和创业投资，市场资金支持的范围不广、力度不足。对于新型研发机构及其孵化的企业来说，在融资时面临大型金融机构对其信用评级、营收规模等方面的考核，往往无法满足要求。因此，支持新型研发机构发展的相关金融服务，如科技信贷、科技担保、科技保险、股权质押和知识产权质押等方面还需要创新拓展和逐步完善。

（三）人才队伍建设乏力

对科技人力资源的吸引力不强。人才的流向反映了一个城市引才留才的能力。根据2022年智联招聘发布的《中国城市人才吸引力排名》，在最具人才吸引力的城市排行榜中，北京、上海和深圳依次位列前三。在全国范围内，天津的人才吸引力排名尚未进入前十，仅排在第23位。2014年，天津R&D人员占就业人员的比重为2.29%，北京为2.97%，说明天津科技创新人力资源相对薄弱，但是与北京的差距并不明显；2021年，天津R&D人员占比上升为2.59%，而北京上升速度更快，达到4.08%（见图4）。显然，经过几年的发展，天津与北京相比在吸引科技创新人才就业方面的差距越来越显著，可能的原因在于天津的经济结构偏重、偏旧，虽然新兴经济发展速度较快，但是整体底盘不大，与先进地区相比规模偏小，并不能提供更多的R&D相关工作岗位。

科技创新人力投入有所下降。R&D人员全时当量是衡量一个国家或地区科技人力投入的重要指标之一。2014~2020年，天津R&D人员全时当量由11.33万人年下降到9.06万人年，除2015年出现小幅上涨外，其他年份均出现缓慢下滑的态势，年均下降幅度为3.66%，与先进地区差异相当明显。2014年，上海、北京、浙江、江苏、广东的R&D人员全时当量分别为16.82万人年、24.54万人年、33.84万人年、49.88万人年、50.66万人年，科技创新人力投入水平远远高于天津；与天津投入水平总体呈现下降态势不同，这5个先进地区的科技创新人力投入总体呈现上升的趋势，2020年分别上涨至22.86万人年、33.63万人年、58.28万人年、66.91万人年、87.22万人年，年均增速分别达到5.25%、5.39%、9.48%、5.02%、

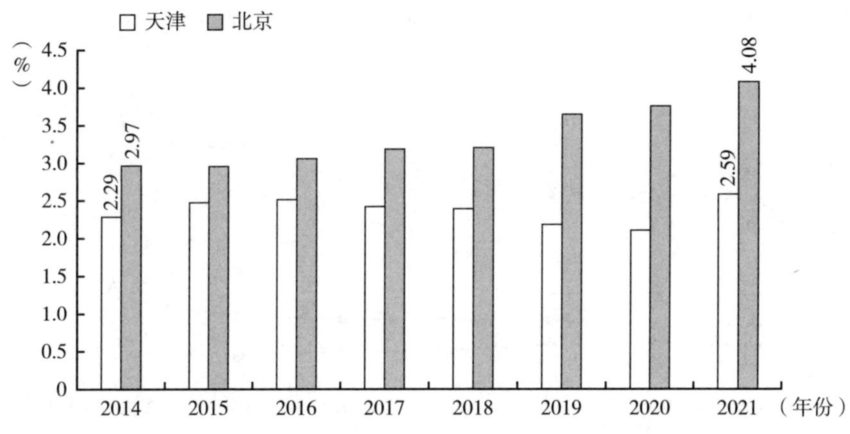

图 4　2014~2021 年天津和北京 R&D 人员占比

资料来源：根据相关年份《天津统计年鉴》《北京统计年鉴》数据计算得出。

9.48%（见图 5）。显然，天津科技创新人力投入乏力，已经被先进地区远远超越。2021 年，天津的 R&D 人员全时当量达到 10.30 万人年，较上年出现小幅上涨。但是，上海、北京、浙江的 R&D 人员全时当量分别高达 23.55 万人年、33.83 万人年、57.53 万人年。可见，经过几年的发展，天津无论是在科技创新人力投入水平方面，还是在投入增速方面，与先进地区的差距仍然较大，并且呈现差距逐年拉大的态势。

高端人才引聚留用尚需优化。除了关注人才的数量外，还要重视人才的质量。根据 2022 年智联招聘发布的《中国城市人才吸引力排名》，在硕士及以上人才流入城市排行榜中，天津连续两年居全国第八位，可见天津对高学历人才是具有一定吸引力的，这主要得益于天津实施的“海河英才”行动计划。截至 2022 年 12 月初，天津累计引进人才 44.5 万人，其中不乏硕士、博士等高学历人才，战略性新兴产业人才占比高达 26%。[①] 值得注意的是，从人才结构上看，天津 R&D 人员中高层次人才占比已经不低，早在

① 《天津“海河英才”行动计划已引进人才 44.5 万人》，百度百家号，2022 年 12 月 9 日，https://baijiahao.baidu.com/s?id=1751687354519706158&wfr=spider&for=pc。

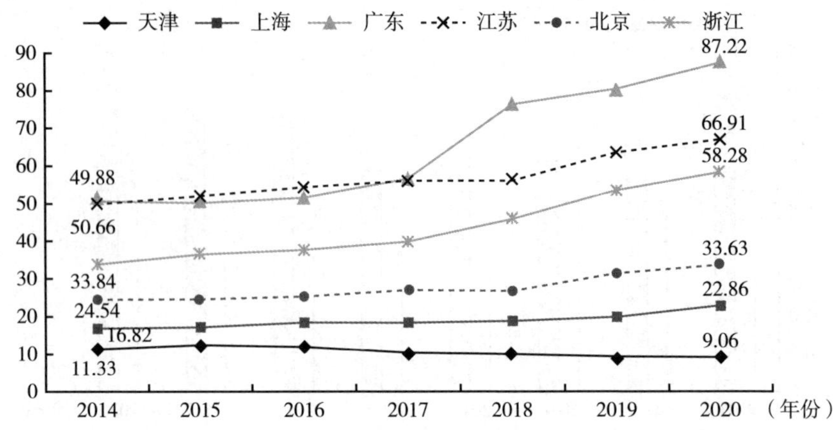

图 5　2014~2020 年天津和其他先进地区 R&D 人员全时当量

资料来源：根据相关年份《天津统计年鉴》《北京统计年鉴》《上海统计年鉴》《广东统计年鉴》《江苏统计年鉴》《浙江统计年鉴》数据计算得出。

2014 年 R&D 研究人员占 R&D 人员全时当量的比例就已达到 39.16%，优于 R&D 人员总量排在前列的广东、江苏和浙江，分别超过 3.72 个、7.71 个、13.72 个百分点，但与北京的 53.96%、上海的 42.82% 相比，差距较为明显。2020 年，天津 R&D 研究人员占 R&D 人员全时当量的比例上升至 53.37%，而北京和上海分别高达 67.21% 和 56.15%，可见天津与北京、上海之间的差距在逐渐缩小，从 2014 年分别相差 14.80 个和 3.66 个百分点缩小至相差 13.84 个和 2.78 个百分点（见图 6）。从趋势上看，天津吸引高端人才集聚与先进地区的差距在缩小，成绩喜人。但是，韩国、美国、日本、以色列等主要发达国家该项指标均达到 50% 以上，其中韩国 R&D 研究人员占比高达 81.5%，天津的差距是显而易见的。综观世界知名科技创新中心，无一不是高级人才的聚集地，天津需要进一步在吸引顶尖人才集聚方面做出更多努力。同时，天津高端科技创新人才流失问题也比较明显。借助“海河英才”行动计划，天津确实吸引了一批高端人才，但是其中不乏户口在天津、工作在北京的情况，实际上这些人才对天津的科技创新事业服务度较低。如何保障高级人才的稳定性，让其更好地留在天津、服务天津，需要天津在人才政策设计和实施过程中进行更加深入细致的探索。天津科技创新领军人才数量偏少。截至 2022 年，全国两院院士共有 1741 人，其中在津两院院士为 31 人，占比仅为 1.78%，而北京则多达 911 人。总之，天津科技人才队伍的整体结构有待进一步优化，人才队伍的质量尚需提高。

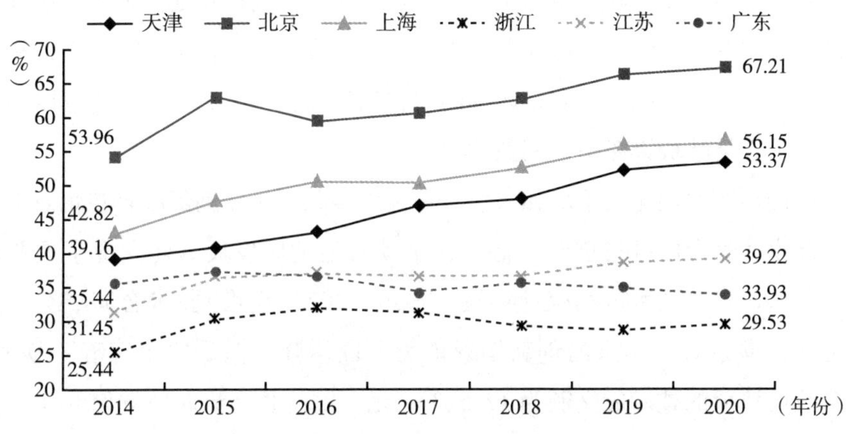

图 6　2014~2020 年天津和其他先进地区 R&D 研究人员占 R&D 人员全时当量的比例

资料来源：根据相关年份《天津统计年鉴》《北京统计年鉴》《上海统计年鉴》《广东统计年鉴》《江苏统计年鉴》《浙江统计年鉴》数据计算得出。

（四）京津协同创新不畅

协同创新顶层设计不完善。一方面，京津冀三地之间对科技协同创新没有顶层规划。已经发生的协同创新活动大多是基于京津冀三地资源禀赋和功能定位而产生的科技创新要素流动带来的结果，市场行为还需要加强引导。例如，京津冀区域的创新资源充足，相比其他地区具备更强的战略科技实力。国家实验室和技术中心等战略科技创新平台以及高校和科研院所等创新实体都表现出显著优势。但是由于没有明确的规划和顶层的协同组织，京津冀三地的战略科技力量难以通过技术研发、应用、推广在区域协同创新中发挥应有的作用。根据《京津冀协同发展报告（2022）》，截至 2020 年，京津冀共有国家重点实验室 154 家，但 80%以上分布在北京，天津和河北分别拥有 14 家和 12 家，占京津冀总量的 9.09% 和 7.79%。资源主要集中在北京，区域内部科技创新实力差距明显，并且资源要素流动比较困难，制约了京津冀整体协同创新效能的发挥。另一方面，天津对在承接北京非首都功能转移过程中如何借重北京资源，更好地服务于自身科技创新发展尚未形成明确、系统的顶层设计和政策体系。在推进京津冀协同创新走深走实的过程中错位承接的规划设计还不够完善，“算总账”的大局观念还不够深刻，从而导致天津各区在承接孵化北京转移的科技项目时相互之间存在一定程度的恶性竞争，容易造成天津整体利益的损失。

协同创新引领作用不尽如人意。一是承接北京科技创新成果转化效果不佳。北京作为全国科技创新中心，在带动其他地区发展方面发挥了重要作用。《2020 北京技术市场统计年报》显示，2020 年北京技术合同成交额中超七成流向京外，北京的创新辐射能力不断增强。但是“十三五”期间，北京流向津冀的技术成交额为 1215.3 亿元，仅占北京流向外省份的 8.7%，主要集中在电子信息、先进制造以及生物医药等技术领域。根据《京津冀协同发展报告（2022）》，作为北京研发转化主要承接地的天津，2021 年承接北京技术合同成交额为 33.60 亿元，仅占北京输出技术合同成交额的 0.7%。可见，天津承接北京的技术转移和落地产业化效果不佳，京津之间依然存在高创新产出与低区域内转化并存的状况。京津的协同创新与过去相比虽然有所加强，但是北京的创新成果对天津相关产业链的辐射带动作用并不显著。二是与北京科技创新横向合作不多。天津与北京在科技协同创新领域的合作模式大多为北京科技创新资源向天津进行单向线性延伸或在天津简单复制，即天津与北京的科技创新合作更多地表现为创新链条上的纵向合作，北京主导研发，处于上游，天津则负责承接转化，处于下游。或者直接将北京科技创新资源转移或复制到天津。即便如此，北京科技创新资源在天津的运转更像是一个相对独立存在的“创新飞地”，与天津本土高校、科研院所和企业的合作及业务联系并不多。可见，天津与北京的协同创新和成果转化并未完全建立起“专业—产业”相耦合的新的内在关联，导致北京科技能力支撑天津产业发展以及天津产业发展加速北京科技进步的互动效应发挥不明显。

协同创新生态体系不佳。一是“四链”融合存在脱节。在京津冀核心城市中，北京的科技创新水平最高，但其发展制造业的土地、水电等资源成本较高，并且不符合京津冀协同发展战略赋予北京的功能定位；天津制造业基础雄厚，相对发达，但其基础研究力量仍较薄弱，创新企业数量和企业创新活跃度均相对不足。由于天津区域内科技企业与高校、科研院所、政府以及科技创新服务商之间尚未形成互补畅通的“政产学研金介用”创新体系，天津与北京作为京津冀的两大核心城市，在产业链、创新链、资金链、人才链“四链”融合方面也存在脱节的现象。对于天津而言，如何深化与北京优势资源对接，让北京非首都功能疏解项目愿意来、留得住、发展好是值得深入研究的核心问题。二是京津协同创新机制不甚完善。尽管北京的科技创新资源十分丰富，但由于缺乏良好的京津协同创新发展机制，科技创新活动难以实现真正的协同合作，尤其是北京“科技创新中心”的生态优势未能发挥出实质性的联动效应。北京的发展目标是打造国际科技创新中心，其中一个重要的内涵就是基于区域科技创新发展不均衡现状，肩负辐射引领周边区域发展的战略使命。目前，京津两地的科技创新协同主要集中在原始创新和基地建设领域，而“基础研究—应用研究—项目产业化”的链式协同创新合作并不充分。京津两地重大科研项目的计划安排和组织实施存在一定程度的不协调，且在促进科技创新合作时往往依赖政府投入而忽略了市场作用。

三　推进天津科技创新发展的对策建议

天津的科技创新发展存在自主创新能力和创新效率有待提高、人才队伍建设亟待加强以及京津协同创新不畅等短板，为进一步改善天津科技创新的薄弱环节，深入推进京津协同创新，支撑天津高质量发展，提出以下对策建议。

（一）着力提升自主创新能力

加大基础研究经费投入。一是市、区两级财政应从提高财政投入强度和优化资金配置两方面入手，加大对基础研究的投入。财政资金进一步向基础研究、科技创新基地建设等关键领域实施一定比例的倾斜。通过提高财政投入强度、优化资金配置，引导和撬动企业以及各类社会资本共同加大科技投入，确保研发主体有足够的资金支持来开展科研活动，不断增强研发策源能力。二是需要尊重和遵循科技创新的内在规律，保持足够定力，持续投入。基础研究经费投入瞄准基础理论和基本原理，往往具有投入资金多、研究周期长的特征。因此，需要一定的历史耐心，加大基础研究经费投入不能要求立竿见影，而是要抱着投基础、投长远的态度，长期坚持加大对基础研究的资金支持，并形成长效机制。

提升原始创新策源能力。一是加快高标准建设原始创新平台。围绕天津具有一定优良基础的人工智能、生物医药等前沿和优势领域，重点瞄准国家级重点实验室、国家重大科技基础设施等进行谋划建设。在推动海河实验室的建设过程中，积极争取与实验室研究方向相匹配的国家大科学装置落户天津。高性能的大科学装置是实验室运行的强力科研保障，也是集聚创新资源、吸引创新人才的“利器”。天津要主动参与和整合国内外优势创新资源，加速创新要素集聚，争取承接更多国家重大战略科研任务。二是提升科技创新的国际开放合作度。借鉴国际先进的科技创新机制和运作模式，开展国际合作项目。支持创新实体与国际前沿科技创新组织及科技公司交流合作，推动成果输出、科技转移和知识产权交流。举办国际性科技创新展览和科技交流活动，进一步拓展国际科技创新合作渠道和平台，充分发挥京津冀地区在全球创新发展中的积极作用。这要求从体制创新和政策突破的角度来驱动科技创新体系的开放和国际化，不断优化天津创新创业环境，增强吸引全球科技创新要素和参与国际竞争的能力。

强化企业科技创新主体地位。一是充分发挥企业创新主体作用。采取政策引导、资金支持等多种方式，激发企业开展科技创新活动的能动性。继续发挥企业研发投入后补助、研发费用加计扣除等政策的引导作用，鼓励企业加大对基础研究和关键技术的攻关投入。推动有实力的产业园区和龙头企业设立研发中心，承担国家重大科技任务和科研项目，探索以科研任务串联的协同创新模式。二是厘清重点产业的创新企业资源，不断完善分类构建的科技型企业发展梯队，积极培育创新型企业。

（二）着力提高科技创新效率

推动科技创新成果转移转化。一是优化科技创新成果转化的政策环境及动力机制。在不断完善“科研众包”“揭榜挂帅”等科技成果转化机制的基础上，创新中介专业服务模式，做强服务机构，提升服务质量，实现项目和院所企业的精准对接。支持“政产学研金介用”相结合的科技成果转化共同体建设，大力推动市场在创新要素和科技成果流动中发挥决定性作用。完善有利于成果转化的评价体系，将成果转化效果与科研人员的绩效评价相结合，引导科研人员更多关注研发成果转化的可行性，鼓励转化拥有自主知识产权的科技创新成果。二是不断拓展天津知识产权交易平台功能。回应高校、科研院所和企业关切，丰富公开披露科技创新成果及其转移转化情况的信息平台，健全科技成果价值评估评价体系，增加技术股权退出以及融资质押等配套服务，不断创新平台建设，完善平台功能，加大宣传推广力度，扩大辐射用户的范围。三是以天开高教科创园（以下简称天开园）为示范引领，加快推动大学科技园建设。既要加快建设速度，保持大学科技园数量在一定程度上的增加，又要保障建设的质量和水平。以天开园的持续建设完善为样板，鼓励其他具备条件的高校自建或参建，打造校区、园区、社区“三区联动”的创新创业生态。充分发挥其在资源集聚、成果转化、创业孵化、协同创新等方面的核心功能，为天津科技创新发展提供强有力的支撑。同时，要注重将科技园建设与高校学科建设融合发展，依托优势学科吸引市场资源集聚，打造天津科技创新品牌，不断扩大示范效应。

加大金融服务科技创新力度。加强覆盖科技型企业全成长周期的科技创投体系建设。一是加大对处于高成长期的科技企业的资金支持力度。引导专项投资、天使投资基金、创投基金、海河产业基金等尽早以较少资金注入具有发展潜力的初创型企业，这不仅有利于提高资金利用效率，而且能够有效解决初创企业资金短缺问题。二是对于动态遴选重点上市企业资源库中的企业在培育过程中产生的上市费、贷款利息、贷款担保费等提供直接的补贴支持。三是鼓励银行、保险、担保等金融机构根据科技企业融资特点创新风险控制方式，开发投贷联动、科技保险、知识产权质押等金融产品，为科技型企业提供更加灵活多样的融资渠道。四是充分发挥天津科技金融服务中心等机构的服务作用，着重为科技型中小企业和小型高新技术企业提供更加专业的金融服务。

优化科技创新制度环境。一是加强知识产权保护，加大执法力度，增强时效性。加强对知识产权的保护，充分发挥天津市知识产权保护中心的作用，建立知识产权法律保护体系，打造天津知识产权保护高地。深化知识产权“大保护”执法协调机制，拓宽京津冀等跨地区、跨部门保护协作范围。二是提高激励政策的系统性、精准度和持续性。一方面，加强科技、工信、教育、人社等各职能部门的政策联动和协同配合，简化政策程序，提高政策实施效率，使创新扶持政策更具系统性，以打破政出多门、文件庞杂、遵从成本高的现状，改变企业尤其是初创型企业限于人力和时间成本，难以把握政策的实施程序而导致错失政策支持的现象；另一方面，提高创新激励政策中财政资金的利用效率和精准度。建立重点企业库，集中有限的财政资金解决在库企业反映的较为集中的发展困难和问题。在科技财政资金中设立对表现突出的创新型企业进行直接奖励的资金，专款专用，明确财政资金的倾向性，打造创新企业示范样板，引导激励企业创新发展。对于处于初创期的企业，在“专精特新”政策基础之上侧重政府无偿资金支持，着重提高扶持政策的持续性。三是继续优化营商环境，营造创新氛围。继续细化实施《天津市优化营商环境条例》的具体举措，站在企业视角思考优化营商环境的路径，重点在于创新体制机制、简化审批手续、提高行政效能，为打通企业走向市场的堵点难点提供高效、规范、便捷的政务服务。

（三）重点培育建设科技人才队伍

加快科技创新人才引育。一是加大人才引进力度。建立天津科技人才大数据库，厘清各领域特别是12条重点产业链相关领域人才的储备以及分布情况。编制高端紧缺人才目录，制定可实施性强的产业专项人才政策，提高引育顶尖人才、领军人才、行业紧缺人才等各层次人才来津创新创业发展的针对性。充分利用项目招商引资与人才引进之间的相互促进关系，不断提升好企业、好项目的人才黏性，以项目吸引人才，以人才集聚项目，达到产业生态与人才生态相辅相成、相互促进的目的。在柔性引进人才的同时，应着重细化落实配偶就业、子女入学、医疗保健、住房保障等配套政策，以更优惠的政策解决人才的后顾之忧，鼓励落户天津的人才服务天津。主动打破因国际形势影响而产生的对天津科技创新人才参与国际合作与交流的限制，跨主体、跨部门合作打造高层次创业培训、国际性学术活动等人才交流平台，加强与国外高端创业人才、产业领军人才、高技能工人和管理人才的对接，吸引其参与天津科技项目。二是创新人才培养方式。推动产学融合、创学联动，鼓励天津科技创新领域的企业和单位与高校联合培育人才，尤其是针对人工智能、生物等新兴技术领域的人才，探索共建实习基地和博士后工作站等合作方式，提高在津学生转变为留津人才的效率。推动建立和完善现代学徒制，鼓励建立大师工作室，以校企合作开展混合教学、联合培养等模式培育具有创新能力、符合产业要求的复合型人才。加快实施以创新价值、业绩贡献为导向的人才评价标准，遵循基础研究领域发展规律和青年科技人才成长规律，推行长周期评价机制，探索实行与国际同行业标准相统一的专业化评价体系。

持续推进京津科教协同。充分利用北京科教资源丰富的优势，制度化研究和有效推动京津两地在高等教育协同创新、人才培养与交流、优质课程资源共享以及共建大学等方面的合作。一方面，要增强职能部门的推进意识；另一方面，要加大执行力度。在一般性互动合作的基础上，有效疏解和配置北京的科教资源，逐步建立京津科教领域的互动机制，提高整个区域科教领域的运行效率。注重以任务、问题和需求为导向，促进京津科教专家库的共享和共用，共同培养高水平的人才团队。同时，推动京津两地名师、优秀课程、优质教材在高等教育系统内的开放与共享，启动重大合作交流活动，推动两地科教协同取得显著成效。

打造高品质生活空间。充分考虑创新要素中最重要的“人才”的生活需要，制定专业化配套政策，提升居住、公共设施、社会服务、文化体育、休闲娱乐等配套设施的匹配速度和质量。深入开展滨海新区“产城融合”行动，既要打造创新高地、聚焦产业集聚区发展，也要重视宜居宜业生活区的打造，让人才可以在创新创业的同时享受舒适的生活，增强城市活力。打造高品质生活空间有利于吸引更多的优质人才来津发展，而人才集聚有利于推动技术、产业的不断创新与升级，推动产城良性循环互动发展，确保人才引得进、留得下、发展好。

（四）加大京津协同创新合作力度

加强顶层设计，谋划京津协同科技创新的总方案。一是成立战略科技力量建设指导专班。在京津冀协同发展领导小组的指导下，天津领衔北京和河北联合创建京津冀战略科技力量建设指导专班。该专班由科学家主导，三地政府和科技局（委）等相关职能部门参与协调，系统规划战略科技力量在区域内部的布局和建设，为提升京津冀的整体科技创新实力提供有效保障。二是由天津发起，联合北京科技主管部门签订京津协同创新框架协议，强化京津科技创新的差异化定位和协作机制。明确北京打造国际科技创新中心，致力于集聚高端创新资源，聚焦原始创新，拥有强劲的辐射引领能力，是新思想、新知识、新技术的发源地。天津专注于建设产业技术创新中心和智能制造中心，打造先进制造研发转化基地。其重心在于推动产业技术研发和创新成果转化。在此基础上，共同建立京津科技创新政策、资源以及成果的共享机制。建立联席会议制度，聚焦重大政策、重点产业和承载地以及重大项目等领域制定协同创新发展规划，发布实施方案，定期进行推进情况说明，等等。三是出台承接北京项目转移的统筹协调机制。建议在京津冀协同发展领导小组的领导下，组织各个行政区定期会商承接北京项目事宜和部署重大创新活动情况。站在借重北京资源服务于自身科技创新发展的高度，多打全局的大算盘、算全市的总账。探索不同区之间共同承接北京项目的利益分享机制，实现天津市内的协调统筹，避免资源浪费。

构建区域内协同创新体系。一是以突破关键技术制约为目标进行区域内战略科技力量布局。打破行政区划对资源配置的限制，以全球视野汇聚创新资源，布局重大科技创新协同联动基地，将其与已有的国家重点实验室、海河实验室等创新体系有机融合，夯实战略科技力量的支撑作用。二是借重北京科技创新资源，围绕共性技术，联合建设以领军企业为核心的多专业协同创新攻关团队。聚焦培育区域高质量发展动力源，提升与释放整体创新势能，提高创新成果转化应用能力，筑牢研究成果区域内产业化发展的根基。积极探索跨京津科技园区联合共建新模式，致力于原始技术研发和新兴产业培育，共筑科技研发产业链，促进科技资源开放共享和创新成果转移转化，形成互利共赢、梯度传递式的科技园区发展新格局。三是积极推进京津产业链、创新链、资金链和人才链“四链”深度融合，以产业链为基础布局创新链。通过前移引育端口不断完善京津协同创新网络，统筹推进“四链”融合发展走向更深层次，提高协同创新水平，共同推动区域发展。推动北京科技创新资源与天津研发生产转化紧密衔接，通过在北京设立协同创新中心、离岸协同平台、众创空间等，打造京津双向协同创新综合服务平台。推动发展项目“在京孵化、在津落地”模式运行步入系统化发展的轨道。

推动支撑协同创新的体制机制创新。一是建立产业技术路线研究机制。为此，应积极推动天津智库机构与北京联合构建长期的合作机制，厘清和动态追踪京津高新技术产业链与产业创新资源的发展情况。共同绘制京津高新技术产业链的全景图和比较优势产业的发展地图，为天津进行招商引资、打通科技创新资源要素流通通道以及加强补链、延链、强链工作提供依据和参考。二是建立京津协同科技创新利益共享机制。探索创建不受行政区划限制的“京津科技创新飞地”试验区，赋予试验区内企业和科研机构等主体同时享受两地相关优惠政策的权利，税收由两地协调按比例分配。三是积极打造“类中关村”服务模式。在与北京的科技创新合作中，不仅要承接北京输出的创新成果，更重要的是要吸纳北京的品牌、资本、团队和理念，探索采用项目化、清单化的方式形成京津有机利益共同体，诞生一批具有京津标签的重大科技成果，推动产业基础高级化、产业链现代化。

参考文献

《2020 北京技术市场统计年报》，北京市科学技术委员会网站，2021 年 12 月 1 日，http：//kw. beijing. gov. cn/art/2021/12/1/art_ 9908_ 642688. html。

《2022 年中国城市科技创新指数发布，北京科创总量及效率居首位》，新京报网站，2023 年 1 月 10 日，https：//www. bjnews. com. cn/detail/1673367607169307. html。

郭金兴：《提升科技创新水平　促进天津高质量发展》，《天津日报》2022 年 7 月 11 日，第 9 版。

《〈京津冀协同发展报告（2022）〉发布丨建设战略科技力量　深化三地协同创新》，《河北日报》2022 年 8 月 22 日，第 5 版。

任泽平：《中国城市人才吸引力排名：2022》，泽平宏观微信公众号，2022 年 5 月 17 日，https：//mp. weixin. qq. com/s/X73j-o5VM7vAQBXbqLvRqQ。

苏屹、曹铮：《京津冀区域协同创新网络演化及影响因素研究》，《科研管理》2023 年第 3 期。

王新钰、郭海轩：《天津科技创新能力短板分析》，《科技中国》2022 年第 3 期。

许爱萍、成文：《协同发展视角下的京津冀园区创新生态问题及解决路径》，《开发研究》2022 年第 6 期。

张三保、张志学：《中国省份营商环境研究报告 2020》，武汉大学全球战略研究中心网站，2021 年 3 月 12 日，http：//cgs. whu. edu. cn/info/1162/1061. htm。

张思月、党天岳：《成渝双城经济圈协同创新经验以及对京津冀协同创新的启发》，《天津经济》2023 年第 1 期。

《〈中国城市科技创新发展报告（2022）〉：北京连续多年保持第 1，上海排名超越深圳，重庆首次进入 20 强》，首都科技发展战略研究院网站，2023 年 2 月 15 日，http：//cistds. org/content/details36_ 1488. html。

《中国区域科技创新评价报告》，中国科学技术发展战略研究院网站，2022 年 7 月 5 日，http：//www. casted. org. cn/channel/newsinfo/8685。

B.13

河北省科技创新发展及其在区域中的地位与作用研究*

武义青　李　涛　李星雨**

摘　要： 自京津冀协同发展上升为国家战略以来，河北省以承接北京非首都功能为“牛鼻子”，将科技创新作为深入推动京津冀协同发展的关键驱动力。本报告首先分析了河北省科技创新总体情况，并从高技术制造业、科学研究和技术服务业、研究和试验发展业、专业技术服务业、科技推广和应用服务业5个分行业进行分析；其次指出了河北省科技创新在京津冀区域中的地位以及分行业科技创新地位，在此基础上分析了河北省科技创新在区域中面临的困境；最后从深入推进京津冀协同创新和促进产业链、创新链深度融合两个方面提出相应的对策建议，以期通过提升河北省科技创新在区域中的地位与作用，不断推进京津冀高质量协同发展。

关键词： 河北省　科技创新　产业融合　协同创新

---

* 本报告为北京市社会科学基金重点项目“京津冀发展报告（2023）——国际科技创新中心助推区域协同发展”（22JCB030）、北京市自然科学基金面上项目“京津冀创新驱动发展战略的实施路径研究——基于社会资本、区域创新及创新效率的视角”（9212002）、河北省教育厅青年拔尖人才项目“数字金融对河北经济高质量发展的影响机理与优化路径研究”（BJS2022020）、河北经贸大学京津冀协同发展科研专项“京津冀数实融合协同发展路径研究”（JXT2022ZD02）的阶段性成果。

** 武义青，博士，河北经贸大学副校长，研究员，京津冀协同发展河北省协同创新中心主任，研究方向为数量经济、区域经济；李涛，博士，河北经贸大学商学院数字经济系副主任，硕士研究生导师，研究方向为城市经济、产业发展；李星雨，河北经贸大学会计学院硕士研究生，研究方向为资本市场、公司财务。

党的十八大以来，河北省委、省政府坚持以习近平新时代中国特色社会主义思想为指导，认真贯彻习近平总书记关于科技创新的重要论述和对河北工作的重要指示批示精神，把科技创新作为加快建设经济强省、美丽河北的重要支撑。河北省委、省政府先后出台《河北省国民经济和社会发展第十四个五年规划和二〇三五年远景目标纲要》《河北省科技创新智库建设工作指引》《关于加快实施科技强省行动的实施意见》《关于大力推进科技创新工作的若干措施》等一系列政策文件，河北省科技创新能力不断增强，创新型河北建设取得阶段性成效。

一　河北省科技创新发展现状分析

（一）科技创新整体发展态势良好

1. 创新指数逐年提高，科技创新整体向好

河北省通过持续解放思想和体制机制创新，加快集聚优势创新资源，科技创新驱动经济高质量发展的能力进一步增强，科技创新整体发展态势良好。2011~2021 年，河北省创新指数逐年提高，从 28.88 提高到 69.99，年均增速为 9.26%。截至 2021 年，河北省创新指数较 2011 年提高 41.11，是 2011 年的 2.42 倍（见图 1）。

2. 新增授权发明专利数量稳步提升，创新产出增加明显

除 2018 年出现暂时性负增长之外，河北省其他年份的新增授权发明专利数量均实现了较快增长，整体呈现稳步提升态势。截至 2021 年，河北省累计授权发明专利数量为 35038 件，较 2011 年增加 32906 件，增长了 15.43 倍。其中，2021 年新增授权发明专利数量为 6316 件，是 2011 年（779 件）的 8.11 倍（见图 2）。

（二）产业创新加速推进

1. 高技术制造业发展迅猛，创新动力强劲

近年来，河北省围绕产业高质量发展主题，以产业创新加速高技术制造

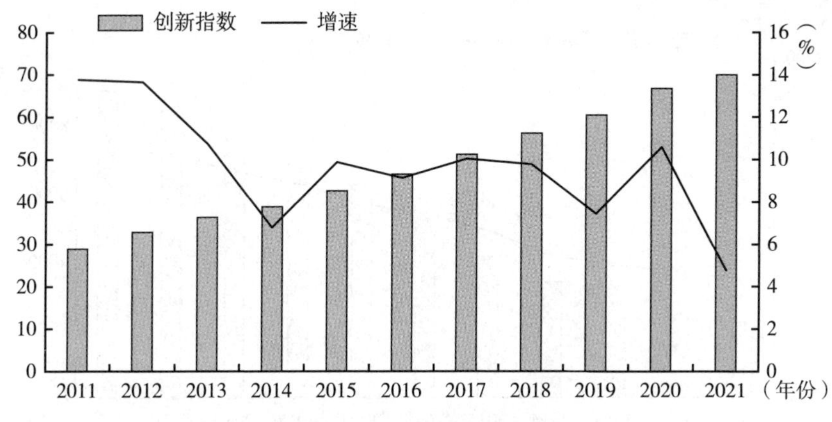

图 1　2011~2021 年河北省创新指数及其增速

资料来源：根据龙信企业大数据平台数据整理计算所得。

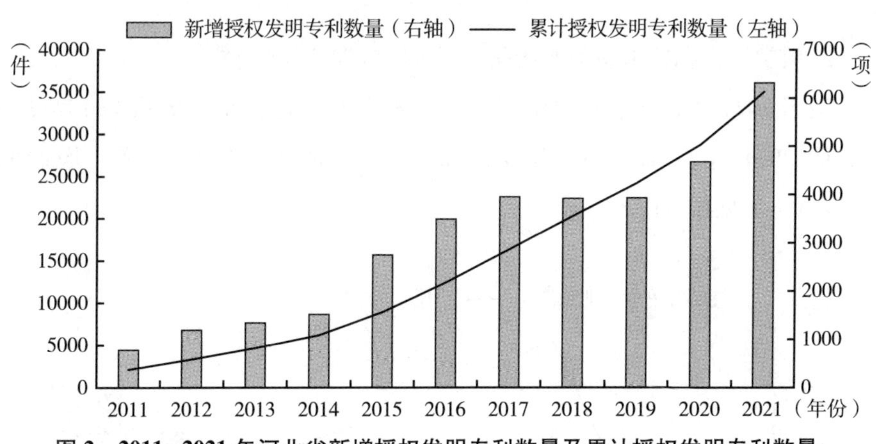

图 2　2011~2021 年河北省新增授权发明专利数量及累计授权发明专利数量

资料来源：龙信企业大数据平台。

业高质量发展。2011 年，河北省高技术制造业在营企业数量只有 2293 家，累计注册资本为 703.02 亿元；2021 年达到 9055 家，累计注册资本为 1454.65 亿元，分别是 2011 年的 3.95 倍和 2.07 倍（见图 3）。近年来，河北省大力实施创新能力提升行动，规模以上制造业企业研发机构突破 8000 家，通过加快制造业科技创新，推动河北省产业加速向高端化、智能化和绿色化转型，进而实现经济高质量发展。

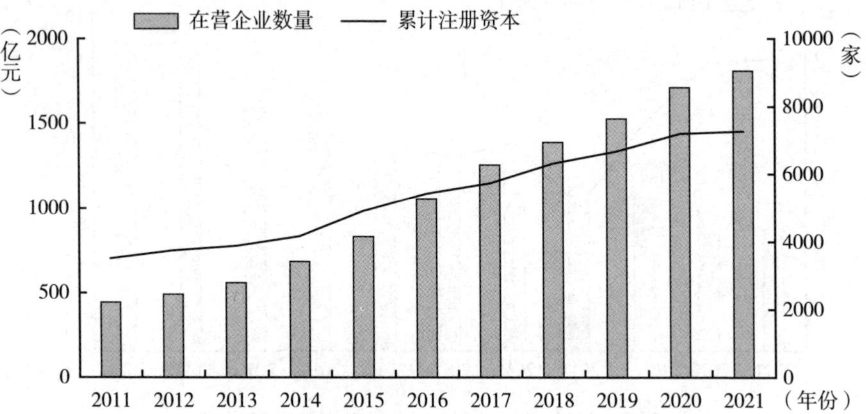

图3　2011~2021年河北省高技术制造业在营企业数量及累计注册资本

资料来源：龙信企业大数据平台。

2. 科学研究和技术服务业活跃，石家庄成为“领头羊”

截至2021年，河北省科学研究和技术服务业在营企业数量为19.22万家，而2011年仅有1.33万家，10年间增加了17.89万家，增幅达1345.11%（见图4）。

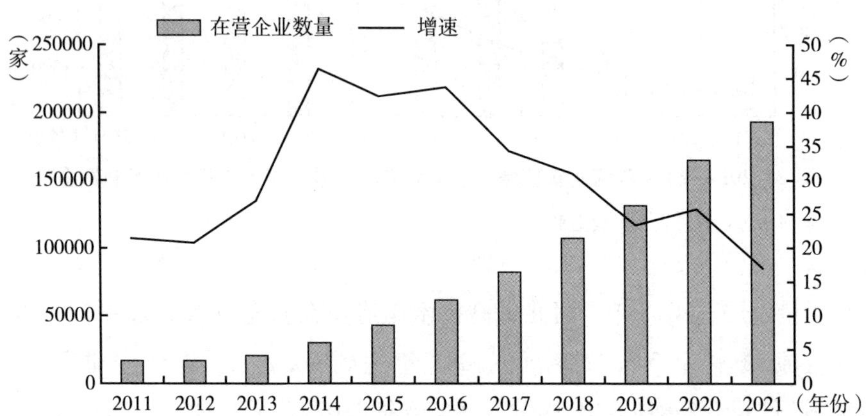

图4　2011~2021年河北省科学研究和技术服务业在营企业数量及其增速

资料来源：根据龙信企业大数据平台数据整理计算所得。

作为河北省省会，石家庄市科学研究和技术服务业发展始终走在全省前列。2019 年 5 月，石家庄市人民政府办公室正式印发《石家庄市推动科技服务业高质量发展实施方案（2019—2022）》，旨在通过加快科学研究和技术服务业发展，推动石家庄市实现产业结构调整优化和经济方式转型升级。2011～2021 年，石家庄市科学研究和技术服务业累计授权发明专利数量、累计注册资本和在营企业数量虽然有一定波动，但整体上增速较快，均处于增长态势。2021 年，石家庄市科学研究和技术服务业在营企业数量、累计注册资本和累计授权发明专利数量增速分别为 14.58%、3.71%和 23.42%。从整体上看，石家庄市科学研究和技术服务业累计注册资本和在营企业数量的增速在 2014 年后有所减缓，但长期向好的趋势未发生变化（见图 5）。

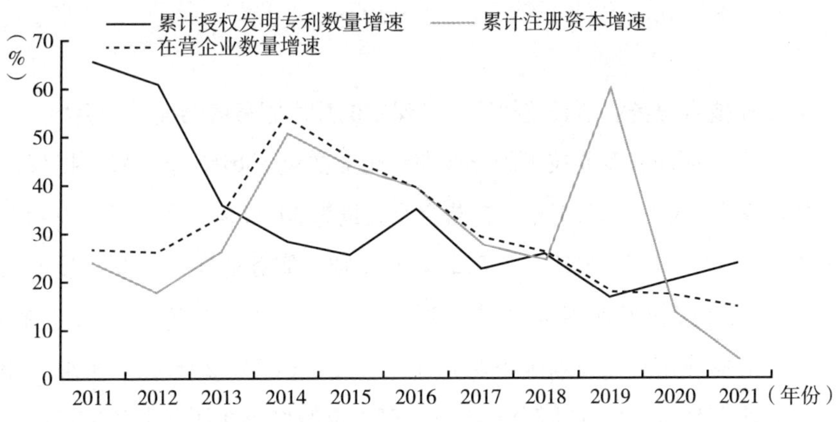

图 5　2011～2021 年石家庄市科学研究和技术服务业各项指标增速

资料来源：根据龙信企业大数据平台数据整理计算所得。

3. 研究和试验发展业趋势向好，石家庄规模最大

2021 年，河北省研究和试验发展业累计注册资本达 4981.58 亿元，是 2011 年（388.57 亿元）的 12.82 倍，增幅明显（见图 6）。分城市来看，2021 年，石家庄市研究和试验发展业累计注册资本为 268.89 亿元，在河北省各城市中排名第一；沧州市发展最快，累计注册资本由 2011 年的 1.08 亿元增加到 2021 年的 29.85 亿元，增幅达 2663.89%；秦皇岛市则由 2011 年的 2.96 亿元增加到 2021 年的 7.73 亿元，增幅达 161.15%。

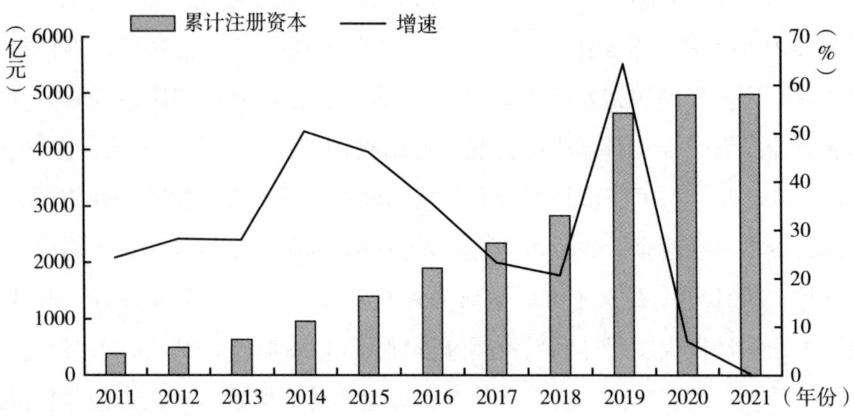

图 6　2011~2021 年河北省研究和试验发展业累计注册资本及其增速

资料来源：根据龙信企业大数据平台数据整理计算所得。

4. 专业技术服务业增长趋势明显，保定的技术服务能力提升最突出

2011 年，河北省专业技术服务业在营企业数量为 6165 家，累计授权发明专利数量仅为 226 件；2021 年，在营企业数量为 30482 家，累计授权发明专利数量为 2885 件。2011~2021 年，河北省专业技术服务业在营企业数量增长了 3.94 倍，累计授权发明专利数量增长了 11.77 倍（见图 7）。分城市来看，2021 年，石家庄市专业技术服务业累计注册资本达 74.52 亿元，与 2011 年相比，增幅达 325%，总量位居全省第一；衡水市的增幅在河北省各地级市中最大，累计注册资本从 2011 年的 6.46 亿元增加到 2021 年的 76.08 亿元，增幅达 1077.71%。从专利情况来看，2011~2021 年，保定市专业技术服务业累计授权发明专利数量在河北省各城市中均排名第一，由 2011 年的 110 件增加到 2021 的 1077 件，增幅达 879.09%；唐山市累计授权发明专利数量增速最快，从 2011 年的 2 件增加到 2021 年的 77 件，增长了 37.5 倍。

5. 科技推广和应用服务业近年来发展提速，创新扩散能力提升

2011 年河北省科技推广和应用服务业累计授权发明专利数量为 43 件，2021 年增加到 2327 件，增长了 53.12 倍（见图 8）。分城市来看，廊坊市科技推广和应用服务业累计授权发明专利数量增速最快，在 2017 年达到峰值；

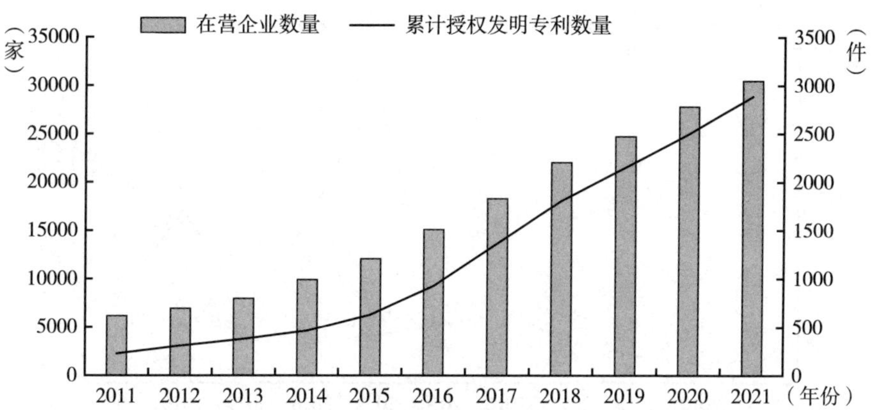

图 7　2011～2021 年河北省专业技术服务业在营企业数量及累计授权发明专利数量

资料来源：龙信企业大数据平台。

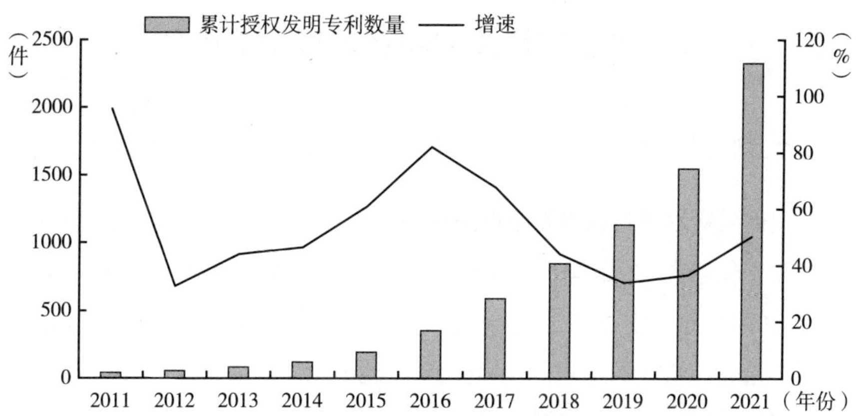

图 8　2011～2021 年河北省科技推广和应用服务业累计授权发明专利数量及其增速

资料来源：根据龙信企业大数据平台数据整理计算所得。

在营企业数量从 2011 年的 18 家增加到 2021 年的 14958 家；累计注册资本增速在 2016 年达到峰值（见图 9）。

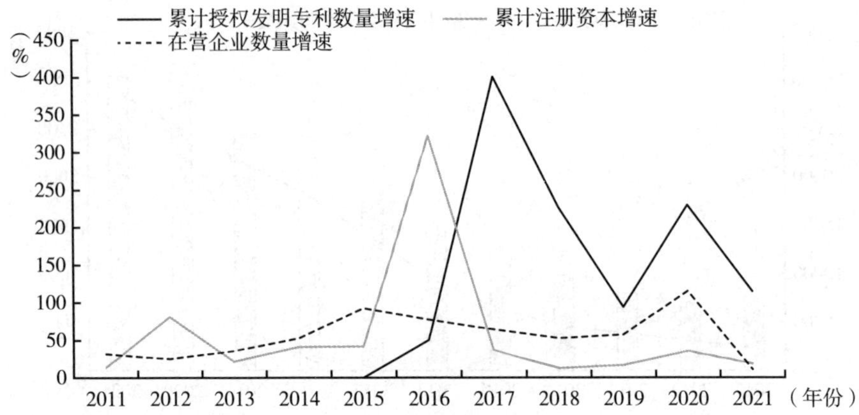

图9　2011~2021年廊坊市科技推广和应用服务业各项指标增速

资料来源：依据龙信企业大数据平台数据整理计算所得。

二　河北省科技创新在区域中的地位

（一）科技创新在区域中的影响力不断提升

1. 整体创新水平与京津差距逐渐缩小

河北省创新指数由2011年的28.88提高至2021年的69.99，提高了41.11，京津两地分别提高了8.69和14.28。河北省在科技创新方面进步显著，创新指数在京津冀区域中提升最多（见图10）。

2. 科技创新投入强度提升

从经费投入情况看，2021年，河北省研究与试验发展（R&D）经费投入强度为1.85%，较上年提高0.10个百分点；北京市依旧保持高水准，R&D经费投入强度高达6.53%，较上年提高0.09个百分点；天津市R&D经费投入强度为3.66%，较上年提高0.2个百分点。为鼓励企业创新，激发企业创新的热情，河北省制定了税费大幅减免的政策。目前，河北省超过1.1万家企业享受到了研发费用加计扣除政策，同比增长16.90%；加计扣除额达到371亿元，

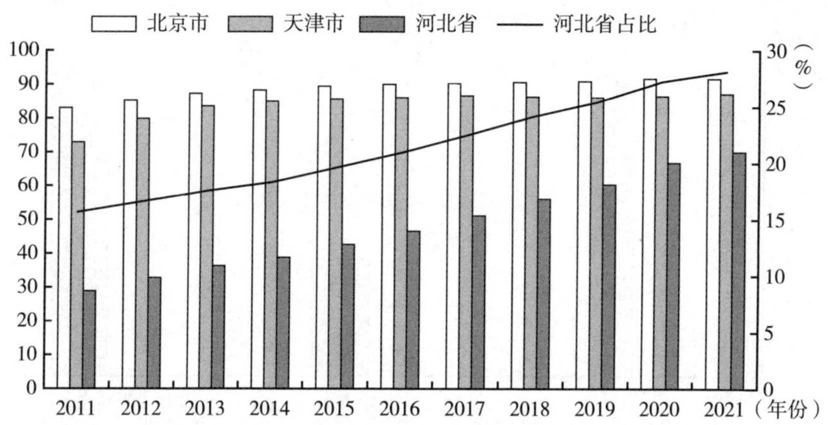

图 10　2011~2021 年京津冀三地创新指数及河北省创新指数占比

资料来源：根据龙信企业大数据平台数据整理计算所得。

同比增长 53.90%，增速位居全国前列。从人员投入情况看，2015~2020 年，京津冀地区 R&D 人员数量由 69.24 万人增加至 80.58 万人，增长了 16.38%。2015~2020 年，河北省 R&D 人员折合全时当量由 106975 人年增加至 125058 人年，增幅为 16.90%；天津市由 124321 人年减少至 90640 人年，下降了 27.09%；北京市由 245728 人年增加至 336280 人年，增幅为 36.85%。2021 年，北京市、天津市和河北省 R&D 经费投入分别为 2629.3 亿元、574.3 亿元和 745.5 亿元；同年，三地 GDP 分别为 40269.6 亿元、15695.1 亿元和 40391.3 亿元，R&D 经费投入强度分别为 6.53%、3.66%和 1.85%（见图 11）。

综上所述，河北省不论从创新指数还是 R&D 经费投入强度、R&D 人员折合全时当量方面看，其发展都是非常迅速的。虽然在总量上与京津两地还有差距，但是其增速在三地中可圈可点。由此可知，河北省正在逐渐缩小与京津两地整体创新水平的差距。

（二）累计授权发明专利数量增速明显

创新产出增加明显。随着河北省创新能力的提高，技术发展愈加活跃，累计授权发明专利数量也大幅增加。考虑到数据的可得性，本报告除了分析

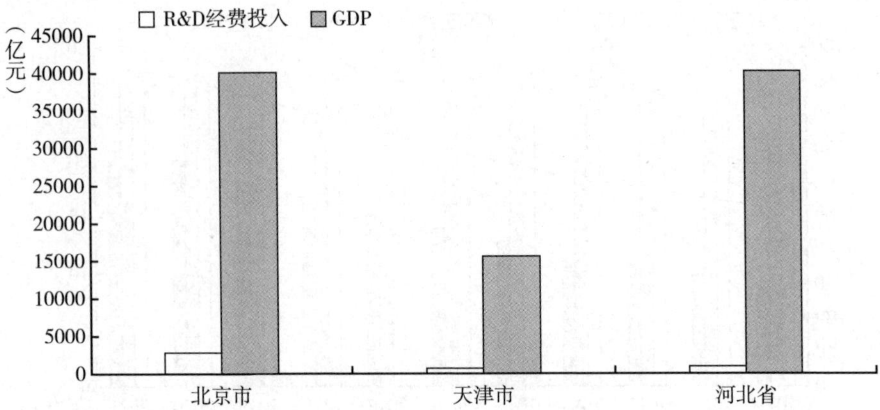

图 11　2021 年京津冀 R&D 经费投入及 GDP

资料来源：2022 年《北京统计年鉴》《天津统计年鉴》《河北统计年鉴》。

累计授权发明专利数量外，还从 4 项创新实力指标入手分析发明专利发展状况。2011~2021 年，北京市累计授权发明专利数量从 32556 件增加至 381186 件，增长了 10.71 倍；天津市从 6633 件增加至 37815 件，增长了 4.70 倍；河北省从 2132 件增加至 35038 件，增长了 15.43 倍。河北省在京津冀三地中的累计授权发明专利数量占比由 2011 年的 5.16%上升至 2021 年的 7.72%（见图 12）。

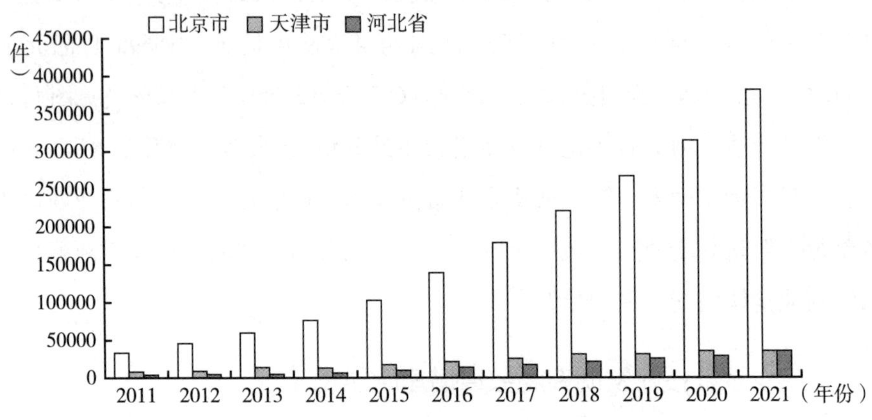

图 12　2011~2021 年京津冀三地累计授权发明专利数量

资料来源：龙信企业大数据平台。

河北省在累计授权发明专利数量方面逐渐缩小与京津两地的差距，并且发展势头越来越强劲。2021 年，在 4 项专利指标数据综合排名中，北京市排在第一位，其次是河北省。发明专利审查时需要的环节更多、更复杂，所以发明专利占比承载的技术复杂度和含金量往往更高，河北省在这一项指标上较京津两地还有一定差距。有效专利其实是对自身知识产权的保护，无论是抢占市场还是保护自身不被侵权，都必须在法定保护期限内才会受到国家法律的保护，河北省在这一项指标上的占比位列第一。发明专利越具有创新性和实用性，其被授权的概率就越大，所以发明专利授权率代表的是发明专利的质量，二者成正比。在发明专利授权率这一项指标上，河北省的排名仅次于北京市。同族专利占比表示某地区整体创新技术的强弱，同族专利申请的国家越多，专利权人付出的成本越高，而高成本必然对应潜在的高价值。专利族所拥有的专利数量越多，意味着这项技术对权利人越重要。在同族专利占比这一项指标上，河北省与天津市相近（见表 1）。

表 1　京津冀三地创新实力指标对比

单位：%

专利指标	北京市	天津市	河北省
发明专利占比	61.00	39.00	28.00
有效专利占比	50.00	44.00	58.00
发明专利授权率	37.00	20.00	32.00
同族专利占比	7.00	1.29	1.30

资料来源：根据国家专利局数据整理所得。

（三）产业创新能力逐渐提升

1. 高技术制造业创新能力提升明显，与京津两地的差距越来越小

2011~2021 年，北京市高技术制造业累计授权发明专利数量从 5444 件增加至 29622 件，增长了 4.44 倍；天津市从 1300 件增加至 7179 件，增长了 4.52 倍；河北省从 372 件增加至 5151 件，增长了 12.85 倍。可以看出，河北省在京津冀区域中的占比由 2011 年的 5.23%上升至 2021 年的 12.28%

(见图 13)。河北省高技术制造业在区域内的贡献度逐渐提高，与京津两地的差距越来越小。京津冀高技术制造业在营企业数量分别由 2011 年的 2334 家、2039 家和 2293 家增加至 2021 年的 2407 家、2391 家和 9055 家，河北省在京津冀区域中的占比由 34.40%上升至 65.36%。这说明河北省企业愈加注重科技创新，良好的科技创新环境激发了高技术制造业活力，进而促进了河北省科技创新的发展，形成了良性循环。

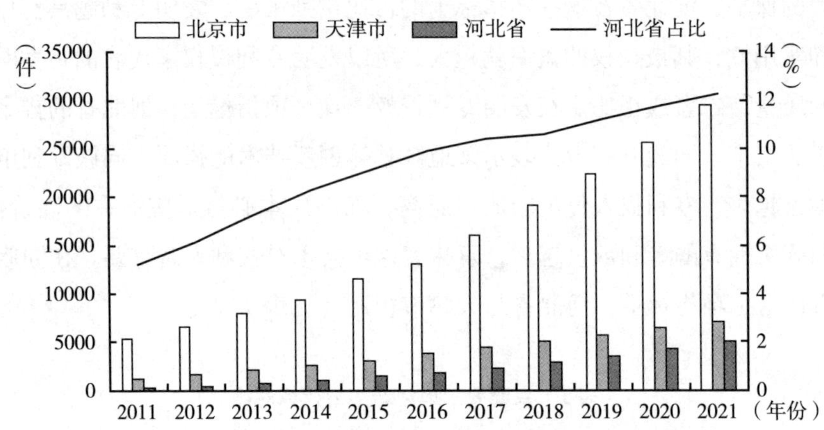

图 13　2011~2021 年京津冀三地高技术制造业累计授权发明专利数量及河北省占比

资料来源：根据龙信企业大数据平台数据整理计算所得。

2. 科学研究和技术服务业创新发展水平迅速提升，占区域的比重提升明显

2011~2021 年，北京市科学研究和技术服务业累计授权发明专利数量从 15717 件增加至 158660 件，增长了 9.09 倍；天津市从 1410 件增加至 15458 件，增长了 9.96 倍；河北省从 458 件增加至 7872 件，增长了 16.19 倍，增长倍数位列京津冀三地之首。高增幅说明河北省的科技创新水平迅速提升，逐渐追上京津两地的发展步伐。河北省累计授权发明专利数量在京津冀区域中的占比稳步提升，由 2011 年的 2.60%上升至 2021 年的 4.33%，这进一步说明不论是河北省自身发展情况还是在京津冀区域中比较均如此（见图 14）。京津

冀三地科学研究和技术服务业在营企业数量分别由 2011 年的 189174 家、26505 家和 13286 家增加至 2021 年的 597279 家、151909 家和 192174 家，河北省在京津冀区域中的占比由 5.80%上升至 20.41%。这说明相关企业数量的不断增加和大量资金的投入有效支撑了河北省的科技创新发展。

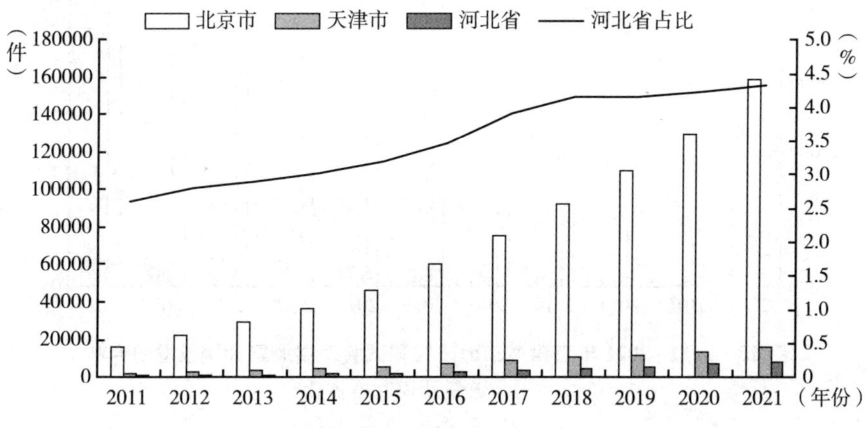

图 14　2011~2021 年京津冀三地科学研究和技术服务业累计授权发明专利数量及河北省占比

资料来源：根据龙信企业大数据平台数据整理计算所得。

（四）研究和试验发展业具有明显规模优势，创新潜力巨大

2011~2021 年，北京市研究和试验发展业累计授权发明专利数量从 2282 件增加至 21481 件，增长了 8.41 倍；天津市从 186 件增加至 1216 件，增长了 5.54 倍；河北省从 190 件增加至 2738 件，增长了 13.41 倍。可以看出，河北省在京津冀区域中的占比由 2011 年的 7.15%上升至 2021 年的 10.76%，提高了 3.61 个百分点（见图 15）。这说明河北省在创新上不仅仅是为了实现短期目标，还致力于实现可持续发展，鼓励企业积极进行自主创新，从而不断提升产业创新能力。京津冀三地研究和试验发展业在营企业数量分别由 2011 年的 4176 家、381 家和 3816 家增加至 2021 年的 11847 家、1540 家和 42033 家，河北省在京津冀区域中的占比由 45.58%上升至

75.84%，累计注册资本也位居第一。由此可见，就研究和试验发展产业而言，河北省在京津冀区域中占据主要地位，引领着区域发展。

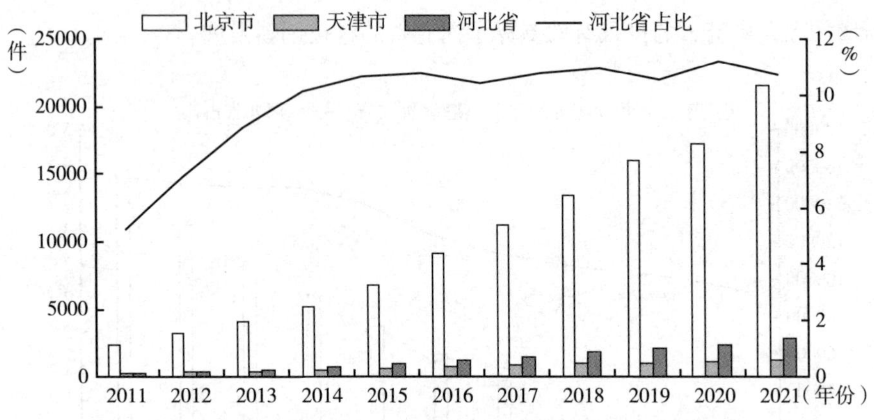

图 15　2011~2021 年京津冀三地研究和试验发展业累计授权发明专利数量及河北省占比

资料来源：根据龙信企业大数据平台数据整理计算所得。

（五）专业技术服务业创新增长趋势明显，与京津差距相对缩小

2011~2021 年，北京市专业技术服务业累计授权发明专利数量从 440 件增加至 9518 件，增长了 20.63 倍；天津市从 251 件增加至 2314 件，增长了 8.22 倍；河北省从 226 件增加至 2885 件，增长了 11.77 倍（见图 16）。河北省一直重视发展专业技术服务业，不断提升科技创新企业的多样性，推动实现均衡发展。河北省累计授权发明专利数量增长倍数也表明该省与京津两地的专业技术服务业差距正在逐渐缩小。京津冀三地专业技术服务业在营企业数量分别由 2011 年的 14862 家、3544 家和 6165 家增加至 2021 年的 34517 家、13669 家和 30482 家，河北省在京津冀区域中的占比由 25.09%上升至 38.75%，累计注册资本在京津冀区域中排名第二。由此可见，河北省的专业技术服务业正在逐渐缩小与京津两地的差距，不断增加的企业和资金为产业创新能力的提升提供了强有力的支持。

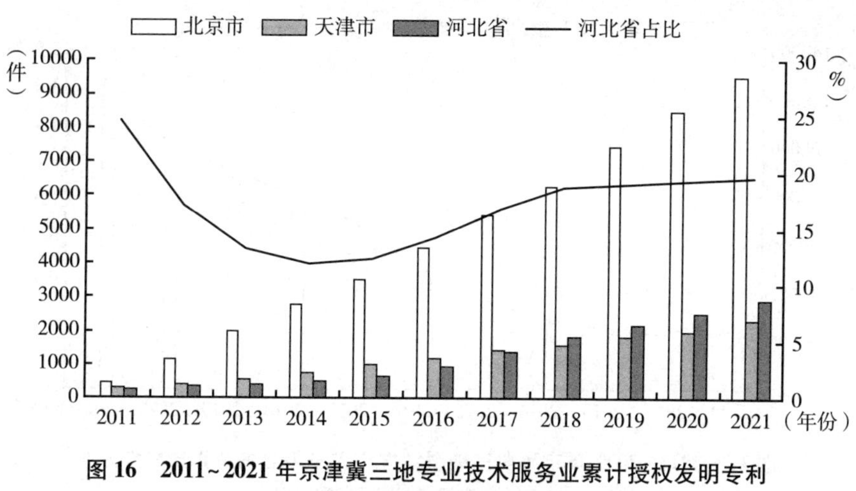

图 16　2011~2021 年京津冀三地专业技术服务业累计授权发明专利数量及河北省占比

资料来源：根据龙信企业大数据平台数据整理计算所得。

（六）科技推广和应用服务业发展水平不断提升，但与京津还有较大差距

2011~2021 年，北京市科技推广和应用服务业累计授权发明专利数量从 12995 件增加至 127661 件，增长了 8.82 倍；天津市从 973 件增加至 11928 件，增长了 11.26 倍；河北省从 43 件增加至 2327 件，增长了 53.12 倍。可以看出，河北省在京津冀区域中的占比由 2011 年的 0.31%上升至 2021 年的 1.64%，提高了 1.33 个百分点（见图 17）。这说明高质量科技创新成果的快速增长为科技推广和应用服务业在河北省实现高质量发展提供了强大的科技支撑。京津冀三地科技推广和应用服务业在营企业数量分别由 2011 年的 170136 家、22580 家和 3851 家增加至 2021 年的 550915 家、136700 家和 130389 家，河北省在京津冀区域中的占比由 2011 年的 1.96%上升至 2021 年的 15.94%。由此可见，随着科技创新投入的不断增加，累计授权发明专利数量相应增加，河北省的科技推广和应用服务业发展水平也不断提升。

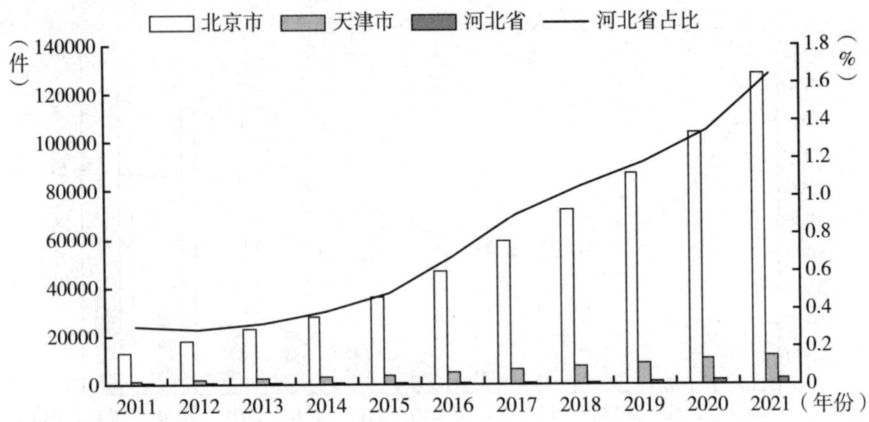

图 17　2011~2021 年京津冀三地科技推广和应用服务业累计授权发明专利数量及河北省占比

资料来源：根据龙信企业大数据平台数据整理计算所得。

三　河北省在区域科技创新中的困境

（一）河北省科技创新的区域竞争力不足

1. 科技创新指数相对偏低，在区域科技创新中发挥的作用不足

2011~2021 年，河北省创新指数上升较快，从 28.88 上升至 69.99，增幅为 142.35%。然而，与北京市和天津市相比，河北省的创新指数相对偏低。2011 年，北京市创新指数为 83.01，天津市为 72.91，而河北省为 28.88，仅相当于北京市的 34.79%、天津市的 39.61%；2021 年，北京市创新指数为 91.70，天津市为 87.19，河北省为 69.99（见图 18）。虽然河北省创新指数与京津的差距不断缩小，但仍有较大的提升空间。河北省创新指数偏低，反映出河北省的科技创新水平与京津还有一定差距，这也导致河北省在区域科技创新中发挥的作用不足。

2. 新增授权发明专利数量相对偏少，与京津有较大差距

河北省新增授权发明专利数量与京津有较大差距。2011 年，河北省新

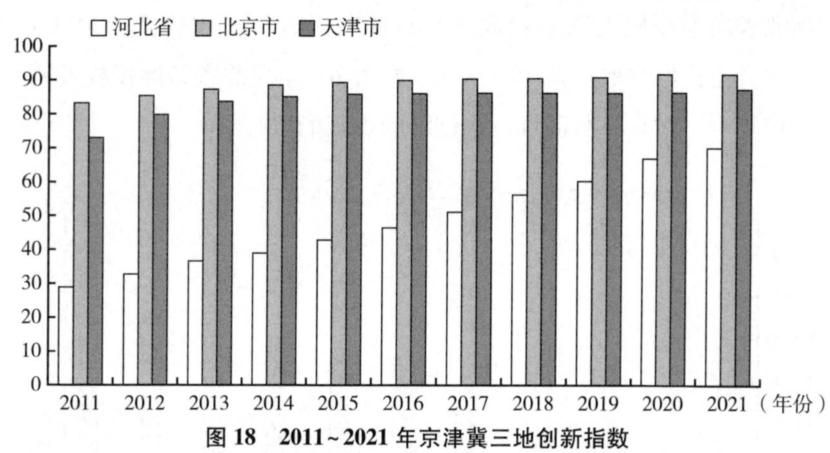

图 18　2011~2021 年京津冀三地创新指数

资料来源：龙信企业大数据平台。

增授权发明专利数量为 779 件，分别相当于北京市（8923 件）和天津市（1413 件）的 8.73%和 55.13%。2019 年，北京市新增授权发明专利数量为 45919 件，天津市为 2922 件，河北省为 3932 件，其中河北省数量仅相当于北京市的 8.56%。2021 年，北京市新增授权发明专利数量为 66691 件，天津市为 4354 件，河北省为 6316 件，其中河北省数量不足北京市的 1/10（见图 19）。虽然河北省自 2017 年起新增授权发明专利数量超过天津市，但与北京市相比仍有较大差距。

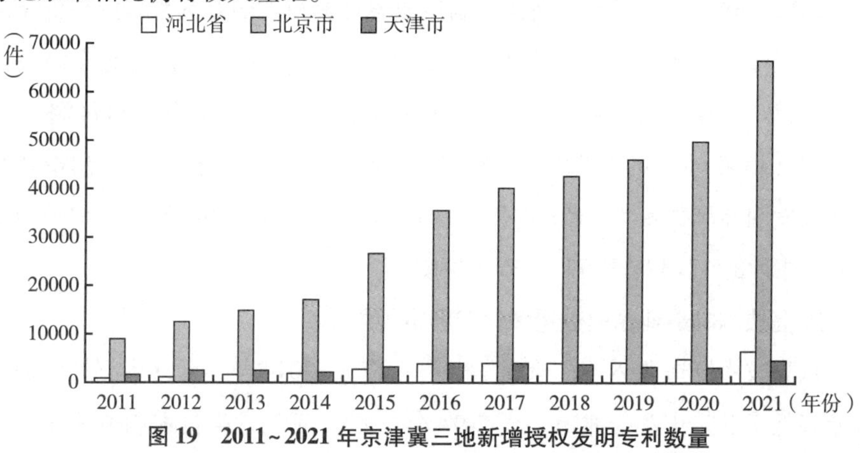

图 19　2011~2021 年京津冀三地新增授权发明专利数量

资料来源：龙信企业大数据平台。

河北省新增授权发明专利数量在京津冀区域中占比较低，2011～2021年，河北省占比始终保持在7%～8%（见图20）。河北省新增授权发明专利数量整体较少，对京津冀区域科技创新的贡献能力有限。

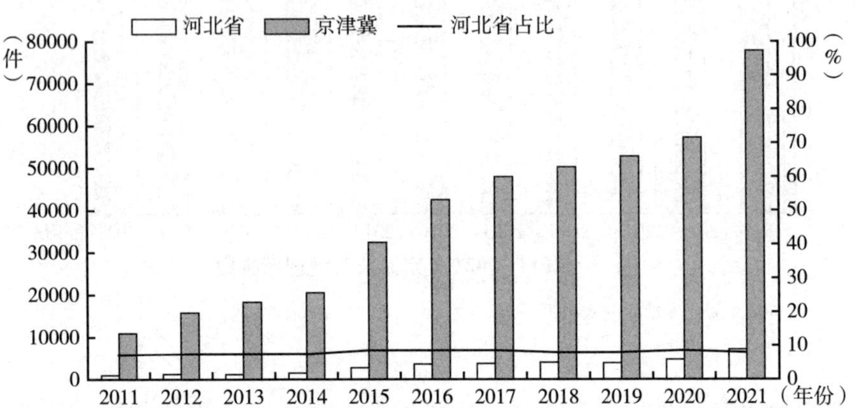

图20　2011～2021年河北省和京津冀新增授权发明专利数量及河北省占比

资料来源：根据龙信企业大数据平台数据整理计算所得。

（二）河北省各产业科技创新在京津冀区域内的驱动力不足

1. 高技术制造业具有规模优势，但创新能力相对较弱

2011～2021年，河北省高技术制造业累计授权发明专利数量始终低于北京市和天津市，尤其是与北京市相比，差距明显。2011年，河北省高技术制造业累计授权发明专利数量为372件，分别相当于北京市（5444件）和天津市（1300件）的6.83%和28.62%。2021年，河北省高技术制造业累计授权发明专利数量为5151件，分别相当于北京市（29622件）和天津市（7179件）的17.39%和71.75%（见图21）。

2. 高技术制造业企业数量多，但资本规模小

从高技术制造业累计注册资本来看，2011～2014年，河北省累计注册资本始终低于北京市和天津市，而2014年之后，河北省高技术制造业累计注册资本反超天津市，居京津冀区域第二位。然而，与北京市相比，仍存在较

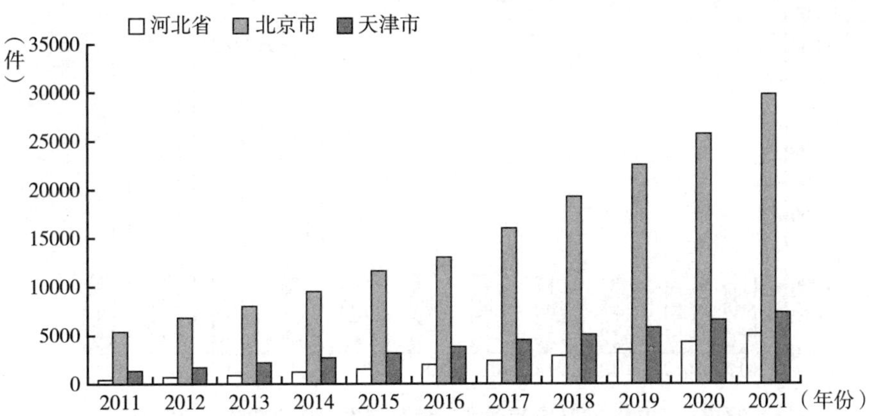

图 21　2011~2021 年京津冀三地高技术制造业累计授权发明专利数量

资料来源：龙信企业大数据平台。

大的差距。2021 年，河北省高技术制造业累计注册资本为 1454.65 亿元，仅相当于北京市（3815.32 亿元）的 38.13%（见图 22）。从在营企业数量看，河北省高技术制造业在营企业数量从 2011 年的 2293 家增加至 2021 年的 9055 家，增加了 6762 家（见图 23）。

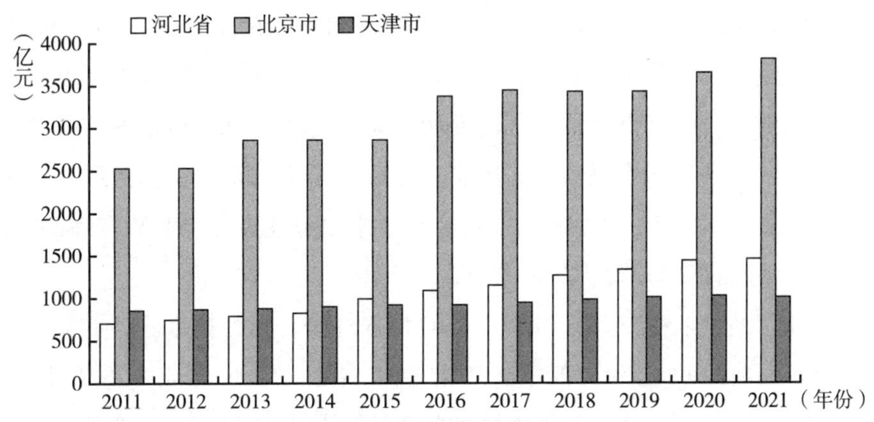

图 22　2011~2021 年京津冀三地高技术制造业累计注册资本

资料来源：龙信企业大数据平台。

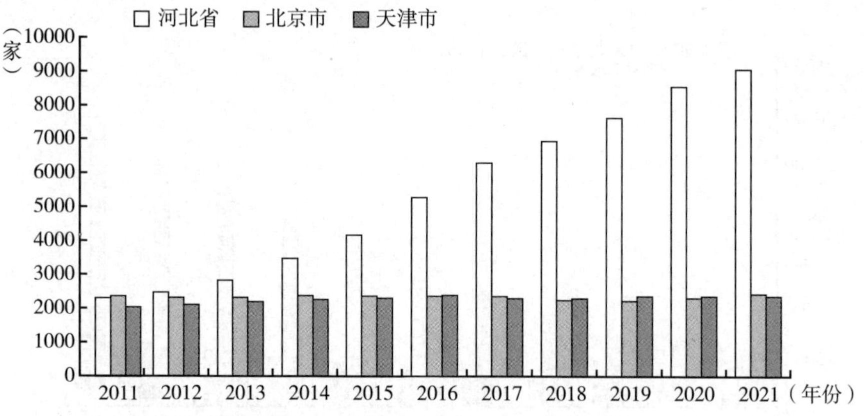

图 23　2011~2021 年京津冀三地高技术制造业在营企业数量

资料来源：龙信企业大数据平台。

（三）科学研究和技术服务业发展相对缓慢，与北京存在较大差距

河北省科学研究和技术服务业在营企业数量不足，导致其在该领域处于相对劣势地位。2011~2021 年，北京市科学研究和技术服务业在营企业数量始终居京津冀区域第一位。2019 年前，河北省科学研究和技术服务业在营企业数量在京津冀区域排名第三，与天津市存在一定的差距；自 2019 年起，河北省反超天津市跃居区域第二。具体而言，河北省科学研究和技术服务业在营企业数量与北京市存在较大的差距。2011 年，河北省科学研究和技术服务业在营企业数量仅为 1.33 万家，北京市为 18.92 万家，比河北省多 17.59 万家。2021 年，北京市科学研究和技术服务业在营企业数量为 59.73 万家，比河北省（19.22 万家）多 40.51 万家（见图 24）。

与北京的差距在拉大。2011 年，河北省科学研究和技术服务业累计注册资本为 1418.90 亿元，仅相当于北京市（23145.93 亿元）的 6.13%。2021 年，河北省科学研究和技术服务业累计注册资本为 17822.13 亿元，较北京市（76798.47 亿元）低 58976.34 亿元，与北京市还有较大差距（见图 25）。整体来看，京津冀三地科学研究和技术服务业累计注册资本增速波动较为明显，尤其是近年来呈现下降趋势。

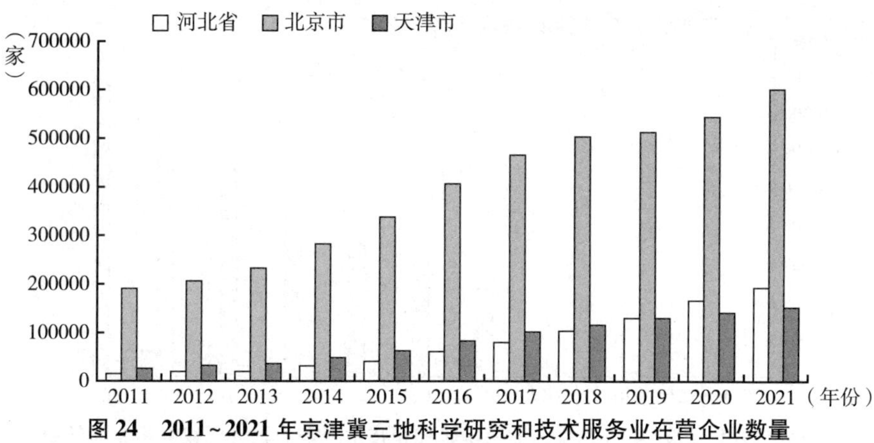

图 24　2011~2021 年京津冀三地科学研究和技术服务业在营企业数量

资料来源：龙信企业大数据平台。

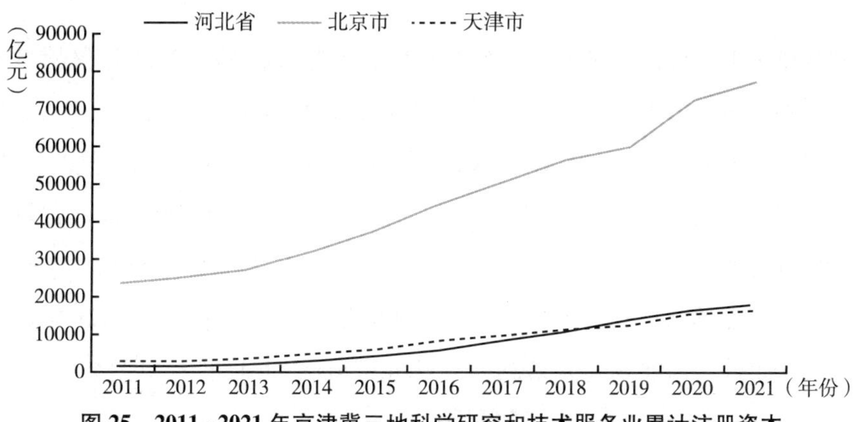

图 25　2011~2021 年京津冀三地科学研究和技术服务业累计注册资本

资料来源：龙信企业大数据平台。

科技成果孵化转化能力较低。河北省科学研究和技术服务业累计授权发明专利数量始终处于京津冀区域末位（见图 26）。虽然整体上河北省科学研究和技术服务业累计注册资本和在营企业数量不断增加，但科技成果孵化转化能力较弱，导致投入增加并未产生实质性的创新成果。

（四）研究和试验发展业规模扩张明显，但创新产出滞后

原始创新能力较弱。2011 年，河北省研究与试验发展业累计授权发明

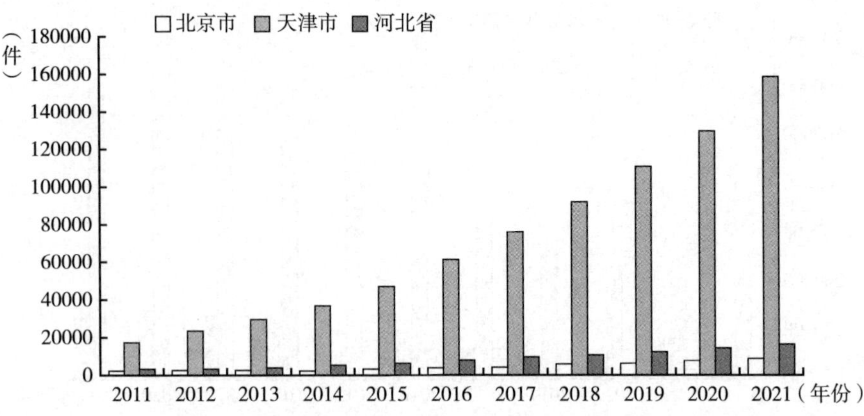

图 26　2011～2021 年京津冀三地科学研究和技术服务业累计授权发明专利数量

资料来源：龙信企业大数据平台。

专利数量为 190 件，天津市为 186 件，北京市为 2282 件，河北省仅相当于北京市的 8.33%。2011 年之后，河北省累计授权发明专利数量显著增加，与天津市的差距逐渐拉大。2021 年，河北省累计授权发明专利数量为 2738 件，天津市仅为 1216 件，相差 1522 件。然而，与北京市相比，河北省研究与试验发展业累计授权发明专利数量的差距不断扩大。2011 年北京市研究与试验发展业累计授权发明专利数量比河北省多 2092 件；而到 2021 年北京市为 21481 件，河北省仅为 2738 件，比北京市低 18743 件（见图 27）。

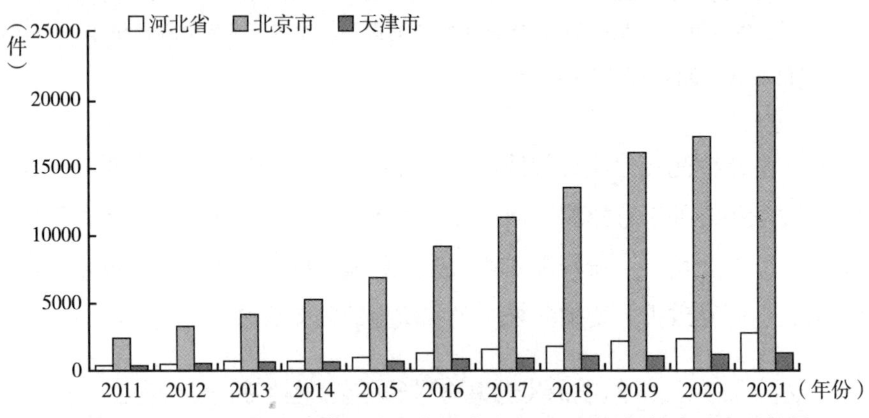

图 27　2011～2021 年京津冀三地研究与试验发展业累计授权发明专利数量

资料来源：龙信企业大数据平台。

规模优势转化效率优势不足。从累计注册资本看，河北省研究与试验发展业累计注册资本增速明显。2011 年，河北省研究与试验发展业累计注册资本为 388.57 亿元，仅相当于北京市（1553.41 亿元）的 25.01%。2021 年，河北省研究与试验发展业累计注册资本达到 4981.58 亿元，北京市和天津市分别为 2845.15 亿元和 418.73 亿元（见图 28）。河北省研究与试验发展业注册资本优势并未转化成产业创新发展优势，这也进一步验证了河北省在科技创新成果孵化转化过程中存在的问题，导致产业创新能力不足。

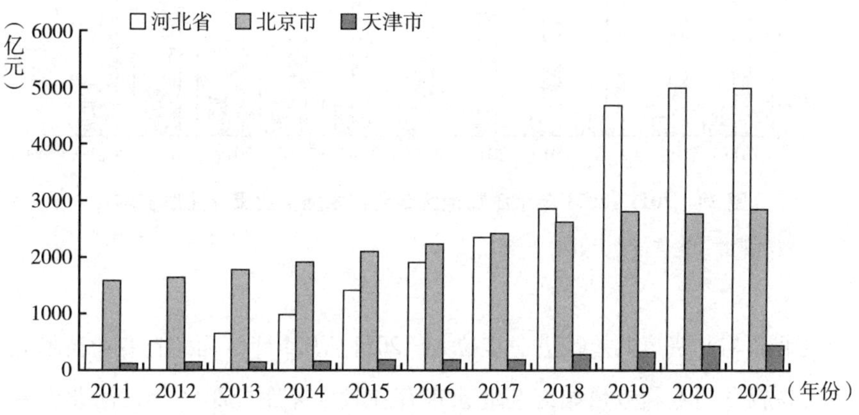

图 28　2011～2021 年京津冀三地研究与试验发展业累计注册资本

资料来源：龙信企业大数据平台。

（五）专业技术服务业发展成效明显，但是创新能力与北京的差距进一步拉大

河北省占比提升较为明显，但是差距依然较大。北京市专业技术服务业累计注册资本在京津冀区域中占据领先地位，河北省虽然排名第二，但与北京市存在较大的差距。2011 年，河北省专业技术服务业累计注册资本为 675.18 亿元，仅相当于北京市（5032.53 亿元）的 13.42%；2021 年，河北省专业技术服务业累计注册资本为 2587.59 亿元，仅相当于北京市（8789.82 亿元）的 29.44%（见图 29）。虽然河北省专业技术服务业累计注册资本增速快于北京市，但与北京市相比仍有较大差距。从区域占比来看，

2011 年河北省专业技术服务业累计注册资本仅占京津冀区域的 10.79%，2021 年上升至 20.18%。

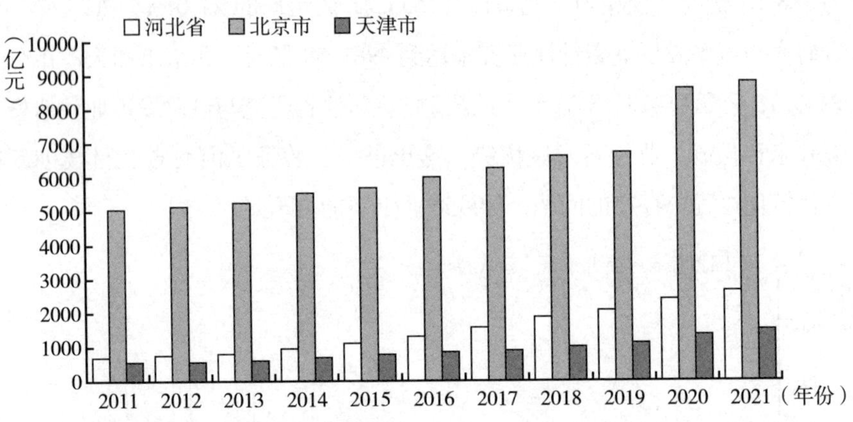

图 29 2011~2021 年京津冀地区专业技术服务业累计注册资本

资料来源：龙信企业大数据平台。

河北省与北京市的差距进一步拉大。2011~2021 年，河北省专业技术服务业累计授权发明专利数量始终与北京市存在较大差距。2011 年，河北省专业技术服务业累计授权发明专利数量为 226 件，相当于北京市（440 件）的 51.36%；2021 年，河北省专业技术服务业累计授权发明专利数量为 2885 件，相当于北京市（9518 件）的 30.31%，差距进一步拉大（见图 30）。

（六）科技推广和应用服务业规模短板明显，虽然增速较快但整体发展较为滞后

创新中介发育滞后。2011~2021 年，河北省科技推广和应用服务业累计注册资本均低于北京市和天津市。2011 年，河北省科技推广和应用服务业累计注册资本为 355.14 亿元，北京市和天津市分别为 16560.00 亿元和 2171.16 亿元，河北省分别相当于北京市和天津市的 2.14%和 16.36%。2021 年，河北省科技推广和应用服务业累计注册资本为 10252.96 亿元，分别相当于北京市（65163.51 亿元）和天津市（14366.67 亿元）的 15.73%和 71.37%（见图 31）。

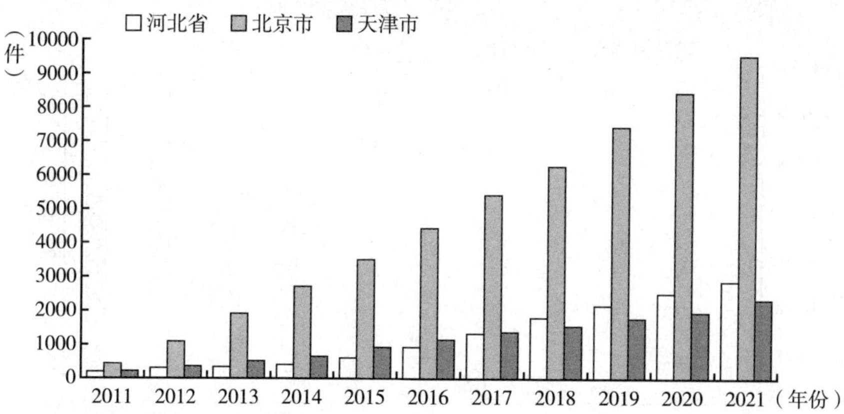

图 30　2011~2021 年京津冀三地专业技术服务业累计授权发明专利数量

资料来源：龙信企业大数据平台。

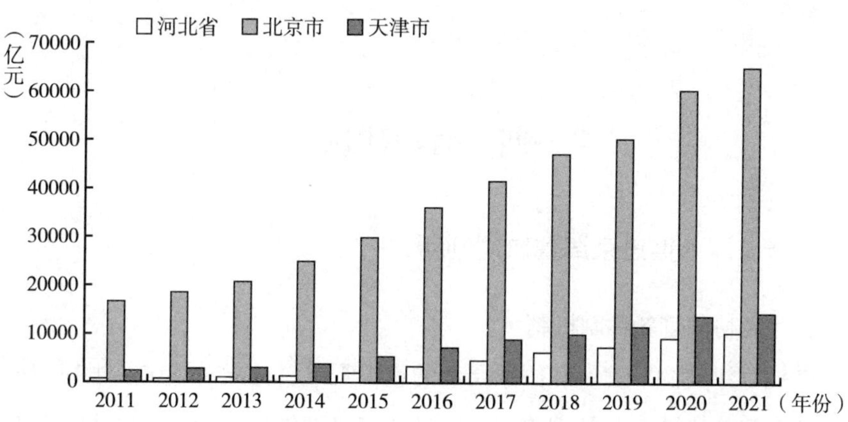

图 31　2011~2021 年京津冀三地科技推广和应用服务业累计注册资本

资料来源：龙信企业大数据平台。

河北省科技推广和应用服务业在营企业数量及其在京津冀区域中的占比逐年提升。2011 年，河北省科技推广和应用服务业在营企业数量为 3851 家，占京津冀区域在营企业数量的 1.96%；2021 年，河北省科技推广和应用服务业在营企业数量为 130389 家，占京津冀区域在营企业数量的 15.94%（见图 32）。虽然河北省科技推广和应用服务业累计注册资本和在营企业数量增速较快，与京津差距有所缩小，但整体发展仍然较为滞后。

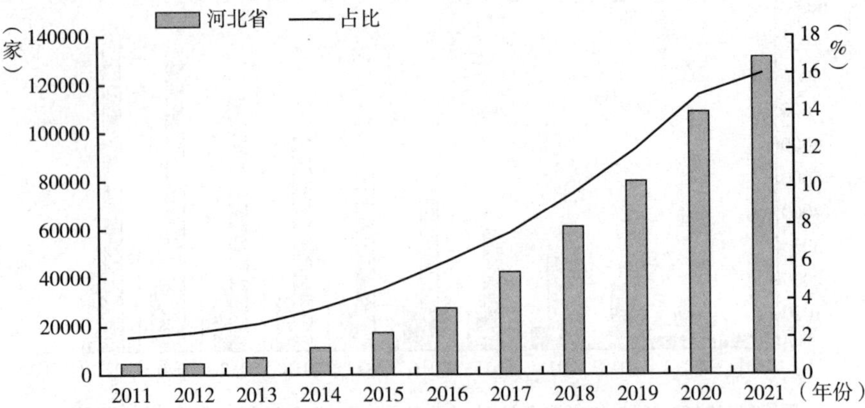

图 32　2011~2021 年河北省科技推广和应用服务业在营企业数量及其占比

资料来源：根据龙信企业大数据平台数据整理计算所得。

四　对策建议

（一）深入推进京津冀协同创新

1. 完善协同创新体制机制

围绕京津冀协同发展和国家层面的重大需求，探索建立统一规划和统一管理的京津冀协同创新管理体制，通过体制机制创新，为京津冀协同创新提供制度保障，全面提升区域协同创新能力。河北省应积极推动探索成立京津冀协同创新协调机构，编制京津冀区域协同创新规划，统一协同创新管理和考评标准。加快构建京津冀产业协同创新机制。坚持需求导向和问题导向，依托京津冀三地现有创新资源和产业基础，加强科技创新和产业资源对接。建立健全区域协同创新平台共建共享机制，通过组建区域产学研协同创新联盟，搭建协同创新服务平台等多种形式的平台载体，推动京津成果更好地在河北孵化转化。特别是随着数字经济的发展，可以充分运用大数据、云计算等新一代信息技术在平台建设中的作用，增强创新要素集聚及其在区域中的流动性，以平台建立和完善推动区域创新协作。建立健全京津冀区域科技成果转化机制。坚持以市场为根本，强化政府引导，推动京津冀科技创新成果在区域间流动，完善科技成果在异地孵化转化涉及的财政税收、GDP 核算等主要经济指标分享机制。探索建立区域科技特派员制度，以企业技术需求为导向，加快引进京津高等院校和科研院所的高端科技人才到河北企业从事技术服务，加速科技成果孵化转化。建立健全区域人才流动机制。京津冀协同创新发展的关键在于人才，而社会保障则是影响人才流动的重要因素。加快推动京津冀公共服务均等化，针对高端领域人才，坚持“一人一议、一事一议”的原则，通过统筹区域在教育、医疗、养老等社会保障领域发展，优化区域人才资源配置，特别是增强河北对京津人才的吸引力，加快推动区域协同创新。

2. 加快雄安新区创新发展

党的二十大报告强调，要深入实施区域协调发展战略，推进京津冀协同发展。紧紧围绕承接北京非首都功能，雄安新区应充分发挥在政策、环境等方面的优势，积极承接北京疏解的高等院校、总部企业等单位，加快吸引创新资源集聚，以北京非首都功能集中承载地建设为契机，加快提升雄安新区创新能力，带动京津冀协同创新发展。以建设现代化创新体系为重点，以建设数字经济创新发展试验区为抓手，推动雄安新区人工智能、云计算等新一代信息技术与实体经济深度融合，建立健全数据要素评价体系，充分挖掘数据资源价值，以数据平台建设和完善加速雄安新区科技创新。围绕雄安新区发展重点和市场需求，积极与京津高等院校、科研院所等高端科技创新平台开展跨地区合作，不断增强雄安新区在数字经济、智能制造等产业中的科技创新能力。持续深化雄安新区“放管服”改革，创新“互联网+政务服务”模式，不断提升雄安新区在科技创新领域的政务服务信息化、智能化、便利化和精准化水平。充分利用雄安新区的研发与转化优势，加速区域科技协同创新，使北京建设国际科技创新中心这一重大历史使命从主要依托“三城一区”转向“三城两翼一区”（李国平，2022）。加快推动京津雄科技创新主体大数据互联互通，重点围绕由京津转移到雄安新区发展的企业和个人，通过区域大数据联动，可以更好地掌握创新主体的需求和信息，进而有利于实现科技创新政策的精准化推送和完善。加强雄安新区产业集群化发展，产业集群化发展离不开城市、高校和创新平台的支撑，特别是对于雄安新区而言，打造数字经济产业集群发展新引擎需要产业、城市、教育和科研平台的整体布局。以雄安新区建设创新驱动发展引领区，加快推动京津冀协同创新，更好地服务京津冀高质量协同发展。

3. 构建区域产业协同创新共同体

习近平总书记指出，京津冀协同发展根本要靠创新驱动，要形成京津冀协同创新共同体，建立健全区域创新体系，整合创新资源，以弥合发展差距、贯通产业链条、重组区域资源。实际上，协同创新共同体建设的关键还是需要产业作为依托和承载，因此加快构建京津冀产业协同创新共同体是京津冀协同创新的重要内容，也是京津冀高质量协同发展的必然要求。立足新发展阶段的新要求和区域现实产业基础，紧紧围绕北京非首都功能疏解，不断健全区域产业协作机制。加快京津冀城市群各城市之间的科技自主创新、产业协同创新、人居环境一体化创新和体制机制创新，推动建设全球及国家创新型城市和创新型城市群，通过“科技同兴”驱动城市群实现高质量发展（方创琳等，2021）。适时调整产业清单，推动疏解地与承接地的产业政策、人才、资金等全方位协同，加快推动京津冀产业协同创新。充分借助北京“一核”对区域产业协同创新的辐射带动作用，以高等院校、科研院所和“链主企业”为抓手，重点围绕数字经济、高端装备制造、生物医药等产业开展协同创新，积极开展区域联合攻关，优化区域创新资源配置，以重点产业协同创新为突破，加快形成京津冀科技创新协同集群。产业协同创新离不开良好的软环境，京津冀三地应围绕重点产业领域，不断优化区域市场环境，建立标准统一的区域大市场，包括市场准入负面清单制度、公平竞争制度等，打造良好产业创新生态。积极引导区域内科研机构、科技成果孵化转化平台、管理服务平台等各类机构开展跨区域合作与成果转化，通过发挥区域大市场优势，进一步提升京津冀产业协同创新水平。

（二）促进产业链与创新链深度融合

1. 加强前沿科技基础研究

习近平总书记提出，基础研究是整个科学体系的源头，是所有技术问题的总机关。《国务院关于全面加强基础科学研究的若干意见》明确提出，要把提升原始创新能力摆在更加突出位置，坚定创新自信，勇于挑战最前沿的科学问题，提出更多原创理论，做出更多原创发现。面向国家和省重大战略需求，河北省应加大对基础学科和交叉学科的投入力度，鼓励省内高水平大学对人工智能、数字经济等前沿领域开展基础研究，通过解决基础科学问题，增强河北省原始创新能力。进一步加大基础学科和交叉学科的基金支持力度，积极推动先进制造、生物医药等行业国家重点实验室、工程技术中心、创新中心等多种形式的创新载体建设，加快打造一批前沿科学领域的创新高地。加快引进和培育一批交叉领域及前沿技术领域的高新技术企业，通过发挥“链主”效应，增强河北省创新能力。同时，通过科学的评选机制，对引育企业进行评级，构建梯度有序的现代化技术创新企业引育体系。鼓励高等院校、科研院所等与科技型企业联合开展基础研究与前沿技术问题分析，通过共建联合创新实验室、技术创新平台等形式，加快关键技术公关。加强京津冀科技资源和科技服务的共享，搭建公共资源共享平台，相互开放国家级和省级重点实验室、工程技术研究中心、中试基地、科技经济基础数据等，促进人才、技术、资金等创新要素在京津冀间的顺畅流动，提高创新资源的利用效率（武义青、李涛，2022）。

2. 强化科技创新应用领域布局

产业化应用是科技创新的重要环节，也是支撑河北省实体经济高质量发展的关键所在。紧紧抓住人工智能、大数据等新一代信息技术蓬勃发展的大趋势，聚焦钢铁、石化、高端装备制造等河北省优势产业，加快建立以企业为主体、市场为导向的现代化科技创新应用体系。加快引育京津创新资源推动河北省优势产业领域重大科技成果孵化转化，河北省应以资源优势和产业基础条件为依托，调整产业结构，成为协同创新共同体的产业化基地（孙久文、姚鹏，2015）。组织实施一批重点行业领域的技术改造项目，推动产业智能化和绿色化发展，加快河北省产业转型升级，促进科技创新发展。建立健全科技成果孵化转化评价体系，加强生物医药、高端装备制造等领域科技成果孵化转化平台或中介机构的联系，特别是国际化的技术转移机构，推动更多科技成果在河北省孵化转化。支持有条件的企业、高等院校、科研机构单独或联合设立科技成果转化或展示交易中心。建立完善京津冀区域科技成果供需库，对区域内科技成果供需进行及时发布，运用大数据平台进行线上发布、路演对接等，推动科技成果孵化转化。依托京津冀产业技术研究院，建设区域科技成果前期评价平台，推动形成“制定标准—优选成果—设定目标—防控风险—精准投入—有序退出”的区域科技成果转移转化机制。围绕河北省主导产业和重点县域特色产业创新发展需求，积极引育和支持“链主”企业在高新技术开发区、经济技术开发区等单独或共同建立中试基地，加速科技成果孵化转化。

3. 优化产业创新空间布局

充分发挥雄安新区贯彻落实新发展理念创新发展示范区的核心引领作用，以承接北京非首都功能疏解为“牛鼻子”，加速集聚京津优质产业创新主体，通过聚焦高端高新产业资源，打造全球创新高地，带动河北省产业链与创新链融合走向纵深。以国家高新区为依托，积极探索区域高新区协同创新和产业融合的新模式、新方法、新内容，鼓励河北省内高新区与中关村科技产业园、北大科技园、清华科技园等国内知名科技园区、高等院校、科研院所开展跨区域合作，通过采取一区多园、总部-孵化基地、整体托管等模式，提升河北省高新区产业链与创新链融合水平，推动河北省科技创新水平提升。设立与行政区适度分开的经济区高层次协调机构，主要负责区域规划的编制、重大利益的协调、区域合作和区域经济战略决策的统筹以及政策的制定（肖金成等，2022）。建立健全区域协同创新管理办法，支持京津优质科技成果在河北省内高新区孵化转化，鼓励京津冀围绕重点领域产业开展联合技术攻关和示范应用。以财政、税收、人才等政策创新为主要措施，加快推动沧州、邢台等地创建国家高新区，围绕优势产业和特色产业设立产业协同创新专项基金，采取“精准招商+科技招商”，引育一批创新型企业，通过国家高新区建设促进河北省产业链与创新链融合。此外，在新发展格局背景下，京津冀地区产业链与创新链融合发展不能仅仅局限于本区域或国内，应该具备国际视野，通过面向全球发布产业发展与创新方向需求，引进国际知名创新创业团队在京津冀进行孵化转化或建立产业协同创新基地，通过深化全球科技创新合作，进一步提升京津冀产业链与创新链融合水平。

参考文献

方创琳、张国友、薛德升：《中国城市群高质量发展与科技协同创新共同体建设》，《地理学报》2021 年第 12 期。

李国平：《以国际科技创新中心建设支撑首都高质量发展》，《城市问题》2022 年第 12 期。

孙久文、姚鹏：《京津冀产业空间转移、地区专业化与协同发展——基于新经济地理学的分析框架》，《南开学报》（哲学社会科学版）2015 年第 1 期。

武义青、李涛：《数字经济引领京津冀产业协同发展——2022 京津冀协同发展参事研讨会综述》，《经济与管理》2022 年第 5 期。

肖金成、李博雅、邢干：《京津冀空间布局的优化路径》，《河北经贸大学学报》2022 年第 5 期。

Abstract

The International Science and Technology Innovation Center plays a pivotal role as a node city in the global innovation network and serves as a crucial gathering place for the world's science and technology innovation resources and activities. The construction of the International Science and Technology Innovation Center is fundamental to the "greatness of the country" and serves as the core engine to accelerate the implementation of innovation-driven development strategies and establish a strong science and technology nation. The construction of the Beijing International Science and Technology Innovation Center is tasked with a critical mission in achieving scientific and technological self-reliance, paving the way for self-improvement, and acting as a critical breakthrough for the advancement of Beijing-Tianjin-Hebei's synergistic development.

This report is the result of the wisdom of the authors from Beijing, Tianjin and Hebei who have worked together. The report assesses the progress and effectiveness of constructing the Beijing International Science and Technology Innovation Center. It also examines the primary challenges affecting the development of the International Science and Technology Innovation Center and its contribution to the collaborative development of Beijing, Tianjin, and Hebei, with a focus on regional collaborative innovation. Lastly, the report puts forward countermeasures and suggestions to address the challenges identified in the analysis.

The report points out that the impact of Beijing's construction of international science and technology innovation center on the coordinated development of Beijing-Tianjin-Hebei can be divided into direct and indirect impacts. The former is mainly manifested in the construction of the international science and technology innovation center by promoting regional collaborative innovation, deep integration of industrial chain and innovation chain, and helping Beijing, Tianjin and Hebei to improve their scientific and technological innovation strength and industrial optimization and upgrading; the latter is manifested in the construction of the international science and technology innovation center by providing the city with intelligent transportation construction, ecological environment. The latter is manifested in the international science and technology innovation center providing technical support and application scenarios for the construction of urban intelligent transportation, comprehensive ecological environment management, intelligent medical care and education, thus helping to integrate transportation, joint prevention and treatment of ecological environment and equalization of public services.

Whether it is the construction of an international science and technology innovation center or an international science and technology innovation center contributing to the collaborative development of Beijing, Tianjin and Hebei, all of them have high requirements on the innovation environment factors and basic conditions of urban clusters. This report not only explores the progress and effectiveness of the interaction between innovation core cities and hinterland, innovation clusters, innovation capital flow space and innovation network construction in the Beijing-Tianjin-Hebei city cluster, but also provides an in-depth analysis of the progress and effectiveness of Beijing - Tianjin - Hebei innovation capacity, innovation efficiency, transformation of scientific and technological achievements, green innovation capacity and high-tech industry development, and analyzes the development of science and technology innovation in Beijing, Tianjin and Hebei, as well as their status and role in the region. role in the region. The study finds that: firstly, from the overall perspective, Beijing-Tianjin-Hebei city cluster has formed an innovation spatial pattern with Beijing as the center and Tianjin as the sub-center, and the gap between the core cities and the hinterland is narrowing, and the innovation connection is getting closer and closer; secondly, from the network pattern, Beijing-Tianjin-Hebei has formed an innovation network pattern with Beijing-Tianjin as the dual core and Shi-Bao as the sub-center, and the cohesion of the innovation network and the innovation influence of the node cities are showing a continuous increase; thirdly, from the innovation flow, Beijing-Tianjin-Hebei has formed an innovation network pattern with Beijing-Tianjin as the dual core and Shi-Bao as the sub-center. Third, from the viewpoint of innovation flow space, the "three-legged" flow space pattern of Beijing-Tianjin-Shi has basically formed, the innovation connection between node cities has become closer and closer, and the distribution of innovation capital flow space resources tends to be coordinated and stable; fourth, from the viewpoint of R& D-manufacturing layout, the Beijing-Tianjin-Hebei city cluster has formed a pattern of R& D intermediaries clustering in the central cities and manufacturing in the peripheral regions. Fifth, the innovation capability, innovation efficiency and green innovation capability of Beijing-Tianjin-Hebei city cluster are improving, and the core position of Beijing is obvious, which has a leading role in regional innovation development; Sixth, the spatial structure of Beijing-Tianjin-Hebei technical cooperation is strengthening, and the innovation strength of Tianjin-Hebei is improving and empowering the high-quality development of industry. However, there are also many challenges that need to be solved: First, compared with other city clusters, there is still more room to improve the level of interaction and connection between the core cities of Beijing-Tianjin-Hebei city cluster and the hinterland, and the level of clustering of R&D and application clusters, and the innovation exchange and cooperation among cities in the city cluster needs to be strengthened; second, there are still large gaps in the innovation capacity, innovation efficiency and green innovation capacity within the Beijing-Tianjin-Hebei city cluster, which hinder the Thirdly, the overall scale of high-tech industry in Beijing-Tianjin-Hebei city cluster is relatively small, and there are problems such as excessive gap in the development of high-tech industry, low level of agglomeration and deepening of innovation cooperation within the city cluster; fourthly, the radiation ability of knowledge innovation and industry driving ability of Beijing to Tianjin-Hebei needs to be improved, the original innovation ability of Tianjin-Hebei still needs to be strengthened, and the integration of industry chain and innovation chain needs to be improved.

In order to promote the construction of Beijing's international science and technology innovation center and help the coordinated development of Beijing, Tianjin and Hebei, this report proposes: first, to continuously strengthen the innovation-driving effect of the core cities of Beijing, Tianjin and Hebei on the hinterland, further cultivate the innovation network sub-centers, smooth the flow channels of innovation factors from the core cities to the hinterland, and improve the efficiency of regional innovation synergy; second, to accelerate the shortcomings of R&D cluster development, strengthen the key core technologies and basic cutting-edge technologies, build a public service platform for the transformation of regional scientific and technological achievements based on the advantages of intermediary cluster clusters, and improve the rate of transformation of Beijing's scientific and technological achievements on the ground in Tianjin and Hebei; third, cultivate new forms of innovation organizations, build green foreword innovation ecosystems and industrial ecosystems, promote the deep integration of industrial chains and innovation chains, and accelerate the development of green industries and high-tech industries in the Beijing-Tianjin-Hebei city cluster; fourth, strengthen Beijing's science and technology innovation to the radiation-driven role of Tianjin and Hebei, vigorously enhance the independent innovation capacity and innovation efficiency of Tianjin and Hebei, and give full play to their respective advantages to create a regional collaborative innovation community.

Keywords: International Science and Technology Innovation Center; Beijing-Tianjin-Hebei; Collaborative Development; Collaborative Innovation

Contents

I General Reports

Abstract: The construction of an international science and technology innovation center is not only a core engine for accelerating the implementation of the innovation-driven development strategy and building a strong science and technology nation, but also an important breakthrough to help the collaborative development of Beijing, Tianjin, and Hebei progress in depth. Based on the analysis of the connotation, basic features, and main functions of an international science and technology innovation center, this report will discuss the theoretical level influence mechanism of its construction on the collaborative development of Beijing, Tianjin, and Hebei. Additionally, the report will analyze the main problems faced by the construction of an international science and technology innovation center in Beijing, and the key points that need to be addressed in order to contribute to the collaborative development of Beijing, Tianjin, and Hebei at the application level. The study found that the construction of Beijing's international science and technology innovation center is facing several challenges: a low level of enterprise innovation, a need to strengthen the position of the main body of technological innovation; relatively insufficient investment in basic research, a need to enhance R&D strength; University – Industry – Research cooperation needs to be deepened, and the University – Industry – Research collaborative innovation system needs improvement; failure to give full play to the advantages of innovation, and a poor level of industrialization of science and technology innovation; insufficient support of industrialization resources from Tianjin and Hebei, which restricts market application and industrialization of innovation results in Beijing. Problems such as the disparity in innovation gradients among the three regions, the obvious "core-periphery" feature, and the need to strengthen innovation exchanges and cooperation among cities, as well as the need to enhance Beijing's innovation resources to serve Tianjin and Hebei, have restricted the process of the international science and technology innovation center driving the collaborative development of Beijing, Tianjin, and Hebei. Based on these findings, the following countermeasures are proposed: taking multiple measures and cooperating with each other to support the construction of Beijing's international science and technology innovation center; promoting the opening and sharing of innovation resources and scientific research to accelerate the level of science and technology innovation in Tianjin and Hebei; improving the efficiency of science and technology results matching and promoting the transformation of Beijing's innovation results in Tianjin and Hebei; strengthening the construction of basic capacities for the transformation of science and technology results to help with the optimization of industries in Tianjin and Hebei; and so on.

Keywords: International Science and Technology Innovation Centre; Collaborative Innovation; Synergistic Development of Beijing–Tianjin–Hebei

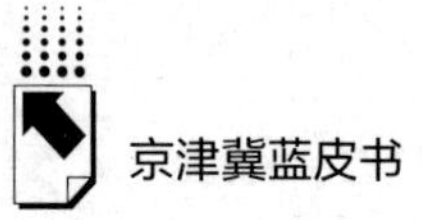

B.2 A Comparative Study of the Interaction between Innovative Core Cities and Hinterland Cities in the Three Major Eastern City Clusters

Ye Tanglin, Liu Zhewei / 027

Abstract: Urban agglomerations have become the main spatial carriers for national innovation capacity competition, and effective interaction between innovation core cities and hinterlands is the key to enhancing the innovation capacity of urban agglomerations. This report targets the three major urban agglomerations in eastern China and uses patent output and innovation network node attributes in both 2010 and 2021 to identify the innovation core cities of each urban agglomeration. Based on innovation patent data and registered capital data of active enterprises in related fields, the report constructs the R& D network and innovation intermediary network of each urban agglomeration respectively. Results show that the Beijing-Tianjin-Hebei urban agglomeration has formed a spatial pattern of innovation with Beijing as the center and Tianjin as the sub-center; the Yangtze River Delta has Shanghai, Nanjing, Hangzhou, and Wuxi as its centers; and the Pearl River Delta has Shenzhen as its center and Guangzhou as its sub-center. The relative gap between the core cities and hinterland cities of each city cluster is narrowing and the trend of equalisation is emerging. In the field of innovation research and development, all three major city clusters show the rapid rise of hinterland cities, and the network structure is improving. The gap between core cities and hinterland cities in the research and development network is narrowing and the influence of some core cities is weakening. However, the Beijing-Tianjin-Hebei innovation intermediary network's structure has remained almost unchanged, even though the degree of connection and influence between the core cities and the hinterland has significantly deepened. To address this, the report proposes countermeasures from the perspectives of facilitating factor flows from the core to the hinterland cities, fostering new forms of innovation organization and using industrial chains to strengthen the center-periphery linkages.

Keywords: City Cluster; Centre-periphery; Innovation Interaction

Ⅱ Special Reports

B.3 Analysis of the Progress and Effectiveness of Building Innovation Clusters in Beijing-Tianjin-Hebei City Cluster

Abstract: As an important organizational form in the regional innovation ecosystem, innovation clusters play a crucial role in enhancing innovation capacity and efficiency, promoting the transformation and application of innovation results, and serving as an important vehicle for collaborative innovation in the Beijing-Tianjin-Hebei city cluster. This report focuses on three types of innovation clusters: R&D, intermediary, and application clusters, and compares the Beijing-Tianjin-Hebei city cluster with other city clusters and cities in China through cross-sectional and vertical comparisons to explore the strengths and weaknesses of Beijing-Tianjin-Hebei in these clusters. It also constructs a panel regression model to investigate the factors that influence innovation clusters. The study finds that there is still room for improvement in the clustering level of R&D and application clusters in the Beijing-Tianjin-Hebei city cluster, whereas the clustering level of intermediary clusters is significantly higher than that of other city clusters. The Beijing-Tianjin-Hebei city cluster has formed a pattern in which R&D intermediaries are clustered in the central cities, while manufacturing is distributed in peripheral regions. When compared to cities of the same level, those in the Beijing-Tianjin-Hebei city cluster only demonstrate strong comparative advantages in intermediary clusters. Additionally, different environmental factors have varying degrees of influence on the different innovation clusters in the Beijing-Tianjin-Hebei urban agglomeration. Based on these findings, corresponding countermeasures are proposed: firstly, to address the shortcomings of R&D main bodies by encouraging them to carry out research on key core and basic frontier technologies; secondly, to expand the advantages of intermediary clusters in the Beijing-Tianjin-

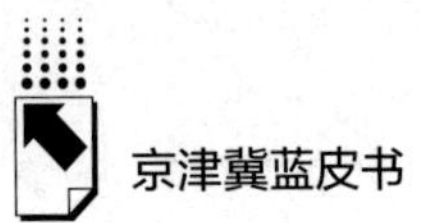

Hebei urban agglomeration and give full play to their "glue" role; thirdly, to enhance the ability of each city to transform scientific research results into concrete applied technologies based on their comparative advantages; fourthly, to improve the competitiveness of each city.

Keywords: Beijing-Tianjin-Hebei; Innovation Cluster; Collaborative Innovation

B.4 Analysis of the Progress and Effectiveness of Building Innovation Networks in Beijing-Tianjin-Hebei

Abstract: Improving regional innovation networks is an important way to promote collaborative innovation and achieve high-quality synergy between Beijing, Tianjin, and Hebei. This report selects four time points (2012, 2015, 2018, and 2021) and uses data on the number of new enterprises invested in science and technology capital among prefecture-level and above cities nationwide to construct and measure the Beijing-Tianjin-Hebei innovation network from both a self-perspective and a national perspective using social network analysis methods. The study finds that the Beijing-Tianjin-Hebei innovation network has formed a pattern with dual cores in Beijing-Tianjin and Shi-Bao acting as the sub-center. The innovation influence of each node city continues to increase, and the balance of the innovation network continues to improve. The cohesiveness of the network has also improved significantly, but collaboration between the center and peripheral cities still needs to be enhanced. Additionally, the degree of external innovation links for the city cluster continues to increase; however, the cluster's status in the national innovation network is declining. Based on these findings, this report proposes countermeasures to optimize the Beijing-Tianjin-Hebei innovation network by continuously strengthening the innovation-drivingeffect of the core city nodes of the Beijing-Tianjin-Hebei innovation network on the peripheral city nodes, further cultivating the sub-centers of the Beijing-Tianjin-Hebei innovation network, and strengthening the innovation links between Beijing-Tianjin-Hebei and other high-level innovative city clusters.

Keywords: Beijing-Tianjin-Hebei; Innovation Network; Collaborative Innovation; Social Network Analysis Method

Abstract: The innovation-driven development strategy is the key to realizing the transformation of old and new dynamics in China. As an important carrier for the country to achieve innovative development, city clusters can help enhance China's innovation capacity and international competitiveness. The Beijing-Tianjin-Hebei city cluster is a crucial engine of economic development in the north. Therefore, efforts should be made to enhance the innovation capacity of the Beijing-Tianjin-Hebei city cluster so as to promote regional innovation-driven economic development in the north and drive the nation to achieve high-quality development. This report takes the Beijing-Tianjin-Hebei city cluster as the research object. Firstly, based on data on innovation development from 13 prefecture-level cities in Beijing-Tianjin-Hebei from 2013 to 2020, the entropy value method is used to construct a city innovation capacity evaluation index system in three dimensions: innovation input, innovation output, and innovation environment. This allows for an analysis of the innovation capacity of the Beijing-Tianjin-Hebei city cluster. Then, a panel regression analysis is conducted to investigate the key factors affecting the innovation capability of the Beijing-Tianjin-Hebei city cluster in depth. The study finds that although the overall level of comprehensive innovation capability of the Beijing-Tianjin-Hebei city cluster is increasing, there still exist certain gaps between individual cities. Furthermore, Beijing holds a pivotal position and plays a leading role in the innovation development of Beijing-Tianjin-Hebei, and the level of economic development is a key factor affecting the innovation capability of the Beijing-Tianjin-Hebei city cluster. Based on these findings, this report proposes countermeasures to promote the innovation capacity of Beijing - Tianjin - Hebei from the perspective of improving the ability to transform innovation achievements, creating a good innovation ecological environment, and improving the regional synergy level of Beijing-Tianjin-Hebei.

Keywords: Beijing-Tianjin-Hebei; City Cluster; Innovation Capacity

B.6 Analysis of the Progress and Effectiveness of Innovation Efficiency Improvement in Beijing-Tianjin-Hebei

Ye Tanglin, *Liu Jia* / 152

Abstract: This report selects data from the Beijing-Tianjin-Hebei region between 2013 and 2021, and measures the innovation efficiency of the region using DEA and Malmquist index methods. The influencing factors of innovation efficiency are further analyzed by constructing a Tobit panel regression model. The study found that investment in research and experimental development in the Beijing-Tianjin-Hebei region has increased year by year, the scale of the scientific and technological talent team has continued to expand, and innovation investment has grown significantly. The number of patent applications granted has increased steadily, the level of innovation output has continued to improve, and the momentum of innovation development has been further released. The innovation efficiency in the region has shown more obvious improvement, and the number of regions with effective pure technical efficiency has increased from five to six. In terms of dynamic efficiency, the TFP value increased from 0.968 to 1.160, indicating slow growth in innovation efficiency. Technological progress has contributed more to the improvement of innovation efficiency in the region. The average input redundancy ratio is relatively small, with the average capital and labour redundancy ratios being 5.45% and 4.14%, respectively. However, some cities still have inefficient research funding and personnel investment. Industrial structure and government support are key factors affecting the improvement of innovation efficiency in the region. Based on these findings, this report puts forward countermeasures and suggestions to promote innovation efficiency in the Beijing-Tianjin-Hebei region from the perspectives of stimulating innovation vitality of researchers, improving regional innovation collaborative efficiency, and improving regional innovation environment.

Keywords: Beijing-Tianjin-Hebei; Innovation Efficiency; DEA Model

Abstract: The report from the 20th Party Congress highlights a need for improvement in the level of transformation and industrialization of scientific and technological achievements. The report provides an in-depth analysis of the main challenges faced in the Beijing-Tianjin-Hebei region regarding collaborative transformation of scientific and technological achievements. Based on this analysis, the report utilizes complex network theory to construct inflow and outflow networks of patent transfers in the region. This analysis includes examining the flow direction, flow rate, key links, intermediary hubs, and clustering modules of the transformation of scientific and technological achievements. The report's goal is to promote collaborative innovation development in the region by exploring the obstacles to the transformation of scientific and technological achievements. The study found that the lack of collaborative transformation is the primary obstacle in the process of transformation of scientific and technological achievements in Beijing. Furthermore, scientific and technological achievements from Beijing mainly flow to the Yangtze River Delta and the Pearl River Delta region, however, the collaborative transformation of scientific and technological achievements in Beijing, Tianjin, and Hebei is relatively insufficient. The turnover to Tianjin and Hebei accounts for less than 10% of the total turnover to other provinces and cities. In addition, the study found that patents overflowing from Beijing are mainly in the fields of electronic information and biomedicine, with those transferred to Hebei mainly distributed in traditional manufacturing industries and those transferred to Tianjin mainly distributed in the information technology service industry and advanced manufacturing industry. According to the patent inflow networks of Hebei and Tianjin, Beijing has the strongest radiation drive for science and technology innovation, but the interaction between Tianjin and Hebei is insufficient. To address these issues, the report proposes the following countermeasures: improving the conversion rate of scientific and technological achievements, strengthening the construction of an enterprise R&D-led policy system, building a regional innovation community that takes advantage of their respective strengths to form a "northern advantage", improving the assessment and evaluation mechanisms of scientific and technological achievements, building a regional intermediary public service platform for the transformation of scientific and technological achievements, and building a "blockchain+crowdsourcing+crowdfunding" platform for transferring regional scientific and technological achievements.

Keywords: Transformation of Scientific and Technological Achievements; Innovation Mechanism; Innovation Ecosystem; Patent Network

B.8 Analysis on the Spatial Evolution and Effectiveness of Innovation Capital Flows in Beijing-Tianjin-Hebei

Abstract: Innovation has become the driving force behind promoting China's high-quality economic development. As information and communication technology continues to develop, resources can now flow across regions like streams, and stream space has become a new organizational form to promote innovative development in urban agglomerations. By applying theories and research methods related to flow space, investigating the progress and effectiveness of the innovation pattern of urban agglomerations has significant practical significance for promoting high-quality development. This report constructs a spatial network of innovation capital flows in the Beijing-Tianjin-Hebei city cluster, based on the perspective of flow space, using capital mutual investment data from science and technology service industries among 13 prefecture-level cities from 2012 to 2021. The analysis is visualized using Gephi software to identify the basic characteristics and evolutionary trends of the innovation capital flow space in the Beijing-Tianjin-Hebei region. Then, utilizing social network analysis, the macro pattern and micro characteristics of the innovation capital flow space are analyzed in-depth, with the goal of identifying the changing trends and characteristics of innovation linkages among node cities under the current flow space. Finally, a panel regression analysis was applied to study the factors influencing the innovation capital flow space in Beijing-Tianjin-Hebei from four perspectives: innovation capability, innovation investment, talent resources, and industrial structure. The aim was to identify the key factors that can impact both the innovation capital output and input of node cities respectively, and provide reference suggestions for the further development of the Beijing-Tianjin-Hebei innovation capital flow space towards better realization of innovation-driven development in the region. The study concluded that the node cities in the "Beijing-Tianjin-Shi" region are the most important cities in China. The "three-legged" flow space pattern of Beijing-Tianjin-Shi has already formed, leading to stronger innovation linkages among these cities. The flow space structure of innovation capital in Beijing-Tianjin-Hebei region is becoming more and more complex, and the number and intensity of linkages are increasing significantly. Beijing, Tianjin, and Shijiazhuang occupy an important position in the flow space of innovation capital, and the status gap between node cities is narrowing year by year. The independence of the node cities has improved information utilization efficiency and enhanced the development of flow space. Additionally, the spatial distribution of innovation capital flow resources has become more coordinated and stable, with significant growth in the strength of innovation linkages among members of the sub-group.

Based on these findings, the following countermeasures are suggested: Firstly, the core cities should be leveraged to promote more innovation interactions among peripheral cities and optimize the spatial structure of regional innovation flows. Secondly, Beijing, Tianjin, and Hebei should continue their collaborative innovation efforts and build a regional innovation flow space supported by multiple stakeholders in a coordinated manner. Thirdly, the integration of industrial and innovation chains should be actively promoted to establish a development model where industrial upgrading and technology R&D are mutually supportive. Fourthly, it is necessary to strengthen the development mode of science and technology talents by nurturing and attracting scientific and technological talents and building a high altitude of innovative talents.

Keywords: Beijing-Tianjin-Hebei; Innovation Capital; Flow Space; Social Network Analysis

B.9 Analysis on the Progress and Effectiveness of Green Innovation in Beijing-Tianjin-Hebei

Ye Tanglin, *He Xiaoyan* / 240

Abstract: Green innovation has become the primary direction for transforming the world's economy, and the green technology innovation system provides vital support for China's low-carbon economic transition. Green innovation is a developmental tool or model that drives economic transformation towards a low-carbon and environmentally friendly focus, utilizing green technology. It possesses three crucial attributes: economic growth, social development, and ecological and environmental protection, and it has numerous benefits such as factor substitution effects, technology compensation effects, industrial restructuring effects, and energy-saving and emission reduction effects that can be utilized to drive regional economic development. Regarding green innovation capacity, the Beijing-Tianjin-Hebei region's overall level has been steadily improving, with Beijing leading China's green innovation development, followed by Tianjin. However, Hebei falls behind significantly in terms of the total amount of green innovation. In terms of green innovation efficiency, Beijing-Tianjin-Tang has outstanding advantages, while Zhangjiakou and Chengde suffer from disadvantages. The Beijing-Tianjin-Hebei region faces challenges such as fewer network nodes, weaker network linkage density, fragmented network linkage patterns, and inadequate industrial carrying capacity in terms of green innovation network linkage strength. To enhance the overall effectiveness of regional green innovation, it is recommended to establish a regional innovation ecosystem with green innovation as the frontier. Furthermore, the development of green industries in the region should be accelerated, and the spatial division of labor and layout of the green innovation chain in Beijing, Tianjin, and Hebei should be optimized.

Keywords: Beijing-Tianjin-Hebei; Green Innovation; Network Linkage; "Core-periphery" Structure

Abstract: The development of high-tech industries is crucial for promoting a breakthrough in collaborative development of Beijing, Tianjin, and Hebei, and for accelerating the integration of industrial and innovation chains, in the context of building a unified national market. This report presents descriptive statistics on the development of high-tech industries in Beijing, Tianjin, and Hebei from two perspectives: inside and outside the region. It analyzes the characteristics of high-tech industry clustering in each city using locational entropy and spatial Gini coefficient and explores the regional spatial distribution of independent innovation output based on granted patents. To address the challenges in the development process of high-tech industries in the Beijing-Tianjin-Hebei region, this report recommends improving the development mode by integrating high-tech industrial and innovation chains, strengthening spatial agglomeration, promoting industrial ecological construction, shaping new dynamics of the digital economy, and ultimately forming an excellent regional community.

Keywords: High-tech Manufacturing Industry; High-tech Service Industry; Beijing-Tianjin-Hebei Collaborative Development

Ⅲ Regional Reports

Abstract: Beijing has positioned itself as an international science and technology innovation center and has introduced several measures to promote science and technology innovation. These efforts have significantly enhanced Beijing's comprehensive innovation level. Beijing's investment in innovation has increased considerably, the building of a national strategic science and technology force has accelerated, high-level achievements have emerged, and the construction of the "Three Cities and One District" initiative is beginning to bear fruit. However, there still exists a gap between Beijing's leading innovation achievements and those of the world's leading cities, with a lack of global leading science and innovation enterprises and clear advantages in global competition for talent and low efficiency in the application and transformation of innovation. At the regional level, although the overall level of innovation in Beijing, Tianjin, and Hebei continues to improve, the development gap within the region has widened. Many technology transactions and science and technology transformations in Beijing still flow outside of Beijing, Tianjin, and Hebei. In the future, Beijing should focus on cultivating original innovation capabilities, building global leading innovation clusters, improving collaborative and linked development between industry, academia, and research, promoting the integration of Beijing's innovation chain with the industrial chain of Tianjin and Hebei, and further harnessing the radiation-driven effect of Beijing's innovation on Beijing–Tianjin–Hebei collaborative innovation.

Keywords: Beijing; International Science and Technology Innovation Centre; "Three Cities and One District"

Abstract: The policy environment for science and technology innovation in Tianjin has been optimized in recent years, creating a strong atmosphere for innovation and continuously improving innovation capacity. This development has played an important role in promoting collaborative innovation between Beijing, Tianjin, and Hebei. However, compared to advanced regions, significant gaps still exist in Tianjin's science and technology innovation, particularly in independent innovation capacity, innovation efficiency, and talent supply. Additionally, the synergy between Beijing and Hebei science and technology innovation needs to be improved further. To address these gaps, measures must be taken to support the improvement of independent innovation capacity, such as increasing investment in basic research and highlighting the position of enterprises as the main body of innovation. Innovation efficiency can be improved by promoting achievement transfer and transformation while strengthening financial services. Construction of talent heights should be promoted by accelerating the attraction and cultivation of scientific and technological innovation talents and promoting science and education synergy between Beijing and Tianjin. Synergistic innovation with Beijing can be further developed by strengthening top-level design and creating a collaborative innovation system. These measures will help further unlock the potential of science and technology innovation and empower Tianjin's high-quality economic development.

Keywords: Tianjin; Science and Technology Innovation; Collaborative Innovation

B.13 Study on the Development of Science and Technology Innovation in Hebei and Its Position and Role in the Region

Wu Yiqing, Li Tao and Li Xingyu / 357

Abstract: Since the elevation of Beijing - Tianjin - Hebei collaborative development to a national strategy, Hebei Province has taken on the task of assuming Beijing's non-capital functions, with a focus on science and technology innovation as a key driving force to further promote collaborative development in the region. This report analyzes the general situation of science and technology innovation in Hebei Province, including five sub-sectors: high-tech manufacturing, scientific research and technology services, research and experimental development, professional and technical services, and science and technology application and promotion services. It also examines the current status of science and technology innovation in Hebei Province in comparison to the Beijing-Tianjin-Hebei region and the status of science and technology innovation in the sub-sectors. Based on the analysis, the report identifies the challenges faced by science and technology innovation in Hebei Province in the region. Finally, it proposes corresponding countermeasures in two aspects, namely in promoting collaborative innovation in Beijing-Tianjin-Hebei and in promoting in-depth integration of industrial and innovation chains. These measures aim to enhance the status and role of science and technology innovation in Hebei Province in the region and to continuously promote high-quality collaborative development in Beijing-Tianjin-Hebei.

Keywords: Hebei; Science and Technology Innovation; Industrial Integration; Collaborative Innovation

北京市哲学社会科学研究基地智库报告系列丛书

推动智库成果深度转化

打造首都新型智库拳头产品

为贯彻落实中共中央和北京市委关于繁荣发展哲学社会科学的指示精神，北京市社科规划办和北京市教委自2004年以来，依托首都高校、科研机构的优势学科和研究特色，建设了一批北京市哲学社会科学研究基地。研究基地在优化整合社科资源、资政育人、体制创新、服务首都改革发展等方面发挥了重要作用，为首都新型智库建设进行了积极探索，成为首都新型智库的重要力量。

围绕新时期首都改革发展的重点热点难点问题，北京市社科联、北京市社科规划办、北京市教委与社会科学文献出版社联合推出“北京市哲学社会科学研究基地智库报告系列丛书”。

北京市哲学社会科学研究基地智库报告系列丛书

（按照丛书名拼音排列）

· 北京产业蓝皮书：北京产业发展报告

· 北京人口蓝皮书：北京人口发展研究报告

· 城市管理蓝皮书：中国城市管理报告

· 法治政府蓝皮书：中国法治政府发展报告

· 健康城市蓝皮书：北京健康城市建设研究报告

· 京津冀蓝皮书：京津冀发展报告

· 平安中国蓝皮书：平安北京建设发展报告

· 企业海外发展蓝皮书：中国企业海外发展报告

· 首都文化贸易蓝皮书：首都文化贸易发展报告

· 中央商务区蓝皮书：中央商务区产业发展报告

皮 书

智库成果出版与传播平台

✤ 皮书定义 ✤

皮书是对中国与世界发展状况和热点问题进行年度监测，以专业的角度、专家的视野和实证研究方法，针对某一领域或区域现状与发展态势展开分析和预测，具备前沿性、原创性、实证性、连续性、时效性等特点的公开出版物，由一系列权威研究报告组成。

✤ 皮书作者 ✤

皮书系列报告作者以国内外一流研究机构、知名高校等重点智库的研究人员为主，多为相关领域一流专家学者，他们的观点代表了当下学界对中国与世界的现实和未来最高水平的解读与分析。截至 2022 年底，皮书研创机构逾千家，报告作者累计超过 10 万人。

✤ 皮书荣誉 ✤

皮书作为中国社会科学院基础理论研究与应用对策研究融合发展的代表性成果，不仅是哲学社会科学工作者服务中国特色社会主义现代化建设的重要成果，更是助力中国特色新型智库建设、构建中国特色哲学社会科学“三大体系”的重要平台。皮书系列先后被列入“十二五”“十三五”“ 十四五”时期国家重点出版物出版专项规划项目；2013~2023 年，重点皮书列入中国社会科学院国家哲学社会科学创新工程项目。

皮书网

（网址：www.pishu.cn）

发布皮书研创资讯，传播皮书精彩内容
引领皮书出版潮流，打造皮书服务平台

栏目设置

◆ **关于皮书**

何谓皮书、皮书分类、皮书大事记、
皮书荣誉、皮书出版第一人、皮书编辑部

◆ **最新资讯**

通知公告、新闻动态、媒体聚焦、
网站专题、视频直播、下载专区

◆ **皮书研创**

皮书规范、皮书选题、皮书出版、
皮书研究、研创团队

◆ **皮书评奖评价**

指标体系、皮书评价、皮书评奖

◆ **皮书研究院理事会**

理事会章程、理事单位、个人理事、高级研究员、理事会秘书处、入会指南

所获荣誉

◆ 2008 年、2011 年、2014 年，皮书网均在全国新闻出版业网站荣誉评选中获得“最具商业价值网站”称号；

◆ 2012 年，获得“出版业网站百强”称号。

网库合一

2014年，皮书网与皮书数据库端口合一，实现资源共享，搭建智库成果融合创新平台。

皮书网

“皮书说”
微信公众号

皮书微博

S 基本子库
UB DATABASE

中国社会发展数据库（下设 12 个专题子库）

紧扣人口、政治、外交、法律、教育、医疗卫生、资源环境等 12 个社会发展领域的前沿和热点，全面整合专业著作、智库报告、学术资讯、调研数据等类型资源，帮助用户追踪中国社会发展动态、研究社会发展战略与政策、了解社会热点问题、分析社会发展趋势。

中国经济发展数据库（下设 12 专题子库）

内容涵盖宏观经济、产业经济、工业经济、农业经济、财政金融、房地产经济、城市经济、商业贸易等12个重点经济领域，为把握经济运行态势、洞察经济发展规律、研判经济发展趋势、进行经济调控决策提供参考和依据。

中国行业发展数据库（下设 17 个专题子库）

以中国国民经济行业分类为依据，覆盖金融业、旅游业、交通运输业、能源矿产业、制造业等 100 多个行业，跟踪分析国民经济相关行业市场运行状况和政策导向，汇集行业发展前沿资讯，为投资、从业及各种经济决策提供理论支撑和实践指导。

中国区域发展数据库（下设 4 个专题子库）

对中国特定区域内的经济、社会、文化等领域现状与发展情况进行深度分析和预测，涉及省级行政区、城市群、城市、农村等不同维度，研究层级至县及县以下行政区，为学者研究地方经济社会宏观态势、经验模式、发展案例提供支撑，为地方政府决策提供参考。

中国文化传媒数据库（下设 18 个专题子库）

内容覆盖文化产业、新闻传播、电影娱乐、文学艺术、群众文化、图书情报等 18 个重点研究领域，聚焦文化传媒领域发展前沿、热点话题、行业实践，服务用户的教学科研、文化投资、企业规划等需要。

世界经济与国际关系数据库（下设 6 个专题子库）

整合世界经济、国际政治、世界文化与科技、全球性问题、国际组织与国际法、区域研究 6 大领域研究成果，对世界经济形势、国际形势进行连续性深度分析，对年度热点问题进行专题解读，为研判全球发展趋势提供事实和数据支持。

法律声明